王世襄 集

蟋蟀谱集成

王世襄 纂辑

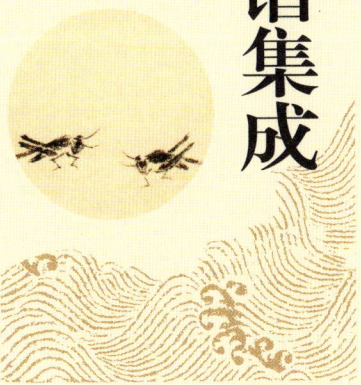

生活·讀書·新知 三联书店

蟋蟀谱集成

壬申初秋

畅安自署

早結同儕亦俗流捨蟲學刻不知休晚秋

當養真須養莫使英雄歎白頭

不勝盆罐更勞形爭奈難捐未了情上渴

望梅餓畫餅而療豈能療讀蟲經

喜得蟲經十七章輯成自笑太荒唐親

朋間訊難開口衹說編修古籍忙

壬申三月暢安王世襄時年

七十有八

蟋蟀譜集成編輯瑣事自嘲六首

代序

纏起秋風便不同　瞿瞿叫入我心中古今

凝絕知多少　愛此人間第一蟲

中郎喻我等饕餮　貓見鼠連忙撲且跳（讀平）

但得麻頭三段錦　腰痠腿痛一時消

萬禮張盆碧玉池　鸚哥過籠（讀上辰　雄雌縮）

身恨無壺公術　容我悠然佳笑時

出版说明

　　2009 年 11 月 28 日，王世襄先生在北京去世，享年 95 岁。随着王先生的辞世，他的研究及学问，即将成为真正的绝学。为使这些代表中国传统文化的绝学散发出璀璨的光芒，为后人所继承、发展，生活·读书·新知三联书店特推出《王世襄集》，力图全面、系统地展现王氏绝学。

　　王世襄，号畅安，汉族，祖籍福建福州，1914 年 5 月 25 日生于北京。学者、文物鉴赏家。1938 年获燕京大学文学院学士学位，1941 年获硕士学位。1943 年在四川李庄任中国营造学社助理研究员。1945 年 10 月任南京教育部清理战时文物损失委员会平津区助理代表，在北京、天津追还战时被劫夺的文物。1948 年 5 月由故宫博物院指派，接受洛克菲勒基金会奖金，赴美国、加拿大考察博物馆。1949 年 8 月先后在故宫博物院任古物馆科长及陈列部主任。1953 年 6 月在民族音乐研究所任副研究员。1961 年在中央工艺美术学院讲授《中国家具风格史》。1962 年 10 月任文物博物馆研究所、文物保护科学技术研究所副研究员。1980 年，任文化部文物局古文献研究室研究员。1986 年被国家文物局聘为国家文物鉴定委员会委员。2003 年 12 月 3 日，荷兰王子约翰·佛利苏专程到北京为 89 岁高龄的王世襄先生颁发"克劳斯亲王奖最高荣誉奖"，其中一个重要的原因就是他对明式家具的研究，奠定了该学科的基础，把明式家具推向了至高无上的地位。

　　王世襄先生学识渊博，对文物研究与鉴定有精深的造诣。他的研究范围广泛，涉及书画、家具、髹漆、竹刻、民间游艺、音乐等多方面。他的研究见解独到、深刻，研究成果惠及海内外。《王世襄集》收入包括《明式家具研究》《髹饰录解说》《中国古代漆器》《竹刻艺术》《说葫芦》《明代鸽经　清宫鸽谱》《蟋蟀谱集成》《中国画论研究》《锦灰堆：王世襄自选集》（合编本）、《自珍集：俪松居长物志》共十部作品，堪称其各方面研究的代表之作，集中展现了王世襄先生的学问与人生。

其中，《蟋蟀谱集成》初版时为影印，保留了古籍的原貌，但于今日读者阅读或有些许不便。此次收入文集，依王先生之断句，加以现代标点，以利于读者阅读。《竹刻艺术》增补了王先生关于竹刻的文章若干，力图全面展现王先生在竹刻领域的成果和心得。"锦灰堆"系列出版以来，广受读者喜爱，已成为王世襄先生绝学的集大成者；因是不同年代所编，内容杂糅，此次收入《王世襄集》，重新按门类编排，辑为四卷，仍以《锦灰堆：王世襄自选集》为名。启功先生曾言，王世襄先生的每部作品，"一页页，一行行，一字字，无一不是中华民族文化的注脚"。其中风雅，细细品究，当得片刻清娱；其中岁月，慢慢琢磨，读者更可有所会心。

《王世襄集》的编辑工作始于王世襄先生辞世之时。工作历经三载，得到了许多喜爱王世襄先生以及王氏绝学人士的支持和帮助，也得到了王世襄家人的大力协助，并获得国家出版基金的资助，在此谨表真诚谢意。期待《王世襄集》的出版，能将这些代表中华文化并被称为"绝学"的学问保存下来，传承下去。

生活·读书·新知 三联书店 编辑部

2013 年 6 月

凡　例

一、本编收有关蟋蟀专著，上起传世最早之本，下至1949年以前之作，共得一十七种。

二、本书原为影印，此次收入文集改为排印。各书间有雷同或相互抵牾处，令尊从原书版本，不改。原书无句读者，试为断句，并由何草加以标点。秋虫虽小道，名词术语繁多，且南北或异，断句标点难免有误，读者谅之。

三、每种为拟提要，置在书首，简略介绍其作者及内容。

四、书中错字、脱文、模糊难辨之字，直接在括号中注明。如字数较多，或需另加说明者，则编号加注释。注释可依编号在书末检得。

五、蟋蟀谱凡纯属钞录旧谱者，列入《存目》。倘经各家书目著录，或有不同刊本、抄本传世，说明有一定影响，则内容虽多因袭，仍收入本编，供读者参较查阅。书名有似为蟋蟀谱而实非蟋蟀谱者，亦列入《存目》，免得读者再费力寻求。

六、未见之书，列入《待访》。博雅君子，如蒙惠示原书，或赐寄复印本，或告知藏所，至深感荷。

七、《附录一》为当代有关蟋蟀专著目录。限于见闻，定有遗漏。倘蒙函告大作，十分感谢。《附录二》为拙作《秋虫六忆》，记一己之经历见闻，聊供谈助而已。

总　目

第一種

秋蟲譜二卷

嘉靖丙午刊本

天一閣藏

第一种

重编订正秋虫谱二卷

　　本书为现知传世最早之蟋蟀谱，明版白棉纸本，书口有"奋翼馆"三字，宁波天一阁藏，收入《中国古籍善本书目》。据书末一行题字，定为嘉靖丙午（1546年）刊本。

　　书名"重刊"，知前此尚有刻本。《前序》称："近得促织旧本一帙而备览之……遂复增己见，赠以诗词若干，金梓以锓，用彰不朽"，可见亦就旧谱增益而成。最早之蟋蟀谱始于何时？在本书之前尚有若干种？均有待更多古本之发现，始能言其大略。

　　书中不少缺文，就稍后之蟋蟀谱得以补入。如著者姓名，据《鼎新图像虫经》，知为"宋平章贾秋壑辑，居士王淇竹校"。贾似道以斗蟋蟀误国，但未必曾辑此书，疑出书坊伪托。《前序》作者署名"徽藩芸窗道人"，却似可信。明宣宗朱瞻基沉湎于秋虫，有敕苏州知府况钟进促织之记载。藩王中沾染同癖者恐大有人在。

　　养蟋蟀至明中期已积累丰富经验，如选虫强调正色与花色之区别，头、牙、项、翅优劣之差异，并编成歌诀多首。据《养虫要法》，知当时冬日尚不知用汤取暖。据《交锋论法》、《比对法》，知当时合对全凭比较形象大小，尚未用戥子称分量。书末《嘲两来嘴》，将借斗蟋蟀骗取钱财之帮闲，刻画得淋漓尽致，却是一篇妙文。可借此知当时斗风之盛。

　　此系宁波天一阁藏明刊本，有缺页，并有数处经人在夹行间批注。

促织论前序

夫促织之为物也，亦昭昭矣出于诗。见于颂赋，尤详于豳风之篇。观其物至微矣，而每为古人所取者，何哉？取其暑则在野，寒则依人，闻其声亦可以卜其时也。后之人以时物而有振羽之声，鹰扬之状，遂捕之而畜诸器。合其类而使逐角之，以较胜负，以资博赛，以逸性情焉。何古今之不相及乎。矧物之在天下将以待人用也，而古今取用之异者，均之无害于义者也。昔鲁人猎较，孔子亦猎较，盖言从俗故也，予可容矫之乎。近得促织旧本一帙而备览之，见其中分别物色之类曲尽安养之术，似有得其爱物之道矣。使非心与物化者何能爱之周详如是耶。使能推此道而上，亦可仁民矣。余因所感，遂复增己见，赠以诗词若干。金梓以镂，用彰不朽。兹古人感物□□□□□后人爱物之心不废。虽非□□□□□□□□□之学也是。❶

附题促织三首❷

玉绳低转过南楼，人在冰壶夜色□。□湛□萃□□洗，啾啾蛩韵巧如讴。絮□□□□□□，断续悠扬不肯休。叫彻五更寻隐处，自封门户共雌俦。

又

玉罐金笼喂养频，王孙珍爱日相亲。争雄肯负东君意，决胜宁辞一芥身。鼓翼有声如唱凯，洗钳重搦似生嗔。大哉天地生群物，羡尔区区志不伦。

拜新月慢❸

海燕东归，金风西起，湛湛浓露于渐。蟋蟀俟秋吟，败壁荒苑，笑相寻，须将玉罐金笼挤。谩听清音哢，赤黄蟹壳，总平生希见。　　画堂中，曲养情何厌。性怡爽好把清波泛，展转轻盈，遒健。奋膺扬对□□双战。经百场，谁闻败北叹。怎奈他，三秋断。

破俗说

尝见人之好养促织者，□□□□□□□□始则用计捕之。终则尽术□□□□□□□□而□不吝。虽妻子恩爱，有不足以方其珍□□□□晒之，每是傍人之非之也。及友人者□□□□□□决其雌雄，乃见其张牙鼓翼，有奋不顾身之忠，有争先搏敌之勇，有委曲诱敌之智，然后知人之好之者。其物之所以动人乎，以纤纤之躯，备乎忠勇智三德。而不好者，非大也，昔是傍人之非殊谬矣，矧清秋寥落之天聚知己斋头，命将出师，笑谈灭虏。不惟责其建功立业，而且藉之乎怡养性情，遣其寂寞，较之一博千金者何如耶。较之挥金买笑者又何如耶。人果何惮而不好之哉。此予所以甘处其非，而不顾旁人之非之也欤。

重刊订正秋虫谱 〔上卷〕

宋　平章　贾秋壑辑

明　居士　王淇竹校

步虚子隆重校

促织论

论曰，天下之物，有见爱于人者，君子必不弃焉。何也？天之生物不齐，而人之所好亦异也。好非外铄，吾性之情发也。情发而好物焉，殆有可好之实存于中矣。否则匪好也，岂其性之真哉。况促织之为物也，暖则在郊，寒则附人。若有识其时者，拂其首则尾应之，拂其尾则首应之，似有解人意者。甚至合类颉颃，以决胜负，而英猛之态，甚可观也。岂常物之微者若是班乎。此君子之所以取而爱之者，不为诬也。愚尝论之，天下有不容尽之物，君子有独好之理。独促织曰莎鸡，曰络纬，曰蜇，曰蟋蟀，曰寒虫之不一。□□或在壁，或在户，或在宇，或入床下。因时而有感。夫一物之微，而能察乎阴阳动静之宜，备乎斗战攻取❹之义，是能超乎物者也甚矣。促织之可取也远矣。盖自唐帝以来以迄于今，于凡王孙公子至于庶人富□豪杰，无不雅爱珍重之也。又尝考其实矣，每至秋冬，生于草土垒石之内，诸虫变化，隔年遗种于土中。及其时至方生之时，小能化大也，大亦能化小也。若夫白露渐旺，寒露渐绝，出于草土者其身则软，生于砖石者其体则刚，生于浅草瘠土砖石深坑向阳之地者，其性必劣。赤黄其色也。大抵物之可取者，白不如黑，黑不如赤，赤不如黄。赤小黑大，可当乎对敌之勇；而黄大白小，难免夫侵凌之亏。愚又原夫人色之虫，赤黄色者，更生头项肥、脚腿长、身背阔者为首也。黑白色者，生之头尖项紧，脚瘦腿薄者，何足论哉。或有花麻头，水红花牙，青灰项，白肋，翅阔，翼翘翅，龟背，虾脊；促织身，螳螂状，土狗形，蝴蝶头，尖夹翅，此数者又皆为虫之异象者也。若夫伤残独腿、五爪偏牙之类，尤〔犹〕或可取。惟四病者，切宜弃之。何也？仰头一也，卷须二也，练牙三也，踢腿四也。两尾高低，曾经有失；两尾垂萎，必是老衰，其亡也可立而待。若有热之倦怠，与夫冷之伤惶者，又且不可缓其调养之法也。使调养之法缓，情性之欲拂，则物之救死而且恐不赡矣。何暇勇于战斗，期于克捷，而能超乎群物者哉。故曰：君子之于爱物也知所爱，知所爱则知所养也，知所养则何患乎物之不善哉。是为论。

胜败释疑论

夫选虫如选将，用虫如用将。用虫而斗，即如用将而战也。选将非长子，必有舆尸之凶。选虫非正色，安免夫败北之消。故选虫不精者，百战百败无惑矣。用之弗当，亦十败八九焉。何也？虫有青黄赤白黑之分，其色有次第，其才能亦次第为高下者。是以青胜乎黄，黄胜乎紫，紫胜乎白，白胜乎黑，此天地钟灵毓秀，秉赋才品而不容勉强者也。自夫五将军之外，有所谓紫青、淡青者焉，有所谓淡黄、紫黄者焉，又有所谓淡紫、黑紫、黑青、乌青者焉（以上皆

重编订正秋虫谱二卷

神将）。然虽可以标炳将苑，树功程能，要之不可与五将军为敌者，推而至于花青、花紫、油光、嫩垢之流。譬之不练之兵，无能之将，即欲与神将等争胜负且不可，而况正色之五将军者乎。奈何世之蓄虫者，或失目于遴选之时，或谬合于将战之际。彼青而我以紫对，彼黄而我以黑敌，彼真色而我以油花、嫩垢之色者应之，则未战而先知其败矣，何必交锋接战而后见哉。乃有未识虫色者，乃自疑之，曰我虫固青紫者矣，胡反败于黄黑者耶。噫。不知黄黑者真（刺骨之言），而其所谓青紫者，自不知其为花色也。谚云：一真胜百假。味哉言乎。于胜败何疑之有。且虫之真假之色，了了然在目。固未常〔尝〕韬光敛迹，示人于难知。顾畜之者未得夫藻鉴之明，复怀夫回护之短，遂以假为真，以庸才（又人人犯之）而当乎上将。一败之后，怨天尤人。果谁咎欤。是故用意遴选，必罗真才而后用之。专心命将。必知己知彼，避其相凌之色而后敌。又必养威蓄锐，勿劳其力焉。饮食适宜，毋亏其体焉。以是而交锋对敌，有不全胜三秋，垂名竹帛者，吾不信也。谨论。

收虫秘诀

头圆牙大兮腿尚长，项宽毛燥兮势要强。色贵❺憔老兮翅无迹，形身润厚兮能登场。水红花牙兮人所忌，猪肝牙色兮皆不祥。腿脚穷细兮非上品，红钳赤爪兮虫之王。

养虫要法

早秋须以古大凉盆养之得。即不可斗争，恐其出世不久，元气未足故也。徐徐喂养，俟身口坚硬，颜色见出，方可合对。连胜三二个足矣，多斗则伤虫。中间致误豪杰，最可惜哉。中秋之虫，如人之中年。须用起落三尾，不然则旦昼呼雌，损伤元气

也。深秋虫已衰老，人之暮年矣。须用熟羊眼豆、栗子肉、菱白心、芰肉捣饭喂之，最后则以蟹脚肉、虾肉、鳗鱼脊肉、跳虾虫等喂之，养气力。更须藏之无风温暖之处，以纸衬盆窝，外以棉絮之物护之，极寒则以盆曝于日中。若三二日不食，必将捐馆。且勿劳之战场，以辱宿将。戒之，戒之。

蓄养所忌

忌草菜之物，油腻饭水，隔宿东西。忌酒后玩弄，忌橘麝诸香，忌油烟风日，忌不净妇女，忌黑心人借观，忌小儿辈揭盆偷看，忌破缺盆钵、不稳厨桌之类。须细参详。

治积食不化

积食不化可噎嗟，水畔红虫是可佳。研细任君分两处，喂之即斗果堪夸。

交锋论法

夫合对交锋，必须明察大小默详颜色，颜色两停，大小无异，方可相合。若颜色敌人胜我，即无大小，亦宜避之。法所谓知己知彼，百战不殆也。既已合成，两下蔽，待其鼓翼鸣声，起闸相见。横即点正，待其自接。有一口赢者，有三口咬触者，有一递一口者，有双做口。有黄头儿瀼颠翻捋折腿脚，有两下口咬昏触赢者。赢家下蔽太重太早，牙根疼痛，满笼延走者，不可再蔽。即以湿纸搭盖，俟疼定方可徐徐蔽之。亦不可扫牙，待下锋回报，才可调熟交锋，自见斗口无失。最忌盆中戏斗，胜负有屈。戒之，戒之。

慎斗论

凡养虫者最忌心热，心热则斗必频。斗频则虫力伤，难号称名将者，亦必败矣。故曰：交锋一口停三日，大战须还息一旬。小斗当日隔去三尾，次日下之，大斗须隔三日方

下。又云：百口赢者不为奇，一口赢者胜百口。何以故哉。要知一口赢者，用力反多于数十口者也。设若因其一口取胜，不加休养而即令之登场，其败北也必矣。可胜惜哉。

初合䜣法

先讨其尾，次讨其小脚有情，方捻牙口一䜣。左提右调，如虫性起，再扫牙口一䜣。看虫势旺，鼓翼数声，待翅收闭，才可拖领到闸口。各待回报，方可提起正闸。两架䜣不许过棚，如横即黑正，不许挑拨。此斗虫之礼法也。

上锋䜣法

斗胜，监棚者喝明下闸，分其上下。胜者收提上锋，领至中闸，即将湿纸搭盖。常常调拨，使存斗性。不宜频频扫牙，只须点插而已。下锋回报，即用数䜣点正再交，不许冲扑惊奔。

下锋䜣法

凡居下锋，待其行动。微微䜣其头背共其腰尾。次拂拐头，并左右背胁以诱之。如不动，再讨小脚左右胁肋。若虫惹䜣，即讨胲爪。有情，即捻牙口一䜣。少息复如之。观其收牙不练，则熟调鼓翼，再与交锋，斯无失策。

治虫热病

或叫雌不着，身热倦怠，以青草擂碎绞汁，入沙糖水调均浴之。过以河水，免致虫身悚栗。（河水取其温也。）

下三尾法

早秋先收黑头独腿最小三尾养之。三五日浴上次，❻露时方下，须频起频落。恐虫昼夜呼雌过伤元气，须提三尾于别盆饱喂之，何也。三尾饥中间有不祥之事，同盆饱喂则二尾有食多出节之弊矣。慎之。

斗胜养法

斗胜后以浮萍擂汁浴之，再用河水过之。随将童便清水各半饮之，用青色跳虾虫数个，擂碎食之。令其雌雄隔绝，自然强健。若斗伤齿牙，切勿下食。

比对法

先比头，次比身，次比腿，次比色。头大终须大，头尖齿必穷，狭长不耐斗，高厚始便宜，黑白饶他大，青黄不可欺。翅松折肉体，紧实最为奇。铜铃三角额，此等让些儿。

辨老嫩

要知促织老与嫩，秘法分明白在须，两齿带黄生日久，悬牙如玉离泥初。头高必定方才变，埋首人称老野狐。授此秘方牢记取，十场罕有一场输。

口间说

夫虫有斗口者，有斗间者。斗间者忽改为斗口，来虫不敌故也。斗口者改为斗间，则敌人之勇可知。

（原书缺半页）

不斗常，好不斗异，水不斗苍，此殆显明而易见。人一违之，败北之虞立至。

促织三幻〔拗〕

胜鸣败不鸣一也，雌上雄背二也，过蛋反有力三也。

（秋虫谱上卷终）

观虫形象

钳像蜈公钳，嘴像狮子嘴，头像蜻蜓头，腿像蛤蟆腿。颜色要相当，毛燥斯为美。

头色美恶论

红紫头、黄麻头、青黄头、白麻头、淡黄麻头、红麻头、青金麻头、紫麻头、白麻头、栗麻头、柏叶麻头、黑麻头、半红麻头、乌麻头，俱根根细丝透顶者，方为正色。若浑□□□□□□□□□□真短而不长，艳色而油光，□□□□□□道哉。

弃物辨

凡五色之虫，麻路不透顶，翅薄翅油，短腿细脚，项花，肉色不正，头不圆，牙不长，并牙色不红不白者，不可用也。

熟色

有虫紫生者，光滑轻凝之色，似油不油，似水不水，即如良玉之温润，转看转生宝色者，此谓之熟色。如或遇之，必为上将。若头如油浇，项上镜光，翅若油纸，肉光而发亮者，此非油光紫软，又当详察。

头生上等

大头圆结菡，脑搭浅无多。

丝路根根透，光明亮不磨。

下等头

昏小脑搭重，路粗半节儿。

棠梨三角额，此等不须题。

脸生上等

五色诸虫脸，无花阔不长。（面长则齿短，故也）

再如锅底黑，此物号强良。

下等脸

酒醉猫儿脸，花花白路纹。

此般生像者，弃物不须论。

项生上等

青项堆青靛，白毛根闪青。

朱砂火盆底，桃皮等类形。

白腐紫羢色，宽干叠起星。

毛丁有疙瘩，入手不当轻。

下等项

紧狭花斑浅，无毛黑白光。

纵然头肉正，终须受祸殃。

翅生上等

紫翅青金翅，木翅与油单。

黑色金如墨，梅花两瓣掼。

松阔偕长短，蓑衣得更难。

遮身不见节，薄绉另相看。

下等翅

膏药积不绉，松短阔长同。

金紫须长翅，其余只在中。

腿生上等

大腿圆长健，小脚如铁线。

斑白黄色真，此名金不换。

下等腿

短鳌〔瘰〕无穷细，屁勋〔熏〕青黑同。

只好留墙壁，何须问主公。

肉生上等

紫黑苍黄肉，青白胜鹅梨。

黑青肉亦白，淡黄白亦宜。

（原书缺半页）

将，一秋罕有，或一遇之，终无敌手。若红牙，若腿肉不白，若项不青毛，皆花色也。世传白牙青之外，另有牙真青，此殆欲卖虫者之附会欤。红牙者即非真青矣，间有红头青，亦称正色，终不久胜。

紫青

琥珀头尖项紫青，翅如苏叶肉还青。

天生一对牙红紫，任君百战百场赢〔嬴〕。

黑青

黑青翅黑黑如漆，仔细看来无别色。

更兼牙肉白如银，名号将军为第一。

黑青增释

此虫黑头，黑项，黑翅，或黑项发白毛者有之。顶上细线透顶，白肉白牙，位在真青之次。即遇紫黄，未知鹿死谁手。

淡青

淡青生来牙要红，头麻项阔翅玲珑。

更须肉腿如银白，胜尽秋虫独奏功。

虾青

青头青项翅如金，肉腿生来白似银。

牙若细长苏木色，此虫入手不当轻。

虾青增释

虾青者如虾之青色，必须淡青头，淡青毛项，翅如虾壳。牙红身长背翅者，方真虾青也。

蟹青

俗号虫名湖蟹青，腿脚斑黄翅似金。

未看青头并紫脑，须教项上有毛丁。

蟹青增释

头如蟹壳青色，细白丝透顶，项毛燥肉青长毛，身背横阔，腿腕上如血红，大红牙者是也。凡黑青、淡青、紫青、虾蟹青数种，惟让真青三舍，其余皆并驾齐驱，非有老嫩大小之别。即斗而致死，亦难为胜败。识之。

青麻头

麻头青项毛丁长，翅绉肉白始为良。

仍生一副牙红紫，三秋得胜喜非常。

青麻增释

凡青麻，额或一线，皆喜红牙，身阔厚不出节者为上。白牙、粗线、身狭长者，急弃之。

青金翅

麻头青项翅如金，肉腿如同银打成。

牙若更加如血色，胜尽诸人匣内金。

青虫总论

大都青色之虫，虽有红牙、白牙之分，必〔毕〕竟以腿肉白、金翅、青项、白脑线者方是。断无斑腿、黄肉、黄线之青，青鸣有叮叮之声，须细察之。

真黄上将居二

天生金色遍身黄，肉腿如同金箔装。
黄头配有乌牙齿，败尽诸虫不抵当。

真黄增释

此虫鸣声哑，撒翅如金箔，或玲珑焉。项非桃皮，则朱砂火盆底，有赤丁疙瘩，肉黄矣，更有黄毛丛丛焉。尾长矣，粗如铁线，上亦有鳞鳞长毛者，方真黄也。

红黄

头似珊瑚项斑红，翅如金箔肉相同。
腿脚圆长如玉色，英雄端不让诸虫。

紫黄

头如樱珠项似金，肉脚如同金裹成。
红黑两牙弯若剪，诸虫着口便昏沉。

黄者增释

夫真黄者，遍身俱黄者是也。红黄，则有腿肉白之分；紫黄，则重在头若樱珠之别也。至于项似金之说，则自有生以来未见金黄之项。此殆传之者谬也。但经黄色之项，必以桃皮朱砂之类为是。

淡黄

淡黄生来腿肉白，项紫牙红头琥珀。
初秋斗间最痴迷，末后逢强绝口敌。

淡黄增释

始见红黄者，头似珊瑚，非红乎，今曰琥珀，亦红紫流矣。腿脚圆长如玉色，非白乎，今曰淡黄生来腿肉白者，又相似矣。则又何必分而为红黄、淡黄耶。予不敢削去者，恐前贤误刊尔〔耳〕。白之以俟订正云。

淡黄生（增注）

黄头黄线项微金，两翅玲珑亦带金。
腿肉不毛稍似蜜，红牙如剪淡黄生。

（予幼时曾获此虫，自早秋得胜至九月中，胜一十七间，败于真青之手。好。）

真紫上将居三

真紫如同着紫袍，头浓性烈项绒毛。
钳更细长如血色，独占场中第一豪。

真紫增释

此虫生来多有头尖者，然必〔毕〕竟头圆大者为上。项有青毛项、紫戕项、赤斑项，俱要生毛丁疙瘩。如项一油光，便属花色。

红头紫

红头紫线肉毛黄，项赤红丁腿圆斑。
翅紫牙红如剪样，只除青将便为王。

纯红

眼如椒核遍身红，翅项如朱腿亦同。
若逢敌手君休怕，数番咬死又成功。

黑紫

黑紫生来似茄皮，腿脚兼黄赤肚皮。
钳若更能紫黑色，早秋赢到雪花飞。

淡紫

名为淡紫遍身明，项如青靛齿紫红。
头上三尖腰背阔，百战场中作上锋。

紫麻

　　头麻顶路透金丝，项毛翅绉腿班〔斑〕狸。

　　四脚兼黄肉带赤，秋虫见影不相持。

紫金翅

　　紫头青项翅如金，腿脚毛黄肉似蜜。

　　必须生有红黑钳，咬杀秋虫人失色。

纯白上将居四

　　白头白项白丝攒，翅似银铺肉似霜。

　　黑脸红牙肚若粉，此物方为促织王。

淡白

　　白头白项翅铺银，入手观来却似水。

　　一对银牙如雪白，总〔纵〕无颜色是将军。

白麻头

　　麻头白项肉如银，脑线根根透透明。

　　更加毛项长肥腿，十度交锋十度赢。

真黑上将居五

　　真黑生来似锭墨，腿肉班〔斑〕狸项毛黑。

　　钳若细长似血红，大战交锋如霹雳。

黑者解

　　此虫肚黑牙红，自来无敌。得遇此虫，真了虫也。

黑麻头

　　黑麻头路透银丝，项阔毛燥肉漆之。

　　更若翅乌牙赤紫，早秋胜到雪飞时。

乌头金翅

　　乌头青项翅如金，腿脚班〔斑〕狸肉带

仓〔苍〕。

　　牙齿更生乌紫色，饶他名将也难当。

红麻头

　　红麻秉性敌刚强，赤项红班〔斑〕脚圆长。

　　翅紫牙红肉赤色，诸虫交口便难当。

黄麻头

　　麻头黄项翅金色，脚腿班〔斑〕黄肉带蜜。

　　牙钳若似炭样乌，斗胜叫鸣闻四壁。

五色看法重辨

　　夫虫五色尚矣，又有紫青、黑青、红黄、淡黄、淡紫、红头紫之别，种类烦〔繁〕多。致明月夜光，混尾砾而莫辨。大都青虫便要线肉白翅金；而青黄虫便要乌牙黄线遍身如金。紫要头浓红线腿班〔斑〕肉蜜，白则如冰，黑则如墨。上手了然在目者，此真色也。答〔搭〕配不齐，便属花色。

龟鹤形

　　头如蚕嘴肚如琴，两翅啾啾叫不鸣。

　　识者若逢此促织，这般号作大将军。

飞促织

　　飞虫能斗体轻盈，白翅收时斗□□。

　　水中拔去难飞矣，果然百战百场赢。

青黄二色

　　青头白线桃皮项，金翅银腿肉微苍。

　　红牙声亮身高厚，憔老方称是伯〔霸〕王。

土狗形

　　头垂项阔肚低拖，翼翅生来半背铺。

牙紫腿肥身巨圆，当头起线叫如锣。

土蜂形

尖翅名呼是土蜂，紫黄色者十难逢。

这般色样如君得，不比常虫是毒虫。

枣核形

身如枣核两头尖，仔细观来却似船。

交锋便见强中口，咬得诸虫不敢前。

梅花翅

不拘五色之虫，翅若梅花样者，奇相也。非若梅花之白，形似梅花两朵，铺于翅上是也。

螳螂形

身狭牙尖大肚皮，脚前乔力仰头窥。

此蚤不问青黄色，斗到深秋必定输。

阴阳牙

此虫生来两个牙，一红一白实堪夸。

不拘五色麻头者，任你来虫不怕他。

长阔翅

世人谓长阔翅者不足贵，予意虫果将军，何害翅之长阔。若非名将，翅阔而长，则苦于合对之难，宜不足贵也。

蟹踞形

蚤身弓起如蟹踞，不拘五色或麻头。

任君观看却不怕，此是名虫何处求。

真三段

紫头青项有毛长，金翅生来肉带苍。

两腿圆长班〔斑〕白色，一对红牙不可当。

（原书缺半页）

呆物

头昏项紧有何奇，腿脚花班〔斑〕黑肚皮。

翅上更有膏药迹，只好将来去喂鸡。

蜈蜂形

头光肚大号蜈蜂，两翅含屏腿脚穷。

此虫只好无心斗，当场必误主人公。

月头额

额首空文彩，月头不久长。

脚穷终是病，腿细更寻常。

红头额

红头形象似花枝，一番取胜未为奇。

中秋便可空拳斗，胜少输多何必疑。

好不斗异论

所谓异虫者何见哉。或若青生矣，细观则又非青；似黄矣，细观则又非黄；若紫黑矣，细观则又非紫非黑。齿长肥而坚，身阔厚而健，落口便赢，咬着便昏者，此异色也。或头尖而身阔如琴，或头垂齿长而肚拖如囊，或两翅翘撑而如琵琶，或头尾两垂而背弓如蟹，或两头尖狭，腰背圆圆如枣核者，此异相也。凡异色异相之虫，必有义勇，即正色之虫亦当避之。倘两虎相争，必有一伤，况未必能胜其异耶。

虫辨

有等虫或蜈蜂、蜈蚣、地狗之类变之者。其身齿必强，斗性必勇；其身齿不坚而无斗性者，必蜗牛、地蚕湿虫所化也。其坚脆之辨，则又显明易见者。坚虫多阔厚，苍憔到底，不出一节。烂虫则一见水食，便出数节，头尖项狭，即如螳螂。知此坚脆之辨，便得常胜之□矣。

将军败论

世有五色真虫，常败于花色者，人多疑其非真也。予解之曰：真也不强也。或问之曰：凡将军无不强者。独曰不强，何谓哉？予应之曰：子独不见长大人乎？长大之人，多有柔弱而不能举十觔走百里者，何以故？秉气不强所致也。知人则可以推及其物矣。促织遗种，百虫食之，硬虫化强，烂虫化弱。强者色虽花，齿体则刚；弱者色虽真，气力则薄，犹夫无勇人焉，此其所以败也，何疑之有。或人问曰：强弱之辨，敬闻命矣。然则真色之虫，强弱又孰为多耶？予又应之曰：噫。身长大而无用者，曹交之外罔闻焉。由此推之，天地既赋其正色，必多将军。间有败北者，必十中之一二也。或人称是而去。

嘲两来嘴

有等好事君子，凡遇秋虫发动，则东闯西奔，寻豪探富，说合两家，携虫赌赛，则从傍而赞之，假心虚意，挑拨成场。东家撒漫，便帮西家以局东家；西家软怯，则就东家以取西家。设或两家各自张主，则又从中冷语，某虫甚大，某虫色花，扇两家之心，败已成之事。及至东家败北，则便向西家云：我道东虫不狠，今果然。欵❼顷之东家复胜，便转面谓东家云：我道未见得你虫便输，将军有复口非此谓欵。或放钱，或抽头，或倒卸，百般用意，总是为己，而不为人。一遇此辈，切须斟酌，毋令堕术中可也。

（秋虫谱下卷终）

秋夜闻虫赋

碧水澄秋，黄云凝暮，霞收余绮，木落山高。仰见珠玑灿野，玉镜辉空。举一杯而成三，复浩歌以临风。素光练静而映乎秋山，鸬鹊楼高而一天似水。冷冷兮玉露，淡淡乎疏星。嗟微阳之短晷，喜良夜之方伸。□门寂静，万籁无声。鞠散芳于山椒，鸿流哀于江滨。于斯时也，野虫入宇，接光荣以喞呻。长垣疏屋，附蔓躯□比邻。既侵户扃之怯寒，仍窥床壁之相亲。或称斯螽而动股。或名促织以催纴，或呼莎鸡而振羽，或云蟋蟀以秋吟。啾焉，唧焉，扬清音之悠悠，嘤焉，嗟焉，敷素韵之缤缤。羡蜩蟭于善鸣，难仿佛其断续。善莺簧之巧好，何拟状其音频。载听其声也，轻清以远，将□禽之莫例。高达以宏，乃阳鸟而难臻。哀以怨兮泣嫠妇，壮以怒兮感征夫。消鄙人之烦虑，祛俗士之尘魔。尔何一毫之渺体，能过绝奏于阳阿。感尔清韵，啸而长歌。歌曰：时将际兮英声揭，消永夜兮共明月。临风羡兮将焉歇，霜枫落兮音尘阙。歌音未终，余景就毕。满堂变容，回遑如失。又歌曰：月既没兮露将稀，时方晏兮无与归。良期可还兮，微露沾人衣。太虚子谓玄空子曰：善。乃命执事献平原千金之寿，修楚襄百只之璧。敬佩玉音，服之无斁。

嘉靖丙午岁仲秋里后步虚子增释重

校记

❶（原书前序叶二上）缺文可据第二种《促织论前序》补全。

❷（原书卷首叶三上）诗缺文可据第二种下卷叶二十下补全。

❸（原书卷首叶二下）《豜新月慢》词请参阅第二种书末注❻。

❹（原书上卷叶二上第一行）"攻"下脱"取之"二字。

❺（原书上卷叶五上第五行）"兮"字衍。

❻（原书上卷叶九上第五行）"次"下脱"白"字。

❼（原书下卷叶十九上第一行）"欤"疑为"有"之误。

第二種

鼎新圖像蟲經二卷

宋賈秋壑輯

萬曆刊本

上海圖書館藏

第二种
宋贾秋壑辑鼎新图像虫经二卷

　　《虫经》二卷，附《樗蒲谱》一卷，明万历刊本。书口有"凤梧堂校"、"虫经"、"虎林元版"等字样，当为杭州书林所刻。上海图书馆藏，收入《中国古籍善本书目》。

　　《虫经》刊印晚于《秋虫谱》数十年，并在前书基础上增辑而成。卷首有版画十三幅，绘出泥盆、关笼、比匣、叇筒等用具。在明、清蟋蟀谱中未见更有插图之本。

　　《虫经》与《秋虫谱》相较，内容颇有增加。如上卷之《捉促织法》、《相法》、《早秋看法》、《中秋看法》、《晚秋看法》、《三秋养蛋法》、《喂养诀法》，以及赵九公、戈千公、苏胡子、王主簿养法等均是。下卷歌诀不少与《秋虫谱》相同，故《秋虫谱》脱文可据此书补全，而《促织歌》、《夜月斗虫赋》、《济公和尚瘵促织鹧鸪天》等又为《秋虫谱》所无。

　　由于《虫经》完整无缺，又有他书所无之插图，故不失为明代蟋蟀谱中重要之一种。

促織譜

促織論前序

夫促織之為物也亦昭昭矣出於詩見
於頌賦尤詳於豳風之蔦觀其物至微
矣而每篇古人所取者何我取其暑則
在野寒則依人聞其聲亦可以卜其時
也後之人以時物而有振羽之聲鷹揚
之狀遂捕之而畜諸器合其類而使

角之以較勝負以資博賽以逸性情焉
何古今之不相及乎刻物之在天下將
以待人用也而古今取用之異者絢之
無害於義者也昔魯人獵較孔子亦獵
較蓋言從俗焉故也予可容蟜之
促織舊本一帙而備覽之見其中分別
物色之類曲盡安米之術似有得其

物之道矣使非心與物化者何能變之
周詳如是耶使能推跌道而上亦可仁
民矣余因所感遂復增巳見瞻以詩詞
若干魚樵汉鍛用彰不朽兹古人感物
之智不掇而後人愛物之心不魇雖非
有禪於治道亦可以資格物之學也是
何傷於義哉予因序諸篇首後之君子

秋入蕙茂無敵甲乙隨春之尾

覽之請勿見哂焉

旨

嘉靖丙午歲仲春下浣吉旦

徽藩崇寔道人書於中峯

崇禎瑞荊多刁斗間更金黃

王府盆

自澤文豹
赤見玉麟
五至九聚
百扁來春

平章盆

虎見之慴
貞青客守
禎祥鬼秦
英靈堯舜

象窯盆

磚城巍巍
龍翔虎躍
科斜者席
烏獲之靈

宣和盆

相襪莎鞠
嚴蛋鳴蟬
鐘門瓶薇
于軒撢靛

佐渡窯盆

磚城巍巍
龍翔虎躍
科斜者席
烏獲之靈

闌籠　宣和盆

闌籠

片竹爲塲
閘爲二邦
龍爭虎闘
任爾鷹揚

宣和盆

拍筷淡鶏
激發鳴躍
鐘門機微
干將揮霍

散簡　罩簡　比匣

散簡

散聿作房
别迤越句
彷佛橋陵
剏虚抱吭
小草蒙茂
勾水添清
欵彼淡鶸
且躍且鳴

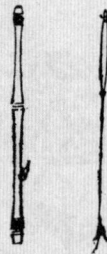

罩簡

以竹爲姝
以綑爲羅
草菜英餱
入我幃幬

比匣

室依石匣
行伍武庫
豐斌之藏
牛牛之光

鼎新图像虫经上卷

宋　平章　贾秋壑辑

明　居士　王淇竹校

促织论

论曰，天下之物，有见爱于人者，君子必不弃焉。何也？天之生物不齐，而人之所好亦异也。好非外铄，吾性之情发也。情发而好物焉，殆有可好之实存于中矣。否则匪好也，岂其性之真哉。况促织之为物也，暖则在郊，寒则附人。若有识其时者，拂其首则尾应之，拂其尾则首应之，似有解人意者。甚至合类颉颃，以决胜负，而英猛之态，甚可观也。岂常物之微者，若是班乎。此君子之所以取而爱之者，不为诬也。愚尝论之，天下有不容画之物，君子有独好之理。独促织曰莎鸡，曰络纬，曰蜇，曰蟋蟀，曰寒虫，之不一其名。或在壁，或在户，或在宇，或入床下，因时而有感。夫一物之微，而能察乎阴阳动静之宜，备乎斗战攻取之义，是能超乎物者也，甚矣。促织之可取也远矣。盖自唐帝以来，以迄于今，于凡王孙公子，至于庶人、富足豪杰，无不雅爱珍重之也。又尝考其实矣。每至秋冬，生于阜土垒石之内，诸虫变化，隔年遗种于土中。及其时至方生之时，小能化大也，大亦能化小也。若夫白露渐旺，寒露渐绝，出于草土者，其身则软；生于砖石者，其体则刚；生于浅草、瘠土、砖石、深坑、向阳之地者，其性必劣。赤黄其色也。大抵物之可取者，白不如黑，黑不如赤，赤不如黄。赤小黑大，可当乎对敌之勇；而黄大白小，难免夫侵凌之亏。愚又原夫入色之虫，赤黄色

者，更生头项肥、脚腿长、身背阔者为首也。黑白色者，生之头尖项紧，脚瘦腿薄者，何足论哉。或有花麻头，水红花牙，青灰项，白肋翅，阔翼，罩尾，秃须，歪线，额弯，尾翘翅龟背，虾脊；促织身相，螳螂状，土狗形，蝴蝶头，尖夹翅，数此又皆为虫之异象者也。紫头□有勇有敌，艳色定虚华无情，则是铜头有准，却是枣核牙长色样俱佳，未尝□□伤残独腿。及于欠足之虫，总为不全却有可观之处处也。惟有四病，若犯其一，切不可耗之。何也？仰头一也，卷须二也，练牙三也，踢腿四也。若两尾高低，曾经有失；两尾垂萎，并是老朽者也，其亡也可立而待。若有热之倦怠，与夫冷之伤惶者，又且不可缓其调养之法也。使调养之法缓，情性之欲拂，则物之救死而且恐不赡矣，何暇勇于战斗，期于克捷，而能超乎群物者哉。故曰：君子之于爱物也知所爱，知所爱则知所养也，知所养则何患乎物之不善哉。是为论。

捉促织法

凡捉促织，必将着竹筒过笼。初秋时，于绿野草莱处求之。中秋时，须在园圃垣墙之中，侧耳听其声音，然后觅其门户。果是促织所在，用手启其门户，以尖草捵求其出。若不肯出窝者，或将水灌于窝中。跃出，然后纵目辨其雌雄好歹。如果具足二尾，上色，体阔身全者，急忙捕捉。收拾过

笼之中。其余三尾残疾不入色样者，不取。

相法

一促织有红白、麻头、青项、金翅、金银丝额，上等也。黄麻头，次之。紫金果色，又次之。促织诸般色样易得，独有紫黄色十无一个，谓之足色。正当此虫之形，光滑轻凝紫带滑色，尤难得。佳者如或遇之，必然超乎其余之类也。有头大腿长、背阔齿强者，必定好争斗，有勇力，更无商量，即当收之。但诸色麻头线路，必须线直分明，寥发爽亮。不要曲并撅头，第一□□粗，线额亦要细直，不欲肥曲，又为一样。发麻头满目如柏枝叶，细布在头上，不足道。路直细，中发云好。

收买秘诀

头圆牙大兮腿尚长，项宽毛燥兮势要强。色要憔老兮翅无迹，形身阔厚兮能登场。水红花牙兮人所忌，猪肝牙色兮皆不祥。腿脚穷细兮非上品，红钳赤爪兮虫之王。

早秋看法

盖养虫者如养兵，选虫如选将。看虫者，须用多畜古旧大盆。早秋之时，择取头大腿脚圆长、身子阔厚、生像方幅、票定颜色，下盆徐徐养之，不可便斗。恐有出世先后，元气未足，颜色未变，身柔口弱，或有不斗者，交锋便走者，此皆元气未足之故也。须用下盆数日，身口坚硬，现出颜色，重色变轻色，为之并打。若轻色变重色，便可弃之。才可对并。如下口硬撅，善斗者，选为上将。但以一二个试之可矣，切勿多斗，有伤于虫也。

中秋看法

夫中秋促织，如人中年。观虫者，亦须推

度，须用起落三尾，不可共盆。恐其昼夜呼雌起翅，过损蚕体。更有意外疏失，度之度之。

晚秋看法

晚秋之时，虫将衰老，喂养尤难。须合食荤腥，安于藏风温暖之处，勿使受冷。窝用纸衬，或用一木窝。食用羊眼豆，煮熟去壳，与饭捣细喂之。或用栗子煮酥，喂之。或用生芝麻，嚼细和饭喂之。或用熟菱白心，和饭喂之。或用生冬瓜瓤、瓜仁和饭喂之。最后须用熟虾并熟蟹脚中肉、熟鳗鱼脊上肉食之。忌有油处，养体助力。若不吃食，不可当场斗矣。此必衰老有病，将亡之故也。

三秋养蚕法

一说凡促织遇早秋，戳底凉盆，放润湿处养之。中秋下土盆养之，深秋用纸覆盆盖及底，促织畏冷。不食，可用带血蚊虫三两个与之食之。此乃三秋养促织之法也。

喂养诀法

初秋惧热，盆窝要凉；秋深怕冷，风冷有伤。盆宜古大，上食宜瓢。喂食有准，休对日光。水不可缺，食不可忘。蚯蚓之粪，土细□□。□宿去垢，须换水浆。莫上草菜，齿软牙伤。脏水油饭，食之不祥。窝盖稳实，携动无妨。酒后休玩，冲气颠狂。养手大忌，橘麝诸香。安顿之处，莫近油缸。比匣厨柜，水香要防。未斗之日，且须闭藏。谨慎安置，免致逃亡。秘密之论，用意参详。

赵九公养法

鳜鱼、菱肉、芦根虫、麻根虫、胡刺母虫、断节虫、跳虾虫、蚊虫、扁担虫，俱可喂之。

襍人养法

椒叶研碎，和饭喂之。草内蜘蛛，蜜和喂之。

戈千公养法

用黄桑叶作末，纯粳米作糕，晒干浸汁，又临下食，研碎和饭均喂之。

苏胡子养法

用篱落径上断节虫。未至霜降，每喂五日。用扁担虫并和之，研碎喂之。有益于虫也。

王主簿养法

用栗子煮熟喂之。或方蒂柿子、鳗、鸡、鹅、蟹、鱼、虾煮熟，和饭喂之。

积食不消化诀

积食不化甚堪嗟，水畔红虫是可佳。研细任君分两处，喂毕斗胜是谁家。

斗不可频

论曰：促织斗后，可隔三五日，方用登场。如斗经三二十口者，可歇六七日。须看下口轻重，若斗口重，费力着伤者，须隔去三尾，二三日方可下之。过十日，观虫有性，见芡不得，鸣声响亮，方可合对。若懒慢无情，则不可斗。百口赢者不为奇，一口赢者胜百口。又要知一口赢者，用力反倍于数十口赢者也，尤当调息。若因其斗口少，便以为不打紧，即与人斗，至于有失，真可惜也。

交锋论法

夫交锋如虎争斗，彼此投降。看蛩者，密察其大小，细看貌色，不可强也。颜色两停，方可相合。既已议定，鼓噪聒鸣两下蔽，各存道理不许过棚。如横即点正，不许挑拨。起闸待其自见，有一口赢者，有三口咬触者，有一递一口者，有双做口，有黄头儿滚，颠番拘折腿脚，有两下口咬昏触赢者。忽上蔽之后，太重太早自误，牙根疼痛无休。满笼延走，不可下蔽。可将湿纸搭盖，待疼已定，方可下蔽撩之。不可合牙，等下锋回报，才可调熟交锋，自见斗口无失。盆中莫斗，斗有屈输，笼内输赢有准。

初对蔽法

对定。议定鼓噪聒鸣各觑下蔽，先讨其尾，次讨其小脚。有情，方捻牙口。一蔽左提右调，如虫性起，再扫牙口。一蔽看虫势旺，鼓翼数声，待翅收闭，才可拖领到闸口。各待回报，方可提起正闸。两架蔽不许过棚，如横点正，不许挑拨动。各存礼法。

上锋蔽法

斗胜，当监棚手喝明。下闸，分其上下。胜者收提上锋，领至中闸，即将湿纸搭盖。常当调拨，使其斗性常存。不宜扫牙，不可失其斗性。只宜频频点插，待下锋回报，才可再调。不宜繁絮，只宜数蔽领正起闸。两架蔽勿容扑，恐惊误走。善斗者详之。

下锋蔽法

促织用蔽，古者存法。蔽不用繁，脉知有□。蔽其聒鸣，扫其舌絮，诱虫知觉，待其行动，徐徐蔽之。微微蔽其头背，共□□□，□□拐头，并左右背胁，引诱其情，□□□□□□❶小脚并左右胁肋，若虫惹蔽，即□胲抓。有情就捻牙口一蔽，待虫停息，再讨其尾。如有情，即捻其牙口一蔽，观其收牙关闭，不练无伤。熟调脚腿，挑拨有情，鼓翼数声，待翅收闭，才可再调。务必取虫性旺，拖领数番绝可回报。提起正闸，两架蔽自见，则斗无失，胜之妙也。

蛩有四病

一仰头，二练牙，三卷须，四撼腿。若尾参差高下，必然曾失水食。两尾并垂，虫已老朽，且夕将亡。四者之中有一，于是便要调理精细。四者皆备，况可斗乎。

用三尾贴法歌

蛩吟三尾莫添双，呼叫连绵怕性狂。三尾黑头须用小，尖头独脚始相当。喂交三尾时常饱，免至虫吟误损伤。更将三尾频频浴，解使雌雄有彩光。

养飞促织

养飞促织者，用带血活物和饭调匀，灯下喂之，一见便吃。若闻声响，一见便惊，安于静处，莫与人看。此虫怕风，切避虫吟。有人合着，交口便赢。

治虫身热

或身热叫雌不着，青草擂碎，绞汁入沙糖水调匀浴之。后以河水过之，免致虫身悚慄。

下三尾法

到秋先收白露前，三尾养之三五日浴一次。过蛋后，虫身体健，交锋有性，斗之必胜。

斗胜养法

斗胜后，以浮萍捣汁浴之，再用河水浴过。即将童便、清水，各半饮之。用青色跳虾虫二个，捣碎与虫食之。隔退三尾二三日，自然四肢无病。

医伤损方

如斗胜下来，两牙长短，身有损伤，且勿下食。纵下，只宜些须。即取童便、清水和匀，将水槽盛之，不可用水调养，旬日自然复旧。

交锋策论

夫蛩有斗口者，有斗间者。斗间者，忽改为斗口，来虫不敌故也。斗口者改为斗间，则来虫之狠可知矣。

比合对论

先比头，次比腿，再比浑身无后悔。脚长终久得❷便宜，高厚方幅斯为美。黑白饶他大，青黄不可欺。身长终有失，扁阔最痴迷。头大终为大，翅松未足奇。铜铃三额角，三者让些儿。

辨知老嫩

要知促织老与嫩，秘诀分明白在须。两齿带黄生日久，悬牙如玉离泥初。头高必定方才变，埋首人称老野狐。授此秘方牢记取，十场罕有一场输。

六不斗法

荡胘无后芡，不食又延笼。啮牙并炼齿，终□落下锋。

八不斗法

长不斗阔，黑不斗黄。薄不斗厚，嫩不斗苍。好不斗异，弱不斗强。小不斗大，有病不斗寻常。

促织三拗

赢叫输不叫一也，雌上雄背二也，过蛋有力三也。

去飞翅法

虫生浮翅，便能飞腾。欲去时，以手提翅，放虫水中，一挣即脱，虫亦无伤。过六七员，仍可斗并。

宋贾秋壑辑鼎新图像虫经二卷

鼎新图像虫经下卷

宋　平章　贾秋壑辑

明　山人　王淇竹校

观促织形象

　　钳像蜈公钳，嘴像狮子嘴，头像蜻蜓头，腿像蛤蟆腿。颜色要相当，毛糠斯为美。

头色美者

　　红头黄麻路，要细丝透顶。黄头白麻路，要细丝透顶。淡黄麻头，嫩黄麻头，红麻头，青金麻头，紫麻头，白麻头，栗麻头，柏叶麻头，黑湾麻头，半红麻头，三尖麻头，竹乌麻头，都要麻路细丝透顶。一样生者，皆正色数也。

头色恶者

　　□头❸□色麻路不透顶。或成片者，顶滑如油，脚腿细穷，肉色斑黑，俱不中也。却有柿子头、玛瑙头、蟹凶头，还可观，却是不济。凡麻路半截肥路，头上并艳色似点儿一般，切莫用也。

各色不看

　　红黄赤白黑，麻路不透顶。翅薄短腿脚细穷，不堪用。如头不圆，牙不长，并不红不白，项如明晃者。不可用。

头

大头圆结苞，脑搭浅无多。

丝路根根透，光明亮不摩。

（上）

头

昏小脑搭重，路粗半节儿。

棠梨三角额，此等不须题。

（下）

脸

五色诸虫脸，锄弯注地长。

再如锅底黑，此物号强良。

（上）

脸

酒醉猫儿脸，花花白路纹。

此般生像者，弃物不须论。

（下）

顶

顶似蜻蜓样，毛丁又起斑。

更无形色正，打遍世无双。

（上）

顶

紧隘花斑项，无毛黑漆光。

纵有完颜勇，终须受祸殃。

（下）

顶

青项堆青钿，白毛根闪青。

朱砂火盆底，挑皮等类形。

白腐冬瓜大，宽臁垒起星。

毛丁有疙瘩，入手不当轻。

（上）

顶

鳖小更短促，无毛一片光。

这般生□者，不养又何妨。

紫□□□□❹，木翅与油单。

（下）

翅

黑色金如墨，梅花两瓣攒。
松阔偕长短，襄衣得更难。
遍身不见节，薄绉另相看。

（上）

翅

膏药积不绉，松短阔长同。
金紫须长翅，其余只在中。

（下）

腿

大腿圆长健，小脚粗铁线。
斑白黄色真，此名金不换。

（上）

腿

短鳌兼穷细，屁勋青□□。
只好留墙壁，何须问主公。

（下）

肉

紫黑苍黄肉，青白胜鹅梨。
黑青肉亦白，淡黄白亦宜。

（上）

肉

肉色欠纯正，腰上多红铃。
月头红白间，百战不能赢。

（下）

真青（箔明）

青色头如菩提子，顶上毛青靛染成。
牙铃更得芝麻白，任君尽斗足欢情。

青者曰解

此虫号真青，头要青金样，白麻路，
细丝透顶金箔明亮。翅腿圆圆长白是也。
亦有头如官蜻蜓头样，此二等为上。

亦有红头青，俱不结久。

紫青（明安）

琥珀头尖项紫青，翅如苏叶肉还青。
天生一副牙红紫，交锋一口立黄金。

黑青（明印）

黑者须当黑似漆，仔细看来无别色。
更兼牙肚白如银，名号将军为第一。

淡清（明声）

淡青生来牙要红，头麻顶阔翅玲珑。
更生肉肚如雪白，赢尽秋虫独奏功。

虾青（明白）

麻头青顶翅如金，肉腿生来白似银。
钳更细长苏木色，此虫名号是虾青。

虾青形

龟背虾青不宜红，腿脚俱长斗不□。
色黑貌凡非物类，金丝透顶绝偷身。

蟹青（音明）

此虫名称湖蟹青，腿脚斑黄翅不金。
不看牙钳红与白，须观项上有毛丁。

蟹形曰解

头如蟹壳青，细丝透顶，身背腕大腿，
腕上如血，红牙者是也。

青麻（箔哑）

麻头青项有毛丁，翅绉肉白腿脚长。
更生一副牙钳黑，三秋得胜喜非常。

青金翅（声明）

麻头青项翅如金，肉腿如同银打成。
牙钳更生如漆黑，赢尽诸人匣内金。

真黄（天黄）

　　天生金色遍身黄，肉腿如同金箔装。
　　更生一副乌牙齿，敌尽诸虫不可当。

黄者曰解

　　此虫号黄，鸣时声哑，翅如金箔黄色。
　　两翅玲珑，牙黑湾尖，此样生来是也。

红黄（明令）

　　头似珊瑚顶斑红，翅如金箔肉带黄。
　　腿脚圆长如玉色，秋虫见了自慌张。

紫黄（轻明）

　　头似樱珠顶似金，肉脚如同金裹成。
　　牙钳不问何颜色，诸虫咬着便昏沉。

深黄（明哑）

　　黄者生来金箔黄，腿脚斑黄腰□长❺。
　　若生一副乌牙齿，三秋饶大莫商量。

淡黄（泊明）

　　淡黄生来腿脚白，三样头尖如琥珀。
　　初秋斗间最迷痴，末后逢强绝口敌。

狗蝇黄

　　麻头黄项翅铺金，腿脚斑黄肉蜜色。
　　牙钳若是黑如灰，敌尽场中为第一。

真紫（应响）

　　紫者如同着紫袍，头浓刚性项如毛。
　　钳更细长如血色，独占场中第一豪。

紫者曰解

　　此虫号紫，生来头尖顶阔，要生毛丁，
　　身阔厚，牙紫红色，或阴阳翅是也。

红头紫（飞天）

　　红头紫勇敌刚强，项赤红斑腿圆长。
　　翅紫牙弯如桑剪，此虫名号促织王。

纯红（青天）

　　眼如椒核遍身红，尾项如朱腿亦同。
　　若逢敌手君休怕，数番咬死又成功。

深紫（厚响）

　　紫者当头要紫浓，更无翅胁与身同。
　　头红项阔阴阳翅，赢尽场中有大功。

黑紫

　　黑紫生来似茄皮，腿脚兼黄赤肚皮。
　　钳若生来紫黑色，早秋赢到雪花飞。

淡紫（明争）

　　名为淡紫遍身明，项如青靛齿紫红。
　　头上三尖腰要阔，战得场中不敢逢。

紫麻（声撒）

　　头麻顶路透金丝，项毛翅绉腿斑狸。
　　四脚兼黄肉带赤，秋虫见影不相持。

紫金翅（叫一声）

　　紫头青项翅如金，腿脚兼黄肉带蜜。
　　必须生有紫黑钳，咬杀秋虫人失色。

纯白（清花）

　　白头白项白丝獲，翅似铺银肉似霜。
　　乌牙黑脸肚如粉，此物正是促织王。

白者曰解

　　此虫号白，头白明亮，细麻头路透顶，
　　毛项身如蝶翅，黑牙是也。

淡白（明乐）

白头白项翅铺银，入手观来却似水。

此虫异众称奇白，总无颜色是将军。

白麻头

麻头白面白如银，细丝透顶根根明。

更加青项长肥腿，战斗之时必定赢。

乌青（明象）

乌青生来似定墨，腿脚斑狸肉带黑。

钳若细长侣血红，合战交锋如霹雳。

黑者曰解

此虫肚黑、牙红，自来无敌。得遇此虫，须细细详观。依此样者，真了虫也。

乌麻（声撒）

乌麻头路透银丝，项阔毛斑肉带黑。

更若翅乌牙钳赤，得遇此虫真有益。

乌头金翅

乌头青项翅金黄，腿脚斑狸肉带苍。

牙钳更生乌紫色，诸虫见了岂能当。

红麻头

红麻秉性敌刚强，赤项红斑脚圆长。

翅紫牙弯如桑剪，诸虫交口便难当。

黄麻头

麻头黄项翅金色，腿脚斑黄肉带蜜。

牙钳若是炭样乌，斗胜叫鸣闻四壁。

紫麻头

麻头顶上透金丝，项毛翅绉腿斑狸。

脚亦微黄肉带赤，秋虫见了怎支持。

乌麻头

乌麻头路透银丝，项阔毛臊肉带梨。

更若翅乌牙钳赤，得遇此虫真是奇。

黑色白

此虫千中难遇一二，翅如海蛳搔样。

不宜饶大，只宜两平，若落口便赢。

龟鹤形

头如蚕嘴肚如琴，两翅啾啾叫不鸣。

识者若逢此促织，这般号作大将军。

飞促织

飞虫能斗体轻盈，白翅收时斗负疼。

水中拔去难飞矣，果然百战百番赢。

噉色头

头黑红顶皆身跎，更兼大腿及捶拖。

牙齿赤红如钳样，连赢数阵不为多。

油纸灯

头圆腿壮遍身黄，翅滑如油肉带苍。

一对牙钳如红色，此物虫中是霸王。

青黄二色

青黄二色翅项明，此等生来何处寻。

初秋斗到深秋后，百度交锋百度赢。

土狗形

头粗项阔肚低拖，翼翅生来半背铺。

脚腿壮肥身巨圖，当头起线叫如锣。

土蜂形

尖翅名呼是土蜂，紫黄色者实难逢。

这般色样如君得，不比常虫是毒虫。

土蜂解

此虫千中难遇。紫黄色者，上也。余色亦好，次之。号为光翅蜂。无有敌手。

枣核形

身如枣核两头尖，仔细观来却是肛。
交锋便见强中口，咬退诸虫不敢前。

残疾

不问青黄赤白黑，不拘大小与残疾。
秃须秃尾小无爪，此物见之不足惜。

梅花翅

翅似梅花蜘蛛形，身上如同梅花片。
如此之虫亦枉哉，满场斗胜真堪羡。

螳螂形

身狭牙尖大肚皮，脚前乔立仰头窥。
此蛩不问青黄色，斗到深秋必定输。

阴阳牙

此虫生来两个牙，一红一白实堪夸。
不拘五色麻头者，一见诸虫不怕他。

长翅

长翅须养金长翅，腿脚清明腰圆齐。
虽然口比青锋刃，只宜早斗不宜迟。

阔翅

阔翅之虫识亦难，臀长扁薄也应凡。
要知才貌青黄色，头小牙长两腿斑。

蟹踞形

蛩身弓起如蟹踞，不拘五色或麻头。
任人观看则不怕，此是名虫何处求。

真三段

紫头青项有毛长，金翅生来肉带苍。
两腿圆长斑白色，一对红牙不可当。

草三段

麻头青项白毛丁，金翅绉绉肉带青。
腿脚斑黄牙似炭，当场健战众皆惊。

独脚

独脚全凭绰敥功，助帮其扬可成功。
切须休要饶他大，两腿俱全力不同。

红铃

红肩红肋不为奇，连连赢得也防虞。
金铃落了终难复，无情去斗脚成灰。

红铃曰解

十个红铃九个败，卸却红铃只好卖。
若得红铃满腰系，战胜号为金腰带。

反生名

金绵额、黄麻路、银丝额、白麻路，俱要透顶，更要麻路与额相泛。此等妙也。

呆物

头昏项紧有何奇，腿脚花斑黑肚皮。
翅上更有膏药积，只好将来去喂鸡。

青黄白

青黄白，要金线细透顶。早秋斗涧，秋深斗口，决胜。

滑紫三呼

一呼梨挞采，二呼油纸灯，三呼沿盆子。

淡黄白

淡黄白，头生三尖，琥珀色。身圆厚，牙红细长，奇也。

蜈蜂形

头光肚大号蜈蜂，两翅含屏腿脚穷。
此虫只好无心斗，当场必误主人公。

月头额

额首空文彩，月头不久长。
脚穷终是病，腿细更寻常。

红头额

红头虽然是花枝，早秋虽胜未为奇。
再来得胜亦不可，胜少输多何必疑。

促织论赋

促织斗时人要主，贪财饶大虫辛苦。
纵然赢得已着伤，当场必误下锋主。

红铃月头额

虫名月额及红铃，来往交锋暂或赢。
纵然得胜终难久，赢得钱来不可行。

香师肩铃

香师红额共肩铃，只好三番二次赢。
卸却红铃难保久，纵然赢得也无情。

题促织

玉绳低转过南楼，人在冰壶夜色幽。
湛湛露华凉似洗，啾啾蛩韵巧如讴。
絮叨高下恣情诉，断续悠扬不肯休。
叫彻五更寻隐处，自封门户共雌俦。

又

玉罐金笼喂养频，王孙珍爱日相亲。
争雄肯负东君意，决胜宁辞一芥身。

□翼有声如唱凯，洗钳重搦似生唹。
大哉天地生群物，羡尔区区志不伦。

拜星月慢 ❻

海燕东归，金风西起，湛湛浓露于溆。蟋蟀秋兴，识败壁荒苑，笑相寻。须将玉罐金笼挤。挤谩听清音哢，赤黄蟹壳，总平生稀见。　　画堂中，曲养情何厌。性欻爽，好把清波泛，展转轻盈遒健。奋鹰扬对敌无双战，经百场，谁闻败北叹。怎奈他，三秋气老，英雄事方断。

促织歌

新虫调理要相当，残暑盆窝须近凉。渐到秋深畏风冷，不宜频浴恐防伤。养时盆罐须宽阔，下食依时要审详。水食调匀蛩必旺，看时切莫对阳光。水时并尽方堪斗，不可伤饥患饱忙。盆内土须蚯蚓粪，相宜盖为按阴阳。如此宿虫无妬色，仍将宿水换新浆。假若草叶供虫嗑，齿软仍知牙更僵。过笼窝罐安排固，行动提携总不妨。酒后切忌将来看，壮气冲伤走跳狂。误放橘橙克食物，食之虫腹反为殃。安顿必须清净处，油烟熏损不刚强。过期未斗频频看，仍复收拾用意藏。倘或打食口齿谩，必须医损按前方。不察强弱当场斗，必是遭输笑不良。盖盆谨慎休留隙，免使奔逃意下慌。看取调养依斯谱，虫体无伤齿更刚。堪怜一种清幽物，岁岁三秋声韵长。

夜月闻虫赋

太虚君幽居味道，莫知物移岁改。优游多暇，谩观绿苔生阁，芳尘凝榭，悄焉久怀。不怡终夜。乃清兰路，肃桂苑。腾吹寒山，弭盖秋坂。临浚壑而怨遥，登崇岫而伤远。于时斜汉左界，北陆南缠。白露暖空，素娥流天，凉飔飘袂，蛩韵延连。顾乃沉吟唐章，殷勤幽篇。抽毫进牍，以命空玄。空玄跪而称曰：臣东鄙幽介，长自丘樊，昧道慒学，孤奉明恩。臣闻沉潜既义，高明既经。寒暑相催，往来弗停。四运忽其代序，万物纷以回薄。览花萼之时育，察胜衰之所托。汤穆不已，胡可胜嘠。嗟哉，秋之为气也。愀时之可衰，将无愁而不尽。庭树搣以洒落，劲风戾而逐绅。天晃朗以弥高，日悠扬而渐远。野栖归燕，隰集翔准。阶滚玉露，水泛芦苇。何微阳之短暑，觉良夜之方伸。擅扶光于东沼，嗣若英于咸津。引玄兔于帝台，集素娥于后宸。方今气霁地表，云敛天空，木叶微脱，始波洞庭。鞠散芳于山淑，鸿流哀于江滨。斯时也，野虫入宇，接光荣以嗼呻，败壁疎窟，附蕞躯而比邻。既侵户扃之怯寒，再窥床下之来亲。或称斯螽而动股，或名促织以催纴，或呼莎鸡而振羽，或云蟋蟀以秋吟。唧焉啾焉，扬清音之悠悠。喓喓嘈嘈，敷素韵之缤缤。羡蜩蟪于善鸣，难仿佛其断续。知莺簧于巧好，何拟状其声频。载听其声也，轻清以远，将□❼禽之莫例。高达以宏，乃阳鸟而难臻。声哀以思，泣婺妇于舟中。声怨以怒，感寄旅而生嗔。今夕何夕，聆此轻音，仰见列宿掩缛，长河韬映，柔祇雪凝，圆灵水镜，袂霜露膏，周除蛮蹊，清高哀怨，曲尽人情。太虚君乃厌晨欢，乐宵宴，收妙舞，弛清悬，去烛房，即虫捍，芳酒登，鸣琴按。乃若凉夜自凄，风凰成韵，亲懿臭从，羁孤逓进。睹月华之夕辉，听促织之秋引。于是弦桐练响，音容选和，徘徊房路之曲，惆怅阳阿之奏。林声虚簾，沧池灭波，欝结纤轸，情其何托。愬感虫鸣，啸而长歌。歌曰：时将际兮英声揭，消永夜兮共明月。临风羡兮将焉

歌，霜枫落兮音尘阙。歌音未终，余景就毕。满堂变容，回遑如失。又称歌曰：月既没兮露将晞，时方晏兮无与归。良期可以还，微露霑人衣。太虚子谓玄空子曰：善。乃命执事，献平原千金之寿，修楚襄百只之璧。敬佩玉音，服之无斁。

济公和尚瘞促织鹧鸪天

促织儿，王彦章，一根须短一根长。只因全胜三十六，人总呼为王铁枪。休烦恼，莫悲伤，世间万物有无常。昨宵忽值严霜降，好似南柯梦一场。

又把火文

这妖魔本是微物，只窝在石岩泥穴。时当夜静更深，叫彻风清月白。直聒得天涯游子伤心，寡妇房中泪血。不住地只顾催人织，空费尽许多闲气力。又非是争夺田园，何故乃尽心抵敌。相见便怒尾张牙，扬须鼓翼，斗过数交，赶得紧急。赢者扇翅高声，输者走之不及。财物被人将去，只落得些食吃。纵有金玉雕笼，都是世情虚色。倏忽天降严霜，彦章也熬不得。今朝归化时临，毕竟有何奇特。仗此无名烈火，要判本来面色。

咦，托生在功德池边，却相伴阿弥陀佛。

又撒骨文

一夜青娥降晓霜，东篱菊芒似金妆。昨宵稳贴廘周梦，不听虫吟到耳旁。大众万物有生皆有死，鸟雀昆虫亦如此。今朝促织已身亡，火内焚尸无些子。平生健斗势齐休，彻夜豪吟还且住。将来撒在玉湖中，听取山僧分付汝，冤与孽，皆消灭。

校记

❶（原书上卷叶十四下首行）数字模糊为"其腰尾次拂"，次行为"如不动再讨"。

❷（原书上卷叶十六下第五行）第二字原为"人"，经人改为"得"，第六行第六字原为"阔"，经人改为"身"。原本误，改得正确。

❸（原书下卷叶二上首行）数字模糊为"如头艳色麻路"，次行为"油脚腿细穷"。

❹（原书下卷叶三下末行）数字模糊为"紫翅青金翅　木翅"。

❺（原书下卷叶八上第六行）模糊数字为"腰圆长"，末行为"莫商量"。

❻（原书下卷叶廿一上第三行）《拜星月慢》。自第一种《秋虫谱》起《拜星月慢》即多脱字及断句错误。今取宋陈允平所作此调又一体（见清徐本立《词律拾遗》卷四叶三十一，同治癸酉刊本）与此阕并行录出，为断句及脱字提供参考。

漏阁间签句琴窗旧谱句露湿宵萤欲暗韵雁咽凉声句寂寞芙蓉苑叶画帘外句树色经霜渐改句淡**海燕东归　金风西起　湛湛浓露于渐　蟋蟀秋兴　识败壁荒苑　笑相寻　须将玉罐金笼** 挤碧云疏星烂叶旧约桐阴句问何时重见叶○倚银屏豆更忆秋娘面叶想凌波共立河桥畔叶重念酒　**谩听清音啭　赤黄蟹壳　总平生稀见　○画堂中　曲养情何厌　性歉爽好把清波泛　□□展** 污罗襦句渐金篝香散叶剪孤灯伴宿西风馆叶黄花梦豆对发凄凉叹叶但怅望豆一水家山句被红　**转轻盈　□□□遒健　奋鹰扬　对敌无双战　经百场　谁闻败北叹　怎奈他　三秋气老　英雄** 尘隔断叶

事方断

❼（原书下卷叶廿四下第六行）数字模糊为"皋禽之莫"。

第三種

促織經二卷

宋賈似道輯明周履靖續增

夷門廣牘本

第三种

宋贾似道辑明周履靖续增促织经二卷

　　周履靖，字逸之，晚号梅颠，嘉兴人，辑《夷门广牍》丛书，刊于万历中。《促织经》收入该书《禽兽门》。丛书卷帙繁浩，刊印需时，《促织经》具体编印年月，已难考证。惟卷首署名"梅颠"，知成书已在晚年，当在《虫经》之后，盖据以续增而成。

　　经核对，《促织经》有不少篇与《虫经》相同，而《蟋蟀论》、《又论》、《总论看法色样有五等》、《养法十二种》、《斗法八条》、《总言三首》等乃是新增。歌诀多首，或全同，或部分字句相同，或为《虫经》所无，可见在养虫家中流传，或口授，或笔录，难免时有出入，而不断增益，由少而多，亦必然之规律。取以上三种参阅比较，颇能看到在修订重刊中，既承袭又增补之发展过程。

促织经卷之上

宋秋壑贾似道编辑
明梅颠周履靖续增
金陵荆山书林梓行

论赋

促织论

　　论曰，天下之物，有见爱于人者，君子必不弃焉。何也？天之生物不齐，而人之所好亦异也。好非外铄，吾性之情发也。情发而好物焉，殆有可好之实存于中矣。否则匪好也，岂其性之真哉。况促织之为物也，暖则在郊，寒则附人。若有识其时者，拂其首则尾应之，拂其尾则首应之，似有解人意者。甚至合类颉颃，以决胜负，而英猛之态，甚可观也。岂常物之微者，若是班乎。此君子之所以取而爱之者，不为诬也。愚尝论之，天下有不容尽之物，君子有独好之理。独促织曰莎鸡，曰络纬，曰蛬，曰蟋蟀，曰寒虫之不一其名。或在壁，或在户，或在宇，或入床下，因时而有感。夫一物之微，而能察乎阴阳动静之宜，备乎战斗攻取之义，是能超乎物者也，甚矣。促织之可取也远矣。盖自唐帝以来，以迄于今，于凡王孙公子，至于庶人、富足豪杰，无不雅爱珍重之也。又尝考其实矣，每至秋冬，生于草土垒石之内，诸虫变化，隔年遗种于土中。及其时至，方生之时，小能化大也，大亦能化小也。若夫白露渐旺，寒露渐绝，出于草土者其身则软，生丁砖石者其体则刚；生丁浅草瘠土砖石深坑向阳之地者，其性必劣。赤黄其色也，大抵物之可取者。白不如黑，黑不如赤，赤不如黄，赤小黑大，可当乎对敌之勇。而黄大白小，难免夫侵凌之亏。愚

　　又原夫入色之虫，赤黄色者，更生头项肥、脚腿长、身背阔者为首也。黑白色者，生之头尖、项紧、脚瘦、腿薄者，何足论哉。或有花麻头、水红花牙、青灰项、白肋翅、阔翼、罩尾、秃须、歪线额、弯尾、翘翅、龟背、虾脊。促织身相螳螂状、土狗形、蝴蝶头、尖夹翅，此数者又皆为虫之异象者也。紫头偏有勇有敌，艳色定虚华无情，则是铜头有准，却是枣核牙长，色样俱佳。未尝不勇伤残独腿，及于欠足之虫，总为不全，却有可观之处者也。惟有四病，若犯其一，切不可托之。何也？仰头一也，卷须二也，练牙三也，踢腿四也。若两尾高低，曾经有失；两尾垂萎，并是老朽者也。其亡也可立而待。若有热之倦怠，与夫冷之伤惶者，又且不可缓其调养之法也。使调养之法缓，情性之欲拂，则物之救死而且恐不赡矣。何暇勇于战斗，期于克捷，而能超乎群物者哉。故曰：君子之于爱物也知所爱，知所爱则知所养也，知所养则何患乎物之不善哉。是为论。

蟋蟀论

　　序属三秋，时维七月。禀受肃杀之气，化为促织之虫。述其奥妙之玄机，乃作今时之赌赛。千般调养，皆遵昔日之规模。数句言辞，可教后来之子弟。盆须用古，器必要精，如遇天炎，常把窝儿水浴。若交秋冷，速将盆底泥填，下盆须食白花草，则泥泻出，然后必殤黄米饭，可长精神。食不宜

多，休要缺水。嚼牙狭食，暂喂带血蚊虫；内热慵鸣，聊食豆芽尖叶；落胎粪结，必吃虾婆；失脚头昏，川芎茶浴；如若咬伤，速用童便、蚯蚓粪调和，点其疮口。禁齿须将捽草用苍蝇头血染成，如是良医。敌疲休与水，斗处切傍饥。游栅沿墙，藏之暗所，隔盆鸣叫，速使相离。每至未申，便当下食。但临子丑，且听呼雌。浑身好似一团花，红铃难托。遍体却如三段锦，白肋无成。腿长有胜无输，身狭少赢多败。头粗难壮，何人与我敢争锋。牙细翅宽，必定知他难受口。麻头秀项销金翅，名播他乡。虾脊蛾身橄榄形，声扬别郡。尾短终无力，牙长必有功。看来有妙必藏，莫与他人频睹矣。黑白多输，青黄多胜，狭长有失，扁阔迷痴。尾焦便可弃之，毋为后悔。铃脱休寻争斗，免使嗟吁。是虫也，白露旺生，寒露渐绝。草土中则软，砖石内则刚；背阴必娇，向阳必劣；深砖厚石，其色青黄；浅草薄泥，其颜黑白。若爱其才，必相其色。得之于心，用之于手。虽以微虫，慎勿轻视。然赌赛有千般之变化，调理有万种之功夫。未尽片言，再词于后。

又论

蟋蟀者，秋虫也。名促织，亦名孙旺，虎丘人曰趱织者。昔日无名氏曾作育养蟋蟀调理方一篇。子弟一生，所爱其物，亦作论生化之原，相虫儿之风鉴，故作是言也。夫促织者，草土中虫之变化，或隔数年，放子于土中，生小化大。白露旺生，寒露暂绝。草土中必嫩，砖石中必刚。浅草薄土，其色黑白。厚砖深坑，其色赤黄。背阴必娇，向阳必劣。白不如黑，黑不如赤，赤不如黄，黄不如青。赤小黑大可对，黄大白小是亏。赤黄色者，更生得头大项肥、腿长身阔者，皆可观也。黑白更若头尖项细，脚小体轻，

皆不中也。既爱其才，必相其色。作诗一首，断句三思。形相绝好者，可胜言哉。其余歹者，皆不足观也。

月夜闻虫赋

太虚君幽居味道，莫知物移岁改。优游多暇，谩观绿苔生阁，芳尘凝榭，悄焉久怀，不怡终夜。乃清兰路，肃桂苑，腾吹寒山，弭盖秋坂。临浚壑而怨遥，登崇岫而伤远。于时斜汉左界，北陆南缠。白露暖空，素娥流天，凉飑飘袂，蚤韵延连。顾乃沉吟唐章，殷勤幽篇。抽毫进牍，以命空玄。空玄跪而称曰：臣东鄙幽介，长自丘樊。昧道懵学，孤奉明恩。臣闻沉潜既义，高明既经，寒暑相催，往来弗停。四运忽其代序，万物纷以回薄。览花莳之时育，察盛衰之所托。汹穆不已，胡可胜嘤。嗟哉，秋之为气也。愀时之可衰，将无愁而不尽。庭树摵以洒落，劲风戾而逐绅。天晃朗以弥高，日悠扬而渐逮。野栖归燕，隰集翔准。阶滚玉露，水泛芦蕈。何微阳之短暑，觉良夜之方伸。擅扶光于东沼，嗣若英于咸津。引玄兔于帝台，素娥于后宸。方今气霁地表，云敛天空，木叶微脱，始波洞庭。鞠散芳于山林，鸿流哀于江滨。斯时也，野虫入宇，接光荣以喇呻。败壁踈窟，附蕚躯而比邻。既侵户扃之怯寒，再窥床下之来亲。或称斯螽而动股，或名促织以催纴，或呼莎鸡而振羽，或云蟋蟀以秋吟。唧焉啾焉，扬清音之悠悠。喓喓嘈嘈，敷素韵之缤缤。羡蜩螗于善鸣，难仿佛其断续。知莺簧于巧好，何拟状其声频，载听其声也。轻清以远，将皋禽之莫例。高达以宏，乃阳鸟而难臻。声哀以思，泣嫠妇于舟中。声怨以怒，感羁旅而生嗔。今夕何夕，聆此轻音，仰见列宿掩缛，长河韬映，柔祗雪凝，圆灵水镜。袂霑露膏，周除蚤赓。清高哀怨，曲尽人情。太虚

君乃厌晨欢，乐宵宴。收妙舞，弛清悬。去烛房，即虫捍。芳酒登，鸣琴按。乃若良夜自凄，风篁成韵，亲懿莫从，羁孤递进。睇月华之夕辉，听促织之秋引。于是弦桐练响，音容选和，徘徊房路之曲，惆怅阳阿之奏。林声虚籁，沦池灭波。爵结纤袗，情其何托。恧感虫鸣，啸而长歌。歌曰：时将际兮英声揭，消永夜兮共明月。临风羡兮将焉歇，霜枫落兮音尘阙。歌音未终，余景就毕。满堂变容，回遑如失。又称歌曰：月既没兮露将晞，时方晏兮无与归。良期可以还，微露霜人衣。太虚君谓空玄子曰：善。乃命执事，献平原千金之寿，修楚襄百只之璧。敬佩玉音，服之无斁。

促织歌

新虫调理要相当，残暑盆窝须近凉。渐到秋深畏风冷，不宜频浴恐防伤。养时盆罐须宽阔，下食依时要审详。水食调匀蛩必旺，看时切莫对阳光。水时并尽方堪斗，不可伤饥患饱忙。盆内土须蚯蚓粪，相宜盖为按阴阳。如此宿虫无垢色，仍将宿水换新浆。假如草叶供虫啮，齿软仍知牙更僵。过笼窝罐安排固，行动提携总不妨。酒后切忌将来看，壮气冲伤走跳狂。误放橘橙克食物，食之虫腹反为怏。安顿必须清净处，油烟熏损不刚强。过期未斗频频看，仍复收拾用意藏。倘或打食口齿疡，必须医损按前方。不察强弱当场斗，必是遭输笑不良。盖盆谨慎休留隙，免使奔逃意下慌。看取调养依斯谱，虫体无伤齿更刚。堪怜一种清幽物，岁岁三秋声韵长。

拜星月慢❶

海燕东归，金风西起，湛湛浓露于溅。蟋蟀秋兴，识败壁荒苑，笑相寻。须将玉罐金笼挤。谩听清音哝，赤黄蟹壳总平生稀

见。　画堂中，曲养情何厌。性欸爽，好把情波泛，展转轻盈遒健。奋鹰扬对敌无双战，经百场，谁闻败北叹。怎奈他，三秋气老，英雄事方断。

济颠和尚瘗促织鹧鸪天

促织儿，王彦章，一根须短一根长。只因全胜三十六，人总呼为王铁枪。休烦恼，莫悲伤，世间万物有无常。昨宵忽值严霜降，好似南柯梦一场。

又把火文

这妖魔本是微物，只窝在石岩泥穴。时当夜静更深，叫彻风清月白。直聒得天涯游子伤心，寡妇房中泪血。不住地只顾催人织，空费尽许多闲气力。又非是争夺田园，何故乃尽心抵敌。相见便怒尾张牙，扬须鼓翼。斗过数交，赶得紧急。赢者扇翅高声，输者走之不及。财物被人将去，只落得些儿食吃。纵有金玉雕笼，都是世情虚色。倏忽天降严霜，彦章也熬不得。今朝归化时临，毕竟有何奇特。仗此无明烈火，要判本来面目。

咦。托生在功德池边，却相伴阿弥陀佛。

又撒骨文

一夜青娥降晓霜，东篱菊芷似金妆。昨宵稳贴庄周梦，不听虫吟到耳旁。大众万物有生皆有死，鸟雀昆虫亦如此。今朝促织已身亡，火内焚尸尢些子。平生健斗势齐休，彻夜豪吟还且住。将来撒在玉湖中，听取山僧分付汝，冤与孽，皆消灭。

咦。　一轮明月浸波中，万里碧天光皎洁。济公念毕，把灰向湖中一丢，一阵清风过处，现出一个青衣童子，合掌当胸曰：感谢我师点化，弟子已得超升。言讫，风息不见。噫。亦知微物之有感化者，故并入以备观赏。

捉促织法

凡捉促织，必将着竹筒过笼。初秋时，于绿野草莱处求之。中秋时须在园圃垣墙之中，侧耳听其声音。然后觅其门户。果是促织所在，用手启其门户，以尖草搋求其出。若不肯出窝者，或将水灌于窝中。跃出，然后纵目辨其雌雄好歹。如果具足二尾，上色，体阔身全者，急忙捕捉，收拾过笼之中。其余三尾残疾不入色样者，不取。

收买秘诀

头圆牙大兮腿尚长，项宽毛膆兮势要强。色要憔老兮翅无迹，形身阔厚兮能登场。水红花牙兮人所忌，猪肝牙色兮皆不祥。腿脚穷细兮非上品，织〔炽〕钳赤爪兮虫之王。

看法

一促织有红白、麻头、青项、金翅、金银丝额，上等也。黄麻头次之，紫金黑色又次之。促织诸般色样易得，独有紫黄色，十无一个，谓之足色。正当此虫之形，光滑轻凝，紫带滑色，尤难得。佳者如或遇之，必然超乎其余之类也。有头大、腿长、背阔、齿强者，必定好争斗，有勇力，更无商量，即当收之。但诸色麻头线路，必须细直分明，寥发爽亮，不要曲并搋头。第一嫌路粗，线额亦要细直，不欲肥曲，又为一样。发麻头满目如柏枝叶，细布在头上，不足道。路直细，中发云好。

早秋看法

夫养虫者如养兵，选虫如选将。看虫者，须用多畜古旧大盆。早秋之时，择取头大腿脚圆长、身子阔厚、生像方幅、票定颜色，下盆徐徐养之。不可便斗，恐有出世先后，元气未足，颜色未变，身柔口弱。或有

不斗者，交锋便走者，此皆元气未足之故也。须用下盆数日，身口坚硬，现出颜色，重色变轻色，为之并打。若轻色变重色，便可弃之。才可对并，如下口硬撇善斗者，选为上将，但以一二个试之可矣。切勿多斗，有伤于虫也。

中秋看法

夫中秋促织，如人中年。观虫者亦须推度。须用起落三尾，不可共盆，恐其昼夜呼雌起翅，过损蛩体。更有意外疎失，度之度之。

晚秋看法

晚秋之时，虫将衰老，喂养尤难。须合食荤腥，安于藏风温暖之处，勿使受冷。窝用纸衬，或用一木窝，食用羊眼豆，煮熟去壳，与饭捣细喂之。或用栗子煮酥喂之，或用生芝麻嚼细和饭喂之，或用熟茭白心和饭喂之，或用生冬瓜瓤、瓜仁和饭喂之。最后须用熟虾并熟蟹脚中肉、熟鳗鱼脊上肉食之。忌有油处，养体助力。若不吃食，不可当场斗矣。此必衰老有病、将亡之故也。

论形

观促织形象

钳像蜈蚣钳，嘴像狮子嘴，头像蜻蜓头，腿像蚱蜢腿。颜色要相当，毛糙斯为美。

头色美者

红头黄麻路，要细丝透顶。黄头白麻路，要细丝透顶。淡黄麻头、嫩黄麻头、红麻头、青金麻头、紫麻头、白麻头、栗麻头、柏叶麻头、黑弯麻头、半红麻头、三尖麻头、竹乌麻头，都要麻路细丝透顶。一样生者，皆正色数也。

头色恶者

如头艳色，麻路不透顶。或成片者，顶滑如油，脚腿细穷，肉色斑黑，俱不中也。却有柿子头、玛瑙头、蟹凶头，还可观，却是不济。凡麻路半截肥路，头上并艳色似点儿一般，切莫用也。

各色不看

红黄赤白黑，麻路不透顶。翅薄短腿脚，细穷不堪用。如头不圆，牙不长，并不红不白，项如明晃者，不可用。

论头

大头圆结苞，脑搭浅无多。
丝路根根透，光明亮不摩。

（上）

昏小脑搭重，路粗半节儿。
棠梨三角额，此等不须题。

（下）

论脸

五色诸虫脸，锄弯注地长。
再如锅底黑，此物号强良。

（上）

酒醉猫儿脸，花花白路纹。
此般生像者，弃物不须论。

（下）

论顶

顶似蜻蜓样，毛丁又起斑。
更兼形色正，打遍世无双。

（上）

紧隘花斑顶，无毛黑漆光。
纵有完颜勇，终须受祸殃。

（下）

青项堆青钿，白毛根闪青。
朱砂火盆底，桃皮等类形。

白腐冬瓜大，宽臁垒起星。
毛丁有疙瘩，入手不当轻。

（上）

鳖〔瘰〕小更短促，无毛一片光。
这般生像者，不养又何妨。

（下）

论翅

紫翅青金翅，木翅与油单。
黑色全如墨，梅花两瓣攒。
松阔偕长短，襄衣得更难。
遮身不见节，薄绉另相看。

（上）

膏药积不绉，松短阔长同。
金紫须长翅，其余只在中。

（下）

论腿

大腿圆长健，小脚粗铁线。
斑白黄色真，此名金不换。

（上）

短鳖〔瘰〕兼穷细，屁勋〔熏〕青黑同。
只好留墙壁，何须问主公。

（下）

论肉

紫黑苍黄肉，青白胜鹅梨。
黑青肉亦白，淡黄白亦宜。

（上）

肉色欠纯正，腰上多红铃。
月头红白间，百战不能赢。

（下）

论蝴蜂形

貌若蝴蜂腿脚纤，细腰项紧两头尖。
遍身黄色金纹理，百口之中一口钳。

论蝼蝈形

　　蝼蝈之形最难相，牙长腿短头尖亮。
　　尾豁过肩三二分，正是雌头拖肚样。

论蜘蛛形

　　身材局促似蜘蛛，且喜牙长六足铺。
　　羽翼不长肩盖尽，等闲觅得夜明珠。

论螳螂形（二首）

　　首短身长何足用，羽翅好是航船舡。
　　若还六足尽尖长，此是螳螂最堪用。

又

　　身狭牙尖大肚皮，脚前乔立仰头窥。
　　此蚕不问青黄色，斗到深秋必定输。

论蚱蜢形

　　头大肩尖腿脚长，秀钉模样最难当。
　　侧生身分高而厚，斗到秋深赢满场。

论玉蜂形

　　尖翅名呼是玉蜂，千中难遇实难逢。
　　如君遇着须不避，不比寻常是毒虫。

论枣核形

　　身如枣核两头尖，左右观来是块砖。
　　往来千遍无辞口，一秋咬败万千千。

论灶鸡形

　　头尖项细肚皮拖，白翅生来满背铺。
　　腿脚不长身懒慵，当头金线叫喽啰。

论蚝螂形

　　易名宽翅号蚝螂，翅阔头尖牙用长。
　　身要匾摊脚要细，只许英雄三二番。

论蝴蝶形

　　头尖肚大像蝴蜂，两翅含开腿脚穷。
　　此虫只好无钱斗，当真必害主人翁。

论虾脊龟形

　　龟形虾脊不宜红，腿脚俱长力不庸。
　　色黑体肥毛白项，金丝金线绝伦虫。

论龟鹤形

　　头如蚕嘴肚如琴，两翅啾啾叫不鸣。
　　识者若逢此促织，这般号作大将军。

论土狗形

　　头粗项阔肚低拖，翼翅生来半背铺。
　　脚腿壮肥身巨圆，当头起线叫如锣。

论土蜂形

　　尖翅名呼是土蜂，紫黄色者实难逢。
　　这般色样如君得，不比常虫是毒虫。

土蜂解

　　此虫千中难遇，紫黄色者上也。余
色亦好，次之号为光翅蜂，无有敌手。

论枣核形

　　身如枣核两头尖，仔细观来却是舡。
　　交锋便见蹑中口，咬退诸虫不敢前。

论蟹踞形

　　蚕身弓起如蟹踞，不拘五色或麻头。
　　任人观看则不怕，此是名虫何处求。

论虾青形

　　龟背虾青不宜红，腿脚俱长斗不慵。
　　色黑貌凡非物类，金丝透顶绝伦虫。

（上卷终）

促织经卷之下

宋秋壑贾似道编辑

明梅颠周履靖续增

论色

总论看法色样有五等

红头、青项、翅金色者，一绝也。

麻头透顶，青项，金翅，白腿，头后相应，二绝也。

白麻头透顶，青项毛子厚银翅者，三绝也。

紫头白露青项浓厚，紫翅又带皱纹者，四绝也。

黑漆头，金线或银额，青项带毛，黑金翅，白肚皮，白大腿脚者，五绝也。

大凡看法，须要钳像蜈蚣钳，嘴像狮子嘴，头像蜻蜓头，脚像蚱蜢脚。头大腿长，不用商量。若头大项宽，身厚又阔，虽色不全，此虫能吃口使口，知趣者当于言外得之。

论真红色

眼如椒子遍身红，腿脚如霜须尾同。

若逢敌手君休怕，数番咬死又成功。

论真青色

青金头像菩提子，头上毛青靛染成。

若还钳得芝麻白，请君斗尽莫疑生。

论真黄色

翅金肉白顶红麻，项糁毛青腿少瑕。

更有一双牙似墨，这般相貌最为佳。

论真黑色

黑者须当头似漆，仔细看来无别色。

于中牙肚白如银，到作将军为第一。

论真白色

白头白项翅如银，上手观来一似冰。

枣红牙齿如针利，捻〔纵〕无骨肉似将军。

论真紫色

紫者须当要色浓，更兼肋腿与身同。

头雌腰阔阴阳翅，赢尽场中独请功。

论水红色

水红须尾水红衣，白肚团员模样奇。

斑点一些浑不染，傍人号作杜公儿。

论深青色

颜色深沉似污泥，紫头青项尽相宜。

齿长腹肚兼华白，斗到秋深花带归。

论淡青色

头紫葡萄项掺青，正身厚阔似鸦明。

壳纹淡薄轻银翅，斗着交锋速便赢。

论紫青色

紫头青项背如龟，青不青兮紫不绯。

仔细看来茄子色，更兼腿大最为奇。

论灰青色

颜色深沉不好看,灰头灰项不新鲜。

只因翅皱长牙齿,斗相凶顽必抢前。

论淡黄色

肉白红头项掺青,头粗脚壮齿如针。(墨者妙)

这般虫子非容易,九遍交锋十次赢。

论河蟹色

赤色却如河蟹色,麻头秀项极难得。

枣红牙齿尽相宜,只恐项光头又黑。

论虾青色

有等名为虾壳青,比似青来翅不金。

不问牙钳白不白,须看项上带毛丁。

论油丹色

黑头青项翅油丹,腿脚牙长似雪霜。

相貌这般无觅处,斗时绝胜岂寻常。

论乌鸦色

黑色明如黑漆光,白牙绣项皂罗裳。

肚皮腿脚皆如玉,内相将军不可当。

青麻头

掺青皱翅紫麻头,肚白身肥牙似钩。

毛项花牙长腿脚,腿鸡生相斗三秋。

真青麻头

线项麻头纹理明,蜻蜓头翅顶浑青。

侧生身分高而厚,斗着交锋速便赢。

白麻头

黄色辉光耀似金,枣红牙齿利如针。

更有葡萄毛肉体,日交三度也还赢。

白牙青

紫头银线项青毛,银牙白脚绝伦高。

可奈秋风消索处,自然勇力不相饶。

拖肚黄

头顶焦黄身黑粗,更兼腿大及臀拖。

若还牙齿尖而厚,日斗数番也不多。

红头

红如血点项朱砂,入手观来一朵花。

一朝二广交锋胜,到底终须不恋家。

真青(箔明)

青色头如菩提子,顶上毛青靛染成。

牙铃〔钳〕更得芝麻白,任君尽斗足欢情。

青者曰解

此虫号真青,头要青金样,白麻路细丝透顶,金箔明亮,翅腿圆圆长白是也。亦有头如官蜻蜓头样,此二等为上。亦有红头青,俱不桔人。

紫青(明安)

琥珀头尖项紫青,翅如苏叶肉还青。

天生一副牙红紫,交锋一口立黄金。

黑青(明印)

黑者须当黑似漆,仔细看来无别色。

更兼牙肚白如银,名号将军为第一。

淡青(明声)

淡青生来牙要红,头麻顶阔翅玲珑。

更生肉肚如雪白,赢尽秋虫独奏功。

虾青(明白)

麻头青顶翅如金,肉腿生来白似银。

钳更细长苏木色,此虫名号是虾青。

宋贾似道辑明周履靖续增促织经二卷

蟹青（音明）

　　此虫名称湖蟹青，腿脚斑黄翅不金。

　　不看牙钳红与白，须观项上有毛丁。

蟹形曰解

　　头如蟹壳青，细丝透顶。身背腕大，

腿腕上如血，红牙者是也。

青麻（箔哑）

　　麻头青项有毛丁，翅绉肉白腿脚长。

　　更生一付牙钳黑，三秋得胜喜非常。

青金翅（声明）

　　麻头青项翅如金，肉腿如同银打成。

　　牙钳更生如漆黑，赢尽诸人匣内金。

真黄（天黄）

　　天生金色遍身黄，肉腿如同金箔装。

　　更生一付乌牙齿，敌尽诸虫不可当。

黄者曰解

　　此虫身黄，鸣时声哑，翅如金箔黄色。

　　两翅玲珑，牙黑弯尖，此样生来是也。

红黄（明令）

　　头似珊瑚项斑红，翅如金箔肉带黄。

　　腿脚圆长如玉色，秋虫见了自慌张。

紫黄（轻明）

　　头似樱珠顶似金，肉脚如同金裹成。

　　牙钳不问何颜色，诸虫咬着便昏沉。

深黄（明哑）

　　黄者生来金箔黄，腿脚斑黄腰圆长。

　　若生一付乌牙齿，三秋饶大莫商量。

淡黄（泊明）

　　淡黄生来腿脚白，三样头尖如琥珀。

　　初秋斗间最迷痴，末后逢强绝口敌。

狗蝇黄

　　麻头黄项翅铺金，退脚斑黄肉蜜色。

　　牙钳若是黑如灰，敌尽场中为第一。

真紫（应响）

　　紫者如同着紫袍，头浓刚性项如毛。

　　钳更细长如血色，独占场中第一豪。

紫者曰解

　　此虫号紫，生来头尖顶阔，要生毛丁。

　　身阔厚，牙紫红色，或阴阳翅是也。

红头紫（飞天）

　　红头紫勇敌刚强，项赤红斑腿圆长。

　　翅紫牙弯如桑剪，此虫名号促织王。

纯红（青天）

　　眼如椒核遍身红，尾项如朱腿亦同。

　　若逢敌手君休怕，数番咬死又成功。

深紫（厚响）

　　紫者当头要紫浓，更兼翅胁与身同。

　　头红项阔阴阳翅，赢尽场中有大功。

黑紫

　　黑紫生来似茄皮，腿脚兼黄赤肚皮。

　　钳若生来紫黑色，早秋赢到雪花飞。

淡紫（明净）

　　名为淡紫遍身明，项如青靛齿紫红。

　　头上三尖腰要阔，战得场中不敢逢。

紫麻（声撒）

　　头麻顶路透金丝，项毛翅绉腿斑狸。
　　四脚兼黄肉带赤，秋虫见影不相持。

紫金翅（叫一声）

　　紫头青项翅如金，腿脚兼黄肉带蜜。
　　必须生有紫黑钳，咬杀秋虫人失色。

纯白（清花）

　　白头白项白丝攒，翅似铺银肉似霜。
　　乌牙黑脸肚如粉，此物正是促织王。

白者曰解

　　此虫号白，头白明亮，细麻头路透顶，
　　毛项，身如蝶翅，黑牙是也。

淡白（明乐）

　　白头白项翅铺银，入手观来却似冰。
　　此虫异众称奇白，总〔纵〕无颜色
　　是将军。

白麻头

　　麻头白面白如银，细丝透顶根根明。
　　更加青项长肥腿，战斗之时必定赢。

乌青（明象）

　　乌青生来似定〔锭〕墨，腿脚斑狸肉带
　　黑。钳若细长似血红，合战交锋如霹雳。

黑者曰解

　　此虫肚黑牙红，自来无敌。得遇此虫，
　　须细细详观，依此样者，真了虫也。

乌麻（声撒）

　　乌麻头路透银丝，项阔毛斑肉带黑。
　　更若翅乌牙钳赤，得遇此虫真有益。

乌头金翅

　　乌头青项翅金黄，腿脚斑狸肉带苍。
　　牙钳更生乌紫色，诸虫见了岂能当。

红麻头

　　红麻秉性敌刚强，赤项红斑脚圆长。
　　翅紫牙弯如桑剪，诸虫交口便难当。

黄麻头

　　麻头黄项翅金色，腿脚斑黄肉带蜜。
　　牙钳若是炭样乌，斗胜叫鸣闻四壁。

紫麻头

　　麻头顶上透金丝，项毛翅绉腿斑狸。
　　脚亦微黄肉带赤，秋虫见了怎支持。

乌麻头

　　乌麻头路透银丝，项阔毛臊肉带梨。
　　更若翅乌牙钳赤，得遇此虫真是奇。

黑色白

　　此虫千中难遇一二，翅如海蛳搔样，
　　不宜饶大，只宜两平，若落口便赢。

杂相

锦蓑衣

　　翅宽翅急最为低，识者当场便敢欺。
　　生得两边如鸟翅，名传天下锦蓑衣。

肉锄头

　　黑牙黑面不堪收，此等虫儿莫去求。
　　若得面肥头脚大，杜家名号玉锄头。

金束带

　　十个红铃九个败，脱却红铃休赌赛。
　　红铃若得满腰生，常胜号为金束带。

齐臀翅

中秋齐臀最为英，头项宽舒翅皱纹。
敦厚牙长兼脚大，金风才动不堪闻。

梅花翅（二首）

翅似梅花蜘蛛形，身上如同梅花片。
如此之虫亦怪哉，满场斗胜真堪羡。

（其二）

翅似梅花口似刀，翻来覆去咬千交。
纵然赢得他每者，只好看盆无二遭。

琵琶翅（三首）

壳翅琵琶不用青，若还紫色也相应。
要知斗处关张勇，头小牙长体似金。

（其二）

琵琶项上带销金，又看须长六足明。
若是黑青全没用，腿长肉厚满场赢。

（其三）

哂哂连叫两三声，此虫便是灶鸡形。
玉腿白牙赢到底，黄牙项细是输名。

长衣

长衣须养青金翅，腿脚玲珑尾要齐。
纵然口似青锋剑，只宜口快不宜迟。

噉色头

黑头红项背身跎，更兼大腿及捶拖。
牙齿赤红如钳样，连赢数阵不为多。

青黄二色（二首）

黄头青项销金翅，二色俱全便为最。
若还三件一齐生，斗到秋深绝无对。

（其二）

青黄二色翅项明，此等生来何处寻。
初秋斗到深秋后，百度交锋百度赢。

青黄白

青黄白要金线细透顶，早秋斗涧
〔间〕，深秋斗口。

决胜

油纸灯（二首）

头圆腿壮遍身黄，翅滑如油肉带苍。
牙钳一对如红色，此物虫中是霸王。

（其二）

头混腿脚一身黄，翅滑牙红促织王。
易名叫做油莉挞，赌花管取满头装。

阴阳牙

此虫生来两个牙，一红一白实堪夸。
不拘五色麻头者，一见诸虫不怕他。

真三段

紫头青项有毛长，金翅生来肉带苍。
两腿圆长斑白色，红牙一对没人当。

草三段（二首）

麻头青项白毛丁，金翅绉绉肉带青。
腿脚斑黄牙似炭，当场健战众皆惊。

（其二）

满头白粉紫葡萄，并无纹理项青毛。
更兼淡薄轻银翅，三段之名亦似高。

三段锦

麻头青垧翅销金，体白牙长六足明。
更有异常腰背阔，蜀川三段锦花名。

两头枪

须无尾短最堪伤，虫大终须不是强。
两尾腿长还倒插，闻名尽说两头枪。

绣花针

小能敌大果然强，虫小赢多必是良。

累胜上肩魁大者，这般虫小也非常。

红头额

红头虽然似花枝，早秋虽胜未为奇。

再来得胜亦不可，胜少输多何必疑。

红铃月头额

虫名月额及红铃，来往交锋暂或赢。

纵然得胜终难久，赢得钱来不可行。

香师脯铃

香师红额共脯铃，只好三番两次赢。

卸却红铃难保久，纵然赢得也无情。

月头线额

线额空纹彩更良，月头堪惜不久长。

应是腿寒终不耐，奈何脚小便寻常。

红铃（二首）

红肩红胁不为奇，连连赢得也防虞。

今铃落了终难复，无情去斗却成灰。

（其二）

红肩红肋及红铃，止有三场两次赢。

脱下红铃休要斗，总〔纵〕然赢得
也无名。

阔翅

阔翅之虫识亦难，臀长扁薄也应凡。

要知才貌青黄色，头小牙长两腿斑。

独脚

独脚全凭绰蛣功，助帮其拐可成功。

切须休要饶他大，两腿俱全力不同。

残疾

不问青黄赤白黑，不拘大小与残疾。

秃须秃尾小无爪，此物见之不足惜。

呆物（二首）

定知黑白全无用，须信青黄不可欺。

若是狭长终有失，身形厚阔最迷痴。

（其二）

头昏顶紫有何奇，腿脚花斑黑肚皮。

翅上更有膏药积，只好将来去喂鸡。

滑紫三呼

一呼梨挺采，二呼油纸灯，三呼沿盆子。

淡黄白

淡黄白，头生三尖，琥珀色，身圆厚，
牙红细长。奇也。

飞促织在树者为妙，土中者不佳，山中
者是山令子。飞促织打下当喂带血活
物，安于静处，莫与人闻。又怕风透，
切避蚤吟。有人辏合，交口便赢。
飞虫能斗体轻盈，拔翅成疮斗负疼。
可用剪刀裁内翅，自然百战百番赢。

促织论赋

促织斗时人要主，贪财饶大虫辛苦。

纵然赢得已着伤，当场必误下锋主。

论养
养法十二条

盆须用古不须新，盆热天炎色要昏。

养过重阳九月九，旧盆不用换新盆。

养到天寒霜降时，附子煎汤冷浴伊。

常把盆中围得密，此时方用木窝儿。

下食须当过日中，若还不准是场空。

水清无要如冰冷，须要安些蜀地铜。

喂食还须只一件，莫信旁人教你换。

鸡豆菱肉尽非宜，不及朝朝黄米饭。

配合（三尾必须白露前收畜）

呼雌之法与君知，不贴之时便换雌。

一个不贴又一个，若还呼久太非宜。

蛩声不发莫添双，呼叫连绵情性狂。

三尾黑头须是小，剪须去爪正相当。

禁忌

硫黄橘气最难当，煎药须教莫近旁。

顿处常教遮得暗，切须休露太阳光。

养胎

虫腹怀胎号产魔，落胎全仗水虾婆。

切须养办心休急，斗者之时败者多。

浴雌

喂食三尾时时铃，免使虫儿咬失伤。

常将三尾频频浴，解使呼雌有彩光。

防微

朝晨出宿看虫形，须交提出斗盆听。

捻聒叫声观喜怒，蛩喜如同虎啸声。

养嫩子

用大盆傍日影晒之，到中秋下土盆为妙。瓦儿常要湿，窠儿常要干。盆中休宿水，天热莫常观。

辨虫老嫩

要知促织与苍雏，秘诀分明在两须。

贴齿老黄生日久，悬牙如玉离泥初。

头高必定尤心斗，埋首人称老野狐。

有此秘方劳记取，十场罕有一场输。

浴虫法

斗胜下盆，须用浮萍草捣烂绞汁浴之，付水虾三二个与虫吃，吃须隔退三尾子。

三秋养蛩法

一说凡促织遇早秋，戳底凉盆，放润湿处养之。中秋下土盆养之，深秋用纸覆盆盖及底。促织畏冷不食，可用带血蚊虫三两个与之食之。此乃三秋养促织之法也。

喂养诀法

初秋惧热，盆窝要凉。秋深怕冷，风冷有伤。盆宜古大，上食宜瓢。喂食有准，休对日光。水不可缺，食不可忘。蚯蚓之粪，土细性凉。隔宿去垢，须换水浆。莫上草菜，齿软牙伤。脏水油饭，食之不祥。窝盖稳实，携动无妨。酒后休玩，冲气颠狂。养手大忌，橘麝诸香。安顿之处，莫近油缸。比匣厨柜，水香要防。未斗之日，且须闭藏。谨慎安置，免致逃亡。秘密之法，用意叅详。

赵九公养法

鳜鱼、芰肉、芦根虫、麻根虫、胡刺毋虫、断节虫、跳虾虫、蚊虫、扁担虫，俱可喂之。

杂人养法

椒叶研碎，和饭喂之。

草内蜘蛛，蜜和喂之。

戈千公养法

用黄桑叶作木，纯粳米作糕，晒干浸汁，又临下食，研碎和饭均喂之。

苏胡子养法

用篱落经上断节虫，未至霜降，每喂五日，用扁担虫并和之研碎喂之。有益于虫也。

王主簿养法

用栗子煮熟喂之，或方蒂柿子、鳗鸡鹅蟹鱼虾煮熟，和饭喂之。

积食不清化诀

积食不化甚堪嗟，水畔红虫是可佳。
研细任君分两处，喂毕斗胜是谁家。

论斗

斗法八条

比头比项比身材，若大分毫便拆开。
尾短更兼须又秃，强将他斗不担财。

其二防敌

左右不离常夹捽，临斗之时多少变。
他若回身捽捍遮，踢着之时必伤面。

其三择捽

捽头要长杆要直，落捽不要如弩力。
捽头急落栅儿中，便是青天遭霹雳。
把捽犹如人把舵，舵若横时舟受祸。
捽头须取白露前，好捽就中金宝货。

其四接力

五日方容斗一场，若还频斗损牙关。
虫儿不食因何事，咬损牙关服食难。

其五六不斗法

荡胲无后芡，不食又延笼。
咄牙并炼齿，终须落下锋。

八不斗法

长不斗阔，黑不斗黄，薄不斗厚，嫩不斗苍。好不斗异，弱不斗强，小不斗大，有病不斗寻常。故云：无敌会斗虫，输却人之过。若要稳稳赢，养尽莫饶大。

促织三拗

赢叫输不叫，一也。
雌上雄背，二也。
过蜇有力，三也。

其六审势

他若无情休要斗，分斗开时向面点。
你若频捻必酸牙，焰头过了形多变。

其七惜才

雄师百战百番赢，牙可交他出阵频。
身弱难禁生力对，一时托大误虫身。

其八斗败

此番不比寻常败，饱食泥盆待一旬。
临日带饥将出斗，依然还做上将军。
古云：三口五口，隔宵乃斗。一二十口，三日方斗。一咬一口，虽然胜亦须推度，好安排当斗之日。须观虫之喜斗，方可与人比合。所论一口斗赢休道好，千交输了反为奇也。慎此以往，则无前失焉。有后悔乎。

斗不可频

论曰：促织斗后，可隔三五日方用登场。如斗经三二十口者，可歇六七日，须看下口轻重。若斗口重，费力着伤者，须隔去三尾二三日，方可下之。过十日观虫有性，见芡不得，鸣声响亮，方可合对。若懒慢无情，则不可斗。百口赢者不为奇，一口赢者胜百口。又要知一口赢者，用力反倍于数十口赢者也，尤当调息。若因其斗口少便以为不打紧，即与人斗，至于有失，直可惜也。

交锋论法

夫交锋如虎争斗，彼此投降。看蜇者密察其大小，细看貌色，不可强也。颜色两停，方可相合。既已议定，鼓噪聒鸣，两下蛟各存道理，不许过棚。如横即点正，不许挑拨。起闸待其自见，有一口点插。待下锋回报，才可再调。不宜繁絮，只宜数蕻领正起闸。两架蕻勿容扑，恐惊误走。善斗者详之。

下锋蕻法

促织用蕻，古者存法。蕻不用繁，脉知有略蕻其咶鸣。扫其咶絮，诱虫知觉。待其行动，徐徐蕻之。微微蕻其头背共其腰尾，次拂拐头，并左右背胁。引诱其情，如不动，再讨小脚并左右胁肋。若虫惹蕻，即讨胲抓有情，就捻牙口一蕻。待虫停息，再讨其尾。如有情，即捻其牙口一蕻。观其收牙，关闭不练无伤。熟调脚腿，挑拨有情，鼓翅数声，待翅收闭，才可再调。务必取虫性旺，拖领数番，绝可回报。提起正闸，两架蕻自见。则斗无失胜之妙也。

斗胜养法

斗胜后以浮萍捣汁浴之，再用河水浴过，即将童便、清水各半饮之。用青色跳虾虫二个，捣碎与虫食之。隔退三尾二三日，自然四肢无病。

交锋策论

夫蜙有斗口者，有斗间者。斗间者忽改为斗口，来虫不敌故也。斗口者改为斗间，则来虫之狠可知矣。

比合对论

先比头，次比腿，再比浑身无后悔。脚长终久失便宜，高厚方幅斯为美。黑白饶他大，青黄不可欺。阔长终有失，扁阔最痴迷。头大终为大，翅松未足奇。铜铃三额角，三者让些儿。

论病

蜙有四病

一仰头，二练牙，三卷须，四撼腿。若尾参差高下，必然曾失水食。两尾并垂，虫已老朽，旦夕将亡。四者之中，有一于是，便要调理精细。四者皆备，况可斗乎。

治虫身热

或身热叫雌不着，青草擂碎，绞汁入沙糖水调匀浴之，后以河水过之。免致虫身悚栗。

医伤损方

如斗胜下来，两牙长短，身有损伤，且勿下食。纵下只宜些须，即取童便、清水和匀，将水槽盛之。不可用水调养。旬日自然复旧。

去飞翅法

虫生浮翅，便能飞腾。欲去时，以手提翅，放虫水中，一挣即脱，虫亦无伤。过六七日仍可斗并。

用三尾贴法歌

蜙吟三尾莫添双，呼叫连绵怕性狂。
三尾黑头须用小，尖头独始相当。
喂交三尾时常饱，免致虫吟误损伤。
更将三尾频频浴，解使雌雄有彩光。

下三尾法

到秋先收白露前三尾养之，三五日浴一次，过蛆后虫身体健，交锋有性，斗之必胜。

白花草诀（又名旱莲草）

此草池边出，子弟皆不识。
尖叶开白花，叶梗俱绿色。

连头摘下来，水净与他吃。

泻出腹中土，就将饭补力。

必使时时饱，饥伤必有失。

此只论炎天，深秋亦不必。

虾婆诀

虾婆河内出，跳子捉不得。

将盆连水拿，拍死喂促织。

性冷不宜多，若过必有失。

消却热与炎，方始得安逸。

总言（三首）

莫言促织正奇能，养者须当耐性情。

只宜漫斗无疏失，不可忙忙去斗频。

交锋一口停三日，大斗须还隔一旬。

不依此法随心好，撞了齐肩必定倾。

（其二）

其中奥妙细谈推，依此之中必作魁。

三分之中晓得一，常常得胜带花回。

（其三）

虫性分悲喜，世人难得知。

嚼牙能斗口，鼓翅得赢时。

须识蝇头捽，傍危则自知。

纵然虫禁齿，如病遇良医。

题促织（二首）

玉绳低转过南楼，人在冰壶夜色幽。

湛湛露华凉似洗，湫啾蛩韵巧如讴。

絮叨高下恣情诉，断续悠扬不肯休。

叫彻五更寻隐处，自封门户共雌俦。

玉罐金笼喂养频，王孙珍爱日相亲。

争雄肯负东君意，决胜宁辞一芥身。

鼓翼有声如唱凯，洗钳❷重搦似生嗔。

大哉天地生群物，羡尔区区志不伦。

（下卷终）

校记

❶（原书卷上叶九上）《拜星月慢》句读请参阅
原书第二种下卷叶廿一上，本书第32页❻。

❷（原书卷下末叶下）第八行缺四字，据原书
第二种下卷叶廿一上首行补。

宋贾似道辑明周履靖续增促织经二卷

第四種

促織志

明袁宏道撰

說郛續本

北京圖書館藏

第四种
明袁宏道促织志

　　袁宏道（1568—1610年），字中郎，湖广公安人。《促织志》原名《畜促织》，仅数百字，编入袁氏文集《随笔》中。经陶珽改为今名，收入《说郛续》（顺治三年宛委山堂刊本），成为丛书之一种，分段标题亦陶氏所加，藉增篇幅。文中有"尝观贾秋壑《促经志》"语，以下果多摘录，而前此叙蟋蟀之外诸虫，却出中郎手笔。尤以描绘捉者形色，惟妙惟肖，大有情趣。凡有亲身经历者，必首肯称是而哑然一笑也。

　　《促织志》经多种书目著录，广为人知，而《说郛续》各图书馆均归入善本，借阅不易，故内容虽不多，亦收入本编，以便读者。

促织志

公安袁宏道

论畜

京师人至七八月，家家皆养促织。余每至郊野，见健夫小儿，群聚草间，侧耳往来。面貌兀兀，若有所失者。至于溷厕污垣之中，一闻其声，踊身疾趋，如馋猫见鼠。瓦盆泥罐，遍市井皆是，不论老幼男女，皆引斗以为乐。

论似

有一种似蚱蜢而身肥大，京师人谓之聒聒，亦捕养之。南人谓之纺线娘，食丝瓜花及瓜瓤，音声与促织相似，而清越过之。余尝畜二笼，挂之檐间，露下凄声。彻夜酸楚异常。俗耳为之一清。少时读书杜庄，晞发松林景象，如在目前。自以蛙吹鹤唳，不能及也。

又

又一种亦微类促织，而韵致悠扬，如金玉中出，温和亮彻，听之令人气平，京师人谓之金钟儿。见暗则鸣，遇明则止，两种皆不能斗。故未若促织之盛。

论体性

尝观贾秋壑促织经，其略谓虫生于草土者，其身软；生于砖石者，其体刚；生于浅草瘠土砖石深坑向阳之地者，其性劣。

论色

其色白不如黑，黑不如赤，赤不如黄，黄不如青。

又

白麻头、青顶、金翅、金银丝额，上也；黄麻头次也；紫金黑色，又其次也。

论形

其形以头项肥、脚腿长、身背阔者，为上；头尖项紧、脚瘦腿薄者，为下。

论病

虫病有四：一仰头，二卷须，二练牙，四踢腿。若犯其一，皆不可用。

名色

其名色有白牙青、拖肚黄、红头紫、狗蝇黄、锦蓑衣、肉锄头、金束带、齐旅翅、梅花翅、琵琶翅、青金翅、紫金翅、乌头金翅、油纸灯、三段锦、红铃、月额头、香色、肩铃之类甚多，不可尽载。

养法

养法用鳜鱼、菱肉、芦根虫、断节虫、扁担虫、煮熟栗子、黄米饭。

治法

医治之法：嚼牙喂带血蚊虫，内热用豆

芽尖叶，落胎粪结用虾婆，头昏川芎茶浴，咬伤用童便蚯蚓粪调和，点其疮口。

总论

石公曰：以上凡促织之态貌情性，纤

悉必具。嗟乎，虫之微妙曲折如此。由此推之，虽蚁虱蠛蠓，吾知其情状与人不殊矣。

促織志

第五種

明劉侗撰

說郛續本

第五种
明刘侗促织志

　　刘侗，字同人，号格庵，湖北麻城人，崇祯六年进士，与于奕中合撰《帝京景物略》，初刻于崇祯八年（1635年），前有格庵自序。

　　《促织志》原即《帝京景物略》卷三之《胡家村》条，经陶珽改为今名，分段加标题，收入《说郛续》，成为丛书之一种。其中《材》、《斗》两段亦多取材《促织经》，而所记暖炕种虫之法，为现知最早关于孵育鸣虫之记载。可见北京冬月养鸣虫作为娱乐之民间习俗，明代已流行，且有人以育虫为业者。

促织志

麻城刘侗

产

永定门外五里，禾黍巍巍然被野者胡家村。禾黍中荒寺数出，坟兆万接，所产促织，矜鸣善斗，殊胜他产。

捕

秋七八月，游闲人提竹筒、过笼、铜丝罩，诣蓁草处，缺墙颓屋处，砖甓土石堆磊处，侧听徐行。若有遗亡，迹声所缕发，而穴斯得，乃拣以尖草。不出，灌以筒水，跃出矣。视其跃状而佳，逐且捕之。

辨

捕得，色辨形辨之。辨审养之，养得其形若气，试之。试而才，然后以斗。

材

促织经曰，虫生于草土者身软，砖石者体刚，浅草瘠土者性和，砖石深坑及地阳向者性劣。若是者，穴辨。凡促织青为上，黄次之，赤次之，黑又次之，白为卜。号红麻头、白麻头。青项、金翅、金丝额、银丝额，上也。黄麻头次也，紫金、黑色次也。若是者，色辨。首项肥，腿胫长，背身阔，上也；不及斯次，反斯下也。其号之油利挞、蟹壳青、枣核形、土蜂形、金琵琶、红沙青、沙绀色为一等；长翼、梅花翅、土狗形、螳螂形、飞铃为一等；皂鸡、蝴蝶形、香狮子，为一等。若是者，形辨。养有饲焉，有浴焉，有病用医焉。鳗鱼、稻撮虫、水蜘蛛、扁担虫、沟红虫、蟹白、栗、黄米饭，食养也。榨小青虫汁而糖调之以浴，随净甜水以涤，水养也。虫病而治之，水畔红虫主积食，蚊带血者主冷，蛆蜕厕上，曰棒槌虫，主热。粉青小青虾主斗后，自然铜浸水点者，主斗损；茶姜点者，主牙损；童便调蚯蚓粪点者，主咬伤。竹蝶主气弱，蜂主身瘦，医养也。如是促织性浪气全矣。中则有材焉者，间试而亟蓄其锐以待斗。

斗

初斗，虫主者各内虫乎比笼。身等色等，合而内乎斗盆。虫胜主胜，虫负主负。胜者翘然长鸣以报其主，然必无负而伪鸣与未斗而已负走者。其收辨，其养素，其试审也。虫斗口勇也，斗间者智也。斗间者俄而斗口，敌虫弱也。斗口者俄而斗间，敌虫强也。

名

考促织，尔雅曰蟋、天鸡。李巡曰酸鸡。郭璞曰莎鸡，一曰樗鸡。方言曰蚟蚰，一曰蜻蛚。尔雅翼曰蟋蟀。生野中，好吟于土石砖瓦中。斗则矜鸣，其声如织。故幽州谓之促织也。

留

促织感秋而生，其音商，其性胜，秋

尽则尽。今都人能种之,留其鸣深冬。其法土于盆养之,虫生子土中,入冬以其土置暖炕,日水洒绵覆之。伏五六日,土蠕蠕动。又伏七八日,子出白如蛆然。置子蔬叶,仍洒覆之。足翅成,渐以黑,匝月则鸣。鸣细于秋,入春反僵也。

俗

凡都人斗促织之俗,不直闾巷小儿也。贵游至旷厥事,豪右以销其赀,士荒其业。今亦渐衰,止惟娇姹儿女,斗嬉未休。

别

然嬉之虫又不只促织。有虫黑色,锐前而丰后,须尾皆岐,以跃飞,以翼鸣,其声礚棱棱,秋虫也。暗即鸣,鸣竟刻,明即止。瓶以琉璃,饲以青蒿,状其声名之曰金钟儿。有虫便腹青色,以股跃,以短翼鸣,其声聒聒,夏虫也,络纬是也。昼而曝斯鸣矣,夕而热斯鸣矣。秸笼悬之,饵以瓜之瓤,以其声名之曰聒聒儿。其先聒聒生者曰蚪蚂蚱。以比于聒聒,腹太似恨骞,翅太似恨长,鸣太似恨细。有蝍蟟者蜩也,马蝍蟟者蝉也。名以听者之所为,情寂寥然也。鸣盖呼其候焉。三伏鸣者声躁以急,如曰伏天、伏天。入秋而凉,鸣则凄短,如曰秋凉、秋凉。取者以胶首竿承焉,惊而飞也,

鸣则攸然其粘也。鸣切切,如曰吱吱。入乎手而握之,鸣悲有求。如曰施施。促织之别种三。肥大倍焉者,色泽如油,其声呦呦呦,曰油胡芦。其首大者声梆梆,曰梆子头。锐喙者声笃笃,曰老米嘴。三者不能斗而能声。摈于养者,童或收之,食促织之余草具。蚂蚱之种三,俱不鸣。青翼而黄身,跃近而飞远。飞则见其袭羽,或红焉,或黄焉,曰蚂蚱。其青而长身者曰扁螪。嬉者股系而提之,使飞不止,以观其袭羽。其扁身长胫,昂首出目者,刀郎螳螂也。性怒无所畏让,嬉者亦股系而触之,以观其怒也。蜻蜓之类三,大而青者曰老青,红而黄者曰黄儿,赤者曰红儿。好系水而飞飞。童圈竹结彩线网曰绘,循水次群逐而扑之,名呼以祝曰栖栖。扑着曰绘着。得一日一朵,以色玩如花也。别有鳖身象鼻而贝色大如朱缨,曰椿象。生椿,其臭椿也,不可触。有若半赤豆而草麻点者,曰瓢儿。生蔬畦,捉之则溺腥黄,污不可脱,而童手之不已也。有金光而绿色,甲坚而须劲以动,曰金牛儿。黑色白点,曰春牛儿。无所可娱也,系而毙之则已。有玄身而两截,形刚而性媚,掐其后,首则前顿,声曝曝然。仰置之弹而上,还复其故处。不能遂覆而走也,曰叩头虫,一曰捣碓虫焉。

蟋蟀篇

第六種

清陳淏子撰

日本花說堂刊花鏡

北京圖書館藏

第六种

清陈淏子花镜蟋蟀篇

陈淏子，一名扶摇，清初人。此为所辑《花镜》卷六《养昆虫法》中之一篇，乃摘录各家《促织经》汇集而成。惟关于斗场之叙述，非身历其境者不能道。据《花镜》自序及丁澎、张国泰两家序，出版当在康熙戊辰，即1688年。

近年出版蟋蟀著述，多将此篇列入前人专著目录。《花镜》坊刻本、石印本错误颇多。据曾为此书作校注之伊钦恒称，日本花说堂文政十二年所刊为较好版本之一。今据该本影印，供读者阅读。

蟋蟀

蟋蟀

蟋蟀，一名莎鸡。俗名趣织，一作促，又名蜻，即蛆。感秋气而生。形似蝗而小，正黑有光泽如漆，有角翅、二长须。其性猛，其音商，善鸣健斗。色有青黑黄紫数种，总以青黑为上。其相以头项肥、脚腿长、身背阔者善角胜。凡生于草上者身软，生于砖石者体刚。生于浅草瘠土者性和，生于乱石深坑向阳之地者性劣。每于七八月间，闾巷小儿，及游手好闲之辈，多荒废本业，提竹筒、过笼、铜丝罩、铁匙等器具，诣莳草处或颓垣破壁间，或砖瓦土石堆，或古冢溷厕之所，侧耳徐行。一闻其声，轻身疾趋。声之所至，穴斯得矣。或用以铁掭或掭以尖草，不出。再以筒水灌之，则自跃出矣。视其跃处而以罩罩之。如身小头尖色白腿细者弃去，若红麻头、白麻头、青项金翅、金丝额、银丝额，是皆最妙者。次则黄麻头，再次则紫金黑色者，尽皆收归。每一虫不论瓦盆泥钵即时养起。候有贵公子富家郎，并开场赌斗者，不论虫之高低，每丨每百输钱买去。遂细定其名号曰：油利挞，蟹壳青，金琵琶，红沙，青沙，绀色，枣核形，土蜂形者，为一等。长翼，飞铃，梅花翅，土狗形，螳螂形者，为一等。牙青，红铃，紫金翅，拖肚黄狗蝇黄，锦蓑衣，金束带，红头紫者，为一等。乌头金翅，油纸灯，三段锦，月额头，香狮子，蝴蝶形者，为一等。

每日比斗，其中有百战百胜者，是为大将军。务养其锐，以待稠人广众之中，登场角胜。每至白露，开场者大书报条于市，某处秋兴可观，此际不论贵贱老幼咸集。初至斗所，凡有持促织而往者，各纳之于比笼，相其身等色等方合。而纳乎官斗处，两家亲认定己之促织，然后纳银作采。多寡随便。更有旁赌者，于台下亦各出来，若促织胜主胜，促织负主负。胜者鼓翅长鸣，以报其主。即将小红旗一面插于比笼上。负者输银。其斗也，亦有数般巧处。或斗口，或斗间。斗口者勇也，斗间者智也。斗间者俄而斗口，敌弱也。斗口者俄而斗间，敌强也。昔人促织有忌四：一曰仰头，二曰卷须，三曰练牙，四曰踢腿。皆不可用。若过寒露后，则无所用之矣。养法，在先置瓦盆百余（近日有烧成促织盆），每盆各置其一，内填泥少许于底，用极小蚌壳一枚盛水。日以鳗鱼、鳜鱼、菱肉、芦根虫、断节虫、扁担虫饲之。如无虫，以熟栗子、黄米饭为常食。如促病，积食，以水畔红虫饲之。冷病嚼牙，以带血蚊虫饲之。热病，以绿豆芽尖叶，或棒槌虫饲之。斗后粪结，以粉青、小青虾饲之。斗伤，以自然铜浸水点之。牙伤，以茶姜点之。咬伤者，以童便调蚯蚓粪点之。气弱者饲以竹蝶，身瘦者饲以蜜蜂。如此调养，促织之能事毕矣。

第七種

蟋蟀譜一卷

清夢漁桂撰

光緒天繪閣活字本

北京圖書館藏

第七种

清梦桂撰蟋蟀谱一卷

《蟋蟀谱》一卷，序末题："康熙五十三年岁次甲午夏月吴门梦桂月攀氏序于金台揽秀轩中"。扉叶署："光绪二年新镌"、"天绘阁发兑"，下有"聚珍堂印"图章。盖书坊得前人著述，用活字排印出售，上距撰序之年已逾一百六十载。

作者姓名不详，梦桂、月攀乃其字及号，苏州人，客寓北京。"金台夕照"为燕京八景之一，故金台即北京。

传世蟋蟀谱作者或为南方养家，或为北方养家。其养斗之法、盆罐用具，乃至名称术语，多不相同，故可区分为南、北两大体系。前此六种，均属南方体系（袁宏道、刘侗两《志》虽自京师捉虫说起，但此后引文均出《促织经》等书，故不得视为北方体系）。梦桂吴人，可能久居北京，故所述养法及用具，多与北方吻合，所用名称术语，亦非南方所有。试举例以明之：

一、《地道》条有"附地所产"一语，南方无此名称。北京称当地所产蟋蟀曰"附地"。"附"读作"伏"，故往往写成"伏地"。

二、《畜养》条有"打唧呀时拣好三尾"语。北京称蟋蟀求偶鸣声曰"打唧呀"，南方未闻有此名称。

三、《牙》条有"南方呼为钳"语，显然是北方养家口气。

四、《论盆》条称："古人之制度，未尝不精巧，特其盆太薄，近日易热，近风易冷，宜于南不宜于北"，可知作者为北方养家。

梦桂此书可视为现知最早之北方体系蟋蟀谱，文字多出作者之手，并非辑录前人旧谱而成，此正是其有价值处。

本书另有光绪十四年活字本，各条次序略有变动，但内容相同。序作者被易名为"聚珍主人"。书坊重印前人著述，窜改成为本坊作品，此是一例。见《存目》。

蟋蟀序

窃闻天地无私，万物随时而变化。阴阳不爽，气机应候以流行。固知芸生繁盛，造物英奇，靡不为高厚之所覆育。知❶又何论物之巨细哉。虽然物之巨者固不暇论，而物之细者亦不知而足。然以物之至细，而有能顺天时，达阴阳，明地利，觉寒暑，擅文德，而备武，❷勿能不晓而动农事，用舍行藏，有合乎调燮之宜者焉。又当夫夏日炎炎，动股焉，振羽焉；秋风凛凛，在野焉，在宇焉，其潜于昼而吟于夜，似顺天时而达阴阳者。其居于户而于依❸人，明地利而觉寒暑者。乃若始跃以股，鸣能以翅，其安闲之状，擅文德也。临场不避敌，遇战必扬威，其勇敢之气，备武功也。故流火授衣，机女听蛩吟而勤织；烹葵剥枣，田夫聆虫唱而观成。其感人情而动农事也有如此。若夫变化随乎时序，迁徙近乎人居，畏冰霜之肃杀，欲思隐遁以保身，以视夫用舍行藏为何如也。于是知天地之无私，阴阳之不爽。其变化流行于覆育之中者，靡不随时应候也，而又何论于物之巨细哉。是为序。

康熙五十三年岁次甲午季夏朔日，吴门梦桂月攀氏序于金台揽秀轩中

总论

夫二气运行，万物化生。故圣人曰：四时行焉，百物生焉。易曰：天地氤氲，万物化成。信斯言也，何物有出于阴阳之外者。然物之生，各有其时，如初春则蛰虫始动，入夏则蝼蝈始鸣，秋则蟋蟀居壁，冬则蛰虫俯原。夫蟋蟀之生，秉天地之气，感雨露之精，随时变化。暑则在郊，寒则附八〔人〕，似识时❹拂其首则尾应，拂其尾则首应，似解人意者，合类顽以决胜负。夫❺猛之气，其〔甚〕可观也。况当三秋住〔佳〕景，水碧山青，霜飞丹叶于江平〔干〕，露浥黄花于篱落。园亭之上，几席之间，微雨初过，炎敲顿歇。浮绿蚁以款宾朋，铺红罽〔毹〕而观斗战。斯时也，败者曳兵而走，胜者奋勇以追。一若欲灭而朝焉食❻，凯歌迭奏，舒翅扬威，其胜者乐也。其乐者为谁，蟋蟀也。然蟋蟀何以乐，亦惟藉人之乐以为乐。而不知人之乐，更藉乎蟋蟀之乐以为乐也。

千金诀

喂养蟋蟀，不比寻常。天有晴雨，时有炎凉。当晒则晒，宜藏则藏。打扫净地，精洁书房。俗人勿入，鸡犬须防。地无空隙，可免逃之。断绝酒气，并勿熏香。帘簿遮盖，略透日光。日暮勤看，虫必跳梁。误饲菜叶，致令牙僵。第一须尾，不可贼戕。残疾之内，亦有精良。工夫有序，不可乖张。巳时换水，申刻食尝。虫有老嫩，概视为殃。嫩虫见日，立见其伤。热虫铃落，身必有疮。加减三尾，仔细提防。五色兼备，母之大王。若放一处，断无吉祥。金风涉涉，白露瀼瀼。馁养力足，色露有光。然后排斗，不致屈伤。若犯十忌，临敌仿惶〔彷徨〕。运括击棒，不必慌忙。跳出盆外，歇歇无防〔妨〕。天气太热，还宜风凉。若秤轻重，仔细来装。依此方法，百无一伤。更有妙处，柔可转刚。甚勿忽略，在于当场。得胜之后，意气洋洋。再加细察，方保安康。千金妙讯，慎勿传扬。

蟋蟀谱目录

清梦柱撰蟋蟀谱一卷

蟋蟀谱

地道

尝谓东南之人性柔弱，西北之人性刚强，岂❼之人生厚于西北而薄于东南乎。非然也，地气使之也。人固如是，物亦有之。是故居高者苦燥，居卑者苦湿，促织随时变化。其生也或生于山麓，于于水堤，于于颓墙墩壁之内，或于蓁莽荒秽之中。败窑具纯阳之气，古冢凝至阴之精。高坡向日，其土长温，石洞流泉，其穴每冷。故身体之厚薄不同，颜色之纯杂各异。性燥性缓，宜晒宜藏，顺其性以养之。待其时以斗之。比〔此〕兵法之所谓养其锋❽蓄其勇也，以之战斗无有不胜者哉。附地所产，头尖腿短❾，形色不称，秋前即生，好者百无一二。北山产者，多紫黑色，然性燥不能软❿深秋。惟南山所产，头大腿长，色兼青紫，立秋后方生，深秋耐战，无论〔逾〕斯者。然往往有得于形色之外，如九方皋之相焉〔马〕者，其法存乎其人耳。

蓄养

促织在野外栖身土〔土〕穴，吸草头露，昼藏夜出。早〔旱〕甚则迁于洼下，阴甚则迁于高阜。故蓄养之法，不可不讲。初秋天气炎热，宜以润盆，取其凉也。九月间天气凛冽，宜以严盖厚盆，取其不进风也。初秋虫嫩，不宜见日色，盖酷日一晒即伤。而不屯⓫白露前搭遮篷盖，晓放晚卷，盆宜微润，使日影照之，则虫易长。有雨则遮盖之。重阳后天寒风冷，早晨不用遮盖，直晒至巳时，方可换水去食，亦不可当风揭视。夜则覆以毡被，甚冷则移于洁净屋内。初秋盆湿，中秋盆宜润。临斗先一日干盆。末秋风急，盆宜湿。临斗之日，入于干盆。凡斗赢即将盆润湿，入虫于内，不可着三尾一处，亦不可揭看。夫促织知时之虫也，暑则在郊，寒则依人。其在野尚然，况人畜之以斗。我使⓬不分三秋之时令，昧燥湿之机宜，宜干者偏湿，宜湿者偏干，则虫弱而无力枯而衰者。老〔岂〕非人致之乎。大法〔凡〕盆宜三五一洗刷，勿令内有秽气。贮盆之所，勿使墙垣有孔隙，地土有裂缝，致虫走而莫获。日逐打扫，务宜洁净，闻熏香气则不斗，闻酒气则练牙，口气呵之则生油，日暮视之则勤跳。故饲食水有度，每日巳时，起剩食，换宿水。申酉时饲以食。用六味大力散，或白粳时〔米〕煮三滚，澄去汤，用水泡凉，勿使米汤浑浊。若误饲以生豆菱米苍蝇等物，则粪稀而力弱。尖虫因湿而生，水不可一时缺少。第一露水，其次雨水，并水味苦咸，不宜用。打嗝呼时拣好三尾，撝〔掐〕断爪尖，抽去其筋，入于一处。三尾子日久，子多肚大，速取出，或不过子者，另换一个。以上所论，依此而行，永无弊病。弱者可转为强，柔者可转为刚。甚〔慎〕勿忽之，使勇虫有不知己之叹，斯可矣。

排斗

促织虽一，其性各别。冷虫早斗伤于嫩，热虫晚斗败于老。其咎在人，非虫之不勇也。贾秋壑论云，有四病，仰头一也，卷须二也，练牙三也，踢腿四也。若两尾高低，两尾垂萎并是老朽之可待。时〔大〕凡赤黄色者冷虫也。少代〔带〕红铃者，多生于湿热之地，即使生相重大亦无用。使红铃一落，遍体皆疮，所谓浑身犹似一团花，红铃难托〔脱〕也。每于日午排斗，须分别记号，秤准分两，不可逞一时之兴，而有违其性。须看斗时轻重，或隔三日，或隔五日再斗。如牙内有流水，则受伤矣，必须多过几日。排斗而胜者，以水润盆，使之净处，勿频揭频看。将水槽取出，至晚方入水，恐牙伤作热，余水则烂牙耳。三尾子次日方可下在一处。凡斗时，观其站立之势雄纠，身耸肚悬，望去如劣马受惊，猛虎扑食，对敌安静，不先发声。此虫中之王也，岂必待斗后决其胜哉。

下盆

刻期以待，朋友毕集，当场角知〔之〕。胜负立分。赢者心生欢喜，输者面赤头低。斯败也，虽或虫之不勇，人之过矣。若论时令，则早秋热而末秋凉。若言调护，则养未足而力犹怯。伤损未愈，神速未形，排斗之时日未定，三秋之禁忌不严，毋怪乎其日求胜而不得也。兵法曰：善战者立于不败之地，而不识敌之败也。善哉斯言。使顺时调养，排斗准期，身无损伤，大小不饶，己身立于不败之地矣。而他之形色可以不计，猛勇可以无畏矣。下盆时秤过轻重，择对则斗。热则移于风前，凉则就日中温之。若斗时迟，令掌盆者再秤。第一平心静气，勿狂呼乱叫，使自己精神不宁。比对以错，而蹈于不可知之矣⑬。数故平时排斗，断不失时。当场不饶大，端〔断〕无有不胜者。若一味托大逞强，一有燥失，悔之晚矣。

牙

牙为斗战之具。其形上粗下锐，内有小锯齿，收如合剪，张如舞剑。宜宽大尖长，颜色纯粹，江南呼为钳，象牙也。凡软薄短者无用，盖软则嫩，薄则无力，短则少锋。岂必待斗而始知其为无用哉。牙上有盖牙，俗呼说吊达，宜不小不大。遮盖牙门，有支棱起者，乃受伤也。其色不一，如有一点红者，乃异虫也，不可多得。

上等

硬牙其坚如铁，捶之不碎，颜色不一。难认。

团牙　其形圆而大，下尖回锋向内。有黄赤黑三种颜色。系蜈蚣所化。

血牙　色如噀血。

紫牙　配色。

虎牙　粗圆而尖。俗呼并里牙。

白牙　配色。

乌牙　配色。

黄牙　此长色也。

水红牙　淡红明润。

芝麻牙　上黄下黑。

阴阳牙　一黑一白，一红一白。

下等

烂牙

花牙

短牙

窄牙

雌雄牙　一大一小。

头

头为一身之主，宜圆大如珠，光明如水，颜色纯而不杂。线纹细而到顶，不俯不昂，不尖不偏，左右顾盼灵巧，安静不动，真为上品。如小而尖，歪而偏，线纹不真，颜色浑浊，行如鹅鸭，立则摇晃，此等并为无用矣。

上等

蜻蜓头 头顶高圆。

宝石头 内外明亮。纹如宝石。

葡萄头 圆大紫溜。

如意头 顶有双线，中高旁注。

貂蝉头 平大曝眼。

金倒冠 额上黄者。

银倒冠 额上白者。

狮子头

五色麻头

中等

菊花头 纹如菊花瓣，根大稍尖。

胡椒头 花纹成块。

锈钉头 紫黄色，有黄锈。

蜜蜡头 线纹粗大。

下等

菩提头 圆偏即有好者，不过中等。

月儿头 形如半月。

螳螂头 尖偏。

蝴蝶头 尖小多花纹。

油葫芦头 色暗无纹。

破头

尖头

须

须者即以张威振势，探敌冲锋者也。倘或伤损不全，不惟不雅观，而临阵无响道者。敌若卒至，势必惊惶焉。然物之生也，形体自全，特戕之于人耳。全之护者，自不容慢。须有青紫黄三色，宜长而粗，根珠圆绽，向前不时摇动，此上品也。至若短细如丝，既其于化生之日屈折将尽。复遭人手之伤，常常倒卷，啮嚼无时，竖如梃而不动，重如戟而不摇，此无用之物也，又何论焉。水须，一名水钳，共有四。前长后短，护卫于牙四旁，和辅弼之意也。宜洁白卷曲，随牙张动。如有伤损，则僵直也。

眼

莫良于眸子，盖取其能鉴物也。闻北宫黝之养勇也，不自逃，逃则不勇矣。噫，物之与人，异类而同情者也。鸡与鹑，怒目张惶，奋勇角斗。眼一受伤，立见其败。至于蟋蟀，性好斗，略似鸡鹑。然目隐于头角，不必睁张，昼夜不瞑，较之胜于鸡与鹑，而又远过于不逃者也。喜其圆如菽子，内外莹〔莹〕彻，红黄曝露。忌其细小，昏暗无神。

项

常山之蛇，击其首则尾应，击其尾则首应，击中则首尾俱应，善用兵者取譬之。夫促织之前后进退，左右回旋，皆绕于项。使少有伤损，则不能用力矣。虽有如剑之牙，无能为哉。故项直宽松，头半藏于内，如护领然。色如蓝靛，润而不亮，水字纹线，细毛攒聚。若紧小束缚头身，上下宛若葫芦，光滑如油，无毛无纹，虫虽生相重大，亦必不斗。

上等

蓝靛项

朱砂项 红斑。

土黄项

锈钉项　苍老色如锈，花纹满项。

铁项

白毛项　白毛细如针，尖满攒朝上。

下等

桃皮项　红色无毛。

花项　花纹搅乱，无毛。

灰项　色淡白，不润。

蛄蝼项

翅

禽鸟有翅藉以飞，促织有翅藉以鸣，二物各具有翅而异其用。使鸟无翼则不能飞，促织无翅则不能应候鸣。然惟促织之翅有四异，不飞一也，能鸣二也，有子而呼三也，胜而后鸣四异也。但宜高而厚，连于项下。翅根不露颜色，青黄明润，不阔不窄，绉纹堆累。遮盖仅露尾尖，声响雄大，此上品也。苟或薄亮如纱，左右遮盖不严，披散不能收敛，翅膀露白，短与腰齐，翘如覆瓦。鸣叫不时，此下品也。

上等

销金翅　紫头青项黄翅，三色俱全。

油单翅　黄色滑润，名油裹达。

青金翅　青黄三色。

紫荷盖　如荷叶作翅。

琵琶翅　上方下圆，一名尖翅。

中等

齐膂翅　与膀相齐，深秋不斗。

阔翅　比背宽阔。

梅花翅　翅上有白点。中秋可斗。

红纱翅　赤色而薄。

下等

灰翅

蜻蜓翅

翘翅

脸

脸有青黄紫三色，宜纯不宜花，宜亮不宜点。两腮微鼓，上下停匀为上。若缩腮凹脸，下窄上宽者亦无用。

背

背要雄厚，高耸微驼，如天一色无瑕，与翅相等上也。如窄狭如鲳鱼，扁薄，类螳螂，红铃成带，上下皆疮下也。然背肉雄厚，有力势雄，固不待辨而知者也。至若望之突兀如螭蚓，丰陇若神龟，相斯背也，贵不可言，岂独无将军而已哉。

肚

肚腹为水食之府库，宜圆浑。皮紧不脱节而高悬，或白或黄，净而明润，此为上品。若皮宽肉松，行走拖地，色代〔带〕青黑，或扁或长，或露节花斑点点，此为下品也。

小足

小足有四，圆浑粗实，屈曲自然，莹白无瑕，立不倾坭，食不抱获，转折便利，不烦驰驱，如划舡之桨。奋勇斗狠，不能摇动。如中流之柱。倘若细短，花纹洒墨，不时抹须，闲立爬墙，两相较之，好恶立见矣。

大腿

尝观犬马能奔走，虎豹能搏击，使四足而屈一，则寸步难行矣。若夫促织，前有四小足，后有两大腿，跳跃莫能拒，一身之力半在于此。其形粗大圆长，立如剪股，洁白如玉，屈膝向上，上有红点，下有锋铓密密。若细短而斑遍腿，立则摇撼。不时起踢，拖拽而行，诚哉其无用也，又何能焉。

清梦柱撰蟋蟀谱一卷

爪

　　国有牙爪之士，敌人畏之。况乎物类之赖是，以为战斗者哉。使爪牙有伤，不待交锋，而可知其必败矣。然牙有十数类，而爪独无他。不过无伤损，如钩而有锋，色兼黄紫，着处即牢。若断折爪尖，脚底光滑，箸缩掌翻，并为无用。

尾

　　二尾宜浑圆，上粗末细，宛如绣针。细细氄毛，色名灰白。尖稍翘然向上，仿佛燕尾。不宜短细及卷曲，伤折无异。或一上一下，盖斗时用力在牙。有尾以称之，则无尾❶上重下轻之患，并可以防敌猝然后至。莫谓尾之无关于斗战，而听其伤折也。

异虫

　　夫物之不常有者曰异，异则必有殊观焉。山海经所载珍禽怪兽，或产于山，或生于水，不可得而一见者也。若夫促织乘时变化，应候而鸣，于诸类之中而又具不常有之形象。稀奇古怪，光彩夺目，一若造化独厚之而巧为陶镕，是人所欲见而不可必者。一但〔旦〕观之，其乐为何如哉。

　　脱项　头垂至地，颈肉露外如珠。

　　三须　项上一须。环垂眼下。斗则覆于背上。

　　尖翅

　　六足　小足有六

　　左搭翅

　　三尾　尾中间又有一尾，稍细而色青。

　　秋凉翅

　　阴阳牙　二牙各一色

三尾子

　　三尾子，雌促织也。颠倒阴阳，伏于雄背过子。隔一二日，唼子而食又之❶。从中尾生出，亦天地间一大怪事。雄者无雌，则形神多懒，有子而呼三尾子。即就之焉，其形状取青色而微小者为上。于中秋前多为罗置以待用。中秋后生者，性好咬啮，不可用。若浑身赤色，或遍体淡白，红头朱眼白牙青项黄黑翅花腿，五色全备者，皆不可置于一处，贻害非轻。雌雄配合之后，将雌者五六日一浴，则光彩而无油。

养病虫法

　　促织之病，人致之也。或折腿损牙，或粪稀粪结，或肚破伤背，宜用心调养用之❶。一土蚓粪垫盆内，饲以蟹肉，常以童便润盆。置虫于内，勿频频看视。伤处以铅行敷之，或用蚓粪和童便涂之，或用蟹肉捣烂取汁涂之。深秋风冽，恐伤处作痛，宜将盆放于温暖之处。

药方

　　大力散

　　蒺藜　一两

　　粳米　二两

　　芡实　二两

　　苡仁米　二两

　　炒豆　二两

　　白面　二两五钱

　　共为细末，瓷罐收贮。每日和甜水作薄饼，入滚水内略煮一沸。取出，用竹刀切成小块。每盆中放一块，常常喂之。自生力气，百倍他虫。

　　蟹肉散　凡虫有伤，可将此食喂之。

　　蟹肉　□两晒干为末

　　粳米　二两炒

　　牛膝　五钱

　　苏木　五钱

　　共为细末收贮。用开水调和作饼食喂之。五七日虫伤即好，再斗无妨。

灭瘵散　凡虫有伤，用此敷于伤处。

宫粉　滑石　各等分

共为细末，收贮听用。

又方

六一土　韭菜地内蚓粪

研为细末，和以童便敷于伤处，自然痊愈。

牙疼方

活虾肉。凡虫牙伤不能张合，着地即流水，宜喂此食盆内，能令牙疼即止。

苏木汤

凡虫有伤，宜饮此方甚验。

苏木　不拘分两，煎汤饮之，自愈。

养秧子法

野外拣取大秧子，贮于缸中。下垫以黄土，上盖一瓦。无缺食水，用水喫湿，晒于日中。脱壳起出，即入于盆中调养。

残疾

虫之残疾有二，一曰缺少于变化之时，一曰受伤于成形之后。但观其生相雄伟，牙无伤损，即秃须秃尾，独腿三足，俱亦无妨。促织内有独脚大王，一腿冬爪将军，二腿全无等名。人往往见其形体不全，谓其无用而弃之，不知埋没多少勇虫。况令开盆之家，先秤轻重，配对而斗，少一大腿，则轻三厘。其得便宜，不可不知也。

不斗十忌

孙武子兵法云，善战者立于不败之地，而不识敌之败也。使平日不加一番细腻工夫，临阵欲图必胜，断断不能。特举不斗大概数端，以备监视。

有伤　形懒　头昏　落色　失时

盆湿　撼腿　太嫩　翘翅　无尾

十二相

相虫第一满精神，虎踞龙行静不惊。

但得默然藏不露，好从阵上作将军。

声

时默时明不发狂，或三或五韵攸

〔悠〕扬。

凯歌得胜方才唱，不用先声上战场。

头

明珠一粒项前安，细细麻头顶上瞒。

不俯不昂颜色亮，蜻蜓模样喜人看。

眼

两眼奇哉头内生，圆如椒子赛明星。

任他昼夜何曾闭，遇敌交锋不转睛。

牙

双牙如剪硬如钢，粗大尖长力最强。

嚼物有声闲不练，场中谁不羡虫王。

须

头上双须硬更长，色如黑漆烂生光。

眼珠解得时时动，探敌先将形势张。

项

颜色苍苍形体宽，细毛满满项间攒。

藏头护翅回施巧，战历三秋也不难。

翅

黑似煤炱黄似金，花纹累累宛如云。

只须宽厚随身体，动翅扬声满座惊。

身

短短身材背带驼，浑圆前后一般粗。

天青地白皮微紧，自与诸虫形体殊。

尾

双尾如针向上斜，炸〔挓〕开密密簇毛芽。
应前护后多灵巧，却胜棱棱两象牙。

小足

四足净明无点污，眼〔俨〕然虎豹立势雄。
交锋不撼何须诚〔讶〕，挂印将军急早封。

大腿

似雪如银少黑花，望来仿佛南琵琶。
不须跳跃扬威势，一入盆中个个夸。

论色

胎卵湿化，四生各别。惟促织于四生之
内，而兼卵湿化三者焉。盖禀夫天地之气，感
雨露之精，五德以成其性，五色以昭其交，
凝至阴之气，转为至刚之用。他物有取质而
不取纹〔文〕者，而促织则尚文不❶兼尚质。
老子曰：五色之变，不可胜观也。蟋蟀之
色，有纯而杂，使不有以辨之，能无失乎。

青

青色浑如靛染成，牙如猩血腿如银。
此虫若向深秋斗，管取当场阵阵赢。
凡青翅蓝项之虫，宜麻头白纹。牙宜红
色或白色，肚及腿俱亦皆白也。

黄

双翅黄金润不油，墨牙朱项紫麻头。
秋前斗到寒风起，不用人生半点忧。
　　凡黄色虫，斗热不斗凉，性燥故也。
若黄翅或红牙或黑牙，紫头紫项，此虫
最勇。不可与热虫一概而论。

红

遍体通红似火炭，还须银腿衬银牙。
奇虫勇猛真无敌，斗到三秋看菊花。
　　凡虫红色者，秋高不斗。惟头有白
麻纹，白牙白腿，方为相配。此水火既
济之形，猛勇异常。

紫

紫荷盖翅实稀奇，项起朱砂白肚皮。
更得葡萄头一个，秋虫见影也魂飞。
　　凡虫紫色者，多油滑，白牙不耐
战。惟色苍老，头如葡萄而起白斑，或
黑牙或红牙，方配其色。

白

浑身明亮白如银，内外〔莹〕然一块冰。
再得双牙如血色，古来虫内号将军。
　　凡虫白色者皆嫩而无用。惟浑身俱
白，无一点杂色，独牙如朱砂，此乃不
可多得之物，莫作嫩观。

黑

双牙双翅黑如墨，项上花纹红似血。
六足玉琢肚皮银，斗过深秋斗小雪。
　　凡黑为下色，花腿花肚者多。惟头
项翅浓黑如墨，苍老润泽，项上起朱砂
斑，肚皮及大小腿俱雪白，名曰黑虎，
又名玉索砚。

淡青

满头透露白麻纹，两翅如琴淡青青❷。
牙齿水红蓝靛项，深秋战斗有精神。
　　淡黄颜色，不识者多。养到深秋，
方知其勇。

淡黄

浑身颜色代〔带〕微黄，牙黑头红腿脚长。

十次交锋赢十次，荷花香接桂花香。

　　淡黄翅蓝项白麻头，六足皆白，此
等虫最耐战。若黄发亮，顶纹不透，花
腿花肚者，必不用。

蟹壳青

　　浑身宛若水潾潾，莫认奇虫是嫩形。
仿佛秋江新蟹壳，微青微紫色均匀。

　　青色如水，宛如蟹壳，莫认嫩观。

狗蝇斑

　　两腿黄斑翅若金，黑牙青项有精神。
此虫莫认为三色，斗到三秋人自惊。

　　金翅乌牙，黄斑遍腿。

金束带

　　身材端正相超群，金带围腰似面君。
携赴敌场争战斗，管教不让大将军。

　　红铃生于翅根，此热虫也。如若围
腰，方称此名。

三段锦

　　头角峥嵘毛项蓝，两般颜色不须言。
更兼双翅如披锦，好似将军奏凯旋。

　　头项翅各俱一色，俗名三色。

飞虫

　　飞虫者，非异也。虫于角翅下生两软
翅，色淡黄而尖，盖于尾。夜则飞，类多勇
猛轻捷。其形身厚腿长，头尖项浑，但斗时
人知其为飞虫，则不肯配对。若将软翅拔
去，恐有伤损，须先挑起角翅，用小剪刀将
飞翅齐根剪去，则无伤损。遮人一时不周。

化生

　　毛诗疏解：斯螽莎鸡蟋蟀，一物而异其
名者也。其乘时变化，并非一类。绿者所化

则有蜘蛛，其身短，其肚大，其色青。多足
者所化则有蜈蚣，其形扁而短，其色黑，牙
圆而头赤。飞者所化则有土蜂，螟蛉所化，
其形长，其项短，其色微黄，此等虫好者最
多，须仔细认辨，方得无误。况奇虫之生，
亦不多观，岂可以小年不及大年而忽诸。畜
之以为玩者，何昧昧焉。而不究其出处格外
致之谓何。窃恐笑之者，人林立矣。

论盆

　　盆以贮虫，不可不美。器如连武之竹
节盆，宋贾秋壑之瑞毅盆，张之宣窑盆，有
龙凤山水花卉人物进贡盆，御窑五彩瓷盆，
梅梢月盆，五判盆，五鱼盆，清玩盆等名，
不一而足。由京思之，古人之制度，未尝不
精巧。特其盆太薄，近日易热，近风易冷，
宜于南不宜于北。况未易扚〔购〕求，如得
此盆，当陈设于明窗净几之间，花影蕉阴之
下，以为清玩可耳。若夫日用以贮虫者也，
洗盆必须用雨水或甜水，棕刷刷净盆内秽
气，用布手巾拭干，免虫受伤。若受伤，则
斗时不妥。必须洁净粪稀，排斗而胜者。制
新盆须用雨水或甜水煮透，再用三合土江米
汁垫好，用雨水浸泡透时，贮虫方妥。自己
用心收拾洁净，则虫永无弊病。不可粗心草
率而矣。

贮水

　　院中可贮大缸大瓮，天雨时多积存
贮取用。治雨水，烧红木炭沁三次，则不
生虫。上用遮盖，昼避日光，夜开以承
露水，则水味不变。洗刷盆罐、煮食及饮
皆宜此水。露水比雨水更妙，饮虫宜称第
一，但取之艰难。其法令人于清晨持净白
布于草头上沾抹，湿则挤出，积存于罐内
亦可，聚少成多。或早起驾小舟，于荷叶
之上取之，最妙。

校记

❶（原书序叶上第三行） 光绪十四年本无"知"字。

❷（原书序叶上第六行）"武"脱"功"字。

❸（原书序叶上第九行）"于依"两字颠倒。

❹（原书总论叶上第六行）"时"下脱"者"字。

❺（原书总论叶上第八行） 光绪十四年本"夫"字作"雄"。

❻（原书总论叶下首行）"焉食"两字颠倒。

❼（原书叶一上第二行） 此句似应作"岂天之生人厚于西北"。

❽（原书叶一上第九行）"锋"字依光绪十四年本补入。

❾（原书叶一上末行）"腿"字依光绪十四年本补入。

❿（原书叶一下首行） 光绪十四年本"软"作"耐"。

⓫（原书叶一下末行） 光绪十四年本无"而不屯"三字。

⓬（原书叶二上第七行）"使"当为"设"之误。

⓭（原书叶四上第六行）"矣数"二字颠倒。

⓮（原书叶十上第六行）"尾"字似衍。

⓯（原书叶十一上首行）"又之"两字颠倒。

⓰（原书叶十一上第九行）"用之"两字颠倒。

⓱（原书叶十五下第三行）"不"似为"又"之误。

⓲（原书叶十七上第七行） 光绪十四年本作"淡淡青"。

促織經 一卷

第八種

清金文錦刪定之

清音藏板四生譜本

第八种

清金文锦删定促织经一卷

　　《促织经》一卷，与《鹌鹑论》、《黄头志》、《画眉解》各一卷合成《四生谱》。袖珍本四册一函，有清音藏版、同文堂、文经堂、经纶堂多家刻本。作者姓名于书首或题"金文锦撰"，或题"金先生著"，或不著一字。撰序年代《促织》、《鹌鹑》两种为康熙乙未（1715年），余两种为康熙丙申（1716年）。序末署名或为"八厂"或为"小厂"，或为"小广"。其中刊刻较精、时代亦似较早者为清音藏版本，署名分明为"八厂"。按"八"当为草书之"下"而不得释为"小"，"厂"更不能改为"广"。作者姓名如此混乱，殆因书坊随意翻刻所致。辑者之姓名当为金文锦，号下厂，确否待再考。

　　《促织经》乃就《秋虫谱》以下几种蟋蟀谱辑录而成，惟歌诀与旧本往往有数字乃至一、两句之不同。序云"因核旧编，挑灯删定"，或即指此。按此书内容可取之处不多，但二百年来颇有影响。曾见全录此书而另署作者姓名之旧写本不下三、四种。抄袭者多，足见其流传之广。为读者便于与他书比较核对，收入本编。

序

畣葩经咏昆虫甚夥，而蟋蟀见于唐什，详于邠风，是亦古风雅之士究心所在也。自李唐来宫中为蟋蟀戏，传至外间，人争效之。然辨形辨色之说，究未通晓。至宋贾秋壑著促织经，所谓形色始详论焉。迨明季坊刻，多创为歌吟，著其名兼著其象，绘其色亦绘其声。然错舛纰缪，正复不少。余值小圃凉生，酒酣夜坐，风飘桐叶，露湿桂花，蛩声四壁，凄凄切切。因检旧编，挑灯删定。非敢自附于古之格物君子，亦一时游戏偶及云尔。

昔
康熙乙未仲秋上浣下厂偶书

促织经目次

促织经

促织经

虫生于草土者身软，砖石者体刚，浅草瘠土者性和，砖石深坑及地阳向者性劣，若是者穴辨。凡促织青为上，黄次之，赤次之，黑又次之，白为下。

号红麻头，白麻头，青项，金翅，金丝额，银丝额，上也。黄麻头，次也。紫金黑色，次也。

若是者色辨，首项肥，腿胫长，背身阔，上也。不及斯次，反斯下也。

其号之油利挞。蟹壳青，枣核形，土蜂形，金琵琶，红沙青，沙绀色，为一等。长翼，梅花翅，土狗形，螳螂形，飞铃，为一等。皂鸡，蝴蝶形，香狮子，为一等。

若是者形辨，养有饲焉，有浴焉，有病用医焉。

鳗鱼，稻撮虫，水蜘蛛，扁担虫，沟红虫，蟹白，栗，黄米饭，食养也。榨小青虫汁而糖调之，以浴随净，甜水以涤，水养也。虫病而治之，水畔红虫，主积食。蚊带血者，主冷。蛆蜕则上曰棒槌虫，主热。粉青小青虾，主斗后。自然铜浸水点者，主斗损。茶姜点者，主牙损。童便调蚯蚓粪点者，主咬伤。竹蝶，主气弱。峰，主身瘕。医养也。

如是促织性良气全矣。中则有材焉者，间试而亟蓄其锐以待斗。

相法

促织有红白麻头青项，金翅，金银丝透额者，上也。黄麻头，次之。紫金黑色，又次之。但诸色麻头，必须细直分明，最忌肥曲并撅头等病，若额子又非所论也。又，促织诸色易得，独紫黄难得。紫黄谓之足色，其色带滑尤佳，此真超出于五色中之最上者。大凡相法，必取头足腿长背阔牙大数项，有中选者，即当收之。

收促织诀

头圆牙大兮腿尚长，项宽毛燥兮势要强。颜色憔老兮翅无迹，形身阔厚兮能登场。水红花牙兮虫所忌，猪肝牙色兮皆不祥。腿脚穷细兮非上品，红钳赤爪兮虫之王。

早秋养法

夫养虫如养兵，选虫如选将。养虫者须多蓄古旧大盆，早秋之时，择取头大腿长阔厚方幅者，票定颜色，下盆养之。不可便斗，恐元气未足，颜色未变，身柔口弱，交锋便走也。如下盆数日，颜色变定，重色变轻色者，留之。轻色变重色者，便可弃之。又对并时候，但试以一二，见有下口硬辣善斗者，选为上将，切勿多斗。

中秋养法

中秋促织如人中年，须用起落三尾不可共盆。恐其昼夜呼雌，起翅过烦，虫体有伤也。

晚秋养法

晚秋之时，虫将衰老，喂养尤难。或用羊眼豆煮熟，去壳和饭捣细喂之。或用栗子煮酥喂之，或用生芝麻嚼细和饭喂之，或用熟茭白和饭喂之，或用生冬瓜瓤、瓜仁和饭喂之。最后用熟虾肉、蟹脚肉、鳗脊肉喂之。若不吃食，用蚯蚓粪和水饮之。

三秋下盆法

凡促织遇早秋，用高大凉盆，放阴凉处。中秋，下土盆。深秋，用磨光小巧细盆。

斗后养法

促织斗后，隔三五日，方可再斗。如斗经三四十口，可歇六七日。其下口最重，费力着伤者，须隔去三尾，养一二日。观虫有性，叫声响亮，歇七八日，方可合对。若懒慢无情，则不可斗。又一口即赢，用力反倍于数十口者，尤当调息。不可因其斗口之少便与人再斗也。

斗胜后，以浮萍捣汁浴之，再用河水过净。又将童便清水各半，放水槽内，捣碎青色跳虾虫二个，与虫食之。隔退三尾二三日，自然无病。其两牙长短身有伤损者，亦用童便和水饮之。

治虫身热

或身热叫雌不着，可将青草擂碎绞汁，入沙糖水调匀浴之，再以河水过净。

去飞翅

虫生浮翅欲去之者，放虫入水中，以手提翅，一挣自脱。过六七日，仍复可斗。

下三尾法

白露前，收三尾背黑头小者，用土盆溜过，再下二尾盆内。下过之后喂食宜饱，勿使有失，隔三五日，须浴一次。

蛩病

一仰头，二练牙，三卷须，四踢腿。若两尾参差，必然遭失水食。两尾并垂，虫已老朽将亡。数者之中有一，于是便要调理精细。数者皆备，切不可斗。

六不斗

盪胲无后芡，不食又延笼。僵牙并练齿，终须在下风。

八不斗

长不斗阔，黑不斗黄，薄不同厚，嫩不斗苍，好不斗异，弱不斗强，小不斗大，有病不斗寻常。

斗口斗间

蛩有斗口者，有斗间者。斗间者改为斗口，敌虫弱也。斗口者改为斗间，敌虫强也。

合对

先比头次比腿，再比浑身无后悔。脚长终久僭便宜，高厚方幅斯为美。黑白饶他大，青黄不可欺。狭长终有失，扁阔最痴迷。

头大终为大，翅松未足奇。铜铃三角额，便可让他些。

促织三拗

赢叫输不叫，一也。雌上雄背，二也。过蛋有力，三也。

初对芡法

合对既定，鼓噪唔鸣。各自下芡，先讨其尾，次讨其小脚。方捻牙口一芡，待其张布有情，即便左提右挈，令虫发性。鼓翼数声，虫翅收闭，才可拖领到闸口。俟监局起闸，然后点正收芡，不得过棚。此初对时芡法也。

上锋芡法

斗胜时，监局者喝明，然后落闸。芡转上锋，将湿纸盖棚上。时时点拨，使其斗性常存，不宜扫牙。待下锋有芡复局，即当提拨领至闸口。起闸时，复下数芡，令虫势鼓旺，以待交锋。

下锋芡法

促织方落下时，待其行动。须用绒芡。拂其脑搭须根，以及项背。如虫性不起，另芡腰尾并肋花大腿。左修右拽诱虫弹腿做势，然后微微讨其牙絮。俟略张小嘴，即捻牙口一芡。待其张布鼓旺，连捻胲爪几芡。令鼓翼数声，翅翼收闭，再拖领数番，便可复局。不宜过烦。此下锋芡法也。

形象总论

钳像蜈蚣钳，嘴像狮子嘴，头像蜻蜓头，腿像蚱蜢腿，颜色要相当，毛燥斯为美。

论头色

红头黄麻路，要细丝透顶。黄头白麻路，要细丝透顶。淡黄麻头，嫩黄麻头，红麻头，青金麻头，紫麻头，白麻头，栗麻头，柏叶麻头，黑弯麻头，半红麻头，三尖麻头，竹鸟麻头，都要麻路细直透顶者为妙。如头有脑搭，麻路不透顶，或成片，或肥曲者，俱不中选。又有柿子头，玛瑙头，蟹壳头，虽差可观，亦非正色也。

头

大头圆结绽，脑搭浅无多。
丝路根根透，光明色不磨。
昏小脑搭重，路粗并撅头。

棠梨三角额，此等不须留。

脸

五色诸虫脸，生来注地长。
再如锅底黑，此物号强梁。
酒醉猫儿脸，花花白路纹。
此般生样者，屏弃不须云。

项

青项朱砂项，白毛根闪青。
桃皮火盆底，宽绰起毛丁。
紧簇花斑项，无毛一片光。
这般无用物，不养又何妨。

翅

青金与紫翅，墨色共油单。
更喜蓑衣外，梅花两片攒。
不薄又不绉，膏药迹未除。
无论短长翅，交锋必定输。

腿

大腿圆长健，小脚粗铁线。
斑白与蜡黄，此名金不换。
最嫌腿穷细，扁薄亦无庸，
青黑屁熏色，由来是下锋。

肉

浑身肉要细，洁白始为奇。
紫黑苍黄赤，辨其色所宜。
肉色欠纯正，红铃腰上生。
粗糙并单薄，百战不能赢。

足色
紫黄

头似樱朱项似金，浑身蜜蜡自生成。
牙钳不问何颜色，咬杀诸虫最有名。

此虫樱朱头红黄项，紫黄翅遍身

油滑，小脚铁色，两腿起黑斑，腕上有血点者，最为难得。其红头黄项黄金翅者，间或有之。

青色
真青
真青头似菩提子，项上毛丁靛染成。
更得芝麻牙色白，将军百战定然赢。

　　此虫头要青金色，白麻路细丝透顶，青金翅，腿脚圆浑长白者是也。亦有头如官蜻蜓样者。若红头青，恐不耐久。

黑青
黑者须当黑似漆，细看身上无他色。
更兼牙肚白如银，应识将军最难得。

淡青
淡青生来牙要红，头麻项阔翅玲珑。
更生肉肚如银白，赢尽秋虫独奏功。

虾青
麻头青项翅青金，肉腿银装龟背形。
钳更细长苏木色，此虫名号是虾青。

　　此虫形如龟背，色不宜红，头要金丝透顶，腿脚圆长者为妙。

蟹青
斑黄腿脚翅非金，最是闻名湖蟹青。
不看牙钳红与白，须观项上有毛丁。

　　此虫头青如蟹壳色，细丝透顶，身背阔大，腿腕上有血点者是也。

青麻
麻头青项毛丁满，翅绉肉白腿脚长。
一副牙钳如漆黑，三秋赢遍岂寻常。

青金翅
麻头青项翅如金，肉腿浑同白鹤翎。
更喜牙钳黑似墨，定教册上夺魁星。

黄色
真黄
生来颜色遍身黄，肉腿如同金箔装。
牙齿黑弯声又哑，诸虫敌尽有谁当。

　　此虫鸣时声哑，两翅金色，薄绉玲珑，弯尖黑牙者是也。

深黄
深黄好似藏金装，腿脚斑黄腰浑长。
一副乌牙岂易得，三秋饶大又何妨。

淡黄
淡黄腿脚生来白，头样三尖如琥珀。
方在初秋斗间长，交冬发来威名赫。

　　淡黄，头三尖样，琥珀色，腰身浑厚，细长红钳，盖冬虫也。

狗蝇黄
麻头黄项翅金色，腿脚斑黄肉带蜜。
牙钳如炭叫如锣，敌尽场中为第一。

白黄
头如蜜蜡翅铺金，肉厚牙红哪处寻。
细看浑身蒙白雾，咬虫浆水遍身淋。

赤色
纯红
眼如椒核遍身红，尾项如朱腿亦同。
若遇强梁君莫怕，数番咬死又成功。

　　此虫遍体皆赤，眼黑面红，盖得纯阳之气以生者也。

红黄

天生腿脚白兼长，头似珊瑚肉带黄。

项有红斑金色翅，当年珍重半闲堂。

红麻

红头黄路最刚强，赤项红斑腿脚长。

翅紫牙弯如快剪，诸虫交口便难当。

黑色
乌青

乌青生来色如墨，腿脚斑狸肉带黑。

钳若细长血色红，交锋一口黄金得。

此虫肚黑牙红，自来无敌，真了虫也。

乌麻

乌麻头路透银丝，项阔毛斑肉色缙。

乌翅红牙生更好，此虫相遇莫相持。

乌头金翅

乌头青项翅金黄，腿脚斑狸肉带苍。

更得牙钳乌紫色，诸虫见了岂能当。

乌头银翅

乌头青项起毛丁，肉腿如霜翅似银。

更得牙钳红紫色，这般生样自堪珍。

黑黄

形象浑同一锭墨，细看翅上糁金箔。

牙钳更喜白如银，此样将军恶不恶。

白色
纯白

白头白项白丝长，翅似铺银肉似霜。

黑脸乌牙相配搭，三秋促织此为王。

此虫白麻头，要明亮细直透顶，项有白毛，翅如粉蝶，牙钳黑色者是也。

淡白

白头白项翅铺银，白色观来自不群。

相得此虫真异众，名称奇白是将军。

白麻

黑面麻头白似银，根根透顶细丝明。

更加青项长肥腿，斗罢三秋必定赢。

紫色
真紫

真紫如同着紫袍，头浓项阔又生毛。

牙钳血色兼长细，独占三秋意气豪。

此虫尖头，毛项，身背阔厚，牙紫红色，翅阴阳者是也。

红头紫

红头紫翅最刚强，项若朱砂腿浑长。

牙齿弯尖桑剪样，秋冬历遍莫能当。

黑紫

天生异色似茄皮，腿脚兼黄最合宜。

肚赤更加牙紫黑，早秋赢到雪花时。

淡紫

名为淡紫项毛青，红紫牙钳遍体明。

头要三尖腰要阔，场中百战百番赢。

紫麻

麻头项路透金丝，四脚兼黄腿带狸。

翅绉项毛肉更赤，秋虫见了怎支持。

紫金翅

紫头金翅项青色，腿脚兼黄肉带蜜。

更得生来紫黑钳，秋虫咬杀实无匹。

紫青

肉青翅上如苏叶，琥珀头尖项紫青。

牙若生来红带紫，秋虫咬死不能醒。

异虫

龟鹤形

头如蚕嘴肚如琴，两翅啾啾叫不鸣。

龟鹤奇虫如得有，定教册上众人惊。

土狗形

头圆项阔肚低拖，半背遮来翅不多。

腿脚圆长身浑厚，当头起线叫如锣。

土蜂形

尖翅名呼是土蜂，紫黄色者实难逢。

这般色样如君得，占定当场是上锋。

> 此虫号尖翅蜂，无有敌手。紫黄色者，上也，余色亦好。

枣核形

身如枣核两头尖，仔细观来好似船。

才见交锋便发夹，诸虫咬退不能前。

蟹踞形

不拘五色共麻头，蟹踞奇形何处求。

一任人看全不怕，宛如身踞在沙洲。

海蛳形

头圆项阔黑身肢，形状生来似海蛳。

腿脚牙钳俱要白，诸虫对垒怎支持。

> 此虫千中难遇一二，翅如海蛳样，不宜饶大，若遇两平，落口必定大赢。

螳螂形

身狭牙尖大肚皮，前身翘立仰头窥。

此虫不问青黄色，斗到深秋自不宜。

蜈蜂形

光头尖肚号蜈蜂，两翅微翘腿脚穷。

只好无心闲角胜，当场必定不成功。

长衣

长衣须养金长翅，白腿圆腰胜一时。

虽是牙钳如利刃，只宜早斗不宜迟。

阔翅

阔翅从来识最难，纵然长腿总须删。

要看身上青黄色，头小牙长两腿斑。

> 阔翅虽要青黄色，但白色、紫色，俱有将军。总以头小、牙长、腿斑者为妙。

锦蓑衣

翅宽翅急总非宜，此种生来好者希。

必得两边如鸟翼，名传天下锦蓑衣。

齐臀翅

名为齐臀翅玲珑，头项宽舒自不同。

更喜牙长兼脚大，中秋时节最英雄。

梅花翅

生来形象似蜘蛛，背上梅花两片铺。

此是奇虫如得见，满场争叹世间无。

鸳鸯牙

异样生来两个牙，一红一白实堪夸。

不拘五色麻头相，难与交锋夺彩花。

油纸灯

腿壮头圆遍体黄，如油滑翅肉还苍。

牙钳一对鲜红色，此是虫中楚霸王。

> 一呼油纸灯，一呼哩莲采，一呼沿盆子，号滑紫三呼。油黄最为上等，然油紫、油青、油黑，得能遍体油透，亦是外五行将军，不可以油滑而弃之也。

青黄

此等生来遍体清，青黄二色翅须明。

初秋斗到深秋后，百度交锋百度赢。

刊

清金文锦删定促织经一卷

噉色头

项红头黑背身驼，大腿圆长着地拖。

牙齿赤红如钳样，连赢数阵不为多。

真三段

紫头青项毛丁起，两翅金黄肉带苍。

大腿圆长斑白色，红牙一对实难当。

草三段

麻头青项白毛丁，金翅玲珑肉带青。

腿脚斑黄牙似炭，当场健口似雷霆。

玉锄头

杜家名号玉锄头，白肉乌牙孰与俦。

面黑更兼头脚大，定然得胜遍三秋。

额子

白如玉色点如珠，头额生来样自殊。

脑线更看粗且短，一时强敌尽皆输。

红铃

十个红铃九个败，红铃卸却堪沙汰。

除非满腰系红铃，战胜号为金束带。

五色

红头青项翅金黄，肉腿如同白雪装。

更喜牙钳黑似漆，诸虫咬着蟹乘凉。

五花

花头花项生来大，满腿斑斑黑点播。

更配牙钳翼翅花，交锋定是狮子座。

日月眼

看来黑白两分明，异样生成怪眼睛。

见者名他为日月，任教百战尽皆赢。

　　日月眼，贵黑白分明，最忌眼如虎头鱼样者。

八脚

八脚生来最害怕，一时得了真无价。

三秋惟此每横行，来者交锋腿脚卸。

八脑线

由来头路辨分毫，怪煞奇形有八条。

合就诸虫皆咬退，莫愁顶大不能饶。

　　八脑线最奇，若五脑线与七脑线不足异也。

一线

重青头上一条线，两个牙钳如白练。

项阔腰圆腿脚长，来虫咬着香元漩。

　　一线最忌浅色，若得青黑色并紫色，亦为无敌。

星头

头似琥珀星似玉，红钳一副生来毒。

淡黄项翅腿圆长，咬胜诸虫不复局。

重牙

四牙大小一般同，两副牙钳忒煞凶。

借问诸虫谁敌手，早秋直胜到残冬。

　　凡促织俱有四牙，而内两牙绝小无用。惟此虫内外如一，交锋时，四牙并用，敌虫无不立毙。

赤须

两须纯赤向前伸，青项青头青满身。

未到交锋都吓怕，汉家旗帜早惊人。

　　此虫青头青项，遍身青色，玉柱大钳。两须赤如红缨，粗大如棕，长径四寸。勇健无敌。

玉尾

满身紫色翅无迹，独有双尾如雪白。

咬尽诸虫常一口，将军玉尾声名赫。

此虫头圆，项阔，腰身浑厚，腿脚圆长，遍体紫色，弯尖红牙，两尾明洁如玉。

铁弹子

镔铁镕成弹子形，满头漆黑没分星。
牙钳牙肉生来白，共骇将军目未经。

此虫迥异促织。头如铁弹，并无脑线分星，以及须根金圈，两腿短壮，牙肚洁白。其色虽似黑青，而内隐金光奕奕。余于戊子年曾得此虫。是岁，五色诸虫皆出，与之角胜，莫不败北。赢至六十余册。真异虫也。

尝观促织旧论，其辨形、辨色详矣。而犹有未尽载者，盖其为头也。有圆而带扁曰烧饼头，圆而无棱曰和尚头，线而无额曰半爿头，圆足而小曰一抹头，圆而深长曰寿星头，有棱而未圆足曰牙刷头、大方头。大抵寿星头为最上，余皆中下。间有佳者，亦十无二三。至于脑线，有本细而末大曰鼓槌线，本直而末外弯曰羊角线，本直而末内弯曰牛角线，模糊而不分明曰濮脑线，粗而

呆色不切肉曰浮脑线。凡遇此种色样，皆非所宜。惟奇脑线，则透顶及面或一条二条，或明或暗，斯为入选者矣。牙钳有黑白红紫四种，然类于白者有浆钳，类于红者有脂泥钳，类于紫者有酱板钳，类于黑者有桦香钳，俱属无用。又开钳只宜一线，八字钳与菱角钳，不足取也。若夫颜色形象更须识别。颜色有清有浊。清者，善斗而可久；浊者，虽斗而不终。形象有熟、有生。熟者有间而有口；生者有口而无间。此之不可不知也。其于腿欲其长也，亦有短而圆肥，如双陆腿之妙者，肉欲其厚也。亦有细而短薄，如木履丁之奇者。项欲其大也，亦有中高而旁窄，如肿项石鼓项之无用者。虫之变态百出，皆未易执一以论。观者心领神会，自能得其大概。孰优孰劣，一目了然。则其为头，为脑线，为牙钳，为颜色形象，为腿，为肉，为项，岂有毫厘之失误者哉。凡此俱旧论之所未及，故详著之以备观览焉。

（促织经终）

清金文锦删定促织经一卷

第九種

蚩孫鑑 三卷

清朱從延輯著

乾隆四十一年重訂本

中國科學院圖書館藏

第九种
清朱从延辑著蚟孙鉴三卷

《蚟孙鉴》三卷，计《前鉴》、《后鉴》、《续鉴》各一卷，中国科学院图书馆藏，收入《中国古籍善本书目》，乾隆间朱从延辑著。从延号翠庭，别号大珠生。

卷首有爱月居士序，言及"兹谱分三帙"，"朱中翰闳通淹雅"，知确为此书而作。爱月居士当即康熙帝玄烨第十六子庄亲王永禄。

次为朱翠庭序，中称"旧本虽多，谬误不少，余衷而集之，删繁就简，汇成一帙"。明言此书乃汇集前人旧谱而成。

复次为原序，无撰人姓名及年月。一起称"余平生于游戏三昧靡不为之，惟促织未之讲也"，盖非老于此道者，与《兰畅居士爱蛩说》谓大珠生酷好蟋蟀，并盛赞其精于相虫、养虫（见《续鉴》）大不相符。总目又将此序题名为《促织经原序》，不曰《蚟孙鉴原序》。故似与本书无涉，不知何以阑入帙中。

此后为乾隆四十一年庄乐耕《重订王孙鉴始末叙》，详述与林德垓重订此书经过。乐耕字莘田，别号老小团；德垓字田九，均为茸城人。按茸城即江苏松江。

综观全书，前后两鉴，论述多从前人《促织经》或《蟋蟀谱》辑出，且多照录，未加综合编订，致有若干片段，重复出现。歌诀多首，所据亦非一书。翠庭未注明来源，现已难一一查对。但其中当有原书已佚，赖翠庭之辑录得以部分流传至今。《后鉴》关于运觳有十分精辟之阐述（如《总论觳法》、《运觳十法》等），并有专条记载各地运觳名家，足见对掌觳之重视。《苏杭斗彩局规》记乾隆之前赛场之惯例，不失为有关秋虫之重要史料。以上所举，在本书之前未见刊载。

《续鉴》又从诸家笔记、杂著、文集中辑录有关蟋蟀文献。惟《得时失时》、《先天后天》两论，据《兰畅居士爱蚕说》知为翠庭所作。以下如《肉相骨相神相论》、《杂说》、《合对金针》、《敔法纠谬》等篇，行文笔法，似出一手。《斗彩时局》、《猜放》两篇详记当时斗局之规章程序及种种私弊，实为《苏杭斗彩局规》之续篇。而《盆栅各式》，记养、斗所用器皿，亦详于他谱。故此卷翠庭本人之言论较多，辑录成说少于前两卷。

《虫孙鉴》内容丰富，卷帙繁浩，更以传本稀少，全国藏书屈指可数，诚当影印以广其传。

诗三百篇，其托兴于昆虫草木者居多。即如豳风七月，述诚农功，而五月斯螽动股，数语不啻长言而咏叹之。乃知蟋蟀虽微，暑则在野，寒则依人，殊足流连耳。自唐蓄以金笼，肇为斗戏。越宋迄明，学士大夫斗蛩滋盛，岂特被之咏歌而已哉。尝考贾秋壑促织经，惟形与色，亦曾胪载，然语焉而不详，矧不多概见。兹谱卷分三帙，辨其形声，审其饮食，总其性情，原原本本，词旨盎然。使非好学深思之士，心通造化，何能若此之核且博耶。行见传播艺林，不特导秋奥家之先路，而朱中翰之闳通淹雅，亦于是乎徵。

爱月居士题

叙

趣织微物也。然因乎天时，应乎地气，观夫月令之所详，豳风之所咏，候时协律，罔或爽焉。里谚云：促织鸣，懒妇惊。则此蛩也。可以占日月之代谢，警人事之怠荒。非细故也。顾其性善斗，而其势又莫肯相下。当其鼓翼而前，奋翅以往，或两敌相冲，或孤军深入，莫不竭其勇力，务期克捷而后快。以故赏鉴之家，得一殊品，则贮之以玉笼，蓄之以古器，乃至有以穷其饮食嗜好之所宜，审其居处寒暖之所适，播之诗歌，传诸后世。岂非以肮脏之致，有足怡人性情者欤。第旧本虽多，谬误不少。余衰而集之，删繁就简，汇成一帙。虽非军国重事，或亦博物之一助云尔。

霞瀛朱翠庭题

原序

余平生于游戏三昧之事，靡不为之，惟促织未之讲也。每见秋来醉心于此者，心窃笑之。及读麻城刘同人先生所著《帝京景物略》中载胡家村一则，乃知一物之微，其足动人爱护也如此，其足费人精详也如此，不禁油然有动于中也。其略曰：秋七八月，游闲人提竹筒、过笼、铜丝罩，诣丛草处，缺墙颓屋处，砖瓦土石堆磊处，侧听徐行，迹声所缕发，而穴斯得。乃掭以尖草，不出，灌以筒水。跃出矣，视其跃状而佳，遂捕之蓄养之。稍试之，试而材，然后以斗。经曰：蚕生于草土者身软，砖石者体刚。浅草瘠土者性和，砖石深坑及地阳向者性烈，若是者穴辨。凡促织青为上，黄次之、赤次之，黑又次之，白为下，若是者色辨。首项、肥腿胫长、背身阔，上也，不斯次，反斯下。若是者形辨。养有饲焉，有浴焉，有病用医焉，如是促织性良气全矣。中则有材焉者，间试而亟蓄其锐以待斗。初斗，蚕主者各内蚕于比笼，身等色等合，而内乎斗盆。蚕胜主胜，蚕负主负，胜者翘然长鸣以报其主，然必无负而伪鸣，与未斗而已负走者，其收辨，其养素，其试审也。蚕斗口者勇也，斗间者智也。斗间者俄而斗口，敌蚕弱也；斗口者俄而斗间，敌蚕强也。考促织，尔雅翼曰蟋蟀，李巡曰酸鸡，郭璞曰莎鸡，方言曰蚟孙。生野中，好吟于土石砖瓦，一斗则矜鸣，其声如织，故幽州谓之促织也。促织感秋而生，其音商，其性胜，秋尽则尽。今都人能种之，留其鸣深冬。其法土于盆养之，蚕生子土中，入冬以其土置暖炕，日水洒绵覆之。伏五六日，土蠕蠕动。又伏七八日，子出白如蛆。然置于蔬叶，仍洒覆之。足翅成，渐以黑，匝月则鸣，鸣细于秋，入春反僵也。凡都人斗促织，不直闾巷小儿也。贵游至旷厥事，豪右以消其资，士荒其业，由是观之。辇毂之下，风尚且然，何怪乎世人之乐此不为疲也。因遍购原本促织经付之梓，公诸同好。使天下后世咸知促织一物，必如是精详爱护而后可，不如是精详爱护则不可。将从此而养促织者日见少，其惟此书乎。从此而养促织者日见多，亦惟此书乎。

重订王孙鉴始末叙

吾友林君田九，与翠亭朱翁，故至戚也。翁嗜古博物，性情豪迈，无世俗龌龊态。晚年辑王孙鉴一书，士大夫争购之。翁殁后乏嗣，林君往唁，散步至赠怡馆，书板委弃壁间。俄见幼婢趋进，取以烹茗，惋惜殊甚。亟命随人束载以归，按次检点，已亡其半矣。吾友屡为余言，谋欲补锓，苦力不逮。嗟乎，士君子绩学既邃，则人品必高；立品愈高，则家计必啬。理固然也，宁独吾友哉。岁乙未，吾友不辞竭蹶，决计重订。余亦附粲末议，不半载而残缺者补矣，疑缪者正矣，剥蚀腐朽者更新矣。间有原书未及处，添入数条，依然完璧。林君喜庐山面目今得复见也，属序于余。余沉思未有以应，会有八旬执友，扶杖而来，余述其故，执友笑谓余曰：子自号老小团，此事无庸诿也。夫人当少年英锐，励志芸窗，声色货利之属，举宜屏绝，藐兹蠕动，又奚容玩物而丧志。今子年逾六旬，正宜寄情花鸟，游戏草虫，娱此天假余生。若重违友意，是没齿而不悟也。试问当年翠翁是刻又何为耶？余闻执友诲，悚然警悟，遂不揣简陋，迅笔叙其始末。使当世读是书者，咸知吾友补亡重订，裨益艺林，其功比于束皙矣。岂惟翠翁有知，深铭雅意。余亦从此随蚨孙后，辨妍丑，较输赢，纵情蓝蝥，争逐郊衢。庶几不失其赤子之心矣乎。

昔
乾隆四十一年正月，
茸城老小团庄乐畔莘田叙

97

重订蚟孙鉴目录

霞瀛朱从延翠庭纂辑

茸城　林德垓田九　重订

　　庄乐畔莘恬

清朱从延辑著蚟孙鉴三卷

蛬孙鉴 前

赠怡馆增订

促织之名，其来远矣。促织之斗，爱者众矣。惟明朝宣庙时，雅尚此戏，盆极奢华，窝极工巧。金台金陵，王侯公子，竞为博赛。所以识者著辨色之论，作形象之歌，发明调养之法，叙陈疗治之方，传之至今而勿替也。此博赛胜负，藻鉴是赖，而人多忽之，何耶？盖皆无识之徒，私心自用，妄曰吾自能之，实则吾自误之也。是以遴选贵其精，详视形辨色，时其调养疗治，一遵前贤指授之诀，斯无所失，亦无所误矣。其可以冒昧而从事耶。

夫蟋蟀者，秋虫也，一曰促织，一曰蛬孙，此蟋蟀之异名也。昔有秋虫谱，始道其化生之本末，中道其颜色之美恶，终道其形象之异同，可谓深切而著明矣。今再原之。蟋蟀者，莎虫所变化也。八九月间，下子在土中，至来岁三四月间生出。渐渐长大，白露则旺，寒露则衰，春风起而必亡，时序之使然也。但其生长在深沙厚土者，其性刚，其色黄赤。生长在浅沙薄土者，其性柔，其色黑白，青黄受阳阴必优。黑白受阴阴必劣。黄赤小而黑白大，不妨对敌。黑白小而青黄大，何可相争。若青黄紫赤，更生得头魁脚长，项宽体厚，牙阔尾枪，均为上将。如黑白红铃白肋，又生得头尖脚短，项紧体荡，牙娇尾颓，俱败相也。故爱其材也，必当观其色。然其色之美者，而形似蜈蚣、杨甲、螳螂、蝼蛄、蜘蛛者，尤将中之

枭将也。或色美而形非，恶虫之化，不失为中材。若夫色之不美，而形似灶鸡等类柔弱者，又何足道哉。

天下之物，有见爱于人者，君子必不弃焉。何也？盖天之生物不齐，而人之所好亦异，好岂外歆欹，性情之所发也。殆有可好之实存于中矣，否则匪好也，岂非性之真哉。况促织之为物也，暖则在野，寒则依人，拂其首则尾应之，拂其尾则首应之，似有深解人意。甚至合乎其类，以决胜负，而英猛之态度，甚可观也。岂常物之微，若是班乎。此君子之所以取而爱之者，不为诬也。愚尝论之，天下有不容尽之物，君子有独好之理，惟促织曰莎鸡，曰络纬，曰蟋蟀，曰寒虫，不一其名。或在壁，或在野，或在宇，或在土，或在砖，或在石，不一其处。夫一物之微，而能察乎阴阳动静之宜，备乎斗战攻取之义，是能超乎群物者也，甚矣。促织可取也，盖自唐宋以来，迄至于今，凡王孙公子，至于庶人，富贵豪家，靡不珍重之也。又尝考其实，每至秋冬，下子于草土垒石之内，至来春生化者也，白露渐旺，寒露渐绝。生于草土者其身则软，生于砖石者其身则刚，生于瘠土深坑向阳之地者其性多猛。赤黄最美也。大抵可取者，白不如黑，黑不如赤，赤不如黄，黄不如青。赤小黑大，可当乎对敌之勇；黄大白小，难免夫侵凌之亏。余又原其虫色，如青黄色，生得头项大、腿脚长、身背阔厚者为第一。如

黑白色，生得头尖、项紧、脚瘦、腿薄者为下等。有花麻头水红花牙、青灰项、白肋翅、阔翼、罩尾秃须、歪线额、弯尾、翘翅、龟背、虾脊、身相螳螂形、土狗形、蝴蝶头、尖夹翅，此数名色，亦虫之异像者也。紫头有勇，艳色无能。意度合参，形色斯准。枣核长牙，未尝不勇，伤残独脚，虽勇不全，何致泥于可观之处也。总之，促织有四病，若犯其一，切不可托也。至两尾高低，曾经有失；两尾委垂，必然老朽，其亡可翘足而待也。间有暑热之倦怠，与寒冷之彷徨，又不可缓其调养之法也。苟失其调养之宜，则物之救死尚恐不暇，何暇恃勇于战斗，而翼其超乎群类哉。故曰：君子之于爱物也，知所爱则知所养，何患物之不善乎哉。

夫养蛩如养兵，选蛩如选将。一非选也，不免舆尸之凶。一既精也，可免败北之悔。甚矣。选贵其精而已。蛩有青黄赤白黑之正色，斯为真将。降此有淡紫黑青等，虽不失将材，而非可与真敌也。递而至于花青、花紫、油滑、嫩垢之类，譬之疲癃残疾，且不敢与偏裨伍，况欲与真色争胜负乎。奈何世之畜蛩者，既失目于遴选之时，复谬合于定对之际，彼真色而我以慢应之，则未斗而先知其败矣，何俟交口而后决哉。然则养蛩者亦选其真可也，是故早秋必广收博采，加以明辨之，精而后无遗珠。临局比合，必知彼知己，毋使陵相占，庶几无浪战。虽然，亦视其养之何如耳。朝廷得一贤佐，苟非假之岁月以观其成。予之禄糈以养其廉，授节钺以重其权，捧轮毂以重其体，而欲奏麟阁之助不能也。今之畜蛩者，苟非宽其盆罐以适其体，调其饥渴以顺其情，勿烦斗以劳其力，勿屡视以劳其色，而欲操必胜之术，其可得乎。

玩花轩客问说

予于小圃理菊，偶睹飞梧敲窗，微凉生袂，感时触物，叹息久之。忽有故人，款户相访。因命童子进酒，谈笑及暮。见新月东升，虫吟唧唧，客问曰：凄凄凉凉，如诉如泣，此何物乎？予曰：虫名促织，非秋不鸣。客曰：既知其名，必知其实。盍为我言之。予曰：七月流火，草虫生化，禀天地一灵之性，变为此虫。看养有法，胜负攸分。其间奥妙玄机，可以心悟，不可以言传者也。客恳求其秘，因告之曰：盖自白露渐生，而盆须用古；寒露渐绝，而盆宜换新。未申时须当喂食，寅卯时且听呼鸣。隔三朝方可水浴，间五日始可相争。客曰：养法既得其详，看法未闻其命。予述古语以证之曰：苔壁吟秋夜，身微识者稀。更兼类色广，俊杰细思之。观于古言，则其色难辨可知矣，兹略叙其梗概。麻头青项销金翅，名扬天下。虾脊蛾身橄榄形，声播四方。浑身好似一团花，红铃难托。满体色如真锦绣，白肋无成。腿长则有赢无输，翅松则多负少胜。头魁者必能发夹，牙娇者决难受口。光项莫留，免其后患。黑肉便弃，可杜嗟吁。脚短无后力，惟拖肚不忌。牙长能受夹，独黄脑不宜。谚云：黑白全无用，青黄不可欺。狭长终有失，扁阔最痴迷。客曰：看法已具。其虫能无病乎，病以何法治之？曰：物至微而体至渺，故其调养工夫，喂药奥妙，又岂易言哉。至如饭不可缺，而腥气染者食之，有损无益；水不可浑，而油盐著者食之，多死少生。头昏用川芎煎水相调浴之，结粪以豆芽蛴螬合食喂之。肚若作泻，此热极所致，宜饲生虾肉。日夜鸣盆，因腹内有虫，饮以甘草汤。尾若高低，有亏水食。二尾双垂，可知老朽。练牙减食，宜喂带血蚊虫。游册沿墙，可服凉桐梓草。须卷脚焦者不治，脚尖筋落者难医。客蘧然而起曰：以至微之虫，知肺腑之事。纤悉具备，使执事遇时当路，其能燮理阴阳，致百姓雍熙万物咸若者，又当何如也。

蟋蟀箴

早秋怕热气，盆窝要古器。深秋怕冷风，浴水尤当避。卑湿不可安，填盆土为利。休要露人目，休要口味匮。每早须细观，略以敌少试。残食午必换，浑水朝必弃。牙防坚硬物，用纸脚花跋。安顿僻静所，油香橙橘忌。此箴传后人，参详须尽义。

蚟孙歌

须光尾秃最堪伤，身大终须不当强。二尾尖长如倒插，闻名尽说两头枪。喂食还须要适中，不依定是一场空。水清无垢食无缺，始得三秋夺锦功。呼雌之法君当记，不帖雌时即换之。一个不交重再换，若呼长久大非宜。五日方容斗一场，若还频斗定牙伤。夜来不食因何事，伤损牙关食懒尝。盆须用古不宜新，天热盆新头便昏。养过重阳九月九，旧盆不用换新盆。天气初寒霜降时，附子煎汤冷浴之。宽大新盆绵纸裹，又须换个木窝儿。喂食不过只一件，莫信旁人多议论。鸡豆菱蟹与瓜仁，岂及清晨黄米饭。把敌犹如船把舵，舵若横时船损多。下敌劈面扫将来，胜似青天霹雳过。敌草要长杆要直，蝇血染之并梨汁。收时须在白露前，价胜夜光珠一粒。比头比项比身材，若欠厘毫定拆开。尾短更兼须又秃，强将他斗莫担财。临斗之时敌莫拖，左盘右转虎离窝。若然前后七八敌，频捻牙酸不可过。虫儿奥妙莫胡猜，悲喜何人识得来。不幸旧章由己意，斗时必定惹殃灾。遵此而行不受亏，为人识得自称魁。果能仔细无些失，交锋定胜带花回。

秋兴篇

叙属三秋，时维七月，禀受兑金之气，化生促织之蛩。得其奥妙玄微，能作令时赌赛。千般调养，可遵往哲之规。数句言辞，堪作后人之鉴。盆须用旧，遇深秋便更填泥。浴不可频，越数朝略教戏水。下盆即饲旱莲草，则泥泻出。调养必餐黄米饭，可长精神。损牙不食，暂喂带血蚊虫。内热慵鸣，聊食豆芽尖叶。落胎结粪，必啖虾婆。失脚头昏，川芎茶浴。如或咬伤，童便和蚯蚓粪点其疮口。倘逢钳闭，蝇头血染敌草始能启牙。饥则游册沿墙，宜藏暗处。近则隔盆鸣翅，毋使相闻。每届未申，须当喂食。但临子午，合听呼雌。浑身好似一团花，红铃难托。遍体美如三段锦，白肋无成。腿长终取胜，身狭却多输。头粗尾阔可称雄，项窄翅松难受口。麻头青项销金背，声振他州。虾脊蛾身橄榄形，名扬别郡。尾短终无力，牙长必有功。黑白常亏，青黄多胜。尾焦宜就弃，免致咨嗟。铃脱休寻斗，毋贻后悔。水不可缺，食不宜多。胜则藏之，勿轻过人目。倦宜调养，勿浪下勾头。热大可饲井虾，盆内须加蚓土。头昏只因宿水，频换水则无虞。色嫩岂能耐疼，喂红虫则增彩。三尾黑头可用，切忌赤首有伤。按斯法焉，思过半矣。

促织论

促织者，秋蛩也。隔年遗种于土中，时至方生。处暑出，白露旺生，寒露渐绝。或系诸虫变化，如蜈蚣、胡蜂、地狗之类上也，蜗牛、地蚕、湿虫所化下也。生于草土者身软，砖石者体刚。浅草瘠土者，色多黑白而性和。瓦砾深坑及地阳向高阜者，色多赤黄而性烈。大抵白不如黑，黑不如赤，赤不如黄，黄不如青，青不如紫。赤小黑大，尚堪对敌。黄大白小，切勿交锋。原夫青黄之蛋，首大项肥、腿长、身背阔厚为上；黑白色者，头小项窄、腿脚短瘦、翅薄身不方厚为下。若花麻头、灰青项、歪身、线额、弯翅、弯尾、翘翅、绉翅、龟背虾脊、八脚、四钳、及螳螂形、土狗形、蝴蝶头、蛱蝶翅之数者，俱属异相也。至于伤残之蛋，如独腿、五爪之类，虽曰不全，犹或可取。惟四病者，速宜去之。仰头一也，卷须二也，练牙三也，踢腿四也。两尾高低，曾经有失。二尾俱垂，老将愈矣。又如热而仓皇，冷而倦怠，稍不骁健，亟宜如法调养，勿贸贸而前也。

收养并打总诀

早秋见头大脚长者，便收畜之空盆，放于阴凉洁净处，不宜常看。常看，则色易老。养十日后，方可仔细观之。当先下盆时，明标色样，以昏变明亮者为上，明亮变昏者无用。若油色硃色，又不足取。其麻路最忌曲斜半橛而粗，其线额亦要细长端正。不喜弯曲，其尾丰，尤须轻细白色。用心调养，过白露三四日并打。若果是真青、真黄，入格好蛋，不宜早斗，直待深秋，重阳前后，其口坚硬，勿于嫩时泛斗，口糊牙损，诚可惜也。总要看色老嫩，色未长足，且未可斗。等待色浓，先定其大小相等，然后并打，不可多接。故经曰：少年多夸躁，养手须知戒。若要稳稳赢，斗尽莫饶大。

访求诀

道听途说，非真尽给。蛋无好歹，一斗即买。

促织有三拗

赢叫输不叫，一也；雌上雄背脊，二也；过蛆有力量，三也。

辨真法
品格论

夫蛋必须麻路细直透脑，却无线额者，乌头银线额却无麻路者，奇品也。更有线额与麻路拗色不一，如白麻头金线额，黄麻头银线额，或无麻路有白线紫金线之类。更有青黄促织，而红头白牙白麻路者，亦为绝品。此第一等也。或有青红头金线额、白麻头银线额、翠青项、毛青项、斑青项、厚金翅，或黄麻头、淡黄麻头、嫩黄麻头、老姜黄麻头、红黄麻头、麻皮黄色，俱要白腿脚，或黄腿脚，此第二等也。更有暗红头、青金翅、乌金头、白腿翅、火珠头、桃皮项、玛瑙头、灰青项、青麻头、白牙钳，麻路细直透项，身腹头脚相称，此第三等也。更有紫金色，紫黑色，紫红色，重枣色，轻枣色，油紫色，葡萄紫色，藕褐色，黑青色，此等色样，切要鲜明分晓。麻路细直，腿长脚大，翅翼浓厚，形体方阔，亦为佳品。此第四等也。更有紫黄色，俗名茄毋紫，必得遍体无瑕，翅翼光彩，头大，背阔身厚，乃为相称。更有花路头，亦要腿脚无瑕，黄色为上，莹色纯白者亦佳，又有翅如古经纸，光明金色，腿脚如黄蜡相似，更复壮大，亦为绝品。又有秃虮色，乃灰白色如花黑者，此第五等也。至如阔翅长翼等类，必须头圆而缩，项阔而宽，牙长而浑，翅薄而金，蚕肚白肉，脚细长而两腿有斑，亦足取之。此第六等也。

红头青项金色翅。一贵也。麻路透顶，青项金翅白腿，头尾相称，二贵也。白麻头透顶，毛青项厚银翅，三贵也。紫头白斗路，青项紫翅，浓厚而带绉纹，四贵也。黑漆头，金线或银额，青项带毛，黑金翅白腿肚者，五贵也。

凡蛋有红白麻头、青项金翅、金银丝额，上等也。黄麻头次之，紫金黑色又次之。诸般色相尤易得，独紫黄色，千中选一，谓之足色。其蛩光滑轻凝紫带滑色，更须头大腿长、背阔齿强者，必定好争斗有勇力。总之诸色麻头，线路必要细直分明爽亮，不宜弯曲短橛。第一嫌麻路粗板，线额肥曲。又有丝瓜筋麻头，柏枝叶麻头，俱要细布在头上方好。

蛩辨五色

真五色为贵，如紫青、黑青、红黄、淡黄、淡紫、红头、紫嘴之类，间杂混淆。大都青蛩要白线金翅；黄蛩要黄线乌牙，遍体如金；紫蛩要头浓红线，腿斑肉蜜；白蛩如冰；黑蛩如墨；目遇之而了然者，此真色也。苟其不然，便属花色。

选法

头圆牙大腿须长，项宽毛燥势要强。色贵焦老翅无迹，身阔背厚能登场。水红花牙人所忌，猪肝牙色总不良。腿脚细穷非上品，红钳赤爪蛩之王。

牙不宜短薄，浑长者佳；头不宜扁塌，圆大有脑角者佳；项不宜光紧，青毛而宽者佳；腿不宜短，长大者佳；身不宜狭薄，厚实有肉者佳；色不宜杂，纯净者佳；翅不宜薄，肥厚者佳；肋不宜显，白肋以通稍为佳；尾不宜重，轻细洁白者佳；须不宜卷，犯热症或缺水则卷，搅扰不定者佳。

凡各色麻路，不透顶或成片，及头带油艳，脚腿细穷，肉色斑黑，翅薄项紧，头不圆，牙不长，项无毛丁不起斑者，俱不中选。

混收诀

头大脚长，不用商量。尾轻肉洁，何须多说。腰宽项阔，不必细观。秃须槌脚，未可忽略。

养蛩总诀

高厚人难合，阔方比占先。头大终为得，牙长万倍全。腰厚翅长好，牙环更利便。若能养得着，百战总居前。

以高厚阔方，头大脚长，腿圆更兼牙长拖地者，环钳更妙。

钳像蜈蚣钳，嘴像狮子嘴，头像蜻蜓头，腿像蚱蜢腿。形体要相当，色正斯为美。

辨老嫩诀

要知促织老和嫩，秘诀分明在水须。帖齿带黄知出久，悬牙色白始成躯。头高终自无多日，低首居然一老狐。熟读秘文方赌赛，十场罕有一场输。

头色美者

红头，红麻头，半红麻头，黄头，黄麻头，淡黄麻头，嫩黄麻头，青金麻头，紫麻头，白麻头，栗壳色麻头，柏叶麻头，黑漆麻头，三尖麻头，竹乌麻头，俱要麻路细丝透顶，方为美色。

头色恶者

如头艳色，顶滑如油，麻路不透顶，或成片者，俱不中用。如柿子头、玛瑙头、蟹兜头，还可观却是不济。凡半截麻路，艳色似点一般，切不可用。

早秋看法

早秋时，择取头大、项宽、腿脚圆长、身子阔厚、生像方幅，票定颜色上盆，徐徐养之，不可便斗。恐有出土先后，元气未足，颜色未变，身柔口弱，或有不斗者，交口便走者，此皆元气未足之故也。须上盆数日，身口坚硬，现出颜色，重色变轻色，为之并打。若轻色变重色，便可弃之。对并时，如出口硬撒善斗者，选为上将。但以一二个试之，切勿多斗，有伤于蛩。

蛩以耐口为稳，须要头有脑角，肿项阔腰，翅色浓厚，腿长尾轻，后段有肉，乃受口之相也。

中秋看法

中秋之蛩，如人中年，观蛩者须推其时，度其情，并当起落三尾，不可其盆。恐昼夜呼雌起翅，过损蛩体，更虞意外疏失。

辨钳诀

红牙带黑色有棕纹而光彩者，是降香钳。或淡红要实色似水红花为贵。若黑而无光，即猪肝色，无用。若白牙与象牙色光彩，虽有乌爪头亦贵。若白似水而嫩，即为水洋钳，亦无用。

莫云黑白全无用

黑内有黑黄，白内有白黄，白青之类，不可轻忽。

勿认青黄不可欺

非上相真青、真黄，倘有一点败笔，究非真将。

头上等

大头圆胳膊，脑搭浅无多。
丝路根根透，精彩如揩摩。

头下等

昏小脑搭重，路粗半节儿。
棠梨尖额角，此等不须奇。

脸上等

五色诸蛩脸，锄弯注地长。
再如锅底黑，赋性定强梁。

脸下等

酒醉猫儿脸，花花白路纹。
此般生像者，弃物不须云。

项上等

青项堆青靛，白毛根闪青。
朱砂火盆底，桃皮等类形。
白雾东瓜样，宽璪垒起星。
毛丁有疙瘩，入手不当轻。

项下等

紧隘花斑项，无毛一片光。
瘪小更短促，不养又何妨。

翅上等

紫翅青金翅，反搭与油单。
黑色全如墨，梅花两瓣攒。
松阔偕长短，襄衣得更难。
遮身不见节，薄绉另相看。

翅下等

膏药迹不绉，松阔短长同。
况加白肋重，何须选入笼。

腿上等

大腿圆长健，小脚粗铁线。
斑白黄色真，识者应堪羡。

腿下等

短瘪兼穷细，烟熏青黑同。
只好留墙壁，何须问主公。

肉上等

紫黑苍黄肉，青白胜鹅梨。
黑青只宜白，淡黄白亦宜。

肉下等

肉色欠纯正，腰上多金铃。

月头红白间，百战不能赢。

紫色总诀

凡紫色头必尖，然究以头圆大者为上。项有青毛项、紫绒项、赤斑项，俱要毛丁。身阔背厚，血红钳，阴阳翅方妙。若项有油光，即为花色。

真紫

真紫如同着紫袍，头浓身阔项宜毛。

钳更细长如血色，独占场中第一豪。

深紫（忌腰间白肋）

深紫当头紫要浓，更兼翅肋与身同。

圆头阔项阴阳翅，树帜三秋建大功。

淡紫

名为淡紫遍身明，项如青靛齿牙红。

头上三尖腰背阔，诸蛩退避莫相逢。

黑紫

黑紫颜色如茄皮，腿脚斑黄赤肚肥。

钳若生来紫黑色，早秋赢到雪花飞。

紫麻头

紫麻头路透金丝，项毛翅绉腿斑狸。

四脚膘黄肉带赤，敌蛩见影个相持。

黄占翅绉紫麻头，身似银兮牙似钩。

头大项宽长腿脚，痴迷生相斗三秋。

栗壳紫

方头麻路大红牙，翅如栗子壳无差。

六足尖长黄蜡样，战胜簪花回转家。

红头紫

红头紫线最刚强，项赤红斑腿混长。

翅紫牙红如桑剪，将军名号不虚当。

紫金翅

紫头青项翅如金，腿脚兼黄肉带蜜。

必须生有紫黑钳，咬杀敌蛩人胆失。

青色总诀

真青头要青金样，白麻路细丝透顶，金箔明亮翅，肉白，牙白，腿白者，为上，号白钳青。亦有头似官蜻蜓头样者，若水红花牙，腿肉不白，项不毛，青翅不金，不过花色而已。须知世无斑腿，黄肉，黄线之青也。鸣有叮叮之声，当细察之。又有红头青。终不结秋。

真青

真青头似菩提子，项上毛青靛染成。

牙钳必得芝麻白，任君百战百番赢。

鸦青

首尾分明黑漆光，白银腿脚皂衣裳。

肚皮六足犹如玉，相闻英雄胜虎狼。

淡青

淡青生来牙要红，头麻项阔翅玲珑。

更兼肚肉白如雪，赢尽诸蛩独奏功。

紫青

琥珀头圆项紫青，翅如苏叶好追寻。

天生一副牙红紫，交锋管取白黄金。

白青

白青色艳宛如花，红白牙钳并可夸。

只要腿长青项阔，深秋健斗永无差。

黑青

乌青看来似锭墨，腿脚斑狸肉带黑。

钳若细长似血红，合战交锋不费力。

灰青

灰青色里显青金，项饱头圆乃得真。

更若腿长牙红白，秋场得彩不须论。

颜色如灰不耐看，灰头灰项欠新鲜。

只因翅黑牙长白，相斗高强直万千。

白牙青

青头毛项翅如银，六足生来总出群。

粉壁牙钳肉似玉，是蚤名号大将军。

红牙青

紫头银线项青毛，红牙白脚绝伦高。

愈到秋风消索候，自然力勇独称豪。

葡萄青

头像葡萄项闪青，身材阔厚腹如晶。

皱纹薄翅琉璃尾，上册交锋阵阵赢。

黑青背上紫红霜，仔细看来荸桃色。

牙红正好斗输赢，汛炮一声虎添翼。

井泥青

青色深沉似井泥，圆头毛项不轻欺。

长牙腹腿如银白，直到深秋战胜奇。

蟹壳青

赤翅色如湖蟹色，麻头秃项真难得。

最宜相称红枣牙，只忌背光并头黑。

俗号名称湖蟹青，斑黄腿脚翅如金。

青头紫脑牙如血，项上须教毛靛深。

（一本牙如玉）

　　此蚤头似生青蟹，细丝透顶，身背脚大，腿胯上如血，红牙者是。

生虾青

麻头青项翅如金，肉腿生来白雪形。

钳要细长苏木色，此蚤名号是虾青。

龟背虾青不宜红，腿脚俱长斗性浓。

头上金丝齐透顶，谁道似虾竟似龙。

有蚤名号是虾青，亦取银翅似明星。

休论白牙并黑嘴，最宜项上有毛丁。

熟虾青

水红尾兮水红衣，壮肚阔腰模样奇。

浑身不见有斑点，旁人误认熟虾儿。

青麻头

麻头青项有毛霜，翅绉肉白腿脚长。

再生一副牙钳黑，三秋得胜喜非常。

（一本牙红紫）

线额青麻透顶明，蜻蜓翅翼项青轻。

牙钳似玉身高厚，腿上无瑕斗必赢。

青金翅

青项麻头翅必金，肉腿如同银样珍。

牙若更加如黑漆，赢尽诸人匣内银。

（一本如血色）

黄色总诀

　　真黄遍体皆黄，名乌牙黄。其项非桃皮则朱砂火盆底，有赤丁疙瘩肉方是。更有黄砂丛丛，尾长细如铁线样，鸣时声哑，翅如金箔，两翼玲珑，牙黑弯尖尤妙。若红黄则有腿肉白之分，紫黄则重在头似樱珠之别。至项似金之说，吾闻其语，未见其蚤。大都不离乎桃皮、朱砂者近是。

真黄

天生金色遍身黄，肉腿如同金箔装。

更生一对乌牙齿，鸣时哑者即蚤王。

（一本红牙）

清朱从延辑著蚟孙鉴三卷

深黄

黄色生来金箔黄，腿脚黄斑腰混长。
若是两个乌牙齿，便饶人大又何妨。

淡黄

淡黄生来腿脚白，头样三尖如琥珀。
初秋斗胜已非凡，愈到深秋如拱璧。

肉白头黄项掺青，头粗脚壮齿如丁。
这般生相非容易，九遍交锋十遍赢。

紫黄

头似樱珠项似金，姜黄腿脚更超伦。
钳须红黑惟嫌白，勇怯还须在此论。

紫头朱项背如龟，青不青兮绯不绯。
仔细看来黄带紫，这般颜色定雄飞。

红黄

头似珊瑚红斑项，翅如金箔肉兼黄。
腿脚圆长如玉色，诸蚤敌尽莫相当。

黑黄

血丝麻路背身昂，腿脚斑黄要混长。
若生阔项乌牙齿，三秋饶大莫商量。

黑黄纹路隐藏之，日光照见似红丝。
腿黄肚赤如金翅，红白牙钳总是奇。

白黄

肉白麻头金线额，白毛项上翅铺金。
六足灯心牙红色，早秋赢到雪花侵。

油黄（俗名油纸灯）

头圆腿壮遍身黄，翅滑如油肉带苍。
一对牙钳黑红色，此类蚤中是霸王。

砂黄

异色砂黄要觅难，遍身隐隐露红瘢。
牙乌肚白黄金翅，莫作寻常促织看。

蟹黄

血丝缠头项背驼，牙红长脚蟹婆娑。
腿桩点点红如血，日斗三场也不多。

哑黄

黄蚤声响只寻常，肉白牙乌第一良。
脚壮腿长头项称，鸣时哑撒定称强。

黄麻头

麻头黄项翅如金，腿腿黄斑肉带蜜。
牙钳若是炭样乌，斗胜鸣时莫与匹。

菊花黄

遍身黄色耀如金，红枣长牙利似针。
闪青色背菊花项，六足无瑕极称心。

狗蝇黄

头项焦黄翅亦金，花斑腿脚肉同栗。
更生一对紫花钳，敌尽场中为第一。

红色总诀

真红要金翅白肉，头似珊瑚，项似朱
砂，腿脚混长，以墨牙为贵，余色无用。

真红

眼如椒核遍身红，头项如朱腿亦同。
纵逢敌手君休怕，数番咬死又成功。

红麻头

红麻秉性最刚强，赤项红斑腿脚长。
翅紫牙红如桑剪，诸虫交口便难当。

暗红头

红头不喜太鲜明，麻路深藏莫乱评。

项翅黑青腿脚白，形躯高厚战常赢。

黑色总诀

真黑生来肚黑牙红，银丝细路贯顶，翼翅如海蛳靥样，项阔带毛，名血牙乌，墨钳紫花牙、红花牙皆妙。一名粉底皂靴者，白肉白腿脚，其余皆黑，即牙钳亦乌，方交口便赢。

真黑

真黑便当黑似漆，仔细看来无别质。
更有肚腿白如银，俱号将军为第一。

黑麻头

乌麻头路透金丝，项阔毛燥肉带黎。
若还乌翅牙钳赤，得遇之时真是奇。

黑麻路要银丝白，项要隆兮牙似雪。
敲开宝色有光芒，这个将军没得说。

乌头金翅

乌头青项翅金黄，腿脚斑狸肉带苍。
牙钳更生红紫色，诸蛩一见岂能当。

乌头银翅

首似乌金翅似银，霜牙青项腿如晶。
用心收养休轻觑，若使交锋便见赢。

白色总诀

真白要头白明亮，号白蚕蛾。细丝头路透顶，毛项蝶翅，总以黑钳为上。又有墨花钳、血红钳，皆是蛩中之王。

真白

白头白项白丝攒，翅似铺银肉似霜。
乌牙黑脸肚如粉，此是三秋促织王。

淡白

白头白项翅如银，入手观来迥出群。
一对银牙如雪白，总无拗色是将军。

白麻头

白麻白面白如银，细丝透顶却分明。
更加青项长肥腿，战到千番也必赢。

白麻路要细而长，项内朱砂隐隐良。
牙若干红多宝色，黄斑长脚好名扬。

异种上品
天蓝色

非青非黑复非黄，闪烁不定似天光。
腿色焦斑身样细，头圆路白项深藏。
二尾细轻多紫色，两须旋绕胜枪铓。
更得干红钳一对，千秋难遇此蛩王。

此系十年蜻蜓所变，其色如天光，
早晚阴晴不一，语云将军无定色是也。

青黄二色

青黄毛项翅要明，此等原从间气生。
初秋斗到深秋后，百度交锋百度赢。

朱墨色（俗名紫白）

不着青黄朱墨色，此蛩千中难遇一。
只要头大并脚长，立奏凯歌真可必。

各色麻头

各色麻头路要细，身方背厚项毛砌。
头大牙长尾似枪，斗尽蛩力不敝。

龟鹤形

头如蚕嘴肚如琴，两翅啾啾叫不勤。
识者若逢此促织，不须试口是将军。

清朱从延辑著蟋孙鉴三卷

琵琶形

翼像琵琶秋蚕首，头雌项滑世罕有。

长牙金翅非等闲，斗尽三秋无敌手。

翼翅琵琶不喜青，若逢紫色始相应。

要知斗胜堪珍处，头小牙长项似金。

枣核形

身如枣核两头尖，仔细看来似侧砖。

交锋便见强中口，咬退诸蚕不敢前。

蟹踞形

蚕身弓起如蟹踞，不拘五色或麻头。

任人观看只不怕，是此名蚕何处求。

蜈蚣形

薄体圆钳识者稀，朱头漆项最为奇。

更兼黑背红丝足，宛似蜈蚣人未知。

蝼蛄形

蝼蛄六足短而粗，牙细尖长腹又拖。

翅短尾开臀露出，圆头价值万金多。

蝼蛄之形最难相，牙长腿短头尖亮。

尾豁过肩三二分，正是雌头拖肚样。

土狗形

头粗项阔背低拖，翼翅生来半背过。

腿脚壮肥身巨混，当头起线叫如锣。

杨甲形

翅长如漆项无文，宽项生毛阔后身。

头尖两翅枣红色，杨甲形模若有神。

蜘蛛形

头小牙长体短丰，灰青项色一般同。

银丝六足娇还细，名曰蜘蛛胜黑熊。

身材局促似蜘蛛，青项牙长六足铺。

羽翼不长金墨色，等闲觅得夜明珠。

螳螂形

螳螂六足尽尖长，最喜牙钳利似斨。

头缩项宽方尽美，翅色龙泉青样光。

身狭头尖大肚皮，脚前乔立似于菟。

此蚕不问青黄色，斗到深秋也不输。

蚱蜢形

头大臀尖后脚长，秃钉模样最猖狂。

身材生得高还厚，蚱蜢之形谁敢当。

蝴蜂形

貌类蝴蜂体脚长，细腰紧项两头枪。

遍身黄亮如金色，百万蚕中独自强。

土蜂形

尖翅呼名是土蜂，紫黄色者实难逢。

这般色样如能得，不是常蚕是毒蚕。

（无肉不论）

此蚕千中难遇，紫黄色者为上，号光翅蜂。无有敌手。

蟑螂形

形躯仿佛似蟑螂，项肿头尖牙齿长。

身腰扁阔脚条细，紫金颜色始名扬。

鸳鸯翅

青黄二翅色鲜明，此蚕入手不当轻。

初秋斗到深秋后，管取交锋只见赢。

梅花翅

翅似梅花蜘蛛镟，身上如同梅花片。

如此之蚕亦怪哉，满场斗胜真堪羡。

翅似梅花势甚骁，翻来覆去斗轻飘。
纵逢敌手能相胜，咸羡三秋夺锦标。

金蓑衣

翅宽翅急未呈奇，识者当场莫慢非。
生得两边如鸟翼，名传天下锦蓑衣。

寿星头

毛项红牙头颈长，色浓身厚更轩昂。
形如虎立君须记，一日还教胜几场。

玉垂头

头项分明似远离，中间肉白如蜻蛚。
仰首搭牙俯首胜，玉垂头号任君题。

玉锄头

黑牙黑面不堪收，此种诸人懒去求。
雪样翅儿加白腿，胜时齐道玉锄头。

阴阳牙

蚟孙生来两个牙，一红一白实堪夸。
不拘五色麻头者，直是三秋一莫邪。

独须单枪

独须独尾世称奇，金翅红牙形似龟。
两异相兼方足贵，项青肉白始相宜。

金苍蝇

朱头绿项身油绿，脚腿微黄红点生。
钳环血色翅尖样，力能扛鼎自扬名。

（蚟孙鉴前全）

蚟孙鉴后

赠怡馆增订

异形中品

真三色
紫头青项有毛长，金翅生来肉带苍。
两腿混长斑白色，一对红牙不可当。

草三色
麻头青项白毛丁，金翅皱纹肉带青。
腿脚斑黄牙似炭，当场健战似通灵。

三段锦
麻头青项翅销金，白牙白腿腹如银。
百战百赢无敌手，蜀中三段锦为珍。

草三段
头圆相似紫葡萄，红白长牙项有毛。
更兼淡淡绉银翅，三段之名声价高。

小三色
紫头青项翅油黄，四脚如丝两腿长。
更兼一副焦牙齿，中秋饶大也无妨。

虾脊
虾脊驼峰蛾肚良，翅如蛱蝶腿俱长。
头圆而小方为称，线要银兮路要黄。

齐臀
齐臀不论紫黄青，头缩项宽翅皱纹。
身厚牙长螳螂足，金风才动立奇勋。

拖肚
黑头红项背形驼，更兼肚腹如舵拖。
齿色黑红如钳样，连赢数阵不为多。

兜翅（无肉扁脚者佳）
兜翅之蜑识欲详，臀长扁薄也寻常。
须知最贵紫黄色，腿斑头小要牙长。

壳翅
壳翅无声性却雄，只嫌纯黑是常虫。
若还翅上青黄色，秋兴场中可立功。

阔翅
鼓翅嚣嚣阁阁声，身材雄壮齿尖横。
小头肿项黄金背，上册交锋一口赢。

长翅
长翅须养金长翅，腿脚粗肥腰混齐。
果然口比青萍利，中秋试斗利如犀。

绉翅
绉翅形躯另一般，罗纹重叠嘴如镮。
雪花肚足方堪贵，油黑斑狸亦等闲。

线额
当头线额使人钦，色艳虚花未足珍。
麻路隐藏额线现，交锋即胜却堪亲。

飞蛛

飞蛩能斗体轻盈，黄白堪夸青莫京。

白翅水中应拔去，果然百战百番赢。

异类下品

月头

额首空文终落后，十个月头九不斗。

腿穷项细便寻常，请君抛弃何须守。

　　黑黄者佳，其月如粉者亦美。俗谚
云：一斗便将军。

蝶头

金额原要黄麻路，银额必须白麻头。

更要牙钳红黑色，反是何须着意求。

红铃月头

蛩生月额及红铃，来往交锋暂莫陈。

纵然得胜终难恃，劝君休作掌中珍。

油头

头昏项紧有何奇，脚腿花斑黑肚皮。

翅上更有膏药迹，何堪识者费心期。

红额

红额却似好花枝，来往交锋亦暂时。

一自西风鬈发后，当场零落不堪支。

绣肩

绣肩绣胁不为奇，赢得来时也可虞。

金铃落却终难复，欲斗无情致叹吁。

红铃（铃有数点名休衣赤异）

红铃满背号驼金，只许三番两次赢。

卸下铃时难赌赛，若逢强敌必遭倾。

金带铃（一名金束带）

古语红铃定不赢，如铃脱落即凋零。

腰间砌满红铃子，常胜称为金带铃。

蜂翅

头尖肚大似胡蜂，两翅金铺腿脚穷。

纵然异类无心斗，当场必误主人翁。

独脚

人言独脚最枭雄，谁道原无孙膑功。

纵使赢时须蹩躠，由来力怯不相同。

残疾

不问青黄赤白黑，一有伤残难下册。

秃须秃尾腿无丁，掷弃沟中亦何惜。

败蛩

蛩力虽强战已疲，因贪接战误教亏。

经旬调养依然胜，宛似秦王用尉迟。

　　早秋误斗失口，间有养至深秋成将
者。故歌诗及之。

五色变虫诠

紫青

紫青白斗线，愈冷愈斗，即至落雪不
休。系螟蛉子变。

紫黄

紫黄之蛩甚难，真千数中不一见。如黄
头银丝麻路，青毛砂厚项金翅，腿脚壮长，
浑身高厚，血红钳者是也。此蛩愈冷愈狠，
系蜈蚣变。

紫尖头

头如蝴蝶头，青毛砂阔项，白肉厚背。
腿脚圆长，血筋绊满金翅，白花牙，墨花
钳，白钳血牙，俱为将才。系蝴蝶变。

真青

真青白牙妙，黑镶白钳亦好、青毛项、血牙更妙，但要白银丝麻路，细直长透顶。项背高厚，腿脚圆长，白肉为上。系牵牛变。

青大头

头如狮头样，细银丝直透顶，青毛阔项，带砂青雾罩。满脚斑白，腿长圆，肉色如玉，或像青莲。纯白钳，红花钳，墨花钳。墨牙皆堪相配，如白花镶钳，大而长厚者亦妙，为上等之将。系桑虫变。

青尖头

长头阔毛青砂项，身厚脚腿圆长。满头项青雾罩紧，奔走玲珑。黑镶白钳，长红花钳，乌爪白钳，血牙更妙。系蜘蛛变。

青麻

青麻头圆大，细银系透顶，青毛项，青砂雾罩满。日中照之，微带红色。腿白脚长肉白者，将中之枭将也。系牵牛变。

砂青

大头阔项银丝细路透顶，青毛砂堆满项翅，长脚圆腿，身形高厚，赤爪红牙，交口便赢，此劲敌之将。系杨甲虫变。

真黄

头如蜜蜡，项似青毡，翅像紫金，肉黄腿白，浑身黄雾，黄砂罩满。更兼高方阔厚，脚长声哑，此为狠斗之将。系地蚕虫变。

黄大头

头要像官蜻蜓头样，细银丝麻路直透顶。朱砂项宽背厚，浑身青毛砂，腿混脚长，肉白，血红牙，墨花钳，紫花钳，真墨

钳者，蛩中之王。系蜻蜓变。

黑黄

有血钳黑黄，白钳黑黄，白花黑钳墨牙黄，墨花钳，红花钳诸种。阔项驼背，头细脚长腿大者是也。更兼头堆黑砂毛丁，翅有血筋绊满，浑身似青雾罩砂，向日中照视，通身如血红者，此真正黑黄无敌大将军。系铁蝴蜂变。

砂黄

头大腿长项阔，朱砂斑，白毛攒紧，背厚翅金，黄砂罩满，亦为上将。系蝼蛄变。

真黑

黑如黑漆，牙白如银，丝❶铁头蝴蜂变。

灰黑

身形扁小，伏于盆底。湿灶灰色，善能饶大，着口即胜。系蟛蛛变。

真白

白蛩红牙，系牵牛变。

他如螳螂、蜣螂、长脚蝴蜂、蚱蜢及金苍蝇等类。感秋金肃杀之气，俱能变化，兹不备载。

青黄白

此三色须金银线路，细直透顶。早秋斗间，深秋斗口决减。

淡黄白

淡黄白头须二尖，身如琥珀色，钳红项宽，毛燥腿大为上。

反生名

金丝额白麻路，银丝额黄麻头，俱要金对

银，二件相反。银额金丝，各透明细直为上。

滑紫色三种各

一名梨撚采，二称油纸灯，三呼沿盆子。

见闻纪异录

青有白砂青、红砂青、油青、苏叶青、鸡血青、麦柴青、生虾青、熟虾青、河泥青、河水青、稻叶青、竹叶青、芦花青、蜓蚰青、铁线青，麻铁嘴青麻，铁色青麻，惟天青色百年难遇，相传云系十年蜻蜓所变，可胜铁头蝴蜂所变者。

紫有熟藕紫、藤花紫、葡萄紫、乌酱煤紫、酱瓣紫、茄皮紫。

黄有油黄、麻皮黄、菜叶黄、麦柴黄、香橼黄，金圈方，并有浑身如雄黄者。

红有石榴红、水楂红、出炉银、落霞红。

黑有铁弹子、灶灰黑、水墨黑。

白有滑白、哑白、麻皮白、螭壳白、水梨白、芦花白、艾叶白。

头有星头、癞麻头、芙蓉头、四字头、油灰头、兰花头、牌楼头、鸳鸯头，一半青一半黄。又有如星一点，微现于额际，如桂花黄色者，必是真将。名曰将星。

康熙辛卯年，西府双飞头有此星，于枫镇斗胜盛泽镇剪刀钳，名震江浙。

斗线有洒金斗线、老姜黄斗线、兰花斗线、羊角斗线，如线额粗者，名粗眉毛。

眼有椒核眼、金眼，俗名金眼回回。及纯白蚤两眼如点朱者。

须有独须，于头居中出一根者；有红须，俗呼红毛毱子；竹节须，如刚鞭样；蝴蝶须，两须寸许长。头有珠如鼓槌式，或是长须一舒一卷，彼此相换。交须，两须如绳卷绕。见人则放直。又有须打赢，不必交口，用须打着来蚤即赢。披须，两须不动，

向后披在背者，须有长至七八寸者。

钳有四钳，及蜜剌如锯齿者；有无一刺如筋者；有钳尖纯白无黑爪者。又有戕梗钳、三尾钳、笋桩钳、耷糠爿钳、剪刀钳，一动一不动者。

脸俗名马门。有黑脸，纯白者为粉脸，紫脸，及收上时有如红线一条，放下不见者。

水须有长能捧在头上者，有一边多一边少，一边六七根者。

项有铁皮项、蜘蛛皮项、铁砂项、紫绒项、半节项、半蓝项，并有蛀项，上有眼相通，可望见者。狭项，俗名狗头颈，惟白蚤不忌。

翅有尖翅、方翅、圆翅、长衣、左搭翅、时辰翅、襄衣翅、板翅、哑翅，惟蝴蝶翅以两大翅内另有两小黑翅者，方为真。鸟翅长衣如苍蝇翅，披出在腿外。使风船两翅竖起，不能收下，如挂篷状。三尾翅小而短，畜蚤者遇之多不利。

翅色有红者曰红背，望之如红缨色。绿者曰绿背，如百脚背。黑油绿色无翅者曰秃背，亦名烂翅。

肋有一红一白，鸳鸯肋，大红肋，白肋。长者曰忠孝带。

声有缰铃子刮竹声，及声如呼雌，见亮即鸣，遇暗则止。凡交口时不必多斗，来蚤闻鸣声即败。紫金翅每叫只一声。

肉有蝼蛄肉、蜻蜓肉、蚕蛾肉、黄肉、黑肉、白肉、青莲子肉、绿肉、白果肉、铁蝴蜂肉。又有带铃一粒者曰金驼铃、银驼铃。满腰一串者曰金束带、银束带。

脚有八脚、七脚，及小脚每多一节者。

腿有白玉腿、甘草腿、花青腿、驼骨腿、单寄腿、双寄腿、线穿腿及绿腿，宛如蚱蜢腿者。

脚爪花有赤爪，并有中多一爪花者。凡爪花俱两分，此乃三义将军相。

尾有玉尾、羊角尾、三雌尾及六尾、八尾者。独尾惟居中一根，名曰单枪，必配独须，方为上将。拣尾粗而长，紫黑色如竖插在尾背上，是真将。

宿有倒宿于窝盖、盆盖之上者，系蜘蛛变。有专立于水池上者，系戏水蜻蜓变。有仰卧者，有侧卧者，名曰困蛩。

食有出草不吃食，只饮水至结秋者，系蜣螂变。

调养法
调养歌

新蛩调养要相当，残暑盆窝须近凉。渐到秋深畏风冷，不宜频浴恐寒伤。养时盆窝须宽阔，下食依时要审详。水食调匀蛩必旺，看时切莫对阳光。水食消尽方堪斗，不可伤饥患饱忙。盆内宜填六一土❷，盖须加意按阴阳。欲使蛩身无垢色，常去宿水换新浆。假若草叶供蛩啮，齿软仍知牙更僵。过笼窝盖安排好，行动提携总不妨。酒后切忌将来看，壮气冲伤走跳狂。误放橘橙克食物，食之蛩腹定为殃。安顿必须清净处，油烟熏损不刚强。先期未斗休频看，仍复收拾用意藏。斗时伤却牙和口，急须医治按成方。不察强弱当场斗，必定遭输笑不良。盖盆谨慎休留隙，免使奔逃意下惶。看取调养依斯谱，蛩体无伤齿自刚。处怜一种清幽物，岁岁三秋声韵长。

调养吟

莫夸促织尽超群，调养工夫半在人。
力健色全方可斗，牙强体足始能驯。
交锋一日停三日，鏖战经时歇五晨。
胜后不劳常看觑，默藏慢斗转精神。
要知促织遇寒难，添换三雌水食安。
天霁把盆临日照，重阳须要上蒲团。
勤加草纸频围护，勿使当风冷箭攒。

君若依斯调养法，免教蛩命早摧残。

喂养总诀

初秋怕热，盆窝要凉。深秋畏寒，冷风有伤。盆宜古大，上食宜瓢。喂食有准，莫对日光。水不可缺，食不可忘。蚯蚓之粪，其性带凉。隔宿去垢，须换水浆。勿喂草菜，齿损牙伤。浑水油饭，食之不祥。窝盖稳实，移动无妨。酒后休玩，冲气颠狂。养手大忌，橘麝诸香。安顿之所，莫近油缸。比匣橱柜，木香要防。未斗之日，务宜珍藏。谨慎开合，免致逃亡。秘密之言，用意参详。

三秋养蛩法

早秋戳底凉盆，放润湿处养之。中秋用填土盆养之，深秋用纸覆盆盖及底。蛩畏冷不食，可用带血蚊虫三两个与食。此三秋养法也。

早秋调养法

酷暑须将宿食消，窝干土燥易生焦。
盆宜常润水频换，牝牡舒怀色自娇。

中秋调养法

盆宜用旧水宜新，宿水能令貌色昏。
若到重阳九月后，旧盆不用用新盆。

深秋调养法

若逢霜降乍寒时，熟栗蒸菱可喂之。
托纸去泥令护暖，此时只见一窝儿。

晚秋之时，蛩将衰老，喂养尤难。须用活物合食喂之，安于藏风温暖之处，勿令受冷。窝用纸衬，或用木窝，食用沿篱豆，煮熟去壳，同饭捣和喂之。或栗子煮熟和饭，或生芝麻嚼烂和饭，或熟菱米和饭，或用冬瓜瓢和饭，或用西瓜仁和饭，皆可喂之。交冬后，须用熟蟹脚中肉、熟鳗鱼脊上肉及熟虾肉和饭喂之。如果不食，或须黄尾焦，或行迟哀倦，不可再斗，此必老病将毙之候也。

因时与食

早秋黄米饭，白露熟菱儿。

霜降沿篱豆，隆冬蟹肉宜。

细论养蛩法

耐性养蛩，于中秋后开牙斗者，必多得枭将。健斗不惜蛩者，此取败之道也。

养蛩不老法

早秋得蛩上盆，不宜频频观看，更不可向日色觑之。亦不得用鼓，恐牙根嫩，开闭损伤。如此耐惜，则蛩无老态，深秋必健斗而常胜。

浴养法

斗胜后以浮萍捣汁浴之，再用清水漉过。将童便和清水饮之，用青色跳虾虫捣碎饲之。斗苦者隔去三尾二三日。

早秋浴生蛩法

生蛩见亮便奔驰，治法先将水浴之。

旋转渐令蛩性定，若还频浴又非宜。

其法贮水于净器中，以手搅之，使水旋转不定。乃放蛩于水，任其跃跳，亦不能起。浴过入盆，停于光亮处，俟蛩身水干，徐徐盖藏。或以鼓引，近光处习惯，其性宁定，再不必浴矣。如翅有油亦仿此。

上食法

凡蛩至深秋，其雌凶恶。到晚宜将雌起出，待雄食饱，雌另食饱贴下，不致雌雄互相争斗。侵食之患，最宜慎之。养蛩者用心于雌雄两得其饱，双得其暖，才为上策。

调养杂法

早秋蛩偶受热，用厕上蛆虫变成蛹儿，内有小虫，名棒槌虫喂解。或用稻撮虫蒸熟，于烈日中晒干，以麻黄根研细拌喂。随用水杨柳细须洗净，浸水饮之，能解热毒。

用鳗鱼去皮，以无糖白糕晒干拌匀为末喂之。但嫌油肥，每晚将清茶点之，更将三雌频浴以解之。

用池边青草内白色小蜘蛛喂之，可解并铃之患。

用黄桑叶作末，纯粳米作糕，晒干浸软研碎，和饭拌匀喂之。

用篱落上断节虫，未至霜降前五日喂之，或用扁担虫并研和喂之。

鳜鱼、茭白、芦根虫、麻根虫、胡刺母虫、断节虫、跳虾虫、蚊虫、扁担虫，俱可喂之。

用粟子煮熟喂之，或方蒂柿子、鳗、鸡、鹅、蟹、鱼、虾煮熟，和饭喂之。

斗胜后用扁担虫去尾，绞汁于菜叶上喂之。后以井虾汁二三点，饲之则无病。凡取井虾，以布裹腊糟坠于井底，半日后提起，虾悬布上。

斗损者用姜汁、浓茶，或自然铜浸童便点之，或以带血蚊虫喂之，地鳖虫更好。

斗胜后用生粉青虾二三个喂之，使蛩无病。忌虾之红黄色者。

用胡刺母虫，或断节虫、麻根虫、蛴螬虫，皆可喂之。后用枣子去皮核，日日喂之，能使肚腹明亮可爱。

蛩因缺水而色昏者，以水润窝盖，用青绢浸湿放于盆内，使往来钻走，则光彩胜旧。

每日用茯苓切片，于饭上蒸熟喂之，甚补蛩力。中秋后不上食者，用菱米、栗子煮熟喂之，柿饼肉亦妙。

蛩色娇嫩者，须用阳沟内红虫喂之。次

以盆傍于日影中照二三日，自然色胜。

深秋蛩渐老而受凉不上食者，用雌蟹钳内生肉，以米饭同捣，捻成小粒喂之。

蛩牙有损，用菜园中泥块内红虫喂之。此虫名土乌贼，又名粪精，又名赤土乘。雨过取土劈开，俨然在内。

遇强敌努力斗胜，且不可下食，可取旱莲草嫩花喂饲。再取苍蝇头四五枚喂之，则无恙矣。及至临斗之日，亦要看其贴雌骁健，乃可出斗。倘或情懒，再须调养，不可强斗。

以上诸法，备极调养之宜。但喂蛩究竟以米饭为正，能使其肉洁而不老，惟不可过多，恐胁出拖肚也。其次调之以菱栗，补之以茯苓。倘有疾病，疗之以生虫等类。若蟹、虾、鳗、鱼等物，不过一时之权变，总非常道。毛豆子使蛩泄气而无力，鸡鸭蛋使蛩腹大，不便比合。凡此类推，宜慎之。

医治法
蛩有四病

一仰头，二练牙，三卷须，四撼腿。若尾参差高下，必然曾失水食。两尾并垂，蛩已老朽，且夕将亡。四者之中，有一于此，便要调理精细。四者皆备，岂可斗乎。

治伤

斗后两牙长短，身有损伤，且勿点食。即取童便和清水饮之，旬日自能复旧。一法以旱莲草嫩叶饲之，最能养牙。

治热

蛩热呼雌不着，青草绞汁入沙糖水调匀浴之，后以河水过之，免致蛩身悚栗。如喂可将青跳虾洗净，喂以一二，不得多食。倘❸深秋，即将断节虫取浆喂之，无不痊愈。

又受热而呼雌不贴者，用菜叶上小青虫榨汁，入白沙糖少许，拌匀喂之。少顷，以清凉河水浴之则解。

积食不化

积食不化甚堪嗟，水畔红虫是可嘉。
研细任君分两处，喂完斗胜任君夸。

垂腹

饱食交锋腹易垂，溪边红蚓可相医。觅来研细与之食，顿使沉疴一旦除。

有不用水畔红虫研细饲之，或用瓜瓤亦妙。

卷须

缺水连朝遂卷须，难将赌赛定赢输。
茯苓蒸熟稻头露，勇力加添自是奇。

失口

蛩失口败伏而不动，用紫薛杨三四片，炮汤待冷，即入浴之。在水片时，捞起放在闷筒内，手掩一时，方安盆内。此乃良法，不可忽视。

蛩性所忌

凡蛩最忌酸气。昔有养蛩之家煎醋，屋窄不及深藏，装入大木桶内，将厚被盖之，以为无虞矣。次日开看，尽皆卷须垂尾而毙。故醋坛之旁，不可轻置。又经香气触损不得，香触则竟不斗。诸凡橙橘香橼等类是也。至合香冰麝诸物，为害更甚。

蛩之有红翎，❹犹人之有赘瘤也。感火热或湿毒而生，如产于新砖瓦堆窑灶基内及卑湿之地，或新盆火气未退，将水浸润过湿，分瓮生翎，亦有深秋脱翎而斗者。

较胜法
苏杭斗彩局规（后已换新局，今又改为新新局）

掌蔽人与各府州客虫到局，秉公相合。

俟虫主自心两愿，编号上柜。临斗，两虫主监局点动咕鸣，徐徐用蔽，先在头背并其尾腰，如即张牙鼓翼者，无病方可交锋。如虫无尾蔽，沿走无情，非失雌则患病，不可即斗。亦有虫性未旺，须再点叫咕鸣，蔽其须胁，次讨小脚，有情，方检牙口一蔽。左提右调，俟性发势旺，鼓翼数声，待翅收好，才可领到中闸。各待回报，方提起中闸板。两架蔽不许过闸，如横各点正，不得挑拨，但观其交牙两跌开。如盲虫，多领正一蔽再交锋。跌开或胜或负，虫主自看。喝叫两下蔽，即当两下蔽。或虫主愿认下锋者，即画下锋落中闸。俟复时，上锋手点咕噪，下锋手细修蔽，如斗绝无情，再使游四角讨蔽。果无情，硬画撞头三次。下锋手落中闸板，赶出取彩。如下锋三番四次有蔽有斗性，方许上锋手使蔽，领上锋逼住常鸣，但不许追扑。若上锋惜虫，愿减分数而决胜负，此苏杭至公之法规也。如掌蔽人私心，该下蔽不下蔽，过棚追赶，咬失腿脚而负，使蔽之人赔虫、赔银。此一定之例，无容争辩者也。

养虫歌

我养无血虫，因其咬斗异。勤斗贪其财，反将己物弃。六七口赢者，可隔日三四。大战劳其力，须待一旬至。一口得胜者，切莫轻相视。亦须爱惜他，毋贻后日累。若欲赌赛时，静候日期次。牢牢记在心，休为识者议。

定对诀

先比头，次比腿，兼比色，再比浑身无后悔。脚长终久得便宜，高厚方阔斯为美。黑白饶他大，青黄切莫欺。狭长时有失，厚阔最痴迷。蛩性分慵健，人心细度推。张牙方勇际，鼓翼是骁时。最喜他须卷，长防我尾垂。头大为真大，翅松未足奇。虚实须窥肋，厘毫不让鬓。更详牙大小，方许得便宜。

白不如黑，黑不如赤，赤不如黄，黄不如青，青不如紫，油艳不如枯淡。故赤小黑大，可以对敌。黄大白小，难免侵凌。

戒饶大诀

小能饶大自为强，少胜多输计未良。
古今欺敌终须败，请君看对细忖量。

合对须当自主张，莫听傍〔旁〕人论短长。
一时少检将蛩误，纵使赢之也着伤。

交锋论

夫交锋如虎争斗，必有一伤。合对者须审其大小，细看貌色，不可轻率。如色相两停，方可相合。既已合定，鼓噪咕鸣。两下蔽各存道理，不许过棚。如横点正，不许挑拨。起闸待其自见，有一口赢者，有二三口咬触者，有一递一口者，有双做口，有黄头儿滚颠翻掳折腿脚，有两下口咬昏触赢者。若下蔽太早太重，误致牙根疼痛，满笼沿走，不可再蔽。可将湿纸搭盖，待疼已定，方可下蔽引之，使不合牙。待下锋回报，才可调熟交锋，自然斗口无失。盆中莫斗，斗有屈输，笼内输赢有准。

论斗口斗间

夫蛩有斗口者，有斗间者。斗间者忽改为斗口，来虫不敌故也。斗口者改为斗间，则来虫之狠可知矣。

斗审三秋

三秋者，早秋、中秋、末秋是也。如红翎、绣肩、月头、油黄、紫青杂色，早秋可斗。长衣、阔翅、独脚、翘翅、笃翅、梅花翅、麦梗紫、拖肚紫、紫尖头，中秋可斗。如逢汛炮一响，俱要真青、真黄、黑黄、上文五等五色，方可斗到立冬后也。

斗不可频

斗后可隔三五日才可登场，如斗经二三十口，宜歇六七日。须看下口轻重，若来蚤狠斗口重，费力着伤者，须隔起三尾二三日，方可下雌。过十日观蚤有性，见蔽不得，鸣声响亮，乃可对敌。无情则不可斗。百口赢者未为奇，一口赢者胜百口。要知一口赢者，用力反倍于数十口，尤当调息。若因斗口少，或接斗，或勤斗，至于有失，实为自误。

身上无沙不可斗

蚤至霜降后，天气一冷，汛炮一响，身上各有沙。如占细末屑，渗在身项上为将。倘天冷无沙，身上油滑者，切不可斗。

六不斗法

盈腮无后蔽，不食又沿笼，长鸣并练齿，终须落下锋。

十二不可斗法

长不斗阔，黑不斗黄，薄不斗厚，嫩不斗苍。好不斗异，弱不斗强，小不斗大，病不斗常。大不斗色，短不斗长，貌不斗实，阔不斗方。

十忌斗法

无情不斗，牙损不斗，色淡不斗，头昏不斗，翅松不斗，尾垂不斗，腿撼不斗，并翎不斗，须卷不斗，沾油不斗。

临斗审局诀

赌赛约以三局两胜。如初合战而分胜负，谓之头局。再合战而分胜负，谓之中局。三合战而分胜负，谓之末局。若连胜二局，则不必斗第三局矣。其间酌量调度，须要识透局面。有头局醋斗，胜败未分。觉我蚤着忙力怯，度其将败，切勿斗绝。便该认作我输一局。喝明下闸，留其余力，养其怒气。俟蚤稍苏，回身寻斗，方才下敌。看其左右风泛，然后开闸复局，多能取胜。此即孙膑三驷之法也。

软勾法

蚤因不宜频斗，亦不可久不交口。如太久则口冷，猝然遇强敌口快，遂不能还夹。以其生疏也。故凡斗胜后，三五日不遇对赌赛，亦须下软勾头，略斗数口，如兵家操演之意。又不可将无用之物，与之轻戏，徒使其下口忽略。勾后仍依例调养四五日，方可出斗。即使一日取胜，亦宜歇息。盖一口赢蚤，亦用尽一身之力也。

勾斗审详

蚤以大胜小，无足贵也。若小能胜大，便当爱护，切勿频频接斗。如早秋初出口时，一斗便赢，出口快便者，尤为上品。俱须在栅内勾斗。若在盆中，恐有差失。

辨斗

夫蚤忽然鸣叫，开盆看时，若三尾相傍，谓之辨雌，即日可胜。若三尾在外或窝盖上，谓之忆雌，可赶使入内。若又逐出而鸣叫，谓之厌雌，可另换·雌伴之。否则淫性不遂，便致痴呆不斗。

斗品

斗有双做口、造桥夹、两拔夹、磨盘夹、链条箍、狮抱腰、猢狲墩、丢背、仙人躲影、王瓜棚、绣球夹、黄头儿滚及勾留、剔捺等名色。

运敌法

初对敌法

登局用敌，先讨其尾，次讨小脚。有情方捻牙口一敌，左提右领，俟其性起，再扫牙口一敌，看其势旺鼓翼而鸣。待翅收闭，方可领到闸口，各待点正。监局才准起闸，两架住敌，不许过闸。如横即点正，待蛩自相见面，司敌者并遵理法，不许挑拨。

凡交口有双滚者，有触昏者，有牙根戳痛、满笼沿旋者，俱未可用敌。须将湿纸搭盖，待疼已定，方可用敌挑之。倘下敌太早太重，必致惊遁自误。

分局敌法

蛩既分局，须识情形。如先行动，或先须动，或鼓翅有威，方系上锋。倘有负而伪鸣者，须细察之，不可骤然下敌。若躲，落于四角及挂傍反手迎门等处，谅已下锋。必俟其须动行动，方可下敌。若躲于顶门、中间，荡空出头，更须待行动，点正然后下敌。

上锋敌法

斗胜，监局者喝明下闸，分其上下，胜者收提上锋，领过中闸，即将湿纸搭盖。常常调拨，使其斗性常存。不可频频扫牙，只须点插而已。待下锋回报，才可再敌。不宜繁絮，只须数敌，领正起闸，两架住敌。勿容冲扑，恐致惊走。

下锋敌法

偶尔失利，敌不宜繁。稍候情性，挑其鸣，扫其尾，诱其行动。视其旋转，微微敌其头背及其腰尾，次拂其拐头。并左右背胁。诱其情动，即讨爪花，就拈牙口，待翅收闭。少为停息，再讨其尾，再拈其牙，观其牙口关闭不练，熟调腿脚。挑拨性旺，拖领依敌，才可回报。领正起闸，两架住敌，

毋容冲扑。常见转败为功，全在运敌之妙。

总论敌法

敌头要长杆要直，把敌必要加努力。
敌头落处视其情，手法活时方中式。

把敌犹如人把舵，胜负全凭运敌妥。
敌头须取白露前，左右宜之无不可。

左右不离常恃敌，临斗之时多少变。
敌若回身敌杆遮，踢着犹恐多伤面。

运敌十法

一曰掺。生蛩见亮未惯，多致跳跃。乃以敌微微掺之，或项上，或肋股间。切不可于尾上、钳上率然着敌，反使忙奔。

二曰点。假如蛩已受敌，但不受后敌，乃以敌草猝然点其肋股间，或尾丰上。蛩认敌虫来触而回头，则受后敌矣。

三曰嘶。蛩入栅而沿走不已，须以敌轻轻嘶之如嘶鼻之状。但要下手轻松，放手快便。须臾复下，如此再三，蛩自受敌。不可仓促推拨也。

四曰提。一着即起之谓也。或项上，或头上，轻提惹之。左右前后，亦皆如此。无有不发性者。

五曰抹。前后拖抹之谓，为蛩头撞入栅角而设也。抹其头足腹肋等处，待其回身便可着敌。

六曰挽。蛩立脚未稳，忽然受敌，仓促败误，即所云冷夹也。当以敌挽定，勿使骤出。徐徐领正，则无害也。

七曰挑。为头局已败，复局之时，卒难受敌，乃以敌轻挑其腹，撩引拨惹，触动其性。

八曰扴。蛩已骁健盘旋，但不肯移步出局，乃以敌扴而出之，至于闸口领正。便可出斗。

九曰带。蛩已受敌骁健，但步条紧缩，

清朱从延辑著蚟孙鉴三卷

不肯移前，乃以蓣之尖稍拽而带之，使蟿随蓣而出。

十曰兜。深秋之蟿，久习战斗者，必持重安顿。兼以步条太紧，乃以蓣于两肋之旁，左右盘旋，向后兜之，使前是也。

神蓣总诀

起闸须防出马枪，回身当虑顺牵羊。

栅旁拔剑牙门损，负后须虞尾箭伤。

修云补雾藏机幻，伏虎降龙指法强。

局中蓣术凭君戏，到处群雄拱手将。

此是蓣中神秘，养蟿者当敬而学之。

江浙运蓣名家，苏州张君实、许君实，继有谢显臣，洞庭徐尔琦，松江戴圣陶伦三昆季，青浦蔡昌仪，杭州洪振初，继有王允侯，嘉兴严养源、陈君亮，嘉善杨龙求、陆宾王，平湖宋文雅诸公而已。余子碌碌，不足齿也。

杂备法

捉促织法

凡捉促织必将着竹筒过笼，初秋时于绿野草莱处求之；中秋时须在园圃墙垣之中，侧耳听其声音，然后觅其门户。果是促织所在，用手启其门户，以尖草挼求其出。若不肯出窝，或将水灌于窝中。跃出，然后辨其雌雄好歹。如果具足二尾上色体阔身全者，急收拾过笼之中。其余三尾残疾不入色样者，不取。

凡砖石墙垣之下，不能拆动捉取者，用炒熟蚕豆嚼碎，放于瓦窝中，视其出入路径安好。蟿于清夜，必出窝觅食。闻香就食，见窝亦安逸，即自藏宿。清晨取之，多捉着者。

凡老树根内同此法。如可移动不得出者，竟用水浸之，立出。

凡高阜岩穴之中，上既不能下取，下又不能上求。须用生梨挖空中间，或用索下坠，或用脚支高，合于蟿窝之际。蟿于清夜出窝饮露觅食，得意长鸣。须候其鸣时已在所挖生梨内，急傍牢。或移高，或移低，即可捉着。

捕捉歌

一交处暑便提笼，捉到深秋霜降终。

白露以前捕三尾，到头瘦肚不伤雄。

养飞蛛法

凡养飞蛛，切忌惊寒。诀云带血活物喂养调匀。畏闻声响，一响便惊。好静恶风，切避蟿声。有人合着，交口便赢。

飞蟿去翅法

以手提飞翅，放于水上，一挣即脱。过六七日方可斗。用带血蚊虫和饭饲之。

收三尾诀

白露前三日，三雌宜混收，择其小黑者，伴老总无忧。

选三尾法

头项斑麻腿脚长，红黄颜色宛如狼。若依此样生成者，不可雌雄一处藏。三尾怀胎腹大拖，落条全似小蛆蛾。雄如误食当生病，自此临场败者多。呼雌长久大非宜，不贴铃时即换雌。必要黑头身更小，剪须去爪伴无差。及时喂饱三雌食，雌若饥时不贴之。斗胜忙将三尾退，来朝方入未为迟。

黑头身小，剪须去爪，腹大换小，生子随扫。

生子在盆，速刷去之。若雄食之，非病即败。如三尾腹渐大，便要生子。即当舍去，换入腹小者可也。

养三尾法

常把三尾频喂饱，免得虫儿误咬伤。

虽是深秋时与浴，雌雄相得有商量。

下雌法

以白露前三尾三五日浴一次，过蛆即为摘去。蚕身旺健，下豉有性，斗之必胜。后以浮萍捣汁浴之，再用河水过之，即将童便、清水各半饮之，用青色跳虾虫二个，捣碎与蚕食之。一日可交几次。晚间宜起，不可共盆，免致意外疏虞。

蚕之呼雌，如人之欲动。待其寻对长鸣，方投雌下盆。择取黑头三尾，身材要小，两须尽去，恐惹相争。脚筋抽出，使无气力，不致误踢，以伤促织。如雌赶跳，必宜更易。虎头最忌，飞雌第一，有即觅收，以后难得。同窝雌儿，是其自择，仍其元配，省事便益。

用三尾贴法

蚕吟三尾莫添双，呼叫连绵怕性狂。

三尾黑头须用小，尖头独脚始相当。

喂教三尾时常饱，免致蚕吟误损伤。

更将三尾频频浴，解使雌雄有彩光。

虫呼不贴再添雌，二雌不贴尽去之。

新下雌儿休要斗，久呼相贴斗当迟。

填盆法

先将新盆用汤煮沸数次，然后可填。用千年陈石灰一分、瓦坯泥筛细者二分，将水调匀杵稠。称定分量，用打铜店铁羊头，徐徐按实，毋使其光，光则损蚕足锋。

各郡产蚕志

各郡所产将军名色，不可不知。今略举其一二于后。

苏州　黄大头

洞庭　墨牙黄

吴江　重色紫黄　黑

昆山　白

无锡　青大头　谚云，昆山莫斗白，无锡莫斗青。

江阴　白青

金山　琥珀青大头　白阔翅　白牙青

徽州　淡白墨牙　白黄墨牙　点子

杭州　砂黄墨牙

嘉兴　白牙青

嘉善　血牙青　黑黄

西新塍镇，凡蚕身不拘何处，有朱砂红点者，即系真将军。如红孩儿，是所产也。亦如南京楚黄山所出黄大头，必是真将军耳。

康熙乙未年，西府红孩儿，系有红点在左翅上。大如麻，赤如朱，斗胜招庆寺僧白砂青。江浙竦服。

（虾孙鉴后全）

虹孙鉴续

赠怡馆续著

高江村先生金鳌退食笔记：本朝南花园内，于秋时收养蟋蟀，至灯夜，则置之鳌山灯内。奏乐既罢，忽闻蛩声自鳌山中出，几以为常。

开元天宝遗事：唐明皇朝每至秋时，宫中妃妾辈皆以小金笼捉促织。闭于笼中，置之枕函畔，夜听其声。庶民之家，皆效之也。

宋史：度宗时襄樊围急，贾似道日坐葛岭，起楼台亭榭，作半闲堂。日肆淫乐，尝与群妾据地斗蟋蟀。所狎客戏之曰：此军国重事耶。自是或累月不朝。

俗传有贾平章秋壑半闲堂秋虫谱，遍为搜访，未见善本及抄录者，词意鄙俚，夹杂无伦。大都托名伪撰，以讹传讹，深无足取。至有艳称济颠僧点化促织名王彦章一事，为之填词曰醉菩提。以不见史传，未敢遂以稗官家言纂入。姑俟后考。

王弈州史料，宣德九年七月，敕苏州府知府况钟，比者内官安儿吉祥，采取促织。今所进促织数少，又多有细小不堪的。已敕他每于末后运自要一千个。敕至尔可协同他干办，不要误了。故敕。

褚稼轩坚瓠余集：吴俗喜斗蟋蟀，多以物色决赌。庚巳编载，相城刘浩好斗促织，偶临水滨，见一蜂以身就泥中转辗数四，起集败荷叶上，久之身化为促织，头足犹蜂也，持归养之。经日脱去泥壳，则全变矣。

健而善斗，敌无不胜，所获甚多。又张廷芳亦好之，至荡其产。芳素敬玄坛神，乃以诚祷诉其困乏。梦神告曰，吾遣黑虎助尔，已化身在天妃宫东南角树下矣。明日芳往觅之，获一促织，色黑而大。用以斗，无不胜者，旬日间获利如所丧者加倍。至冬而死，芳为恸哭，以银作棺葬之。

袁中郎瓶花斋集：京师人至七八月，家家皆养促织。余每至郊野，见健夫小儿群聚草间，侧耳往来。面貌兀兀若有所失者。至于溷厕污垣之中，一闻其声，踊身疾趋，如馋猫见鼠。瓦盆泥罐，遍市井皆是。不论老幼男女，皆引斗以为乐。又有一种似蚱蜢而身肥大，京师人谓之聒聒，亦捕养之。南人谓之纺绩娘，食丝瓜花及瓜瓤，音声与促织相似，而清越过之。余尝畜二笼挂之檐间。露下凄声彻夜，酸楚异常，俗耳为之一清。少时读书杜庄，晞发松林景象，如在目前，自以蛙吹鹤唳不能及也。又一种亦极类促织，而韵致悠扬。如金玉中出，温和亮彻，听之令人气平。京师人谓之金钟儿，见暗则鸣，遇明则止。两种皆不能斗，故未若促织之盛。尝观贾秋壑促织经，其略谓虫生于草土者其身软，生于砖石者其体刚，生于浅草瘠土砖石深坑向阳之地者其性烈。其色白不如黑，黑不如赤，赤不如黄，黄不如青。白麻头青项金翅金银丝额上也，黄麻头次也，紫金黑色又其次也。其形以头项肥、脚腿长、身背阔者为上，头尖项紧、脚瘦腿薄者为下。虫有四病，一仰头，二卷须，三练牙，四踢腿，若犯其一，皆不可用。其名色有白牙青、拖肚黄、红头紫、狗蝇黄、锦蓑衣、玉锄头、金束带、齐膂翅、梅花翅、琵琶翅、青金翅、紫金翅、乌头金翅、油纸灯、三段锦、红铃、月额头、香色、肩铃之类甚多，不可尽载。养法用鳜鱼、菱肉、芦根虫、断节虫、扁担虫，煮熟栗子黄米饭。医治之法，嚼牙喂带血蚊虫，内热用豆芽尖叶，落胎粪结用虾婆，头昏川芎茶浴，咬伤用童便、蚯蚓粪调和点其疮口。凡促织之态貌情性，纤悉毕具。嗟乎，一虫之微妙曲折如此。由此推之，虽虮虱蠛蠓，吾知其情状与之不殊矣。

陈鉴斗蟋蟀赋

闲隐先生曰，吾亦从吾所好也。吾好伊何，小物孔多，世之所弃，吾之所摩，则蟋蟀之斗，亦其一矣。其获而陈之也。形状错殊，色理分煜，有山其头，有火其目，有龟其背，有蟹其足，或绣其肩，或蟠其腹，或戟其须，或突其角，或虎其项，或鳌其躅，或钳如戈铤，或齿如箭镞，或翅如银丝，或点如金粟，或喷留如丁，或摘划如槊，或虿尾如刺，或猬毛如缩，或豺豻其吞，或豸豹其蠚。或长吟如歌，或唧哝如哭。甲甲傈傈，未能更仆其爱而登之也。觯而供具，选而胎胚，拟琉璃以为盆，象湘筠以为笥，窍暖玉以为窝，雕白石以为池。投以葵芦之葅，侑以蟹鳜之胾，啖以苍蝇之血，饵以参苓之滋。饲之孔勤，调之无惓，髀膑偾盈，筋骸强健。踊跃攫拿，虓虎堪战。若操戈矛而欲试，听鼓鼙而两军垒以相见也。

兰畅居士爱蛬说

物之微而足以感人者，莫蝉与蛬。若蝉鸣于仲夏，声出新槐间，唤醒北窗凉梦。恍然别作一境界，使人检点身心，一番感触。唐人有句云：志士心偏苦，初闻独泣然。会意微矣。蛬鸣于秋，其声哀怨，动骚人嫠妇之思，为更甚于蝉。顾蝉之为物，屏迹高柯，吸风饮露，有清虚廉让之致。蛬独好争以勇胜，推其故，殆禀金虎肃杀之气，生意迫促，不得其平。故激而为志微噍杀之音，发而为愤怒陵竞之状。以二物较之，蝉品为优。然蝉惟新蜩，足清人耳。所谓麦蛬是也，其大者谓之蟒，大而黑者名栈，皆噪聒不耐静听。又不若蛬之莎阶草径，声声凉露矣。周元公载之豳风，以纪月令。后之咏歌者，只状其声，而不详其形。若夫斗蛬之戏，只有半闲堂一事，他无闻焉。近世则有秋蛬谱，有栅局，江浙最盛。征逐数百里，不啻斗鸡走狗之乐也。霞瀛大珠生居城市，无蝉声而酷好蛬，比之卫公鹤支公马，殆更有甚。其相蛬之法，独出精意。辨色则离娄之明，辨声则师旷之聪。骨相、肉相、神相则九方湮伯乐之智。得时失时先天后天之论，则扁鹊华佗之术。调驭饮食，得其性情，则王良造父之技。尝为予言其故，予不甚解。以子非鱼，焉知鱼为对。及熟思之，其言皆根极至理。盖斫轮解牛，当以神遇而不可以言传者，因不禁慨然曰：蛬之为物也么么，而其理之精微有如此。以小喻大，格物之学，其何有穷。昔人欲视焦冥，斋戒三日而后见。学射则悬虮虱，视之大如车轮而后贯。惟其用心之审，而后有得焉。今以相蛬之法测之，凡有形象者，则推步占验素同玉函之书可作也。以相蛬之心思测之，凡为道艺者，则承蜩、弄丸、棘猴、玉楮之技可学也。心通乎物，物通乎理，驴之鸣也有言，鸟之音也有语。其理可推而不可推者，莫不可以察识矣。神哉奇哉，微矣渺矣。请仍质之大珠生。

王雯诗秋兴集经二十八章

厥声载路，喓喓草虫。七月在野，自西自东。无小无大，以雌以雄。予忖度之，其大有颙。（先泛言在野）

凡今之人，或群或友。徂隰徂畛，爰众爰有。噬肯适我，攘其左右。逝将去汝，怨及朋友。（寻访）

羕入其阻，如取如携。予手拮据，良士瞿瞿。（借用）贻我彤管，于以盛之。榖则异室，宽分绰兮。（谋获野则）

终逾绝险，亶候多藏。我闻其声，庶几有臧。曰归曰归，莫敢或遑。薄言观者，济济跄跄。（罗致而归）

喤喤厥声，在我室兮。耳属于垣，夏屋渠渠。（借用）彻我墙屋，薄言有之。邂逅相遇，顾而长兮。（获之于家）

既庶且多，未知臧否。以尔钩（借用）援，克顺克比。俾臧俾嘉，遵养时晦。受言藏之，可以濯罍。（群聚选择）

陶复陶穴，受言载之。夙兴夜寐，饮之食之。干糇以愆，挹彼注兹。维参与昴，岂曰不时。（培养得宜）

有颣者弁，崇牙树羽。有颁其首，有莘其尾。四牡项领，赤芾在股。有伦有脊，维足伎伎。（生相之异）

心焉数之，左右秩秩。青青子衿，或黄或白。其容不改，孔武有力。于何不臧，心焉惕惕。（借用，色之异）

尔勇伊何，有虔（借用）秉钺。为枭为鸱，如鸟斯革。匪兕匪虎，如跂斯翼。舍命不渝，职竞用力。（美其材）

肃肃其羽，临冲茀茀。不震不腾，有严有翼。不惎不竦，有物有则。颙颙卬卬，遍为尔德。（美其性）

夜如何其，睆言顾之。式号式呼，尚求其雌。即取我子，抑若扬兮。不瑕有害，宁莫之知。（呼子）

我客戾止，跻彼公堂。小球（借用）大球，日求厥章。终朝采绿，我朱孔扬。新台有泚，庶曰式臧。（栅局规模）

秋以为期，会同有绎。既立之监，如几如式。或佐之史，率由群匹。莆厥丰草，以引以翼。（栅内执事各有专司）

阚如虓虎，如火烈烈。凉日不可，靡有膂力。九月肃霜，我用是急。维其时矣，莫敢遑息。（性热宜早）

泄泄其羽，时亦弋获。日月方奥，则不可得。十月之交，孔淑不逆。不尚息焉，自贻伊戚。（性冷宜迟）

日之方中，其会如林。三百赤芾，大赂南金。三十维物，百两彭彭。十千维耦，锡我百朋。（人各持彩而往）

振振公子，其从如云。烝徒楫之，来献其琛。举酬（借用）逸逸，靡人不胜。绰绰有裕，殽矣富人。（富而多财）

彼尔维何，终窭且贫。三星在隅，周爰咨询。左右趣之，不自为政。爰究爰度，有客信信。（贫而猜放）

既克有定，靡之以肱。自堂徂基，其崇如墉。毕来既升，蕴隆虫虫。与子偕臧，载缵武功。（登台审视彼此各愿）

右手秉翟，六辔在手。予尾翛翛，（借用）两服齐首。言抽其棘，见此邂逅。时维鹰扬，屈此群丑。（对阵）

载输尔载，曾是不意。载跋其胡，载疐其尾。莫往莫来，宛然左辟。贾用不售，何嗟及矣。（蚤败之状）

葛屦五两，他人是愉。以我贿迁，黾勉畏去。有靦面目，交相为瘉。舍旃舍旃，其后也处。（人败之情）

是用大介，（借用）烝然油油。（借用）职兄斯引，无然畔（借用）援。将伯助予，继犹泮涣。云如之何，老夫灌灌。（借用，既败而思再举）

不输尔载，膂力方刚。捷捷幡幡，则维

其常。敷奏其勇，下民之王。一月三捷，实维我将。（蛩胜之形）

粲粲衣服，其乐只且。约之阁阁，其带伊丝。颜如渥丹，行道迟迟。会且归矣，百两将之。（人胜之情）

心乎爱矣，匪手携之。灼灼其华，蒙彼绉絺。牧野洋洋，言观其旗。休有烈光，何日忘之。（获胜而扫）

念兹戎功，有莌其特。匪教匪诲，无竞维烈。如贾三倍，时万时亿。中心藏之，欲报之德。（结言其功莫大焉）

先天后天论

万物本一元之氤氲，以成化育。其未生也，气主之。其既生也，形主之。气运于无为，先乎天而存者也。形呈于有质，后乎天而具者也。此炼气养生、修真家以先天后天四字为兢兢。余尝窥其理而概之，百昌群动，以为无不皆然。恨昔之人，无以证余之言也。今于蟋蟀，而有以晤其理之必然矣。夫蛩乃一微物耳，其形色相貌，宜无勿同矣。乃形之有大小，色之有黄白，力之有勇怯，性之有动静，其相去不可以铢两计者，何也？则以先天后天之所得殊也。其全乎先天者，所生必于地脉灵秀之区，燥湿适中之壤，而又雨旸时若风露融和之候，感触秋金之气，脱化而生，全是大气所鼓。至于脱化后，伏土五七日，方始登盆，先天之气涵养既足，保护之法又极周密，不受饥饱之失调，未遭慢斗伤损之疏虞，神全气足，此得乎后天者全也，此尽属乎人为也。先天之事不易知，然气以成形。气足者形必如之，神亦必如之。故先后俱全者，上也。先天不甚足，而后天以补之者，次也。若先天不足，而后天复戕贼者，必无济矣。今修炼家专讲后天，非一定之理耶。集中有言，先天者十之三四，言后天者十之五六，殆亦挽回造化，

不得不详且琐也。至于化生之物，其从变化而来者，本来之性未尽脱化，则强者得强，弱者得弱，是不特禀先天之气，并复得后天之形矣。其理亦微矣哉，故为先后天论。

得时失时论

语云：乘时而动，是贵乎其时之审也。夫早秋、中秋、晚秋，递为时之先后，蛩禀冷熟之性于焉攸分。如初出土之候，两尾平垂，粪仅泥水，是其后天之气未充。于以角胜，如孩提之童，使之披坚执锐，是未及其时。逮衰老之年，使之操戈跃马，是又过其时。均谓之失其时也。待蓄养有日，俟其双尾挺劲，粪亦结粒而白，则精彩强壮，勇力倍加。如马之膘肥骁健，自能腾踔千里。鸟之羽翮丰满，自然奋迈云霄。此正其得时之候也。然或因水食之失调，接斗之频烦，虽乘其时，亦常蹶踬。人但知时不可失，而未致审于毫厘之间矣，是故得时失时。虽视乎蛩性之早晚，而实由人以握其权也。抑更有说焉。蛩遇识者，爱护郑重，如人之援于侪伍之中，登之将帅之任。知己遇合，千载一时。此得时也。或落市井之间，拦入儿童之手，虽具美质，无由自明，甚至横遭屈辱，寻至湮没。此失时也。是其时之得失，又视蛩之遭际也夫。

肉相骨相神相论

相者，犹言乎像也，有其像即有其相，此存乎物之形体者也。又相者相之也，物有相而我相之，此存乎我之品鉴者也。存乎物者，肉有相，骨有相，而神则无相。非无相也，藏于骨肉之中，实超乎骨肉之外。形声俱泯，变态无端。可意会而不可言传，全在相之者之伐毛而洗髓矣。九方皋之相马也，云在牝牡骊黄之外。吾不知舍牝牡骊黄，又何持以为相乎。噫，此其所以为神也。今夫蛩之微物也，其头项整齐，形体方幅者，肉

相之所取也，吾察而能知之。其腿脚圆长，威如虎踞者，骨相之所取也，吾细察之而亦能知之。至于气度昂藏，精彩焕发，大小之不能拘，黄白之不能限，毫厘有失，千里终差，吾将孰从而察之，又孰从而知之。然而相马以肥，则飞兔骅骝漏矣；相马以力，则龙媒骥子遗矣。相蛩而不以神，则虽善敌如黑虎者，亦觌面而失之矣，何足与于相蛩之道哉。况夫神之为言，更有隐显之不同。世之好蛩者，亦尝奉此为兢兢然。以羽翼有光者为神，而不知韬华敛耀中有精彩存焉。以体格矫拔者为神，而不知平常态度中有至奇寓焉。以桓桓武健、猛气见于头额者为神，而不知色相静舒、矜张不露中有大勇焉。盖于莫可名状之内，实有一段不可磨灭之景，浮溢于形色相貌，令识者心领而意会焉。彼世之所谓神者，犹不脱于肉与骨之内，而非所谓牝牡骊黄之外也。是故用肉相者十得其三四，用骨相者十得其六七，用神相则十不失一，真畜蛩家上乘法门也。昔人云，操千曲之引而后可以审音，观千剑之铘而后可以辨器，使非极目力之精，心灵之妙，熟悉于古昔之歌诀箴论，殚精于日夕把玩，当场比较。胜负之余，不足语于斯也。噫。微矣，相蛩而至此，亦褒以加矣。

蟋蟀称将军说

蟋蟀之以将军称也，果何自昉乎。时论以其鼓勇善斗，决胜负于两敌之前，与一将登坛，万夫辟易者相类，遂摭据而名之。其说似矣，然而鹌鹑黄脰之善斗者，皆有是称，而皆无所考据，则亦未免于臆也。或曰，蜻蝉属蟋蟀，说义作悉蟀，去虫字皆有将帅义，故名将军。其说近似有理。然月令寒蝉鸣，郑注寒蝉即蟪蛄，一名蟪蛄。陶弘景以离骚蟪蛄鸣声啾啾，注以为即寒蝉。然

则蟪虽蝉属，并非蛩也。又王安石字说云，蟋蟀能帅阴阳之悉者也。杨龟山非之，以为阴阳非蟋蟀所能帅，然则帅亦非尽从将帅义。今徒以一字可矫托，而即称之曰将军，则又未免于凿也。余尝细穷其义而不可得，偶忆月令，蟋蟀居壁，而汉史诸侯皆从壁上观两语，不禁有微会焉。夫从壁与居壁，奚啻天渊，何容附会，而不知确有不可易者。今夫蛩之寂居垣墙中，藏器待时，与壁上之以逸待劳者一也；韬声敛翼，与壁上之以静待动者一也。至于乘时而奋，及锋而试，前无坚对，所向披靡，与大将之一鼓作气，卿子而称冠，广老而称飞者，又无不一也。是壁上为大将藏锋之地，而在壁乃秋蛩养锐之区。今试看兜鍪耀日，铠甲凝霜，在壁垒之中者，人皆以将军称之。又试看尾枪须戟，体健头魁，居墙壁之中者，吾何得不亦以将军名之。可知两壁不同地，而居壁者皆可独将一军。两将不同伦，而成将者不必更分两壁。世徒以其善斗而名将军者，岂知名以地传，更彰明较著也哉。嗟乎，古人称名之意，何常之有，假借居多。曲江以家鸽寄书而名之曰奴，孤山以鹤性善驯而名之曰子。余至金衣娘、雪衣公子，此类随物而名各有当。然则蟋蟀之以居壁而称将军也，即或有訾其臆与凿乎。夫亦称名核实之一说云。

盲蛩说

陈眉公太平清话：蝴蝶、络纬、蟋蟀以须交，愚按蟋蟀双眸炯炯然，用视以须亦犹龙听以角，蛇视以舌也。凡逢角斗之时，先将其须缭绕于前，是其视也。须既相交，然后张牙迎敌。其有须短而至秃者，俗谓之盲蛩。是无须曰盲，知其视全在于须矣。至须交之说，未敢尽信。以蟋蟀仍呼雌贴子，即蝴蝶亦以尾交。存其说可也。

象形说

蛩之有像诸形者，亦如人相之或如禽或如兽之意也。然相之或如禽或如兽，岂云即是禽即是兽乎？班定远燕颔虎头，燕耶虎耶？楚商臣蜂目豺声，蜂耶豺耶？盖相如其贵者则贵，如其贱者则贱而已。故蛩之有象形者，非尽由于物之变，就其像之勇猛者则优，像之懦弱者则劣也。虽秋露既降，金风乍起，物之感化，实繁有徒，岂无已变而原形尚可仿佛者，岂无已变而原形尚存其一二者。如精灵之感托得而成人，未必其形象酷肖，而偶于一相一事，必有极相似者，不能掩其本来面目。彼蛩之长脚细腰而为蝴蜂形，头尖身阔而为杨甲形，尚带前生色相，亦不能必其尽无也。然而余则以为象形者，像其形也，像本来之形，幻而难知；像现在之形，显而易见。试观雀入大水为蛤矣，蛣蜣转丸而为蝉矣，且如朽苇为萤矣，一经脱化，以大变小，以蠢化灵，造化之巧，何从测其端倪。若现在者勇怯显具，相貌毕呈，如人龙行鹤步，不必追溯其龙鹤变相，但既具其相，自有其福。何也。龙鹤之相，本非凡也。蛩之有像杨甲、蝴蜂者，亦不必追溯其何物变来，但既有其状，自肖其勇，何也？杨甲、蝴蜂之相，本自勇也，若使腌臜陋劣，即使显然为物所变，亦何用哉。故曰，贵贱者亦如之而已。为作象形说。

杂说

或以大喻小，或以小喻大，每多嗤为迂儒之谈，然确有根乎至理者。如云，选蛩如选将。用兵自祸祸兴师，结营临阵，客胜主胜，皆以孤虚克择是务。予意秋兴亦然。如畜养之法，安置于生气方则旺，置于天乙方多胜，置于病符死绝方则多夭折。出斗向吉门，我克方多胜。并月建日辰宜向何方，各有避忌。如利东者往东则胜，往西则败。其间主胜客胜，俱须按月建日辰，先后推择。背孤击虚，参以白奸亭亭，随时转变为贵，不特此也。即当局之人，亦要看气色，取战堂，明亮光彩者胜，皆非贸贸为之也。孰谓一蛩之微，不足与登坛夺帜者，同类而并观哉。

逐年将军生相颜色不同，要看其年是何干支，是何纳音，得其正者，方为真正大将。其他颜色，亦得成将，但遇值年颜色者，则不能胜矣。纵有生相，未能尽美，而与值年颜色相类者，往往较之别色，自觉善斗。再又须详其年之水旱雨旸，如年遇亢旱，所出之蛩定多小而不丰厚，倘得一丰厚肥大者，自当迥出寻常。如年遇水涝，所出之蛩每多娇艳而肥。大未能尽佳，至有绝好出色者，或遭水淹浸，致损元气，终难成将。凡遇愆阳久雨，必当细为详察。至捕捉购求，亦有日辰方位，宜向宜背，应验不爽。此理甚微，养蛩家无以其迂而忽之。

相书云，一官成十年之富贵，一府就十载之丰隆。如得五官俱成，其贵终老。相蛩之法亦然。夫三秋全胜者，务必色相具足，如人之五官俱成，件件合格，定然一生富贵。然状元宰相，一路功名到白头，能有几人哉。其次或早利而终偃蹇，晚达而初困顿，虽非全美，亦一官成之相也。如蛩之有一端大过分者，亦足称豪一时，但非结冬真将耳。间或有因此一端可取，而即擅将军之誉者，是运会之偶然，全在吾识拔之精，知时巧合，斯为高明也。

头上所生双纹曰斗线，亦曰斗路，则知蛩之斗性，全在乎此。其强弱之分，有粗细长短隐显之殊，盖了然示人以不爽也。傍散于头者曰麻路，是亦斗性之征于头也。如丝瓜筋麻头，以细散活泼为贵；柏枝叶麻头，似乎粗扁，以有情为贵。当额横纹曰线，是又斗性之见于额也。以青麻线额为最雄。谚云：青麻带线，将军带箭。又有重色而绝不

清朱从延辑著虺孙鉴三卷

见斗路，只于额前独显一根白线。谚云：墨黑一条线，诸蚕不敢见。盖言交口便胜，此又将中枭杰。可知斗线、麻路、线额，凡在头上者，均有关乎蚕之斗性也。至头如福建砂糖色，是为饧糖头，必无用。

翅有厚薄，随时好尚。昔以轻薄为善斗，今以厚实为耐口，当参酌从之。如轻倩之色，翅须明亮薄净，一逢蠢厚，反不耐口。浓艳之色，翅须浓厚肥泽，若一轻薄，何以能斗。此不刊之论也。苟执一泥之，固未有当。若倒行而逆施之，是亦昧于心而盲于目矣。

尾丰向取轻细而嫌其长，其说未尽善。盖如相马者，马尾粗重则行迟，轻短则又无长力，蚕尾亦犹是也。尾粗而黑固无足取，若细而短，亦不耐斗而无力。须轻细而长，方为入格。间有长至等身者，又出类之相也。有长仅二三分者，俗谓肉尾。人甚爱之，大是误谬。

看蚕如看银色，一目了然，此指上等色相，无容疑议者矣。其次间有形是神非、神是形非，未可遽必者，方用一鼓观其牙之大小厚薄，色之红白纯杂以决之。如银既有成色，恐其诈伪，必得剪口再看，方能定准。蚕之用鼓，亦犹银之上剪也。夫既剪看，何用再疑。今人于蚕独不然，既鼓矣，犹必要斗，既斗矣，又必屡斗。似银既用剪，仍要倾镕，既倾镕，犹加煅炼。何不相信之甚耶。且屡斗者终未能定其优劣，深足嗤也。

俗谚云：三分看，七分斗。盖以看为无凭，而斗为有凭。所言三分看者，是乃无足重轻之词耳。余以为七分看，三分斗，盖以看为定准，而试斗以印证其看。所言三分斗者，尚是虚衷谦抑之词耳，与俗谚颇相反。然即就时见而论，亦必须先讲看，后讲斗，方为全璧。乃今人漫谓之曰运虫，因其人之流年月建通利多，致斗彩有获，将并委斗于

第二义，全不藉于看之力。尤愦愦也。

热色之蚕俱宜早斗，此顺其燥性所发也。中秋天气凉爽，无暴寒暴热，蚕无他故，任斗无虞。若冷色之蚕，必待重阳前后方始开口，庶能坚老其牙。设若宝光未足，犹不妨迟迟以待也。至临斗之日，晴霁和暖为贵。倘过于寒肃，风雨晦瞑，畜以待时，深为良策。

襄时客游虔州，于谷雨日闻砌下，蚕声唧唧，欣然喜之。奈虔俗不谙畜养，无处觅盆。因取而畜之瓷盎中，日以颗饭滴水饲之，聊供客窗清玩。阅月许，复有鸣于阶下者，形貌颜色，强弱大小，约略相等，遂取而斗之。约数十口，前之所畜者，竟将后之所得咬毙。吁，是可知调养之功，不可燥急也。苟后之所得者，亦如前之所畜，其胜负谅未可必。乌可不耐性从事哉。

异有二义解

语云：蚕无异不斗。又云，异不结冬，将取其异乎。抑不取其异乎，其入冬所斗者，异不异将何适之从耶。是何言之矛盾也。姑试解之。无异不斗者，是言气宇超众。岸然如鸡群之鹤，自有一种态度，要非哈等可伍之意。非泥于四钳八脚等之异也。至异不结冬者，即如所谓四钳八脚等类，欲恃此异于众者，而冀其能结冬成将。乌可得也。故赏鉴家以异而不异，不异而异者，斯为拱璧之珍尔。

拖肚总论

凡紫青黄白诸色，皆有拖肚。非曰拖肚即是将军，亦非曰拖肚必属无用。须观其生相合格，颜色清真。其肚之拖，亦如人之赋形，有瘦弱肥大之不同耳。然又须知大头阔项者，决无拖肚之理。故于诸色内，并不列拖肚。

尖头总论

尖头即小头，多有成将者。惟紫青二色中得之，若黄白等色，仅于尖翅中见之。苟非尖翅，万中希觏。在紫青二色，其头虽小必圆，如椒核努出如珠，俗名胡椒头。亦有项套头，半藏在项中者，能缩能伸，俗名乌龟头。其牙必定红紫色，细而长，逾于寻常者。或有笋桩钳、三尾钳，则以白色为贵。至黄白尖翅，头虽小而牙必大，须得淡红牙、红花牙、白花牙、白牙。然必身形结实，视同橄榄，俗名两头尖者，为枣核形。又有身躯方厚，后阔于前，如琵琶形者，皆将军相也。故亦如拖肚之例，而诸色内不列入。

紫

必以不杂青黄色者方为真紫。如稍带青即为紫青，稍带黄即为紫黄。余惟浅深形类名之而已。至紫色中有一种色甚轻情，并无别色，此真淡紫色也。谬名曰紫白，未为允当。有如熟藕色，此紫中之乡愿也，慎无取焉。

青

以纯青明净者为上。稍涉滞色，必非真青。如青头白斗线，白肉白钳，名曰玉牙青。倘有黑色，名为乌木头，难以青论。或有头项及翅原系白色，上罩青色，是为真白青。红牙、红花牙、白牙俱妙。再纯青而无白色，于日光中照之，青内尽红如血，是为血青，必得大红牙为妙。其斗线亦红，如渐退白色，即属败征。如不必日光中照，而觉有红色者，是为紫青。纯青而重，近于黑者，是为黑青。亦以血牙为贵，间有白牙出色者。乌鸦青近于黑青色，重而有红光。燕子青色轻嫩而有红光。又有紫砂青、红砂青、白砂青，各以色而名之，皆为枭将。有青如靛花，头项腿脚，俱有斑点如五花马、金钱豹者，是谓花青，甚为难得。有牙如炒

熟蚕豆色，头项青色如豆沙馅色，早秋颇亦善斗，群称为白牙青。渐至深秋，无一存者。有于日光中照之如栀黄色隐在青内者，甚属无用。有青而夹杂黄色者，曰乌龟青，亦不成将。

黄

黄色最难区别。开盆自有一道金光，方可谓黄。今所谓黄头青背者，大率皆属老白青而已。有淡黄色而似白者为沙黄，出于虎林巴子门外者为真，余非沙地及他处所出，不能擅其美也。最难得者曰紫黄，或紫重而黄轻，或黄重而紫轻，非素畜养不能辨也。又黑黄数年一见，此皆冷蛰，愈至深秋健斗，性亦猛烈倍常。然俱似热色，此非热色，总而名之曰泪烂黄，似洇烂之状，大概取其油滑润泽之意。倘其色干枯则退时矣，所以油黄为最勇，正乘其油滑润泽之候也。如一枯槁，即非初时之勇猛矣。

红

色如石榴花及猩猩血者，方为真红，亦所罕遘。今人所称者，大约熟虾青等类而已。有一种水红头，色极鲜艳轻秀，亦成将材。如红而带有黄标色，恐非结秋之将。

黑

此不难于取舍，凡所见林林总总，究非真黑。亦如今之所谓邋遢青，虽多亦奚以为必须黑如点漆而有光彩，或不发光，如湿烟煤色，浓厚蒙胧。白牙最胜红牙，红花牙次之。

白

以有血色为上，血色者精神华色是也。如但白而无神，似饿白虱者无用。必有砂雾濛濛笼罩，望之却干索索，所谓黄贵乎湿，白贵乎干也。肉以洁白紧细为贵，未有青黄

清朱从延辑著蚟孙鉴三卷

紫杂色而成将者。

淡色紫黄

色极轻清，与俗所谓紫白极相似。但微有黄色，而无一毫青白光者。腿脚亦微黄，腿胯上有血。其项亦紫色，惟红牙为妙。有名之为瘟紫黄。

铜头铁背

头必要紫铜色，或似深紫黄色，而不杂一点青黑气者，总以明净光彩为妙。背上要如乌金纸方真，红牙红花牙皆可。

黄麻头白青

今所谓黄麻头白青，皆系不着青黄之蛋也。其曰麻头，凡头无麻路一误；或青而少白，或白而欠青二误。其头色间有浓淡，务须明亮莹净，麻路细布，项翅不浑浊，红花牙为上，红牙次之。

白头青背

此与真五色不相上下，但要头白如霜，斗丝麻路至细如银，翅青而有金光，或白光，或光如淡竹叶花色更妙。牙红白均取。其项必须真青，而毛无一点杂色，即淡青色，亦必要纯一不杂，倘白花项者不真。

油青

青中之有油青，亦如黄中之有油黄，此皆青黄之间色也。然生相必须入格而带油色者，方能善斗。其最勇者曰油青麻，但必须红紫牙，油色不退，亦能结冬。

琥珀头

头色如琥珀，斗线麻路绝细。要以明净为主，项翅皆青而微带有紫红光，此亦青中之出色者也。大白牙长红牙皆妙。

蜜蜡头

头如蜜蜡色，细白斗线，或有如鹅油珀者。总要清亮明净，望之如秋水之澄澈。倘浑浊而不清洁，此貌似而神非，谓之蛋壳头，识者不取。项翅有青有白，然项以青者为胜。以此色多白花项、花箸项故也。钳取大白牙、红花牙，倘遇紫花牙更胜。

朱头白

头如朱砂红而鲜浓者是，倘带黄标不妙。其斗线麻路亦须血丝，或如粉者。若黄色亦不佳，头色水渣红亦取，但不要黄色耳。项有青项、白项之殊，亦以青项为上。翅有青色、白色皆可，惟钳以墨牙为贵。红牙、紫花牙俱好。

青项白

白蛋青项者，头必如雪，麻路如银，间有带线者，皆须细而明。翅亦白光明净，而项则如青靛，倘涉花浅，亦未为妙。牙红白俱佳。

老白青

此与黄麻头、白青连类而及者也，然其间迥别。头不必有麻路，但其色非纯白，系带黄色，浓厚而不甚光，项翅腿脚亦微有黄光，红牙为妙。其白牙必得阔厚而长者方妙。

白尖翅

白头白项白翅者果是，亦有青项者更妙。其最上乘者琥珀头两节项，翅或长或阔，然总以红钳细而长者为第一。

蜜背

淡青蜜皆，白蛋蜜背，二者俱有翅色，非黄非白，是一种淡鹅黄色。总要明净透亮有光泽者为上，钳亦红色为佳。

螭壳白

此蛩如蜜蜡头，或纯白头。细银丝麻路透顶、青毛项固为上将，其次亦有淡青头青项者，但要翅白而厚有光彩，如螭壳样。钳取降香钳，或红花钳、纯白钳。

滑白

白色带滑，蛩性带热。未可以白而概视以冷也。生相合格，早秋善斗，非借其滑色而能斗者。

哑白

各色俱有哑者，惟哑白性热，更不耐久。故必先青黄而歇，大约与滑白相伯仲耳。

点子

即月头、星头之类。他处间有，惟新安独多，亦可云土产也。诀云：十个月头九不斗，若能一斗便将军。又不其然，大约能斗者比他蛩倍觉勇猛耳。点须黄色者佳，名曰铜头。若白色者，名曰豆腐点，便不善斗。至有点子生于额前，另自凸出，迥异寻常，名曰佛顶珠。此乃枭将中之杰出。又不得与大凡点子并论也。

油灰头

油灰头即油灰额，其要亦取形象合格，但头多此额耳。额有黄白二种，谓之金额银额，以金额为美。然生于浅色之蛩方有用，若青黑重色生者，欲其善斗，百不得一。

时辰翅

诸色皆有时辰翅，大概翅皆右掩。其左掩者曰左搭翅。其时辰翅则随子午卯酉，逐时更换，或左搭，或右搭，应时不爽。出口极猛。但恐霜降节后，亦有失者，间亦有直能结冬。左搭翅亦然。

缰铃子

其音连续促迫，如驴马缰上之铃声，驰骤乱鸣，非如他蛩之疾徐应节也。审其音属于商者十之三四，属于徵者十之六七，故推其性似近乎热。然间亦有结冬者，或云系隔年之蛩，诸蛩闻之皆辟易，恐未必然。

香橼缠

有交口或分局，而如轮之转磨之旋者，名曰香橼缠。其缠有缓急之殊，急者胜负未分，缓者多败。又有左右之别，即系胜负攸分。此因咬痛肉牙，每致此缠，其缠圆转不定。谬以圆橼同音，遂借香字冠之，误称香橼缠。

铁线虫

凡蛩腹渐大，日甚一日，其内必生铁线虫。如丝弦铁线样，长尺有咫，日久从尾孔钻出，腹空而即毙。间有两条者，蜿蜒虬曲，二三日犹活。畜蛩家遇之，其年决无枭将。此大不利之兆也。据云，系螳螂变者多有此。

应候占验

凡蛩逢霜降时，鼓翅数声，另觉精神有威者，决定枭将。如其时寂然无声者，非过时老倦，即非健斗之将也。

畜养之异

江浙畜养，各师各法，然皆大同小异，兹不具论。北直隶有晒炼法。将蛩于烈日中晒至极热几毙，徐徐移置阴处，以待其苏。复移置烈日中照前法晒之，苏之。如此数番，然后畜养。待斗，云能勇猛倍常。又有蒸法，将蛩盖于盆中，就烈日晒之，其盆盖上即复注水以润之。如此亦经数番谓能健斗。维扬风俗于六月赤日之中，有人于平山

堂一带所谓红草地者，将未曾生翅促织尽数
捉归，养于盆中。俟其脱变长翅，方加择
取。临斗时，先期三日稍稍喂之，不得令
饱，谓之缩食。恐腹大难于秤配也。一云，
用九转灵砂稍与食之，即便成将。无从觅得
灵砂，未及试验。有以赤练蛇血拌饭喂之，
多致胀坏，其有胀而复苏者，勇猛无敌。此
曾有验之者也。

合对金针

胜败之分，全在合对之际。观其强弱
优劣，得时失时，如此得六七，彼仅三四，
定然取胜无疑。若系平对，即须加意酌量。
盖平对则有先得口后还口之殊，胜败从此而
判，非目力能预必也。至大小之别，一目了
然。有以占大为得计，若操必胜之算，而终
致败北者，盖在强弱优劣，而大小不足恃
也。譬如银之足纹九星，配八色一两，若去
铜铅二星，则我反高一色，彼虽重亦何益
乎。又有以肉大为耐口，试思善拳勇者，擒
拿超距，敌无不克。设以耐口为善，亦如不
善打人，而惟以能受打为善。俚语云：他出
拳头我出背，吾哂其风斯下矣。是以肉大者
见真将竟不能耐口而遽败，亦何取其肉之大
乎。其要以骨多肉少者为贵，骨肉停匀者次
之，肉多骨少者又次之。至神色秀异，意度
轩举者，更为上乘。倘但取其肉之有无以为
优劣，不知大而粗松者，甚不如洁而紧实。
至头有方圆之别，亦取头圆为上，但圆头身
必圆而肉小，方头头既方而肉必大，若就此
合对，定然圆头胜方头矣。今人往往以大小
定勇怯，见方头似大，圆头似小，欣然相
配。其败不旋踵，职此故也。总须识得透，
认得真，夺帜三秋，游刃有余。其间尚多未
尽者，散见于前后诸帙中。留心玩索，能自
得之尔。

蓘法纠谬

老局必三落闸，卷帘覆而后分胜负。继
而为新一局，则不落闸，谓之痛口连三蓘即
分胜负。今又改为新新局，不特不落闸，惟
就两跌开，即各用一蓘，如有蓘再斗，无蓘
即云讨一蓘，分胜负划出。数十年前俱用攒
蓘，将数十根蓘草头劈开，用胶粘于一柄，
如关刀，如扫帚，以蝇头血浆染，不特使易
开牙，并欲将蓘头于蛩身下直透大腿，令其
两股稳立停妥。绝细者曰茸蓘，是用于交口
之后，恐下锋惊遁，故曰细修蓘。今攒蓘概
置勿用，后人并不知有攒蓘矣。若初交锋
时，但知用茸蓘，引其开钳，何能使六足之
稳实也。盖六足稳实，出口方得着力，否则
有误伤大小脚之虞。其赶蛩入栅，用蓘俱有
矩度。看对毕，议彩；议彩毕，各点彼处聒
鸣，然后再点本处，其蛩必赶至千金闸下。
将头对本局，用献掌蓘蓘之。俟亮布起闸，
方蓘转交锋。今于栅门对彼蓘出，甚觉费
手，蛩力亦先虚用。至双跌开，如上锋者，
观下锋在何处，即点其处聒鸣，使其到彼寻
斗。如既分局，上锋用蓘领回，头向本局，
自无追赶之患。何至将布掩盖，并以蓘柄拦
挡下锋，须照蓘法用意蓘之。蛩性之强弱有
定，实非蓘之所能挽回。总以公平，使两主
允协，今人务以奸诈为得计。稍觉下锋，无
数迟滞，即将布遮盖，偷蓘一之未已，继而
至再至三，或借言词登答，或更换蓘草，诸
丑毕露。至蛩头向上，或入栅角，谓之挂傍
蓘，极易开牙。今反用蓘顺下，更有于尾丰
上着蓘，谓之催正。与负后须虞尾箭伤之诀
相戾，故每致惊遁，更有于千金闸缝内下蓘
者，尤为背谬。皆司蓘者种种不得真传，徒
以迟缓为能事。虽云在秦为秦，在楚为楚，
究之无补于是❺，徒致争执哄闹，殊失雅
道。皆司蓘者实启之。

用蔽如用笔，小字用指，中字用掌，大字用腕。茸蔽用指，老蔽用掌，至腕在不用之用，固茸蔽、老蔽之所共用也。夫既斗而不用老蔽，是恐其怯敌而骤然以蔽之，反致惊逸不定。须用茸蔽以调其性。若初敌之际，非老蔽不足以发其刚烈之性，若仅以茸蔽撩拨之，恐其性未必能刚烈得势也。噫，三四十年来，仅以茸蔽交锋，并未有能用老蔽，几致目所希睹，岂亦如古所云，剑戟无传，而蔽法亦若是耶。

蔽有两家，苏杭老手，俱用三指实拈其蔽柄，直夹于虎口内，全是用手力者。其外则用三指撮捻。初学时用绿豆一粒，将三指滚捻，操练纯熟，此全用指法。新安诸处，克臻其妙。今既不得苏杭授受，又不能如用指之纯熟，亦自命其为蔽而已。甚而至于大江以北，竟将槿树枝头碎劈如帚，于盆旁、栅旁频敲以驱之。使其相遇，自张牙钳，此又不知蔽为何用也。

斗彩时局

江浙风俗，每届秋期，率以畜养蟋蟀比斗取彩。及至深秋，群聚于苏州。开局者，预觅宽大栅场。织造府给有告示禁约。其间酒肆茶棚、饭铺点心，以及杂卖糖食果饼之类，无一不有。各路斗客，于天将明时，各持蔽灯下比合，其比合得对者，编号上橱，余各散归早膳，再入局较斗。其彩开局者什取一五之数。以十一两五钱为一大盆，五两七钱五分为半个大盆，至一两一钱五分，五钱七分半，曰一个小盆、半个小盆也。后苏州废而之昆山。昆山弛，而聚于嘉善之枫泾镇，分而之松江。松江歇，而之平湖及昆山之斜路朱家角，再散于各乡镇，非复旧时之盛矣。斗盆者改为斗花，每花一枝，实银一钱二分，开局者取其二。继改每枝一钱，开局者仍取其二，而得彩者实得八分矣。今开局者贪心愈炽，创为饶让打头之

例，虽就局形势亦有多寡不齐，固应尔尔。然大率以八打为常，开局者仍取其二，得彩者仅得其六，以前后较之，输赢皆耗于局中，而人莫之察也。闻维扬旧时，富商豪贵多有挟妓赌斗，盈千累百，习以为常。开局者亦有妓女为囮戏筵款客，极三秋之胜，真太平盛事也。

斗蛩之戏，莫考其所自始。相传谓权舆于半闲堂，此亦揣测之辞。嗣是以来，五百余岁于兹矣。事实既希，故老亦无有能道之者。康熙三四十年间，苏杭最盛，此时俱尚比对相合斗彩。以后局渐纷散，转就县邑市镇觅斗。乡愚不谙比合，更以秤之轻重为对，自谓至公。江浙惯家，急欲有斗，亦便改弦易辙，随众秤合。及至入栅时，仍用合对伎俩。倘彼强我弱，即饰词拆出，甚有借花枝不对而拆者。又乡愚中狡猾之徒，以权在秤手，凡到一局，先往通线索，略嘱秤手，继许再增，欲使高下其手，以重报轻，以为吾独得之秘也。及此风盛行，吾有所赂，彼亦有所赂，此许以增，彼亦许以增，而其间之大小轻重，已略相等。或所赂所许，再有厚薄，其大小轻重，随而逆施之，吾犹自以为得计。懵然就局，惟恐本蛩之不肯斗，几不反堕其术中。故斗只须自凭眼力，以决胜负。若徒恃轻重大小比对者，殊下乘也。

秋兴以夺魁为豪，至彩之多寡，抑又末也。今人借此以谋利，其斗局中稍不允协，得失之患，见于面目，借端混赖，不顾行止。更有奸宄百出，将斗过上下锋入局合斗，专做猜放赢人者，是名鬼档。近来宵人间有用此法合斗一二对，以赢猜放。作舟楫食用之需，并可以偿他蛩之失。人但信其各竖旗鼓，入其彀中而莫之疑者，有独持无勇之蛩，合人强狠者，临斗使无人识认之心腹，反于他人之蛩放猜，或于己蛩上接他人放出之彩以致赢人者，是谓单甩。是皆穿窬

之类也。至划对后，以大易小，换盆盖，改号码，及上橱犹有自橱后偷换暗加损害诸弊。然间有变局，亦天理昭彰处也。

猜放

昆山初用带，先听本主斗盆若干，余听帮者，随其多寡，两边配搭，就彩轻者为率，名曰截轻带。于本局输赢内分次序，有带得着带不着。杭州人向用截轻法，间亦计花枝。其必欲斗彩在内者，曰我斗在头里。帮花者亦依先后，听本主斗足，余听帮者，挨次帮斗。倘花不敷，在后者无与焉。猜放向以八放为率，八放者，犹言八折也。盖局内输赢俱十足，而猜放则稍杀之。使得稍饫贪心，故用八放。迨后连头一钱则有七放、六放之殊。及其后也，又创让打之局，则以六放、对放为成例矣。其猜放有几等，两蜑主俱愿斗而彩不能相若，则随彼所斗若干，而吾尚有余彩，则放猜计。若赢时与局中所得不甚悬殊，开局者局内加二，而猜放得失仅取十之五分。亦何为而乐此。彼意必欲花枝相若，恐不相侔，必致拆对不斗。是以猜放通融之，使其得斗。虽是少取，实胜于无所取也。有两蜑主俱无余彩，旁人之善于探听或相信者，各就其信之真、料之神，则亦猜放。更有狡猾者，窃视其大小之殊形，配合之得失，以为猜放。又有不知踪影，浪然附和，以为猜放者。据狡猾者自然以放彩为上面，接猜者近于愚呆，谓之卜面。自信勇猛，竟有至四放三放者。但每逢节气之交，竟有十分勇猛之蜑，一败如灰，放彩者颓然若丧，而接放者反得赢满矣。此皆于未斗前做定。至新安一路，放猜者曰迓。有迓于未斗之前，亦有迓于既斗之后。如将分局，稍属上锋始迓，以十博八七六五不等。及至胜负几决，而下锋仅有一线游移上锋者，竟有十博一之迓。其贪图侥幸于一得者，亦间

接之。致有反负而获胜者，余未周知，不能缕及也。

猜放亦设小局，用红绿布各做成袋，编有号数，并有红绿竹签，亦各合书号数相对。做猜放者，认明红绿球，做若干彩，交放号袋。各讨号签，候台上胜负分明，喝报某球上锋，各执签赴局清割彩钱。似乎至公无私，然仍有临时探听得失，以大换小，以少换多之弊。此在小局内诸人之过，亦不可不知也。至有不入局，两人自相对做，临得失时，逃逸无踪，更宜防慎。

盆栅名式

栅制亦各随时地而互有不同。初用绝大蜑盆，名曰斗盆。继用圆栅，以纸为之，如帽笼式，而上无遮盖。每致交口，有跳出栅外者，且其内广阔，猝难凑头，此未尽善之式也。后改为长栅，亦曰方栅，如书本样而稍狭，高寸余，上作盖两扇，以竹丝或铜丝作直楞，名曰观笼。盖两头俱用闸以启闭，中亦用闸，名千金闸。俟两蜑奋武，方启中闸蛊斗，总称之为栅船。以盖上直楞，中高旁下，似圈篷船式，故名栅船也。至上江之栅，与下江者稍阔而短，楞亦用竹。但下江之楞纵而高，上江之楞横而平，故用蛊亦稍异。至秋尽冬初，天气严肃，非借温暖之气，难冀其英雄如昨。则用锡镶栅，于中以温汤灌而暖之，使栅内常如春温，方能展其伎俩，是谓锡栅船。愚意其形长方，有类乎砖，当名为锡栅砖，然直名锡暖栅为宜。今虽酣乎垄断者，亦未办此矣。

唐时宫中仅以金笼贮置枕函畔，以听其声。闻赵宋后始有盆。余尝闻当湖延陵氏家藏一盆，系贾平章半闲堂遗物，金饰郑重，完好精美，足称雅玩。时有好事者数欲钩致之，终不能夺。后阅墙致毁，深足惋惜。明以宣德盆为贵，其款识大小具备，无不各

极精工。有一种名夹底盆，内用磨细五色砖片，间杂成纹，镶于盆底，如铺方砖式，外则有纯素者，如古炉之精彩煜煜，光可鉴人。有细镂花鸟锦纹，嵌以珠宝，饰以金碧，绚烂夺目。维时商山巨室，多尚此盆。后人称为商山盆。间得一二可置案头清玩。近来制造粗恶，鲜有当意。俗尚京盆一式，工料粗恶者，仅足供稚子拦街斗戏而已。松梦斋一式，制作精美，稍觉太高。余家西府甘蔗段式，用澄泥烧造，大小高下，酌适其中，赏鉴家争购欲狂，惜不多得。后有同志者仿而效之，庶几不泯，此韵事云。

（虹孙鉴续全）

校记

❶（原书后鉴叶十一上首行）"丝"疑为"系"之误。

❷（原书后鉴叶十七下第四行）"一土盖"三字据北京图书馆藏抄本朱翠庭《蟋蟀谱》补入。

❸（原书后鉴叶二十七下第五行）"致"疑为"至"之误。

❹（原书后鉴叶二十九下第三行）"翎"当即"铃"，因谐音而通用。惟各谱多作"铃"。

❺（原书续鉴叶四十八下第三行）"是"疑为"事"之误。

清朱从延辑著虹孙鉴三卷

第十種

蟋蟀譜一卷

宋賈秋壑撰

清奎章閣刊本

北京圖書館藏

第十种
贾秋壑蟋蟀谱一卷

卷首《原序》署咸淳九年（1273年）半闲堂主人贾秋壑识。书内题名宋半闲堂主人原本，元刘保保增补，明张弘仁校订，书林奎章阁新梓。据字体及版式，当为清中期活字本。现藏北京图书馆。

书中错别字较多，论述歌诀，往往偏拗难读。殆书肆为便于销售，伪托出自宋、元、明三朝作者之手，仿佛流传有绪。实则仍辑录各家旧谱而加以窜改而已。惟因谱既刊行，称系秋壑原本，却与明代托为贾辑之三种（即本编第一、二、三种）均不相同。为提供比较，仍收入本编。

书末有《题促织词》，为他书所未见。词用套曲形式，以秋虫口吻，描述如何遭捕捉，经主人精心畜养，直至对局咬斗。最终因胜或负而有荣辱迥异之结局，堪胜有关秋虫之妙文。

原序

窃见气机之流行，芸生之蕃变。大而鲲鹏之巨，小而蟋蛄之微，无不具天地化醇之理焉。即一蟋蟀也，顺天时，知地利，识寒暑之宜，达阴阳之理，文德武功，罔不悉备。曰斯螽，曰莎鸡，夏月而异其名者。顺天时□，或在野，或在宇，随序而迁其处者，□□□也。居户入床，非识寒暑之宜乎。□□□□，非达阴阳之理乎。振羽而鸣，有操缦安弦之乐也，非文德乎。临场赴敌，鼓翼扬威，胜者振旅而还，负者曳兵而走，庶几纪律之师也，非武功乎。尔雅详其质性，治历日之明时。毛诗周礼，藉之纪天行而勖人事。故流火授衣，蚕妇听蚤吟而述职；烹葵剥枣，农夫聆虫唱而观成。于是即显以通微，因小以喻大，见其乾健坤顺之质，刚柔燥湿之宜。举而措之，调和之业，燮理之功，曷不可哉。是为序。

咸淳九年，岁在癸酉，半闲堂主人贾秋壑识

促织总论

夫阴阳二气，运行宇宙，则四时迭兴，而万物化生。故易曰：天地细缊，万物化成。信斯言也，何物有出于化生之外者。然万物之生，各因其时，而生生之道，必应乎节。节者，生物之时也。初春时则蛰虫始振，及其夏则蝼蝈方鸣，初秋则蟋蟀居壁，既冬则蛰虫咸俯，此各因其节也。四生之中，各胎卵化居其一，而又有兼胎化湿卵者，兼是三者，其为促织也邪。斯虫也，一名蟋蟀，一名寒蛩，不其一名。促织或生草木之中，是湿生也。或子土中，时至而出，是卵生也。或系诸虫变化，乃化生也。亦有大化小者，行色既不相同，长阔亦非一类。其生也原禀天地之秀气，所化者有感雨露之精英。背阴者其色娇而且黑，向阳者其色苍而且黄。生在初秋，禀纯阴之气，其性好斗，则是阴极生阳，此论阴阳生化之理。而调养之法，有不可不详且慎者。何也？调养此虫，原为善斗，历代好尚不同。有斗鸡、斗鹌鹑之戏，虽皆取一时之娱乐，然莫如促织之戏为乘时也。斗鸡在冬，天气严寒，风威凛冽。至于鹌鹑，飞腾跳踊，殊不雅观。惟促织当三秋之佳景，值万宝以告成，风清月白，水碧山明，霜飞叶❶，露浥花娇，斯时也，微雨初过，薄雾轻烟，凉亭之内，樽浮绿蚁，盘注橙柑，招朋呼友，各携梅盆，

铺氍毹于桌上，放促织于盆中。牛行一会，大叫鸣盆。四钳接斗，胜负攸分。输者面多愠色，赢者心遂欢欣。洗盏更酌，谱按新声，其乐也不亦蝻蝻乎有如斯乐者。上等之虫，而反输败者，非虫之过，是己之过。或养不如法，或斗失其时。调理失度，胜负所关。信乎养视之法，有不可不详且慎者。于是养有五禁，干系最重者莫过于水。一时欠缺，必至亡躯。水之当禁一也。生死攸关者惟在于斗，一时斗慌，必至于败。慌之当禁者二也。酗酒之后，灯光之前，切忌乎看，恐其有伤。看之当禁者三也。槿橘香茶，气味当辟，收藏之所，油卤秽污必禁者四也。花菜之叶，不可入盆，若误食之，牙软钳僵。盆之当洁净者五也。以上五禁，慎勿一犯。然又罐须土垫，盆须净抹。用蚯蚓粪将马蹄碾压结实，此粪名阴阳六一之土，有壮勆监〔筋健〕骨之功故耳。此皆调养要诀，故详论之。况此虫有四病，一卷须，二撼腿，三项强，四尾垂，此老朽之虫也，且夕则亡，养之何益。至热则倦怠，冷则凄惶，少不欢喜，切须缓斗。如此养视，一一禁忌，则万无一失。欲异虫之形色，必及时之收藏。明著于后，养者诚溃〔潜〕心玩味，如法养视。携之入场，百战百胜矣。是为论。

贾秋壑蟋蟀谱

元春明院侍值使刘保保增补

宋半闲堂主人原本

明灵圃苑少监张弘仁重校订

书林奎章阁新梓

时序炎凉调养秘诀

此虫火则畏热，窠要清凉。凉则畏风，盆勿频掀。浴则有伤，可付水滩。盆窠宜窄，下食须悭。食时有准，休对日光。水不可缺，斗不可慌。蚯蚓之粪，土按阴阳。出垢去腻，时换水浆。莫入草菜，齿软牙僵。窠儿悭〔坚〕固，携动不妨。醉后休看，秽气冲扬。酒香触犯，其虫必伤。养手大忌，橙橘茶香。安顿之处，宜避油烟。三回把看，万❷□一伤。上场敌斗，喝采连连。青蚨满袖，喜气洋洋。

看促识法

若夫红麻头及青项金翅者，此是第一等之虫。若黄麻头者次之，紫色金黑色者又次之。虽有三等，亦难得矣。

养促识法

调养之法，早秋深秋之不同，早秋要激底盆凉，放在背阴湿润处；深秋要热底暖盆，放在和暖处，勿掀。

斗促识法

上场相斗，不拘颜色大小，惟看翅翼厚薄。他人翅翼淡薄，方叮与斗。若他人促织翅翼浓厚，且勿斗也。

斗胜下栅法

热盛则浴，点牙三五钳，即隔宿斗亦无妨。若十钳二十钳，必一旬方可斗。即一钳一咬，虽然得胜，亦须调养，不可性急，不可失斗。若无本对，该斗之❸须下软勾。当斗之日，清晨拨斗，贴对虫欣。其虫性懒，切不可强。一钳斗赢休夸好，反毒钳用力之甚，必须经心调理。慎勿托大逞势接斗，脱有躁失是误也。

斗促识诀

不斗上饭，斗时食浅。斗无事雌不泄姐。白露前好三尾，片使君子惕，五日一次，可与浴之。

促织斗损法

促织斗损，用自然铜浸水，或童便点之，即痊愈矣。

斗胜不来法

用粉青水虾二三个喂之，串过无病。虾忌红黄二色。

养促织飞法

促织若飞，用羊沟之中泥内红虫喂之，则不飞。

养嫩子法

土中嫩子，用大斗盆在日影中晒之，自然长。然出来之后，则不须晒矣。

看十无一好法

诸般颜色皆好，独有紫黄二色十中无一个之。好看谓之色足，亦不正当。论云十个九光华，轻盈紫带黄。如此之类，更无准者。谓不如别者样虫之相貌颜色也。

促织有三拗

凡促织赢叫输不叫，一拗也。雌上雄背，二拗也。过令有力，三拗也。

又法

妖色虚华无实对，耐观异象不寻常。

形生力大多娇艳，将此一等百战场。

辨老嫩

要知促织老和嫩，细细分明一二书。

贴齿带黄终不嫩，悬牙离玉佩泥初。

头高毕竟无多日，难抵低头老野狐。

熟记此文藏肺腑，十场无有一场输。

辨斗法

上下停匀一封书，拆脚秃须钳又黑。

锦翅项青朱红样，此是娇虫佛顶珠。

养促织诀三卷

莫言促织无奇能，养于须当要耐心。

缓揭自无疏失患，争雄强斗不能赢。

又诀

交锋一日停三日，大斗须当过一旬。

主人若能依此诀，总逢敌手也难赢。

比对要诀

黑白饶他大，红黄切勿欺。

尖长终不耐，扁阔最为魁。

虫心分喜怒，人性有偏私。

斗牙争败口，鼓翅对赢时。

预辨蝇头利，防虞只自知。

或时虫禁齿，有病不须医。

三尾要贴法

虫吟不发莫添双，呼叫连绵怕性狂。

三尾黑须只用小，剪须去脚始相当。

饲令三尾及时饱，免使虫吟被唼伤。

常将三尾频频浴，解得雌雄彩色光。

斗促织诀

大胜小者，赢多可得。小胜大者，不宜频斗。盆中有损，笼中有赢。下口得此，中得人情。

长胜不败法

无敌会斗虫，输是主人过。

若要阵阵赢，此对莫饶大。

养败虫

雄师百战百番赢，不合交锋阵出频。

气弱怎当生力对，一时托大势难禁。

此虫不比寻常败，饱宿泥盆且过旬。

那时携至场中斗，依然❹是好将军。

医斗损方

斗下牙长短，医❺迟后偏。

姜茶敷损处，伤重小儿尿。

蛮肠有子法

虫肠胎孕号产魔，养调全仗水虾婆。切宜仔细休轻斗，若早当场败就多。若调养之法，常胜之诀，一一名注，宜留心玩味，自无不胜之理。

促织颜色形象诗下卷
虎头玉蚊

方头阔项体如金，须硬朱钳嘤似吟。

玉蚊宽裆双翅厚，此样娇虫没处寻。

玉色促织

玉蚊毛脚肚皮青，草还珠上有光明。
镜头圆钳麻黄翅，斗胜之时心内欣。

促识有十不斗

大小不斗，无情不斗，牙损不斗，色淡不斗，头昏不斗，须卷不斗，尾垂不斗，翅翘不斗，脚撼不斗。

银锭样

紫头青项翅如花，肚下生斑腿又麻。
须硬火钳银锭样，未曾弹琴子弟夸。

环珠样

方钳短项翅如银，玉肚红蹄鳞又多。
此样娇虫世间少，珠环顶上集纱罗。

面筋块

稍尾麻头上下红，纹路毛路须似针。
寸体方圆面筋块，喂养须当要小心。

青色

青金头似菩提子，项上毛青靛染成。牙钳再得芝麻白，凭君任斗莫疑心。此虫名青金麻头，要白线路细丝透顶，翅翼金色明亮入格。上论之虫，上场任斗，决不输败也。

黄色

黄头青项三金色，两脚银丝腿夸长。再要一副乌牙齿，若至深秋好收藏。此虫须听叫时声哑，并内翅如银薄者，再兼体透玲珑。此虫不拘大小，收至深秋，定然可脱也。

赤色

红头红角项朱砂，掌上观来似异花。一连

五度交锋胜，到底终须不怎么。此虫虽然花之美，早场得胜，不能脱化。纵然会咬，连赢数场，若至深秋，力弱神衰，到底没账。

淡白色

白头白顶翅如银，看来却似一团冰。此虫名为淡白色，纵无骨血作将军。此虫一身纯白，外像虽小，内实强壮，斗无不胜。

淡黑色

黑色须要黑似漆，仔细看来一锭黑。再要牙肚白无痕，号作先锋为第一。此虫要黑亮。如遇之，须用心详视，不可放过。

浓紫色

紫色还须要色浓，更兼两翅与身同。头圆腰阔阴阳齿，赢尽场中百万虫。此虫头项高厚，牙再莹白，上格入论，收之可脱。

红砂麻

头红翅薄项朱砂，盆中看取似娇花。若是下场管取胜，君若收藏甚可夸。此虫早秋红色，深秋变色，下盆收之可脱。

青沙麻

异虫有等唤青沙，麻路通❻一口牙。若还收过当调养，场上交锋自显他。此虫遍身青沙麻，腿脚干净，斗无不胜也。

真红色四卷

眼如椒壳遍身红，腿脚如霜须尾同。若逢敌手休惊惧，几番输了又还赢。此虫遍身如火解红，腿脚如霜莹白，须尾如之。十论入格之虫，不拘大小，上场无有不胜矣。

滑紫色

头圆脚大遍身黄，翅滑牙红蜘蛛王。异

名唤作油里达，彩花管取满头妆。此虫一名油里达，二名油罩翅，三名沿盆子。其口最快，交锋死斗，逢着对手，有力无失也。

淡黄色

生来淡黄腿脚白，三角头尖似琥珀。初时看着像痴迷，久斗之[7]时决无比。此虫如金珀色，三尖样。初时似弱，久斗决不胜也。

青黄色

青黄二色翅须明，此等之虫没处寻。初秋斗至深秋后，日交两度也还赢。此虫要金头线路，明亮干争，到底不失口。

蟹壳青

有等名为蟹壳青，却似青来色不金。不问牙棱白不白，只要项上带毛丁。

蟹壳红

项头红线背身驼，更兼大脚及腿拖。脚腕有红如血点，一日数斗不为多。此二样异虫，若得全者，虽有残疾，只要项上有毛丁，有红点。其口最决〔快〕，虽日斗数次，亦无疏失。

梅花翅

翅似梅花口若刀，翻来覆去实咆哮。纵然一时侥幸胜，只可看盆无二遭。此虫不耐久斗，一时幸胜，不可多赌利物。

香狮儿

红肩绣项始为奇，连胜几场总不知。一铃落地君休斗，若还赢了也心疑。此虫一名带红铃，铃落不可恃强，妄斗有失。

皂鸡形

头如蚕嘴肚如琴，两翅啾啾叫不明。君还得遇此虫儿，千百之中无处寻。此虫千中无一，最难得者。两翅如海螺样方真。

蝼蝈形

头尖项短肚皮拖，两翅生来似蝼蝈。腿脚不长身又短，此虫若得可收脱。此虫惟黄色者佳，其余色样，皆为不美。

蝴蝶形

头尖肚大号蝴蜂，两翅含开腿脚弓。只可把来闲当耍，赌时必害主人翁。此虫只可作耍送人，若上场赌斗，必然有失。

螳螂形

异虫绰号唤螳螂，翅阔头尖牙齿长。身要扁摊腰要细，只胜初时三五番。此虫入格，不拘颜色，只宜早秋，决无末胜。

土蜂形

尖翅名为蚕土蜂，千中难选亦难逢。如君遇得须留养，不比寻常一例同。此虫身如土蜂，青色者佳，余色者还不为美。

枣核形

自如枣核两头尖，手上观来似块砖。来往上场无对手，一秋交败万千千。此虫斗时，往来能会吃口，尽咬无失，准脱不错。

长异头

长异须养金长异，腿脚要齐尾要齐。纵然口似青锋剑，口宜咬快不宜迟。此虫尖头长翅，阔厚金色者佳，其余颜色次之。

残疾虫

不拘青白赤黄黑，不问大小和残疾。秃须秃尾又如盲，斗时满场人失色。此虫不论颜色残疾，斗时甚恶，亦可收养。

乌头金背

此色促织年年有，头尖牙快更快口。收藏休作更闲看，交锋之时无对手。此虫一名金琵琶，下盆赌斗，无有不胜者。

乌头金额

身似乌牙翅如银，腿脚干净头又明。着意收留用心养，管取交锋日日赢。此名虫一名银剪刀，不拘大小，下盆即胜也。

紫头青项销金翅

紫头青项三色明，掌上观之要认真。若还遇之须调养，任君日逐去交锋。此虫正三色，入格上论，当收养也。

铜头线额飞铃

铜头线额及飞铃，未见交锋便输赢。再三调养亲看视，楷得钱来也不成。此虫虽然上论，惟紫黄可脱，余者不可脱。

蜈蚣促织

暗咤哆□曼晓蝉声，寸体驼腰顶上红。

两腿如钩白似玉，窠内必定出蜈蚣。

呆促织

头昏项滑有何奇，脚腿斑花黑肚皮。翅短更兼膏药色，将来只好喂蹇鸡。此虫纵然阔大短翅，枉占其盆，养之何益。

题促织词

钟离粉蝴蝶 他生的巧妙身体，住中央清凉之地。节阴阳改变容仪。夏初生，至待白露降，恰成配匹，堪爱堪题。长在那土坡之中，快活胜尘世。

节春风 书语中唤做寒蛩，世俗人唤为促织。似金蝉脱壳感人情，声儿叫的好美听。虽居在天地之间，荒郊野外，姻缘相配。

通仙客 邀朋友，即便行，今日出城西，将着紫竹过笼儿。向瓶中提着净水，到荒郊叫一声儿走似飞。低着头在墙儿里，胡吹寻不见，恼乱了柔肠碎。

红绣鞋 在窝中争难相觑，寻我的蹑足轻睁足到相底。他将那吹筒葴杖，急忙催赶的我怎躲避。疑疑。出墙围他见我这形容，心儿上喜。

么 这促织端然无对双，须全尾似尖锥，不曾见生的忒为魁。三段锦天生就，端的是世间稀。谁相我拿住你。

满庭芳 定睛端详了半日，他说我身长一寸，扁阔梨皮。轻轻放在过笼里，有这个在，不要别你。到家中除铠卸衣。他可便用心儿在意儿，收拾没乱心如醉。将盆抹净，安排下美味细香食。

上小楼 清晨早起将水食，隔一会巴到辰。一候巳时才交，我和那子弟相随。将盆罐款款提，慢慢的直到那相识家里。放在斗盆中，便争头寻对。

么篇 我鸣盆时叫几声，似行出一会。我则见一个好斗相争，能咬拿班撞到根底。我和他赶一会，咬一会，斗到三百余嘴，咬的那个蜘蛛团没些威势。

十二个月 他每都齐声喊起，今日个比拼高低。□两个盆中比试，他道我世上无敌。俺两个一来一往，不曾得住的。我可便转过身躯。

尧民乐 我可便则一班咬的那厮五魂飞，咬的他乱蹿盆中似昏迷。他将我轻轻的打在过笼里，满面欢容喜笑归。用意收拾，心中常挂意，他倒是不住的把工夫费。

耍孩儿 到家中不住的把盆洗。不曾见这个促织儿天生的秀气。紫头青项黑焦牙，锁金翅脚似银灰。他到须金头尾相宜称，口似钢锋耐斗敌。养在英石盆儿内，阴阳瓦玲珑剔透，喂水池是紫玉金石。

四然 将梅花盆抹的干，马蹄儿碾压实。他将那蚯蚓土来寻觅，凉纲❶是铜丝结就将盆盖。葴草是五采绒丝缠就的，头一号是咱名讳。比在野田内纵横，自有时新爽口食。

三然 输了呵，他将我盐茶中转几遭，水盆内淹一会。淹的我脱身舒项直了腿，又怕我身归泉世难寻觅。捞出来，定醒还魂掏上把灰。歇三日斗场上再与你相会识。赢了呵，水食上增添美味。输呵，使性子喂了窠鸡。

贾秋壑蟋蟀谱 一卷

今

校记

❶（原书《促织总论》叶一下末行）"叶"字下脱一字，当为"艳"字之类。

❷（原书叶一下第四行）此句有误。

❸（原书叶二上末行）"之"字之下疑脱"曰"字。

❹（原书叶五下首行）"然"字下脱"还"字。

❺（原书叶五下第三行）此句脱一字。

❻（原书叶八下首行）"通"字下脱"天"字。

❼（原书叶九上第四行）此处"久斗之"三字衍，已被人圈去。

❽（原书叶十五上首行）"纲"当为"网"之误。

蜼蟑秘要 一卷

第十一種。

清麟光撰

清刊本

清麟光蟋蟀秘要一卷

《蟋蟀秘要》一卷，麟光为撰人之一。刊于咸丰十一年（1861年），《北京大学图书馆藏李氏书目》列为善本。

麟光，号石莲，长白人，由国子监教习历任工部员外郎，后升都察院御史，放甘肃平凉府守护理平庆泾道篆，著《书春堂诗集》。

据书中吴补功题识："《书春堂诗集》内有《蟋蟀秘要》一本，细展读之，乃知石莲老先生所著。"书末有数页盛赞甲寅年所得佳虫红牙青，战胜祥王府名将黑虎，并有题诗等，乃是麟光本人口吻，文字应出其手。但书首有《石莲麟光序》，末谓："于是有精心之士，考古穷微，今乃成《蟋蟀秘要》一集……实令读者悦目开心，不待别为之点窜矣。余每披览，不胜叹服其妙论"云云，则《秘要》显然为他人所作。意是先有《秘要》一书，麟光有所增益，后遂许为己作而收入集中。

本书大部分论述及歌诀乃从《促织经》等书辑出，故麟光虽为北方养家，而此谱当属南方系统。因袭虽多，但毕竟有不见于他书之文字，且传世稀少，已被视为善本，故收入本编，供读者参考。

石莲麟光序

余自童年，性耽蟋蟀。尝于秋月，笼养数盆。每读书之余，或觅邻童，或偕窗友，相于角胜，以为一时之嬉戏。颇觉快心畅意，兴趣淋漓。后随比岁频仍，未能或辍，竟成偏好之一癖矣。然念夫寒蛩之为物，秉金精以为质，感秋气而成形，钟天地之化育，荷日月之陶镕，傍山川而结穴，依草木以争荣，食黄壤之厚泽，饮白露之洁清，名显昆族。久备陈于月令，品高虫谱，早见咏于邠风，此固亭毒中特毓品题之所贵者也。若乃一声唤入，乍惊懒妇之闻，三径鸣来，忽惹王孙之怨；唧唧长吟，语梧桐之月下；凄凄哀诉，度芦苇之风前；花阴露砌，玉阶助骚客之愁怀；翠壁朱楼，金闺断离人之幽梦。至于太液风寒，唐主赐金笼之宠，昭阳日暠，玉妃开小赌之筵，此更千秋佳话，际遇之独隆者也。况夫豪气森森，岂特清幽之堪赏；英风凛凛，且兼勇武之能施；睹面交锋，若两雄之不并立；出牙相错，似攻战之必奋击。怒臂轩髻，张牙竖尾，其性傲敌，至以歼而不休；其志刚强，至身伤而不怯。真能鼓英雄之气节，壮义士之胸襟，岂他蛛丝蝶粉，螳臂蜂芒所可并比者哉。至于谕声辨色、取象察形之一端，则远古未之前有。乃自宋贾秋壑立半闲堂以来，始定促织之经，剖谕其优劣焉。数百年来，蛮触之戏日盛，而形色之谕愈多，记述纷纷，各有不同。于是有精心之士考古穷微，今乃成蟋蟀秘要一集。义旨开原，精微毕阐，实令读者悦目开心，不待别为之点窜矣。余每披览，不胜叹服其妙谕，因为之序，并题斗蟋蟀四律、咏蜇二律，以志余之同癖云。

蟋蟀秘要卷之一

斗蟋蟀

野人生计喜凌秋，古冢荒园细索求。
每以形骸分贵贱，常将色相论平优。
饮餐刍水还须备，寒暖阴晴使务周。
养得神完牙齿利，好从秋月夺魁筹。

其二

八月燕台试草虫，都人争效宋家风。
翠盆昼暖临风涤，香褥秋晴倩日烘。
十万青钱求未易，千金白璧赌何穷。
金笼漫羡唐宫美，今古奢华大抵同。

其三

清奇百选费精裁，个里皮毛可按推。
腰束鲜卑生自怯，头颅圆阔定为魁。
怒鸣两翼风云变，奋舞双须阵势开。
敌者胆寒惊窜去，功成宁待鼓三催。

其四

华堂几案列争场，角胜相持费较量。
主客相衡缘赌利，将军抵死为封王。
花瓷赐沐隆酬绩，金樽荣终痛悼亡。
回首瓮城原一梦，可怜肝胆向谁强。

咏蛩　　先录书春堂

霜华满地语悠悠，为傍西风怨旧游。
唧唧吟寒三径露，声声唤入一迟秋。
半窗明月幽人梦，千里相思旅客愁。
孤枕不眠听静夜，音随笛韵到床头。

其二

梧叶秋风一剪轻，篱根砌畔弄寒声。
三更絮语催霜白，午夜长吟咽月明。
竹珮音中声乍断，桂花香里韵初清。
凄凄听遍浑难忍，芦岸秋深最触情。

石莲先生印光，长白人。忠正端介，光明磊落。好读书史，喜谈今古。少困文闱，乃由国子监教习，历任工部员外郎，任张城沈阳时，俱有政声。后升都察院御史一等记名，放甘肃平凉府守护，理平庆泾道篆。通晓清文，长于诗律，有著书春堂诗集。平生善相蟋蟀，深得其精微秘旨，为同人中所共慕焉。

福萱兴善谨跋

前人蟋蟀全解

夫蟋蟀者，秋虫也。五月名螽斯，六月名莎鸡，七月则名蟋蟀。一名蜻蛚，俗名巨虚。一曰蚟蜦，一曰促织，此蟋蟀之异名也。昔有秋虫谱，始道其化生之本末，中道其颜色之美恶，终道其形象之异同。可谓深切而著明矣。今再原之，蟋蟀者，莎草虫所变也。八九月间，生子在土中，至来岁三四月间化出，渐渐长成。白露则旺，寒露则衰，春风起而必亡。时序之使然也。但其长成，在深沙厚土者其性刚，其色黄赤。生长在浅沙薄土者其性柔，其色黑白。青黄受阳阳必优,黑白受阴阴必劣。黄赤小而黑白大,不妨对敌。黑白小而青黄大,何可相争。若青黄紫色,更生得头魁脚长、顶宽体厚、牙阔尾枪,俱为上将。如黑白红铃白肋,又生得头尖脚短、项紧体荡、牙矫尾颓,俱败像也。故爱其材也,必当视其色。而色之美者,形似蜈蚣、杨甲、螳螂、蝼蛄、蜘蛛者,尤将中之枭将也。或色美而形非,恶虫之化,不失为中材。若夫色之不美,而形似灶鸡等类柔弱者,何足道哉。

玩花轩谈解

予于小圃理菊,偶睹飞梧敲窗,微凉生袂,感时触物,叹息久之。忽有故人相访,因命童进酒,谈笑及暮,见新月东升,虫吟唧唧。客问曰:凄凄凉凉,如诉如泣,此何物乎?予曰:虫名促织,非秋不鸣。客曰:既知其名,必知其实。盍为我言之。予曰:七月流火,草虫化生,秉天地一灵之性,变为此虫。看养有法,胜负攸分,其间奥妙系机,可以自悟,不必以言传也。客恳求其秘。因告之曰:盖自白露渐生,而盆须用古。寒露渐绝,宜换新盆。未中时须当喂食,寅卯时且听呼鸣。雌不可缺,隔三朝方可水浴,间五日始可相争。客曰:养法既明,看法未闻。其命予述古以证。曰:苔壁吟秋夜,身微识者稀。更兼类色广,俊杰细思之。观于古言,则其色难辨可知矣。兹略叙其梗概,麻头青项锁金翅,名扬大卜;虾脊蛾身橄榄形,声播四方;浑身好似一团花,红铃难托;满体色如真锦绣,白肋无成。腿长则有赢无输,翅松则多负少胜,头魁者必能发夹,牙矫者决难受口。光项莫留,免其后患。黑则便弃,可杜嗟吁。脚短无后力,惟拖舵不忌。牙长能受夹,惟黄脑不宜。谚云:黑白全无用,青黄不可欺。尖长终有失,扁阔最痴迷。客曰:看法已俱,

其虫能无病乎,又当何法治之。予曰:此虫至微之体,至渺之身,故其调养工夫,喂养奥妙,又岂易言哉。至如食不可缺,而腥气染者食之有损无益。水不可浑,而油盐着者饮之,而❶多死少生。头昏用川芎煎水相调浴之,结粪用豆芽蛴螬合食喂之。肚若作泻,此热极所致,宜饲生虾肉。日夜鸣盆,因腹内有虫,饮以甘草汤。尾若高低,有亏食水;二尾双垂,可知老朽。练牙减食,宜喂带血蚊虫;游栅沿墙,可服凉桐梓草。须卷脚焦者不治,脚尖筋落者难医。客矍然而起曰:以至微之虫,知肺腑纤悉具备。使执事过时当迹其能燮理阴阳,致百姓雍熙万物咸若者,又当何如也。

后序全解

经曰:蛩生于草土者身软,砖石者体刚,浅草瘠土者性和,砖石深坑及地向阳者性烈,若是者穴辨。

凡促织青为上,黄次之,紫次之,黑又次之,白为下,若是者色辨。

头高牙大、翅腿旺长,定是虫中之王。项宽有毛背身厚,上也,不斯次,反斯下也。若是者形辨。

养有饲焉,有浴焉,有病用医焉。如是促织性气调养全矣。

蚝蚰歌

须光尾秃最堪伤,身大终须不当强。二尾尖长如倒描,问名尽说两头枪。喂食还须要适中,不依定是一场空。水清无垢食无缺,使得三秋夺锦功。呼雌之法沿当配,不帖雌时即换之。一个不交重在换,若呼长久穴非宜。五日方容斗一场,若还频斗定牙伤。夜来不食因何事,伤损牙关食懒尝。盆须用古不宜新,天热盆新头必昏。养过重阳九月九,旧盆不用换新盆。天气出寒霜降

时，附子煎汤令浴之。宽大新盆锦纸裹，又须换个木窝儿。喂养不过只一件，莫信旁人多议论。鸡豆菱蟹与瓜仁，岂及清晨黄米饭。把敔犹如船把舵，舵若差时船损多。下敔当面扫将来，胜似晴天霹雷过。敔草要长杆要直，蝇血染之并梨汁。收时须在白露前，价胜夜光珠一粒。比头比尾比身材，若欠毫厘定拆开。尾短更兼须又秃，强将他斗莫担财。临斗之时敔莫拖，左盘右转虎离窝。若然前后七八敔，频然牙酸不可过。虫儿奥妙莫胡猜，悲喜何人识得来。不率旧章由己意，斗时必定惹殃灾。遵法而行不受亏，交锋定胜代花回。

促织有三拗

赢叫输不叫，一反；雌上雄背脊，二反；过蛆后有力量，三反。

填盆法

宜用琉璃瓦面、蚯蚓粪、苏薄荷、黄立土、童便、陈灰、青苔、江米石，共为细末，过罗，对准分两。用江米汁填好，再用生绿豆嚼碎涂满盖。

五色全名

青色。青有白砂青，红砂青，油青，苏叶青，鸡血青，麦柴青，生虾青，熟虾青，河蟹青，井泥青，河水青，竹叶青，蚰蜒青，惟天青色百年难遇。此是十年蜻蜓所变，可胜铁头蝴蜂所变者。

黄色。黄有油黄，麻皮黄，麦柴黄，香橼黄，金扁方，并有浑身如雄黄色者，哑黄，狗蝇黄，菊花黄。

红色。红有石榴红，水楂红，出炉银，落霞红，有似枣红。

白色。白有滑白，哑白，麻皮白，水梨白，芦皮白，艾叶白，芝麻白。

黑色。黑有铁弹子，香灰，黑水，墨黑。

虫身全名

头有猩猩头，癫麻头，芙蓉头，四字头，油灰头，兰花头，牌楼头，鸳鸯头，一半青一半黄，又有如星一点。微现与额际，如桂花黄色者，必是真将，名曰将星头。月头头上无线，名曰宝石头。斗线有洒金线，姜黄线，兰花线，羊角线，银线，草白线，如线额粗者，名曰粗眉毛。有暗线，皮内路线者是也。

眼有椒核眼，金眼，淡黄眼及纯白虫两眼如点朱者。

须有独须，红须，竹节须，钢鞭须，蝴蝶须。有两须寸许长，有一舒一卷，彼此相换。交须，两须如绳卷，见人则放直。披须，两须不动，向后披在背者，须有长至二三寸者。

牙有粉白牙，血红牙，姜黄牙，酱紫牙，墨牙，紫花牙，水红花牙，猪肝牙。有牙如芝麻色者，又有戗杆梗牙，三尾牙，笋桩牙，剪刀牙，一动不动者。

脸有黑脸，纯白者为粉脸，紫脸，及收上时有如红线一条，放下不见者，虫脸俗名曰马门。

翅有尖翅，方翅，圆翅，哑翅，长衣翅，左搭翅，时辰翅，蓑衣翅，板翅。惟蝴蝶翅在两大翅内，别有两小翅。长衣如苍蝇翅，披出在腿外。使风船，两翅立起如挂篷状，独三尾翅小而短。此虫者，遇之不利惹忌。

肋有鸳鸯肋，一红一白。大红肋，白肋。有白肋长者，其名曰忠孝带。

声有缰铃子，刮竹声，有见亮即鸣，遇暗则止。紫金翅每叫只一声。

肉有蝼蛄肉，蜻蜓肉，蚕蛾肉，黄肉，白肉，黑肉，绿肉，莲子肉，白果肉。

铃有带铃一粒者，名为金驼铃、银驼铃。一串者，名为金束带、银束带。

腿有白玉腿，甘草腿，蛤蟆腿，花斑腿，单寄腿，双寄腿，绿腿。

脚有八脚及小脚，每多一节者。

脚爪花有赤爪花，凡爪花，俱是两分。并有中间多一花者，此及二义将军相。

尾有玉尾，羊角尾，三雌尾及六尾，有八尾，独尾。

宿有倒宿于盆盖上，系蜘蛛变。有立于水池上者，系蜻蜓变。有仰卧侧卧者，其名为困虫。

食有出土不吃食，只饮水。至结秋者，系蜣螂所变。

八样上品变化

天蓝色。非青非紫亦非黄，闪耀不定似天光。腿色焦斑身样细，千秋难遇此虫王。系十年蜻蜓所变。

紫黄色。紫黄之虫甚难真，千数之中不见一真。如黄头银线麻路，青毛疙瘩宽项，金翅皱纹，腿脚壮长，浑身高厚，血红钳者是也。此虫愈冷愈狠。系蜈蚣所变。

黄大头。头像蜻蜓头，细银丝麻路透顶，朱砂项，腿浑长，白细肉，血红牙，亦有黑牙者，此是虫中之王，系蜻蜓俗名老子儿所变。青尖头，头长，青毛砂项，身厚翅长腿壮。满项青雾罩定，奔走玲珑，黑镶白钳，血红牙者更妙。系蜘蛛所变。

灰黑色。身形扁小，伏于盆底，湿炉灰色。善能饶大，著口即胜。系蟋蟀所变。

紫青色。紫青白斗线，愈冷愈斗，即至落雪不休。系蚊蛉子所变。

真白色。白蜑红牙，系牵牛所变。

真黑色。黑如黑漆，牙白如象牙，系铁头蝴蜂所变。

真紫色

凡真紫，头必尖，然究以头圆大者为上。项有青毛项、紫绒项、赤斑项，俱要有毛丁。身阔背厚，血红牙，阴阳翅方妙。若顶有油光者，俱为花色也。

真紫如同着紫袍，头浓身阔项宜毛。

钳更细长如血色，独占场中头一王。

深紫色

深紫当头紫更浓，更兼翅胁与身同。

头魁项阔阴阳翅，斗至三秋建大功。

淡紫色

名为淡紫遍身明，项如青靛齿紫红。

头上三尖腰宽阔，诸虫退避不敢逢。

黑紫色

黑紫颜色如茄皮，腿脚兼黄赤腹皮。

钳若天生紫黑色，早秋赢到雪花飞。

紫麻头

紫头麻线齐透顶，毛项紫翅有皱纹。

六腿兼黄肉带赤，红黄大牙是虫王。

红头紫

红头紫线最刚强，项赤红斑腿圆长。

翅紫牙乌如桑剪，此虫名号促织王。

紫金翅

紫头青项如金翅，腿脚兼黄肉带蜜。

必须生得紫红牙，咬死敌虫人胆失。

真青色

真青。头要青金样，白麻路，细丝透项，金箔翅明亮，肉白腿白翅长者为上。白牙青。有首似冠蜻蜓头样者，此是真青。若水红花牙，腿肉不白，项光翅无金色，不过花而已。须知世无斑腿、黄肉、黄线之青也。鸣有叮叮之声，当细察之。又有红头，终不结秋。

真青头如菩提子，项上毛青靛染成。

牙色必得象牙白，任君接斗又何妨。

淡青色

淡青生来牙要红，头麻项阔翅玲珑。

更兼肚肉白如雪，赢尽诸虫独奏功。

紫青色

琥珀头尖项紫青，翅如苏叶肉还青。

天生一副红紫牙，交锋一口建大功。

乌青色

乌青看来一锭黑，腿脚斑狸肉带黑。

钳若细长如血色，合战交锋如霹雳。

青麻头

麻头青项有毛霜，翅皱肉白腿脚长。

再生一副墨牙齿，三秋得胜喜非常。

青金翅

麻头青项翅如金，肉腿如同银打成。

牙钳更生如漆黑，赢尽诸人匣内金。

生虾青

龟背虾青不宜红，肉腿生来白雪形。

牙要细长苏木色，此虫名号是虾青。

生蟹青

此虫名号河蟹青，亦取银翅似明星。

休论白牙与黑齿，最宜项上有毛丁。

灰青色

颜色如灰不耐观，灰头灰项欠新鲜。

只因翅黑牙长白，相斗高强真万千。

井泥青

青色深沉似井泥，圆头毛项不轻欺。

长牙腿腹如银白，直到三秋战胜奇。

真黄色

真黄遍身皆黄，其项非桃皮，则朱砂火盆底。有赤毛丁，疙瘩肉。更有黄砂丛丛，尾长细如铁线。鸣时声哑，翅如金箔，牙黑弯尖，名为墨牙黄。

天生金色遍身黄，肉腿如同金箔装。

倘是一对乌牙齿，鸣时声哑即虫王。

深黄色

深黄生来金箔黄，腿脚黄斑腰圆长。

若生两个黑红牙，便饶敌大又何妨。

淡黄色

黄头青项淡金翅，高头大牙腿如银。

这班虫者实难遇，敌虫交口便成功。

黄麻头

麻头黄项赤金色，腿脚斑黄肉带蜜。

牙钳若是炭样乌，斗胜鸣时闻四壁。

紫黄色

头似樱桃项似金，黄翅白腿肉以银。

牙钳不问何颜色，诸虫交口便昏沉。

红黄色

头似珊瑚项斑红，翅如金箔肉带黄。

腿脚圆长白如玉，敌虫一见自慌张。

哑翅黄

哑黄声响只寻常，肉白牙乌第一良。

腿脚壮长头项称，鸣时哑者定是王。

狗蝇黄

头项焦黄翅似金，黄斑腿脚粟肉真。

更生一对紫花牙，敌尽场中是功勋。

菊花黄

遍身黄色耀如金，枣红长牙形似针。

闪青色背菊花项，六足无瑕极称心。

真红色

真红要金翅白肉，头似珊瑚，项如朱砂，腿脚壮长，以墨牙为贵。余色无用。

顶如椒子遍身红，头项如朱腿宜银。

总逢敌手君休怕，数番咬死又成功。

红麻头

红麻秉性最刚强，赤项红斑腿脚长。

翅朱牙乌如桑剪，诸虫交口便难当。

真白色

真白头要白明亮，细银丝透顶。白毛冬瓜项，蝶翅，总以黑牙为上。又有血红牙，皆是虫中之王。其名曰白蚕蛾。

头白项白白丝攒，翅似银铺肉似霜。

乌牙如墨肚如粉，此是三秋促织王。

淡白色

白头白项翅如银，入手观来却似冰。

此虫异种称奇白，纵无颜色是将军。

白麻头

麻头白面白如银，细丝透顶根根明。

青绒宽项腿脚长，战到千番也要赢。

真黑色

真黑生来肚白，银丝细路贯顶，项阔有黑毛。血红牙、紫花牙、红花牙皆妙。

又一种白牙、白肚、白腿，其余皆黑。

其名曰粉底皂靴，一口能赢。

真黑便当黑似漆，仔细观来无二色。

更兼牙肚银相似，名叫将军为第一。

乌麻头

乌头麻路透金丝，项阔毛躁肉带狸。

若还翅乌牙钳赤，得遇此虫是真奇。

乌头金翅

乌头无线翅金黄，项青腿长肉老苍。

牙钳定生红紫色，诸虫见面岂能当。

异类上品（共十七种）

龟鹤形

头如蚕嘴肚如琴，两翅啾啾叫不勤。

识者若逢此促织，不用试口是将军。

蜈蚣形

薄体圆牙识者稀，朱头漆项最为奇。

更有黑背红丝足，蜈蚣化生人难识。

蝼蛄形

蝼蛄六足短而粗，牙细尖长肚又拖。

翅短尾开露出臀，形似蝼蛄世无多。

蜘蛛形

头小长牙体厚丰，灰青样色一般同。

银丝六足娇还细，名曰蜘蛛可称奇。

螳螂形

身快牙尖大肚皮，脚前乔立仰头窥。

此虫不问五色者，斗至深秋总不输。

土蜂形

尖翅名呼是土蜂，紫黄色者最难逢。

这般虫色果君得，不是常蛩是毒虫。

土狗形

头粗项阔背抵挽，异翅生来半背铺。

腿脚壮长身巨圆，当头起线叫如锣。

蟹螯形

蛩声弓起如蟹螯，不拘五色或麻头。

任人观来全无惧，此是名虫何处求。

枣核形

身如枣核两头尖，仔细观来又似船。

交锋便见强中口，咬死诸虫不敢前。

金蓑衣

翅宽翅长未为奇，见者当场莫慢提。

生得两边如鸟翼，名扬天下锦蓑衣。

金苍蝇

朱头绿项身油绿，腿脚兼黄红点生。

血红大牙尖翅相，力能举鼎自名扬。

油纸灯

头高腿壮满身黄，翅滑如油肉带黄。

若得一对大红牙，此类虫中是霸王。

鸳鸯头

鸳鸯头上色分明，一半青色一半黄。

此色之虫实难遇，百度交锋百度赢。

玉垂头

头项分明远相离，中间白肉如蜻蛉。

仰首搭牙低首胜，玉垂脱项真罕希。

阴阳牙

蛀蚰生来两个牙，一红一白实堪夸。

不拘麻头五色者，逢场夺取锦归家。

梅花翅

翅似梅花蜘蛛镟，身上如同梅花片。

这般生像真亦怪，满场斗胜真堪夸。

独须单尾

独须单尾世称奇，金翅红牙形似龟。

两异相兼方足贵，项青肉白始堪宜。

　　仆性嗜蟋蟀，咸以为痴。适见刻印处有书春堂诗集，内有蟋蟀秘要一本，细展读之，乃知石莲老先生所著。其诗句别开生面，迥异时流，而末卷言蟋蟀上中下各等品类，真令人指南。噫！老先生精于物理，或借此别有寄托耶。板尚未就，因鄙缀五绝于集中，以伸执鞭欣慕之意云：

　　蟋蟀重豳风，不愧斯文撰。

　　同是个中人，见书如见面。

后学吴补功谨识

异类中品（共十种）

真三色

紫头青项有毛钉，金翅生来色更浓。

六腿壮长白色肉，须得红牙最高强。

草三色

麻头青项有毛钉，金翅皱皱肉又黄。

腿脚斑黄牙似炭，当场频斗不能伤。

三段锦

麻头青项翅销金，白牙白肉肚如银。

百战百胜无敌手，蜀中三段锦为珍。

草三段

头圆相似紫葡萄，红白大牙项有毛。

更兼淡淡皱银翅，三段之名声价高。

长翅

长翅须养金长翅，头大腿长腰圆齐。

虽然口比青锋刃，只宜早斗不宜迟。

阔翅

阔翅之虫识亦难，长扁薄细也寻常。

须知最贵紫黄色，腿斑头小牙要长。

谷翅

谷翅无声性最雄，只慊纯黑是常虫。

若还翅上青黄色，秋兴场中可立功。

飞蛛

飞蛛能斗体轻盈，黄白堪夸青莫惊。

飞翅水中应拔去，果然斗时必能赢。

虾脊

虾脊驼峰蛾肚良，翅如蛱蝶腿俱长。

头圆而小方为称，线要银兮路要黄。

拖舵

黑头红项背形驼，更兼肚腹如船拖。

紫齿红牙长而大，连赢十阵不为多。

异类下品（共七种）

蝶额

金额本要黄麻头，银额必须白麻头。

更要牙钳红黑色，反是何须着意求。

月额

额首空彩终落后，十个月头九不斗。

腿穷项紧更寻常，请君抛弃何须守。

油头

头昏项细有何奇，腿脚花斑黑肚皮。

翅上更有膏药迹，只可将它喂小鸡。

蜂翅

头尖肚大号蜈蜂，两翅含并腿脚穷。

纵然异类无心斗，当场必误主人功。

红铃

绣肩绣胁不为奇，连连赢得也防虞。

金铃落壳终难复，欲斗无情总不如。

红头

红头色鲜似花枝，早秋斗胜也称奇。

一朝乍寒西风起，枉费心苦枉劳力。

独脚

人言独脚最枭雄，它却没有孙膑功。

总〔纵〕然赢了须蔽绰，由来力怯不相同。

促织身材上等

头上等

大头圆疙瘩，脑搭浅无多。

麻路根根透，精彩如楷模。

线上等

线长最宜直，细者也称奇。

麻路要贯顶，曲斜总无宜。

须上等

虫须最喜长，竹节更高强。

须短最宜粗，其余皆不良。

脸上等

五色诸虫脸，锄弯注地长。

再如锅底黑，此物号强梁。

牙上等

五色促织钳，最喜光而亮。

花牙要色老，齿大更为强。

项上等

青项堆青靛，白毛根闪青。
朱砂火盆底，桃皮等类形。
白雾冬瓜样，宽球垒起星。
毛丁有疙瘩，入手莫当轻。

翅上等

松阔皆长短，蓑衣得更难。
遮身不见节，薄皱另相看。
紫翅青金翅，反搭与油单。
黑色全如黑，梅花两瓣攒。

腿上等

大腿圆长健，小脚粗铁线。
斑白黄色真，此名金不换。

肉上等

紫黑苍黄肉，青白胜鹅梨。
黑青只宜白，淡黄白亦宜。

促织身材下等

头下等

昏小脑搭重，路粗半节儿。
棠梨尖额角，此等不须说。

线下等

麻路不分明，片片看不清。
曲斜短而粗，锯齿也相同。

须下等

须细软似绒，矫须更无能。
双须弯如弓，见敌先自惊。

脸下等

酒醉猫儿脸，花花白路纹。
此般生像者，弃物不须论。

牙下等

水红花牙者，猪肝色不良。
短小细而嫩，白色新苇皮。

项下等

紧隘花斑项，无毛一片荒。
瘪小更短促，不养又何妨。

翅下等

膏药迹不皱，松短阔长同。
况兼白肋重，何须选入笼。

腿下等

短瘪兼穷细，烟熏青黑同。
只好留墙壁，何须问主公。

肉下等

肉色欠纯正，腰上有金铃。
粗藏花黑样，百战不能赢。

品格论

红头，青项，金色翅，一贵也。

麻头贯顶，青项，金色翅，白腿长圆，头尾相称，二贵也。

白头，麻路透顶，毛青项，原银翅，三贵也。

紫头，白斗路，紫翅浓厚而带皱纹，四贵也。

黑漆头，金线或银额，青项有毛，黑金翅，白腿白肚者，五贵也。

头色美诀

红头，红麻头，半红麻头，黄麻头，淡黄麻头，嫩黄麻头，青金麻头，紫麻头，白麻头，栗壳色麻头，柏叶麻头，黑漆麻头，三尖麻头，竹乌麻头，又名暗线麻头。在皮内，俱要麻路细线贯顶。又有红头无线者，其名曰宝石头。黑头无线，名曰乌头。方为美色。

辨钳诀

红牙带黑色有棕纹而光彩者，乃是降香钳。或淡红，要宝色似红花为贵。若黑而有光，若白牙与象牙色光彩，虽有乌瓜头亦为贵。若白似水而嫩，此为水洋钳，即猪肝色，亦无用也。

辨色诀

白不如黑，黑不如赤，赤不如黄，黄不如青，青不如紫，油艳不如枯淡。故赤小黑大，可称对敌。黄大白小，难免侵凌。

莫云黑白全无用。黑内有黑黄，白内有白黄、白青之类，不可轻忽。

勿认青黄不可欺，亦非上相真青、真黄。倘有一点败笔，亦非真将。

察形诀

钳像蜈蚣钳，嘴像狮子嘴，头像蜻蜓头，腿像蛤蟆腿，形体要相当，毛躁斯为美。

混收诀

头大腿长，不用商量。尾轻肉累，何须多说。腰宽项阔，不必细观。秃须缺脚，未可忽略。

选法歌

头圆牙大腿须长，项觉毛躁势要强。色贵焦老无翅迹，身阔背厚能登场。水红花牙人所忌，猪肝牙色总不良。腿脚细穷非上品，红牙赤瓜虫之王。

辨形诀

早秋择取头大腿长，身阔背厚，麻路贯顶，气壮牙大，形方色正，上相诸虫，喂养半月，身口坚硬，现出颜色。重色变轻为上，轻色变重为下。浑暗变明亮为上，明亮变浑暗为下。形色既定，才可试口。善斗者牙张一线，交口重者，选为上品。百口赢者未为奇，一口赢者胜如百口。要知一口赢者，用力反倍于数十口，尤当调息。若有因斗口少而接斗或连斗，实为自误。慎之慎之。

辨老嫩诀歌

要知促织老与嫩，秘诀分明在水须。贴齿带黄生日久，悬牙如玉始成躯。头高终自无多日，低首居然一老狐。熟读秘文方赌赛，十场罕有一场输。

选材法

凡头不圆，麻路成片不明，头顶油光，须细软，牙小花水嫩，紧脖藏斑无毛，翅薄花有胁，腰拕红铃，腿小细藏，身薄单穷，色娇弱，浑暗不真，肉暗粗藏，形象善弱穷贼单薄瘦小，俱不可要。

头小麻路不透顶，顶上油艳一片明。牙小水嫩短而细，紧项无毛油单形。翅薄有胁膏药迹，腿脚黑斑脏又穷。肉暗皮脏无颜色，枉当促织沾须名。

道听途说，非真尽结。虫无好歹，一斗即买。

申明调养秘歌

新虫调养要相当，残暑盆窝须近凉。渐到秋深畏风冷，不宜频浴恐寒伤。养时盆窝要宽阔，喂食依时要审详。水食调均虿必壮，看时且莫对阳光。水食消肃方堪斗，不可忙饥患饱荒。盆内须填六一土，盖时加意按阴阳。欲使虫身无垢色，换去宿水添新浆。莫喂草菜花叶者，齿软牙伤定为殃。过笼窝盖安排好，行动提携总不妨。切忌酒后休来看，酒气冲伤定走忙。安顿必须清净处，油烟熏损不刚强。勿放橘橙充食物，食之虫肚定不祥。先期未斗休频看，仍复收拾用意藏。斗时伤却牙与齿，急时按医治成方。不察强弱当场斗，必定遭输笑不良。盖盆谨慎休留隙，免使奔逃意下慌。看时调取思虫谱，蚩儿无伤齿自刚。堪羡一种清幽物，万古千秋悠韵长。

调养秘诀

初秋酷热，盆窝要凉。深秋怕冷，风侵有伤。盆宜古大，饲食宜瓢。喂食有准，休对日光。水不可缺，食不可忘。蚯蚓之粪，细性生凉。隔去垢水，须换新浆。莫喂花草，齿软牙伤。膰水叠饮，食之不祥。窝盖稳当，携动无妨。酒后勿玩，冲气颠狂。养手大忌，橘麝诸香。安顿之处，木香要防。未斗之日，且须闭藏。比阁厨柜，莫近油缸。谨慎安置，免致逃亡。秘语之论，着意参详。果应前法，名自必扬。

蟋蟀箴

早秋怕热气，盆窝要古器。
深秋怕冷风，浴水尤当避。
卑湿不可安，填盆土为利。
休要露人目，休要口味臭。
每早须细观，略以菽少试。
残食午必换，浑水朝必弃。
牙防坚硬物，用纸绞花僻。
安顿净壁所，油香橙橘忌。
此箴传后人，参详须尽意。

早秋调养

酷暑须将宿食消，窝干土燥易生焦。
盆宜常润水频换，牝牡舒怀色自娇。

中秋调养

盆宜用旧水宜新，宿水能令貌色昏。
若到重阳九月九，旧盆不用换新盆。

后秋调养

若到霜降乍寒时，熟粟蒸菱可喂之。
托纸去泥令护暖，此时只见一窝儿。

因时与食

早秋黄米饭，白露熟菱儿。
霜降研篱豆，隆冬蟹肉宜。

喂生食

或生白扁豆，生虾米面，生带血羊肝，生蟹肉，生青豆芽亦可。
凡上相好蚩，宜天干水饮之方妙。

戒看

毋饮酒，毋带花，毋吃烟，毋携俗人。

养诀

凡养虫如养马，马之千里者，食必尽粟一石。虫之善斗者，食必尽饭一粒。若不善饭，终不结秋。经云：不食且游笼，终须落下锋。

收养并打总诀

早秋见头大腿长者，便收畜古盆之内，放于阴凉洁净之处。不宜常看，若常看则色易老，养十日后方可仔细观之。当先下盆时名标色样，以浑变明亮者为上。以明亮变浑暗者无用，若油色砂色又不足取。其麻路最忌曲斜半厥而粗，其锦额亦要细长端正，不喜弯曲。其尾丰尤须轻细白色。用心调养，过白露三四日并打。若果是真青、真黄、真紫入格好虫，不宜早斗。养到深秋重阳前后，其口坚硬，方可斗之。勿与懒时急斗，口糊牙损诚可惜也。总要看色老嫩，色未长足，宜未可斗。必等待色浓，先定其大小相等，然后并打。不可多接，慎之慎之。

治积食不化

积食不化甚堪嗟，水畔红虫是可嘉。研细任君分两处，喂完斗胜妙方法。或用香瓜瓤亦可也。

取其虫身力壮法

宜用黄桑叶研面，纯粳米做糕。晒干浸软研碎，和饭拌均，加意审详喂之。

取其耐冷调法

宜用篱盖上断节虫，未到霜降前五七日喂之。或用扁担虫，并研和食喂之。

治病铃之患

虫病不过铃者，宜用河边青草内土色小蜘蛛研碎喂之。

治虫受暑

蛩热呼雌不着，用青草嚼汁入沙糖水调均浴之，后再用河水过之。

保全气力法

蛩斗胜后，用青色生虾二三个喂之，即取童子乳食饮之方妙。生虾且忌红黄色者，食之必死。

浴养法

斗胜后用浮萍捣汁浴之，再用清水漉过。再将童便和清水各半饮之。宜用青色生虾虫捣碎食之。若斗苦伤牙伤身，即取童便浴盆。将虫放在盆内，即将盆口封严，取其温气全伤之妙。须隔去三尾二三日。

点牙伤损

斗伤牙者，用姜汁浓茶点之，或用自然铜浸童便点之，或用童男乳食趁热点之，或用带血蚊虫喂之。此法当日内复旧。

医伤

斗胜后身有损伤，且勿下食水，勿下三尾。即取童便浴之，然后将童便刷盆，再将童便调清水饮之。旬日内自能复旧。

治牙伤

斗胜后，或两牙长短，或里叩外张，或两牙常嚼不止，且不可喂食水。即取旱莲草嫩花喂，再用苍蝇头四五个喂之，再用童便饮之，最能养牙。

治法

日以鳗鱼、鳜鱼、荽肉、芦根虫、断节虫、担杖虫饲之。冷病嚼牙，以带血蚊虫饲之。热病，以绿豆芽尖叶或棒槌虫饲之。斗后粪结，以青色虾饲之。牙伤，以茶姜点之。斗伤，以自然铜浸水点之。咬伤，以童便调蚯蚓粪点之。气弱者饲以竹蝶，身瘦者饲以蜜蜂。

失口

蛩失口败扶而不动，用紫薜杨三四片泡汤。待冷，即入浴之。在水内略等片时，捞起放在闷竹筒内，少刻即活，起在盆内。此法不可忽略也。

飞虫去翅

以手提飞翅，放在水中。捏住轻轻而拔飞翅，觉疼一挣即脱。养六七日方可斗。用带血蚊虫和饭研碎喂之，取其养血。

凡养飞蛛，切忌惊寒。经云：带活物喂养调均，喂间声响，响便惊。好净恶风，切忌避虫吟。有人合者便赢。

下三尾法

三尾须收，白露前收于宽盆内养之。食

水不可缺，二三日浴一次，过蛆即为拔去。一日可交数次，晚间宜起去，不可共盆。恐有意外疏虞，慎之。

蚤吟三尾莫添双，呼叫连绵怕性狂。三尾头小须用黑，尖头独脚始相当。喂教三尾时常饱，免致蚤吟误损伤。更将三尾频频浴，解使雌雄有彩光。

虫患病若至寒露前后，则将雨水焳热，并三尾浴之方好。

发运诀

促织虫也，发纵指示者人也。运用之妙，实存乎人。经云：少年多夸躁，养手须知戒。若要稳稳赢，斗尽莫让大。

促织斗时人作主，贪财让大虫辛苦。倘然赢彼已着伤，何如慎重再图举。

比合论

先比头，次比腿，再比浑身无后悔。脚长终须失便宜，高厚仿佛斯为美。黑白让他大，青黄不可欺。狭长终有尖，扁阔更无益。头大真为大，牙宽可称奇。性烈身必快，翅松也无益。铜铃尖额角，此辈让些儿。

三勿：独腿勿斗，病勿斗，败鬼勿斗。

记斗诀

长不斗阔，黑不斗黄，薄不斗厚，嫩不斗苍，好不斗异，弱不斗强，小不斗大，有病不斗寻常。

病谓仰头，并齿，练牙，卷须，撼腿，荡胲，无后敨，又不食，沿盆常鸣。经云：两尾高低，曾经有失。两尾垂痿，已及衰迈。

辨斗

蚤忽然鸣叫，开盆看地。若三尾相旁，谓之辨雌，即日可胜。若三尾在过笼外，或在过笼盖上，谓之忆雌，可赶之使入笼内。

若又逐之出，雄而呼鸣，谓之厌雌，可即换一雌伴之。

节斗

斗后须隔三五日方可登场。如斗口多，下口重，费力着伤者，隔去三尾二三日。观虫有性，见敌追赶，鸣声响亮，方可复战。若懒慢无情，则是元气未复，万勿即斗。

不察强弱登场斗，虫身有病齿自柔。心夸意满能赌赛，下盆一口定回头。自己不通人耻笑，输人输虫实可羞。不从古谱由己意，百战百输赢难求。临斗之时加意审，免至后患把心留。

斗名

虫斗有双做口，有造桥夹，有两拔夹，有磨盘夹，有炼条箍，有狮抱腰，有猴狲墩，有丢背舞，有人躲影，有王瓜棚，有绣夹，有黄头儿滚，反勾留，有剔掭等名色。

甲寅秋，余与伯竹农恩洁庵共养蟋蟀，所得勇健善斗好虫十数枚。赴局场角胜，互有输赢。惟余白露时所买之红牙青一头，形方体厚，项阔头圆，肉黑钳红，真入谱上像之虫。初排时，敌虫未敢入牙，亦未之深信。及赴场，遇名虫对敌，皆入牙即退，始知其为品格上贵者也。后赴东城大局，有祥王府之健虫，名曰黑虎。遍场无敌，一时首冠群英，未有能其配者。乃与红牙青对敌，下盆时场中之人以为输赢难定，必有一番恶斗。及见面时，黑虎轩须怒尾，开牙先进。与红牙青两牙方对，黑虎则逃避惊窜败北矣。合局之人，为之哄堂，皆称此真虫王矣。其后赴局数次，未有放对者，乃于小雪日与诸朋恭祭虫王。颂名曰：威猛将军。因记其事载录于谱，以表其妙云。

偶成一律

雄心未可老林川，欲表芳名后世传。
青翅生云知力勇，红钳似火识牙坚。
英虫角胜逃盆外，黑虎迎敌窜旁边。
不意虫王今岁得，经秋四十有余年。

　　　咸丰四年小阳月，石莲麟光题于书春堂

宗室贵伯存，特来观玩，因题五言绝句
一首：

举世蓄秋虫，将军未易逢。
余虫三百属，无敌敢交锋。

谢汉槎题

将军威猛众难同，体壮牙坚气更雄。
两翅玲珑临大敌，一身矍铄建勋功。
红钳微启疑生火，黑虎才交落下风。
谁识虫王真色相，无花老眼属麟公。

谢树阶题

刚强好斗属秋虫，一遇将军便下风。
蹁跹两翅如墨黑，熠煌双牙似火红。
触目虫王知者少，深心善相颂麟公。

祺心斋题

善斗寒蛩未易详，登场角胜力难量。
威鸣黑翼生雪气，怒吐红钳露剑铓。
百战不输超俗格，三秋劲敌益精强。
将军幸入麟公选，播得芳名一世扬。

石莲又评

红牙青死后，大异诸虫。个月余其体如旧，颜色如生。短须粗若铁线，牙色红紫有光，翅中隐隐有白点，其形象完若榆柳间所生之花牛虫也。乃与诸朋灯夜详评，思其勇健齿刚，敌虫不敢入牙交口，诚非凡物一类可推者。所谓化生之论，信有之矣。

余比年以来，所得好虫不少，皆赴局斗胜有名。然必交口，未有如红牙青一类者，真化生虫王矣。

蟋蟀大全

凡青翅蓝项之虫，宜麻头白纹，牙红或白色，肚皮腿俱白方妙。

凡黄色虫，斗热不斗凉，性躁故也。若黄翅或红牙、黑牙、紫头、紫项最勇，不是热虫。

凡红虫，秋高不斗，惟红头白线，白牙白腿者，秋深亦好。

凡紫虫，不要油滑白牙不耐斗。要色苍黄，头若葡萄，有白斑，黑牙、红牙方好。

凡黑虫，要色明苍老、项起红斑，肚腿俱白者为妙。

凡淡青，必红紫牙方好。

凡淡黄蓝项，白麻头，六足洁白者方好。

凡狗蝇黄，金翅乌牙黄斑腿方好。

大力散方

蒺藜一两 京米二两 芡实二两 薏苡二两 炒豆二两 白面二两五钱，共为细末。每日和甜水作白饼，入滚水内煮一沸取出，竹刀切小块喂之，自生力气百倍。

蟹肉二两晒干京米二两炒牛膝五钱苏木五钱为末，作丸喂之。治伤。

治伤

官粉、滑石，为末上之，
苏木汤，凡虫有伤宜饮之。

不可斗

有伤、形懒、头昏、落色、失时、盆湿、撼腿、太嫩、翘翅、秃尾、鸣盆、水牙伤。

若不察看，斗必多败。小心慎之。

肚要白的黄的，净丽明润者方好。

虫性不同，冷虫早斗伤于嫩，热虫晚斗败于老。

凡赤色、黄色者，冷虫少。

观其站立之势，雄纠身耸肚悬，望去如努黑受惊，猛虎扑食。对敌安静，不先发声。此虫中之贵者。

牙帘上有一小点红者，少见，上等也。

芝麻牙，上黄下黑。

如意头，项有双线，中高傍涯少见上也。

须要有根株，不时摇动方好。

眼要圆如椒子，内外莹澈，红黄曝露。忌其细小昏黯，秋前即生好者，百无一二。北山者多紫黑色，不耐深秋。南山者色青紫，立秋后方生，深秋耐斗。形色之外，有九方皋者少。

嫩虫不宜见日色，一晒即伤。

临斗用干盆，后秋用湿盆，临斗换干盆。

闻香不斗，酒气练牙，哈气生油。

白江米煮三滚喂之，早秋用。

牙宜宽大尖长，颜色纯粹，上粗下锐。

有小锯齿，有土黄项，有红沙翅亦好。

有二尾中生一小尾者，好。不是三尾一样者。

咸丰十一年岁次辛酉清和月吉日 订

（蟋蟀秘要终）

第十二種

功臣錄二卷

清秦子惠撰

光緒十八年活字本

上卷編者藏

下卷北京圖書館藏

第十二种
清秦子惠撰功虫录二卷

  《功虫录》二卷，光绪十八年壬辰会衢山人校印本，秦子惠撰。子惠号偶僧，别号无闷道人，无锡人。卷首自序称：秋虫"自幼乐之不疲，数十年来，结栅之虫，殆以百计。今择其尤者，就其色相斗品，逐一表明，列为一册曰《功虫录》"。按所录始自道光十三年（1833年），止于光绪十七年（1891年），五十八年间共得善战之虫一百三十有六。时间之长，得虫之多，实罕其匹，故子惠当为清代晚期江南著名养蛩家。

  卷首目录以虫为目，下注某年得自何人，产于何地并记其重量。卷内依次记各虫之体形、头相、脑线、脸面、马门（北方曰"牙帘"）、牙钳、颈项、腰背、翅翼、鸣声、腿足、须尾、子门等等，兼及其行动、饮食、交配等生活情况，而于三秋喂养中色形之变化，对阵交锋中咬斗之表现，观察尤细，记述极详。且不时与古谱相印证，乃至补充或修正。

  《功虫录》与前人之《经》、《谱》写法截然不同，绝不依傍因袭，可谓无一语不从实际中来。养蛩知识，如选虫鉴别，喂养经验等，至清晚期均有较大之进展。所谓"厘战"（北方曰"约称"，"约"音"腰"），吃汤（北方曰"使火"），乾嘉后始流行，为古谱所未及。前人歌诀，因受字句、韵脚之限制，无法将虫相讲清。倘有夸大，便属荒诞子虚，即使确有此虫，亦为百年难遇，故远不及此书对秋虫爱好者有重要学习、参考价值。子惠之惠于人者实不仅如自序所云"俾同好者览之，眉飞色舞，如见其气概精神"而已也。

斗蟋蟀赋

杨搢（蕴山）

秋清削玉，漏永滴铜。遥遥者夜，唧唧者虫。循阶咽露，附草号风。金天铸股，白帝点瞳。得时作气，应候奋雄。聿警良士，乃罹狡童。少年三五，伴侣什百。僻径潜形，颓垣拨砾。鞠躬蛇行，屏气龟息。寻声盲赴，应响蕲得。穴灌珠喷，灯篝星摘。螯啮流丹，爬挐渍墨。掩捕智穷，叫呶欢极。无任趫跳，无伤胫翼。相协厥经，斗维入格。乃龛伊居，陶器必良。时其饮食，峙乃糇粱。木鸡宁静，霜隼翱翔。曲跃三百，分曹两行。左右殊袒，东西列场。双旌标竖，二秤评量。铢黍维称，矫健悉当。天鹅叫音，朱雀开桁。料敌遣将，决机捕亡。逡巡设饵，邂逅试尝。锐锋交虾，巨斧劈螳。老拳既饱，毒手斯强。一掔兜鍪，三夺稍枪。乃挥羽扇，暂据胡床。逾时苏喘，少选复斗。再杀一围，三惊一走。气盛投戈，兴酣免胄。毋失交臂，谁甘授首。半死半生，狂嘶哀吼。响落伤禽，追穷困兽。进怯登场，避惟由窦。始夸勍敌，终北死寇。宁非战罪，殆不可复。捷旌摇摇，胜鼓鼘鼘。猥以千金，决之二虫。胜固可喜，败亦无讧。败实有失，胜则何功。业荒于嬉，事败乃公。选惟三品，储必千笼。产因地异，秋至风同。博弈犹贤，游惰实丛。不峻秦法，其如吴侬。粤若稽古，实始天宝。妖姬秘乐，静女呈巧。金笼贮密，玉粒饥疗。右相持筹，诸王角道。宫庭亵武，渔阳是兆。谁其嗣者，曰贾平章。秋壑无事，半闲有堂。宠娥

据地，狎客戏旁。黄龙战歇，紫虿武扬。维君维相，流风孔长。流风孔长，殷鉴孔光。作之箴铭，好乐无荒。

蕴山先生名搢，字永叔，金匮人。笠湖先生第三子。有文名，兼精六法。十赴省试不遇，乃捐金为千夫长。生平历闽督徐公嗣曾、江西抚先福公、鄂抚汪勤僖新、楚督毕公秋帆、粤督百文敏龄府。司章奏，名重当时。所著有双梧桐馆集，计诗十卷，词五卷，六义管窥四卷，斋居问答二卷，班史广义二卷，杂体文三卷，共二十六卷。从外孙余一鳌藏有印本待梓。此赋杂体文中一篇也。时适印功虫录，江阴金丈桂生，以双梧桐馆全集自毗陵寄赠。阅斗蟋蟀赋，列之卷首以代序。末节好乐无荒，不忘箴戒，盖此原非君相所应从事者也。无闷道人、心禅居士，皆公从外孙。并识。

古之赏功者，云台绘像，青史标名。使后之人，仰望其英姿，千百载流传为盛典。斯所以报之者至矣。其事至大，可以喻小。秋虫食米半粒，宵迹一盆，养之使斗，无不竭力奋勇直前。号曰将军，良有以也。偶僧自幼乐此不疲，数十年来结栅之虫，殆以百计。今择其尤者，就其色相斗品，逐一表明，列为一册，曰功虫录。俾同好者览之，眉飞色舞，如见其气概精神。是亦绘像标名之遗意也。

光绪十年岁次甲申嘉平月

无闷道人秦偶僧识

题词

金缕曲

赫赫浑如在，把当时须眉剑戟，一齐都绘。想象凌烟高阁里，百战勋名无盖。诚不异风云际会，燕颔虎头瞻色相，问品题可许骊黄外。年年画，鸿沟界。　　旌旗变色登坛拜，逞英雄威棱远属，敌人颡龁。挂印封侯秋亦梦，食禄肯忘忠爱。具敌国长城气概，我愿差强君领取，保山如砺更河如带。披数叶，一樽酹。

心禅居士倚声

功虫录卷上目录

红牙淡青　十三年甲戌出昭文　大六厘

大黑黄　光绪元年乙亥出长安　张小和尚　杭码九厘

老壳沙青　又出虞山丁仲伟送　八厘

白青大头　又出长安李介福　八厘

金背白　又出李介福　六厘

小天蓝青　二年丙子出虞山王庄　鲍春和　仅三厘

红牙重青　又春和出　亦三厘

尖翅老壳青　三年丁丑出昭文　崔金泉　大七厘

左搭白牙青　又出虞山大河许景仁　大七厘

稻叶白青　四年戊寅出本土沈兰溪来　九厘

白额头　五年己卯出长安周星奎　杭码八厘

天蓝青　六年庚辰出长安　八厘

铁色红牙青　又出范巷范景山　八厘

白牙重青　又出赵锡堂　八厘

白牙青　又出杜卓异　大八厘

稻叶白青　又出王小毛　六厘

白牙黑紫　又出张三喜　七厘

红牙白　又出南塘陈长春　大八厘

红牙白青　又出小张三　七厘

功虫录卷上

锡山无闷道人述

金黄

此虫生相，前半方阔，腰粗尾尖，黄头黄项，蜡腿蜡肉，细金斗丝，麻路散布头上。红钳黑面，翅若涂金，鸣声啾啾，沙而带哑。开盆则两须搅扰，终日不定。厘码不过一百四十毫。中秋时曾与一小养户角斗，一时连胜四十余盆。内有饶大至五六十点者，均不多咬。致被借去，久假不归。闻其入栅，交口即胜。后因喂食疏忽，竟至跳去，未曾斗至结冬。此系童年所得，真数十年不一见之虫也。

真黑青

深圆头，乌金头皮，银丝贯顶，深青圆项，翅色纯紫，腰圆背满，肚腹微拖，鸣声洪大，六足粗壮而短。黑绒肉，光彩耀目，两尾纯黑，精长几半寸许。然光润无毛，不翅不敲，此虫的系土狗形。落口极重，力大于身，三秋无敌。

蜡腿黄大头

熟铜头皮，金丝斗路，头圆绽无脑搭。老铁皮项，宽阔而起毛丁，腰圆背厚，翅尖尾尖，细黄毛肉，六足如黄蜡捏成，粗长无比。鸣声尖而且老，有若铜皮糙米。白钳粗于米粒。启闭甚捷，杭码七厘之蛩。牙之长大，从未有过于此者。斗十数笼，不二夹。来虫弱者不过六足捧头。如遇名将，则一合钳，无不头开项裂。此虫喂以大米饭，能食

粒半，而腹不垂。至大雪后，口吐黑水数滴而僵。迹此知为老蝗所变。

紫白尖翅

大头阔项，生体方幅，翅尖直包子门。淡紫头皮，细白斗丝透顶。淡青项，两翅作豆腐皮色。而声若洪钟，白脚白肉，通体素色。净白长牙，中秋破口，不知合钳。数遇大敌，每受数百口无还夹。至落汤后，只交口即胜，马前无一合之将矣。最异者于盆中视之，色极浅淡。一入栅笼，汤光浓重，色若乌金，人不知为淡色。是可贵也。

淡青尖翅

深头长项，生相平平。腰背不甚丰满，两翅尖长，色如稻叶，微带黄光，淡金斗丝，白牙扁阔，如成衣剪刀式。善斗能盘，落汤收夹。鸣时竖翅不落，初翅沙声，以为尖圆翅无足异。后乃愈叫愈急，咮咮然一气不断，竟似草虫嘶声，绝不类蟋蟀鸣者。其声真乃得未曾有也。

红牙重青

蝴蝶头，即三角头。两眼高耸，星门突出，生相长方。深青圆项，乌金头皮，细白斗丝，项毛浓厚，眼大逾恒。面长而黑，马门尖小。紫红钳，如苏木色，细而尖长。腰背浑厚，乌金翅带尖样，鸣声丁丁然，细黑绒肉，六足不长而粗壮。两须一作竹节式，

至深汤节节花白，与桑牛无二。斗不行夹，是真异虫。

淡紫黄

深头圆项，生体长方。翅尖如蜂翼，淡金麻路，宝石红牙，肉身白而干老。秋初出土，颇类白青。项色半青半白，并少沙毛。中秋后，头皮忽变蜜蜡色，翅色明亮如淡金，腿脚晶莹如白玉。其项半化为金，半起烂斑朱砂点。周身光彩，如宝如珠。色则似淡黄，似浅紫，似蜜。背似白黄，光华闪烁，不可评定。以示养蛩惯家，无有能定其色者。性颇不驯，其走如驶，见亮则奔驰不定。且要沿盆数次，然从未见其跳跃。凡斗数十栅无敌，因以淡紫黄目之。

侯字青大头

起顶大头，青金头皮，银丝透顶，深青阔项，沙晕重重。老象钳，如竹钉式。腰圆尾尖，六足长大，青金翅，底色浓厚，外罩蓝光。早秋出土，身长径寸，相只平平。且翅带黄光，头皮呆木，斗丝糙白，非紫非黄，颇嫌浑色。交霜降后，肉身藏紧，竟成大头尖稍。头皮斗丝悉化，与谱所称真青，色相俱合。早秋拖肚时，已属无敌。后只交牙即胜，真难能可贵之品也。

炼钳稻叶青

生体短厚，头项肉身，圆如滚木。正青头皮，淡金斗路，薄青项，老姜片钳，长而扁薄。短翅如苗叶色，六足白而细短，盆内游行，摇摇如不胜力。马门梗硬，出土即炼牙。炼罢须一时许，然遇斗则闭钳甚捷，任凭敌虫跳跃，牢不轻放，口门一似有关键者。凡斗二十余栅不少异。此虫生相极属平常，行口却独老辣，数十年内殆无其俦。然炼牙之虫，终属不取。虽才貌极佳，千百中

不能获一。养蛩家勿为所误也。

金丝黄大头

大头宽项，琥珀头皮，金丝透顶，深青项，黑面红钳，翅如元缎，腰圆尾尖，六足明净，白肉白尾。早秋出土，即已精彩夺目，色光如宝石明珠。油毛沙血，字字俱足。此虫矫健异常，入栅一闻蜇叫，即遍栅飞腾，爪着栅底，渐渐有声。其牙长大多锯齿，遇敌甫交牙，每掷出数寸，即已败走。若经合钳，殆无不腰断腹裂，从未有与对夹者。落汤后头红如樱珠，浑身作蜜蜡色，翅亦化为赤金，此系真正黄虫，实养蛩家所罕见。犹忆此虫鸣声震耳，在汤桶中偶一鼓翅，即声闻堂屋。亦一异也。

乌牙淡黄

前身阔厚，方头方项，白肉白脚，淡黄头皮，金丝麻路，老桃皮项，上起毛丁，黑面，阔板黑红牙，仅开一线，肉身坚结，两尾尖长，似系骨多肉少，淡金翅，笼形极大。敌虫交口即走。此虫的系淡黄，然已三秋无敌。谱云冬虫，未尽然也。

沙黄

阔圆高厚，龟背虾腰，老青项，熟铜头皮，虎黄斗丝，麻路俱作金色。糙金翅，声如破锣，红牙上起黑斑，腿脚苍狸，黄肉黄尾，浑身如蒙黄雾。色光转似不足，实则为沙所掩。每一合钳，敌虫立毙。此系异虫，铃不常见。必呼雌二三日始一贴雌，一柄两铃，形同并蒂花果。是谓双铃将军。

干青大头

半身头项，生体阔厚。翅短而尖，头色浓厚，细白斗丝，黑砂项，干丁肉。长面方腮，老红钳，隐隐有白纹坟起。两腿似嫌

微短，而小脚长逾诸虫。细审之亦若有骨无肉，遇斗交肩即胜，不待合钳。秋分破口，至寒露底才廿余天，已胜十八九栅。惟斗后不食，每每立水池中。初交霜降，即已老毙。盖早秋将军也。

真黄尖翅

小四字头，方项，腰阔背平，翅如金箔，鸣声极松，金黄斗丝，旁多麻路，头皮项色，肉身腿脚，一例俱黄，红牙紫脸。此虫出身极嫩。于处暑初出土，翅不能鸣，周身毫无颜色，以厘码较大养之。霜降节后，忽变成黄蚤，斗性最烈。牙不多张，交锋不过一二撮，敌虫无不却走。凡三到苏城，无有对手。斗至结冬，鸣声犹松而不急。直养至正月，时已逢春，一日偶以芡拨之，始苏苏然作棉夹砂声。是盖有前生者，究不知是何变虫也。

铁皮项黄大头

圆珠大头，星门充足，乌金头皮，麻黄斗丝，麻路多而不显，极似暗麻头。铁皮项，上起黑沙，黑面焦红钳，根阔而头锐。六足长大，乌金尖翅，肉隐金光，干丁黑肉。早秋喂食过多，以致腰身僵硬，受芡不灵。曹平称至二百二十毫。至落汤后，每日出粪十余粒，数日后落轻四五十点。肚腹收足，独见头项，矫健如飞。是年南浔之状元旗号于苏城设立铜旗，其虫名曰飞公鸡。与之合对，仅一二勒钳即已扯断项背，浆水自翅中流出，其力量直不可思议。真蚤中之霸王也。

白肉青麻

圆杆生身，深头圆项，青金头皮，金丝斗线，麻路岔出，绊满头根。黑面宝石红牙，腰背浑厚，肉身纯细，六足圆长，浑身

若虾青色。斗廿余栅无敌。

小白牙青

青金头皮，斗丝细白，麻路分清，薄青项，黑面白牙，平头平项，而腰背高厚。肉身绒细，六足晶莹，色如泉水澄清。另有一道蓝光笼罩。此虫秋分出土，寒露破口，斗十数栅不二夹，厘码不过一百三十点。深汤中于苏州遇一名将，号为无敌。自一点钟开斗，直咬至四点余钟。一路分清勒钳，并无造桥，结球滚夹。栅中转战百余遍，足有数千余口，为从来所未见。初则敌虫鼓翅飞腾，骤如风雨。既乃气力不加，鸣声渐渐低小，行走不动，六足俱瘫，如人之脱力者。而此虫矫健如常，牙门随启随闭，周身无丝毫伤损。且养至来春，其寿独长，谱称不异而异，谓之神品。此虫是矣。

大项重青

阔生大头，项尤宽阔，俗称项套头，乌金头皮，金丝银额，黑面老红钳，牙门极紧，腰背阔厚，迥异寻常。黑绒肉，两尾光润而轻细，腿脚圆长多黑斑，笼形极大。虽遇名将不二夹。落汤后数日不斗，即自将腿脚咬去，六足仅存半截。一着芡草，犹鼓翅如飞。盖毒虫也。

白青尖翅

生相极阔，半身头项，浅红头皮，白斗丝，微带扁样。黑面老白钳，净而无黑爪。淡青毛项，干丁白肉，翅薄皱而尖，鸣声啾啾。色浅碧如竹叶，腿脚白而粗壮。三秋决胜，从无二夹。是盖五色俱足者，真淡色中之异品也。

大腰青

圆头充星门，麻黄斗路，项筒宽阔，青

金翅，六足粗壮，腰背丰厚无比。白牙大而起棱，牙尖微带弯样。寒露后忽变宝石红。出土时身带白沙，似嫌嫩相。然头色明净，鸣声洪亮，迥异嫩虫。秋分破口，斗至结冬。历锡金常昭各乡镇及昆山上洋等处，无有敌对。汤桶中头色红如朱樱，遍体红沙。两尾纯紫，其背高厚，有若隆起，而结体仍然方幅。行动如蚕，头能顾及其尾。顾深汤中每每口吐清水，且常立水池中。饮水至饱，旋即吐去，顷刻间可称轻二三十点，可称异虫。是盖变蜻蜓之水虫所变。

方黄

紫铜头皮，老而薄亮。麻黄斗路，如累金丝。生体阔方，背仍圆满。淡红牙，上有白竖纹。紫绒项，圆而宽厚。四足明净，两腿多黑斑，糙金翅，肉带紫油色，尾极光阔长尖。寒露至结冬无敌。汤中头色益明，与琥珀无异。此直谓之老紫黄亦可。

朱项白

大方头，淡红头皮，扁白麻路，浅黑面。老白牙，极长大。朱砂项，上起黄斑。淡金翅，白肉白脚，生体长方而厚，翅带尖样。笼形极大，声若洪钟，竖翅不落，是浅色中极老之色。霜降至结冬无敌。

青麻头

相极高厚，方头方项，青金头皮，铁面，青毛项，银额金丝，麻路绊满头上。项毛丛丛，似可手撮。牙红如宝石，光彩射目。六足长大，须粗尾尖。初出土，周身毛白如纸，枯槁无神，头项均蒙白雾，斗丝浮板，牙亦不红，背凹尾翘，无一足取。以厘码较大养之，日尽米三粒。冬节后姑与落汤，适遇风信两昼夜。偶检及之，其斗丝悉化麻头，项变为青，翅变为黑，牙变为红，

惟背肉不足耳。以之出斗，竟不行夹。虽遇名将，交口辄胜之。冬至时犹健若早秋也。

白尖翅

大四字头，紫脸，烂斑项，头皮若老草色。满头白麻路，如柏叶样。腰粗尾尖，鸣声绵夹沙，咮咮然竖翅不落。老白牙，极浑长，有如枣核钉式。六足明净，肉身细结。初破口遇一名将，合钳即毙之。斗至结栅无敌。

方青大头

生相极阔，大方头，黑沙青项，头色如乌金，斗丝黄细，开光黑面，紫红钳。不长而阔，上隐隐有白纹。乌金翅，皱而贴肉。腰圆背满，肉老结起青斑，六足白而粗壮，鸣声丁丁，落口极重极快。三秋无敌。

乌背白青

深圆头，黑面，头色浅似白蛩，重青项，翅薄糯如点漆。两牙浑长，净白无黑爪，肉身细结，六足圆长。善斗兼能受口，愈冷愈健，深汤中之虎将也。

老紫黄

圆头圆项，头作熟铜色，金丝麻路，长薄白钳。项厚多沙，腰下极满，背若驼起。紫金翅，微短而带尖样。紫油肉，光彩如绒。六足不长，而脚力最健，两尾纯紫。数遇大敌，咬至数百口，精力倍加。闻其初出土，周身墨黑，并无麻路。斗后渐退出，如剥去一层衣壳。自白露至结冬，数十斗无敌。识者谓是隔年之蛩，可谓真异品矣。

铦字青大头

青头乌顶，金额银丝，黑面方白牙，似短实粗。深青毛项，腰身高厚，紫金翅，薄

皱无迹，鸣声尖急异常，细结黄毛肉，自腰勒尖至尾，六足白净。斗亦交口即胜，历苏常各码头无敌。

干青

生体阔圆，青金头皮，淡黄麻路，浅四字头，项极宽厚，蜜蜡牙钳，肉身细结而毛燥，两翅薄糯，鸣作丁丁声，六足粗短，立盆中能竟日不动，若老病者然。至一闻眊叫，则张牙鼓翅，不待芡草，势若飞腾，每斗敌虫必伤损。计斗十余栅。盖出栅以前，已在小儿手中数十斗矣。

黑黄尖翅

此长衣也，近俗概名尖翅。深圆头，头皮老如紫珀。麻黄斗丝，细直透顶。黑面淡红钳，上有白竖纹坟起。铁皮青项，腰背浑长，肚腹若炮竹式。尾尖而有肉，乌金翅，时露金光。尖长直罩尾际，绝无边骨硬角等病。鸣声苏苏，急而微哑，笼形极大，六足圆长。肉黑而绒，斗不二夹。后至闻其声者多至拆去，以故斗至结冬，仅八九栅耳。

红牙白黄

四字头，老草头色，麻黄斗路，方项毛燥而起青斑。黑面紫红钳，金翅黄毛肉，六足洁白，生体阔方。凡遇大敌，最能受口。与葛云甫会于苏城。斗数百口，须尾尽脱，精神倍加。胜后遂封盆。后晤云甫于上洋，云下锋仍斗至结冬，又胜数栅。则此虫亦可谓无敌矣。

重青大头

方头圆项，腰粗尾尖，色浓厚如黑青。而金丝麻路，细直分明。乌金头皮，黑沙青项，腹背高厚，肉身干老，浑身沙晕丛丛。翅尖而声急，黑斑红牙，启闭极快。犹记于

六七斗时，受一失夹，项皮崩裂，其间白肉如脂，干结无水出，当时还夹即胜。以为受伤深重，不可复斗。以草按之，使之合缝。而贴雌吃食，无异平时。旬日后复行出栅，从无二口，落汤亦无伤发之患。直至结冬无敌。

白牙青

头形怪异，额尖高耸，脑角窄削，两眼并生于面门，乌顶白斗丝，淡青毛项，竹钉白钳，腰背阔厚，蟹脐独大，尾尖而有肉，青金尖翅，色极澄清。是正青中之浅一色者。早秋破口，从不合钳。敌虫无强弱，不过一二勒钳即走，所谓轻夹重出。历苏松常各属，无有敌手。

金背长衬衣

相极阔厚，珊瑚头皮，斗丝扁白，深青项，黑面红钳，黄金翅，纯粹无黑迹。鸣声洪大，有类阔翅，其衬翅直盖至尾，洁白异常。肉身青黑，而极绒细。斗时猛健无对。及交小雪老毙，口吐黑水，僵立如生。是或蚱蜢所变欤。

值年五色

红头青背，斗丝类白蛋，锅底脸，眼下及两腮纯黑。阔板红牙，项筒宽厚，朱底青斑，翅色青翠，直与纺纱娘无二。腰阔背驼，六足晶莹，肉身结白，所向无前。是年为丁卯年，具此光彩，足称值年将军。其牛相亦不易得也。

白肉方青

方若骨牌，一身细肉，青头蓝项，金翅红牙，六足粗白如灯草。此虫称二百三十毫，一时匹码极少。破口遇一名将，只一合钳即胜。以厘码过重，仅斗两次，殊可惜也。

月白淡青

短阔圆厚，身如甘蔗一节。头圆而绽，淡青头皮，微露一二分白气。斗丝细白，黑面红牙，蓝青项，沙毛特重，肉身绒细，腰背丰隆，肚腹肉鳞几不可辨。青金翅，声急而尖，周身蓝光笼罩。六足明净，尾细如发。中秋斗至深汤无敌。

白肉淡紫

平头直项，腰背浑长，浅紫头皮，淡红斗丝，极其沉细。花青项，上起烂斑。翅色与芦花相似。鸣声雄厚，急如爆竹。紫红钳，根带白色，颇似两节钳。杭人谓之块子红钳，实则白钳黑斑，其钳最为坚老。肉身洁净，白腻如脂。此色本系冷虫，因其生相平平。早秋即行破口，斗至结冬。数遇名将，未有敌手。

黄大头

山笋生身，大头阔项，金丝贯顶，麻路散布如柏叶。铁皮项，上起烂斑，直如灰漆灰补，较油葫芦项皮还厚。长方面，牙色如小麦，式亦如之。干黑肉，两尾黑而轻细。糙金翅，鸣声极老。腿脚苍黄，爪花俱带红色。其性躁烈，一跃辄四五尺。犹记落盆月余，偶尔惊触，连跃数十步。及捧入盆，肚腹不拖，脚仍有力，一似未曾跳者。可谓力大于身。宜其三秋无敌也。

青大头

柜台生身，长方头，眼角特起。青金头皮，斗丝麻路俱白。淡红长钳，方项，沙晕极浓。腰身高厚，竖翅十分。是为侧生，亦系贵品，翅色绿如老树叶。六足浑长，矫健多力。

黑壳白青

阔方大头，厚青沙项，头皮如老草色。淡金斗丝，满头麻路，浑如八脑线。锅底黑面，焦黑红牙，粗于米粒。翅如元缎，而罩青光。鸣声躁老，腿脚圆长，干黑肉。笼形之大，一时无两。头形凶恶，状貌瑰奇，直如有骨无肉。周身沙晕纯黑，而斗丝头色，实系淡虫。此等色相，经所不载，是为黑壳白青。真赏鉴家得之，可不待出栅而知为无敌矣。

海棠白大头

深圆大头，脑盖如海棠花色。扁白斗丝，开光黑脸，尖长老白牙，朱砂项，底上盖青毛。腰圆尾尖，肉身纯细而带珠光。六足晶莹如玉，绝无斑点。金背白尾，鸣声洪亮，竖翅如篷。身分五色，数十年来此虫色相之佳，无有出其右者。亦如人品貌不凡，五官俱美，可决其出将入相，一生富贵无疑。惟厘码太重，仅斗数栅。行夹极文，交牙即胜，且认色时见其笼形精彩，每至拆去，都不敢斗。汉家旗帜，一见惊人。气概若此，真可谓出类拔萃矣。

干青大头

此虫系蜻蜓变。头项之大，为养蛩家所罕见。淡青头皮，糙白斗丝，似嫌粗笨。因其头面阔大，转若非此不宜。项皮宽阔，上糁白沙，腰粗尾尖，干丁白肉。偶一游行，头颈每脱出半米白肉如脂，涌出项外。长白钳，无黑爪，上隐隐有血点如斑，此等牙钳亦属罕睹。厘码重二百毫，前身居大半，肉身仅四分耳。故其力大，所向无前，交肩即胜。如遇名将，辄一口噙住，翘首前行，而敌虫并不能跳跃。比至放下，其虫已僵。宛如两将交锋，照面即生擒活捉。是即说传所称李存孝等类，其勇猛无可比方也。

黑沙青

大头阔项，生体方阔，浑身黑沙。细金斗丝，黑红钳，长大而多锯刺。乌金翅，色光闪闪，有老绿色。其翅一长一短，鸣声似小而实急，肉身纯黑，绒细异常。独两尾粗肥可厌，腿脚并不穷细，而脚力全无。厘码重二百余毫，而苶情疲软，殊觉少力。凡遇敌虫冲夹，每倒退一二寸。及进中门，则不待合钳，无不却走。时届一夜风信，其尾忽变细长，青黄白黑，节节花点。细审之，直褪去一层皮壳。后询之捉手，云于洞内曾见蜈蚣壳。或系蜈蚣所变欤。

黑沙尖翅

小四字头，眼如双丫髻，插于脑角。银额金丝，长黑红牙，细才如铁线。倒装项，沙晕重重。腰背丰满，肉身绒细。浑身蒙满黑沙，光彩转为所掩。翅皱而薄，味味然一片沙声。尾际高厚有肉，翅尖直包子门。六足粗壮，生身最为结足。斗无二夹，名震三秋。此虫出身于凉棚破竹中捕得，是铁嘴胡蜂变无疑。

青项绿肉紫

长头起眼角，色如琥珀。细红斗丝，隐沉不显。铁皮项，上起青毛。黑面白牙，生体长方而侧厚。细青肉，肚腹绒毛，纯染绿色。六足圆劲，翅黑而浓。其色较老黑紫稍淡，比茄皮色不同，另具一道光华精彩。早秋破口，直至结冬，约斗三十笼。所遇名将，不知凡几。只似夹非夹，即已败走，从无咬至四五口者，人称软口为第一。此与顾秋峤之白牙青，张和尚之黑黄，丁仲纬之沙青，均未见其用力。此等行夹，真是无上上品。

真黑色白牙

头圆如珠，黑逾点漆。细金斗丝，白牙如笋桩式。黑绒项，宽阔而深。蟹脐方满，腰背丰隆，六足圆壮，翅若乌金。鸣声尖急，干黑肉，似粗而实老。处暑节前即已出土，然苍劲绝伦，毫无嫩相。识者谓是隔年之蛰。按其颜色非黄非紫非青，是为真黑。凡斗十五栅，猜放十四次。历苏常江阴常熟各乡镇，从未行夹至第十五栅约会于陆家桥，各帮精锐俱集。遇一三秋名将，始一合钳。栅笼震动，人以为异。自庚申乱后二十年，此虫猜放最大，得彩最多，是为功虫第一。后以深汤中花不满千，彩不满百，遂封将军。冬至时犹健若早秋也。

银牙白脚紫

此紫青也。大方头，阔青项，生体方幅，六足特长，白如灯草，头皮微紫，细白斗丝，光而沉隐，迥异青虫。白牙粗长如米，壳老声洪，白肉白尾，翅色较虾青稍浅，力大逾恒，笼形莫占，实系闲色之虫。杭人独美其名曰银牙白脚紫。

黄壳方青

四字头，阔青项，淡金斗丝，乌顶，短红牙，生体方阔，腿脚不长而壮，如人五短身材，并非出奇品格。虽遍体黄光，而斗路头皮，毫无间色。性最猛烈，出栅数斗，失去抱头爪半截。后为友人借去，至落汤又失一腰脚。其人好斗，仍以当场。姑苏会斗，与嘉兴葛云甫合对，咬十余口即扯去一腿，再百余口又去一脚，仅存一腿一足半，犹死斗不休。一任抛掷，终不落翅。时被仰侧，犹能合钳，恶咬至一时之久。敌虫已力竭口糊，不复能斗。古称勇士出战，不死带伤，犹以为幸。此虫仿佛似之，其性之猛烈，盖数十年所未有也。

红牙青

圆头圆项，状貌阔圆，而腰背至尾，又如杆子形式。乌金头皮，光明如镜。黑面红钳，金丝麻路，厚青项，翅纯糯如元缎，周身精彩，耀目增光。其精神之充足，宝光直自盆内涌出。肉身细结，腿脚浑长，行口极文。秋分至交冬，斗十数栅不行夹。至深汤遇一名将，腾掷持击，飞斗数百口，胜后仍不二夹。

红牙重青

深头宽项，生相方幅。头色浓重，项糁黑沙，金色斗丝，细直透顶。阔板红牙，黑绒肉，腿脚苍老多黑斑，行夹极重。数栅后时当霜降，忽尔不吃食，不贴雌，两须拳卷，肚腹无肉，已属干老。落汤喂以粥糜，颜色顿明，肉身转足，须之拳者自行咬去。试以荠草，矫健如飞。复行出栅，竟不二夹。按其致病之由，或因早秋断缺水食所致。然至深汤犹能反衰为壮，转弱为强，亦异品也。

蓝青大头

头形圆绽，项极宽深，腰背以下，肉止一条，勒尖至尾，即谱所谓海蛳形。此虫出处似欠干燥，虽属重青，色光不足。乌金头，糙白斗丝，亦无光彩。黑青项，间有白毛。衣壳肉身，色浑而滞。早秋怯亮，性爱奔驰。后身亦嫌单薄。中秋破口，只一交牙。连斗两笼，均不行夹。霜降节后精神焕发，遍体蓝光，项上白毛尽褪，铺满粒粒青沙，宝光肉❶烁，时有青狮子之目。斗二十余笼，前无坚敌。深汤至上洋，人见其光彩笼形，即行拆去，占彩场中，望风辟易。此虫系盆中褪出天蓝青，若于早秋求之，转恐失之当面矣。

红牙淡青

生体短厚，项宽背满，有若橄榄形。头不大而圆足，青金头皮，淡黄麻路，紫面红钳，长注盆底。青毛项，自腰至尾，肉极丰满。翅薄而尖，身带浅碧色。虽笼形差小，然力大于身，犹人之具内壮者。亦自早秋至结冬无敌。

大黑黄

高方阔厚，四字兼全，且系半身头项，翅尖直裹至子门，初看极类齐臀。较之尖圆翅尤阔。头皮老厚，斗丝浑而不显。脑角高起，阔面方腮，铁皮大项。方白牙，不长而短，实则粗厚之极。苂步稳重，张牙时两腮有宝光射目，衣壳颇厚，黑木无光。肉色苍劲，肚腹卷紧黄毛。六足高大，据立盆中，终日不动。鸣时如敲铜板，声尤结实。养至寒露，头皮褪薄，斗丝悉化蓬头，有如累丝金线。周身精彩，翅现金光，两尾尖长，细如黄发。每斗非但不合钳，并无勒夹，只迎头一凑，而敌虫已绝苂。负者或称过性，或云汤洋，数斗无异。此系真正黑黄，数十年来仅一见耳。

老壳沙青

方头，竹管项，头角特起。姜黄斗丝，黄脑角极显，似属忌款。紫红花牙，短薄若糠片样。马门黑小，牙不多张，仅开一线。糙金翅，中秋即起沙声。腿脚细长，青黑肉，肚腹拖出四五鳞，状貌最为丑劣。早秋称至二百十余毫，实只杭码八厘。每斗恒饶码三十余点，比较笼形，仅六七折，然从未行夹。是年蓄一长脚青，猜放数栅，所向无前。曾与合对，交口仅被一刮，即跃出僵毙，比苏六足俱瘫，不能行动。养至半月，不复开牙，后至深汤，仲纬持以相赠。其时肉已收拍，颇似爆头紧项，腰背圆足，周身

清秦子惠撰功虫录二卷

沙晕，两尾微翘。于上洋两斗，亦只一撮，敌虫立即昏晕，不知是何变虫。最可笑者，乡人以秋虫十头，上城售卖，三日间卖去九头，独剩此虫，并无人要，竟至白送与人。仲纬因见其连斗十余虫，以二百文购得。于以慨真鉴之难，益叹千里马常有，伯乐不常有也。此虫与黑黄俱养至来年三月中，须尾爪花，俱无伤损，惟叫音则苏苏然，不类秋虫矣。

白青大头

大头宽项，形如山笋，而背稍平。淡红头皮，金额白斗路，黑面焦红钳，青毛项，翅黑如点漆。背肉似嫌不足，而鸣声雄厚，竖翅不停。六足净白，两尾尖长。此虫具第一等品貌，而夹口转在二三等间。以其受口能盘，卒能斗至结栅。故志之。

金背白

此与丁卯年之金背长衬衣，头色斗丝，周身颜色，俱极相似。惟生体阔而不厚，鸣声松而无力，则远逊之。咸丰间曾得一黄尖翅，金背而声极松。结栅后养至逢春，其声始变。此虫亦然。霜降前独不知斗，赢两三栅，夹口平平。插汤后落口渐重，及交小雪，只一勒钳，敌虫立毙，数栅皆然。此种必系毒虫，但不能识其来历耳。

小天蓝青

出角大头，黑蓝项，正青头皮，乌顶，银丝斗路，竹钉白牙，根粗而头锐。前身阔厚，肚腹瘪而少肉。乌金翅，底色深沉。外罩玻璃光，绝似蔚蓝天色。此真谱所谓雨过天青。鸣声丁丁，六足净白，厘码仅一百二十余毫。能食全米，自秋至冬，未曾退食。故虽瘪肉，其寿特长。凡斗十数笼，从未行夹。只一交牙，敌虫必滚至栅底，如

人之酒醉，立脚不定者。辨色像形，是蜻蜓变。

红牙重青

圆头圆项，生相四平。黑壳白肉，周身饱满。深黑头皮，金丝斗线，淡红牙，上有白竖纹坟起。青项乌背，六足浑长。此虫与天蓝青同出一家，厘码亦相配合。时而夹单，时而多咬，亦斗十数栅，足称了虫。然较天蓝青之才貌斗品，则大相悬殊矣。

尖翅老壳青

长头充星门，深圆项，腰背浑长，尾际尖于纸撵。乌金头皮，金丝麻路，铁皮项，上起毛丁。翅尖若土蜂，作老榾叶色。鸣声与括铜皮无异。黑面焦红牙，身比碌碡，结实无比。六足长壮，芡步极重极灵。每斗交牙，敌虫即掷至背后。斗十数栅无少异，如名将冲锋，全无照面。真了虫也。

左搭白牙青

深圆头，鼓墩项，宽厚包头，腰阔背驼，直似地鳖虫生相。青金头色，乌顶白斗丝，糯米白牙，钳门极紧。翅带老绿色，天然左搭。鸣声雄壮，肉细尾尖，脚力最大，交口即胜。斗十数栅，仅两合钳。一则头项裂开，一则腰身扯断。猛烈如此，欲遇对夹之虫，诚哉难矣。

稻叶白青

白头青项，扁白斗丝，头圆项厚，腰阔背驼，黑面老白牙，腿脚圆长，肉身干结，翅色浅碧如苗叶，而壳老声洪。此系大四平相。自头至尾，美满无嫌。早秋肚腹拖出四五鳞，厘码重至二百三十余点。落汤收拍，阔圆高厚，仅称杭码九厘。宜其所向无敌矣。

白额头

山笋生身，头圆项阔，腰粗尾尖，老白头皮，乌顶黑面，额前有白点突出，晶莹似玉。扁白斗丝，短仅半节，却极分清。青毛项，淡金翅。黑斑红牙，牙尖有巨刺如蜈蚣钳式。六白脚，一身细肉，两尾尖长，细才如发。落汤破口，斗五六栅，俱系轻夹重出。时至冬至，遂封将军。诚可惜也。

天蓝青

深圆头，黑青项，乌金头皮，细金斗路，项背高厚，远过他虫。黑绒肉，竹钉白钳，翅色如点漆，却有玻璃白光笼罩。竖翅不落，声若铜钟。遍体蓝光，如秋夜雨过，天色沉沉，一道黑蓝光彩，非可以言语形容。交牙即胜，此即谓之天蓝青，可无疑也。

铁色红牙青

大头阔项，腰背丰满，淡金麻路，阔板红钳，肉老而绒细，尾糯而尖长。头色光明，项皮老厚，铺满青砂。色光浓厚，在重青正青之间，非寻常黑色青可比。钳门之紧，亦属异相。初受草张牙颇迟，似极费力，必三数草始能张足。然闭钳极快，故其合钳之重，十倍他虫。犹记在上洋与嘉兴帮合对，仅一勒钳，而敌虫已项背分裂，浆水出自翅中，其力量真不可测度。秋初出土，便极苍老。落汤后食量倍增，而笼形最大，每斗必让毫码。嘉兴、嘉善、平湖及浦东各旗号，望风披靡。真了虫也。

白牙重青

深头阔项，眼角极起。乌金头皮，细白斗丝透顶。生体极短极厚，肉身绒细，腿脚浑长。翅黑如乌缎，鸣声洪亮，竖翅如篷。老白牙，长尖无黑爪，合钳最捷，力大于身。屡次饶码，未曾对夹。冬至日，斗吟

秀旗号之坐舱。时滴水成冻，两将独健若早秋。只一合钳，敌虫已落盆无芙。一时从壁上观者，无不交口赞扬，称为杭虫中极品。

白牙青

大圆头，深圆项，项皮肿厚，生体阔圆。腰粗背满，正青头皮，斗丝细白贯顶，白牙长大而有宝光。肉色苍老，仍极绒细。此虫出土似苗叶青，中秋为正青，落汤后亦带黑青色。合钳重不可当，养蛩家见之，均称为无敌大将。

稻叶白青

浅白头皮，深青项，满头斗丝，细直而多麻路。黑面红钳，宝光闪烁。腰圆背厚，翅作淡碧色，遍体绒细。两尾尖长，相不甚大。而笼形高厚，无出其右。轻口重出，屡逢名将，不多咬斗。苏松嘉湖各帮，无有对手。

白牙黑紫

头项圆整，生体浑长，黑色白牙，斗丝微白。出土颇似重青。两翅尖长，鸣声圆急。落汤后翅上忽变紫红色，斗丝细若红缨。于日中照之，其底色竟如黑化红之汉玉。愈冷愈健，能夹能盘，所谓茄皮紫者是也。

红牙白

头如海棠花色，扁白斗丝，黑面干红钳。四字长头，桃皮项，沙毛丛丛。色尤苍老，生体高厚。淡金翅，鸣声洪大。肉身绒细，六足明净如玉，是谓白蛩正色。惜破口极迟。所遇皆名将，然交口即胜。盖虫能得五色中之正色，毫无间杂浑浠，已可决为无敌矣。

红牙白青

圆头起眼角，头色浅淡如老草色。斗丝细直，麻路分清，深青毛项，黑面红钳。腰背圆满，勒尖至尾。青金翅，六足长而明净。霜降破口，斗至结冬，亦称无敌。

心禅居士手校　功虫录卷上
壬辰七月庚子阳湖鲁之愚守朴印完

功虫录卷下目录

左侧竖排：

清秦子惠撰功虫录二卷

令贰

黑壳淡青　又出昭文顾四四来　七厘

淡白青麻　又出杭州将台郭文秀子郭春来　七厘

红牙白　又出长安周富生来　六厘

老紫黄　又出长安　四厘

乌背红牙青　又出昭文　六厘

青项黄麻　又出马伯大来　六厘

老黑紫　又出昭文克仁字号来　杭码五厘

大牙油青　又出杭州　四厘

小稻叶青　又出木城东门　二厘

壬辰七月丁未印完

功虫录卷下

锡山无闷道人述

黑面白青

深圆头，重青项，海棠花头皮，斗丝细白贯顶。锅底黑面，宝石红钳，光彩夺目。绒细肉，浅碧翅，颇似苗叶青。此系青多白少之蛩，善斗耐冷。深汤健若早秋，几斗十余栅。冬至时犹食全饭不退，亦难能可贵也。

白牙淡青

深圆大头，老青毛项，青金头皮，淡金斗路，黑面，老白钳，腰背浑厚，肉鳞绒细，两尾尖长，纯作紫色。淡青金翅，如泉水澄清，鸣声震耳。曾饶大十毫不行夹，亦深秋出色之蛩也。

白牙方青

起顶大头，方青项，青金头皮，细白斗路，生相方幅。壳薄声洪，白牙粗壮如笋椿样，色轻情类苗叶。性最躁烈，开盆每驰骤跳跃，不可逼视。然一着茮，则鼓翅飞鸣。不复怯亮，是真浅色中极苍老之虫。曾于常熟遇一名将，已斗十余栅，不行夹。与之合对，合钳即胜之。斗后僵立不食，半日即毙。下锋盖毒虫也。

乌青

此沙青也，四字长头，黑青项，淡金斗丝，黑面，竹钉白牙，乌金尖翅，背厚尾勾。早秋颇带蓝光，至霜降后光彩忽敛，大似干象。落汤亦无汤光，而吃食贴雌，并无老态，遍体蒙茸如沙如雾，遇斗则遍栅飞腾，从不多咬，较之汤前尤为猛健。轻忽视之，失其真矣。

紫金背

乌头，青项白背，红钳，生体浑长。早秋以为乌头银翅。惟蛩性粳劣，受茮无情。养至深秋，头色纯紫，斗线俱红，翅变赤金色，肉身干结，腰圆尾勾，盆情熟糯，茮步极灵。每斗辄小口出局。金翅且系紫色，似属早虫。当其未变之前，若以之出斗，鲜有不败。可见驾驭之难。

老壳重青

深头圆项，腰背浑厚，乌金头，金丝麻路。铁皮项，宽阔多沙。黑油肉，似粗实老。糙米长钳，头皮衣壳，光彩浓厚。六足圆长，合钳轻快。此虫未出栅时，已在人手中盆斗数十次。直至深汤，并无老意。真三秋常胜之将也。

脆项重青

小四字头，方项，重青头皮，淡金斗路，黑面，长红钳，腰背阔厚，肉细尾尖。秋初出土，纯乎黑色，后褪重青。曾受大麦气触，诸虫一时瘫毙，此虫独瘫而后苏。出栅逢凶，受一重口，其项裂去一条，翅根俱见，颜色鲜红，项内似另有一层皮壳，合钳颇重，兼能受口，惟曾受麦触，脚力稍软耳，项至爆裂，并无水出。是真变虫。

老白青

圆头，圆项，腰背阔厚。肚腹多毛，肉鳞黎黑，状类蝼蛄。淡黄头皮，斗丝微白，黑面白钳，烂斑项，厚而起黄毛。淡青金翅，鸣声独松而少力。六足粗壮，两尾纯紫。几斗十数栅无敌。此虫于处暑前出土即极苍老，腿脚微黄，浑身滑色。收养月余，项上渐起毛丁，并不见为光滑油毛砂血，色色俱全。其为秋褪伏褪，均不得而知。即谓为隔年之蛩也可。

油黄

出土颇似乌背青。蓝青项，乌金头皮，惟蓬头金斗丝类黄虫耳。生体高厚，黑面长红钳。养仅半月，遍体发油，腿脚肉身，俱如蜜蜡。斗丝头色悉化，沙毛尽卸，早起沙声。日日斗之，未逢敌对。甫交霜降，即僵立盆中，盖早秋将军也。

红牙方青

半身头，项前方后方，短阔高厚，状貌奇异。乌金头皮，淡金斗路，微觉粗浮。长方黑面，阔板红钳，皮壳苍老，鸣声颇似阔翅。肉轻而绒，脚圆而壮。行夹最重，交口即合钳，敌虫无不绝芡。三秋无敌。此锤锐之将也。

白青麻

白蜡麻头，蓝青项，糙白斗丝，麻路如丝瓜络，布满头上。黑面红钳，平头直项。腰背阔圆，尾尖而有肉，仿佛合船形。白肉白脚，颜色极足，毫无娇艳嫩光。因厘码太轻，不甚爱惜。早秋即以出斗，直至结冬，约斗二十栅，所向无前。可见五色诸虫，无论何时出土，但得肉身干结，皮壳苍老。虽

欠喂养工夫，已是胜人一等。谁云淡虫不可以早斗也。

黑蓝尖翅

深头起眼角，光明如漆，细金斗丝，蓝青项，黑面，老白牙，腰阔背驼，尾尖有肉，乌金尖翅，精彩如蓝宝。而底色尤浓，鸣声特异，响逾一切。入栅鼓翅聒叫无间，盖由天光足透，土气兼全。其力裕，其声洪，为历年所仅见。六足明净，肉似黑绒，而肚腹白如敷粉，其行口极似元年之大黑黄。从未合钳，亦无勒夹。交锋只一凑，来虫已绝芡，真无上上品也。斗至霜降，在舟中喂养。偶尔跳跃，钻入夹舱，搜寻慌乱，竟至压毙。为之闷闷者累日，至今惜之。

方青大头

头项方阔，淡青头皮，斗丝微白，腰背宽厚，遍体黄光。出身最早，秋虫上市，已先出土旬余。肉色苍狸，六足粗壮，早秋即系光滑，项毛似属钻光。养至月余，色光渐变，沙毛俱足，体亦结方。褪尽黄光，翅色与虾青无异。落汤即起沙声，淡红牙，长而且厚。自破口至结冬，未有与对咬者，可称三秋将军。

红牙干青

细糯结实，肉身如米粉团成。头足而圆，项深而厚。金丝透顶，翅色澄清，若蓝玻璃笼罩。干红牙，只开一线。六足随身，两须微短。每日开盆，从未见其行走。喂食须送至嘴边，偶尔移动，亦不出方寸。一入栅笼，则鼓翅飞腾，其走如驶。数遇大敌，其最著名者横山桥之六翼尖翅，直咬数百口，酣斗至一时许，敌虫几毙，而精神倍加。又有荡口黑大头，亦

曾飞斗百口，激去一抱头脚。下锋犹且斗至结冬，迄今多啧啧称道之者。

白牙青

此与许景仁之左搭白牙青，头皮斗线，翅色肉身，宛然无二。惟一则阔圆驼背，一则杆子生身，才貌稍逊耳。此虫亦系糯米白钳。早秋养于闷筒，咬啮败絮，致损牙关。左首一牙，坐而不动。亦已置之无用。至霜降时，偶试一斗，右牙甫闭，敌虫已跳跃不止。落口之重，迥异寻常。试以出斗，累栅皆然，足称无敌。如使两牙并用，即较之左翅白牙青，其勇猛岂肯多让哉。

老黑紫黄

方头阔项，短厚生身，开光黑面，钳大逾恒。两眼起而且前，当面视之，迥殊一切。状貌奇特，黑漆头皮，金黄斗线，铁皮项，翅色浓重而露金光。紫油肉，绒毛扇紧，不辨肉鳞。六足圆长，两尾黑而细润，周身宝光闪闪。于日中照之，第觉其精彩深沉，非只一色。比以他虫，殆无不精神淡薄矣。尤可怪者，早秋未剔雌时，竟将磨缸瓦盆，啮成一孔，深可分余，长且二三分许。其牙钳之硬，直与金石同坚。每斗一处，人皆争避，转栅极难。以故游历苏常两月余，仅斗八九栅。咬盆成孔，亦养蛩家所罕见也。

金青麻头

头项宽大，生体阔圆，勒尖至尾，蜜蜡头皮，黑面干红钳，斗丝细直而多麻路。黑青项，淡金翅，遍体金光。鸣声尖急，腿脚明净，肉细尾轻。汤前十余斗，夹口平平，不甚出色。至交小雪，愈冷愈健，至逢凶不行夹。此种谱称金青，真间色中之贵品也。

白牙重青

大头，宽项，高厚阔方，相属上品。乌金头皮，糙白斗丝，黑青项，方白牙，肉身细洁，腿脚浑长，惟底色不甚浓厚。于日中照之，则不能掩其嫩相。黑色之虫，愈浓愈贵。出土时惟项生白毛者，多不中用，以其非潮即嫩也。此虫出土稍嫩，故其黑色浮而不沉，底色浅而不厚。只以状貌雄俊，已能占彩当场，实非上等名将也。

红牙青尖翅

四字长头，深圆项，腰宽背满，肉细尾尖，糙白斗丝，黑青尖翅，淡红牙，粗圆而头锐。其色较重青为淡，比正青则深。盖因土色不足，以致色光浅薄，间有嫩光。然其生相则为尖翅中所最贵，故数遇名将，均非对手。长❹至后有阳羡人来会斗，来虫系二十余斗之上将，只一二口胜之。此蛩当是变虫，若第执其色而论，决为皮相家所摈弃。是其力量精神，当又在牝牡骊黄之外矣。

干青

圆头圆项，生体阔圆，青金头皮，淡金麻路，项不甚青，毛少而极苍老，谱所谓项上起毛丁者是也。干红钳，不长大而牙门极紧。周身毛燥，肉细而润，色较苗叶青稍老。正如寒露中稻叶将黄未黄之际，另具一种轻倩苍老之色。背厚腰圆，两尾尖细。性最猛烈，早秋腾跃跳掷，受口能盘。落汤后则交口即胜，更不二口。自白露至冬至。斗二十余栅，真三秋将军也。

蓝项白青

海棠头皮，头形圆绽，蓝青项，深而且厚。浅金斗丝，细直贯顶。麻路不甚显，而隐隐作麻头形。全黑长脸，阔板老红钳，明而有光彩。青金翅，鸣声尖急。六足明净，

合贰
清秦子惠撰功虫录二卷

肉细尾尖。霜降后破口，斗不及十栅，从未合钳。虽遇名将，只以轻口取胜，亦从不多咬。深汤益健，人多避之。是其力量未有底也。

黑沙青

头圆而足，项阔而深，乌金头，铁皮项，生身高厚，腰背丰隆，金丝贯顶，绝少麻路。浑身漆黑，沙晕丛丛。翅厚而尖，鸣声洪亮，老象钳，粗于米粒，肉身绒细，腿脚烂斑，两尾尖长而微紫。性最怯亮，开盆则奔驰不定，入栅亦然。以故斗品极武，脚力稍浮。然一合钳，敌虫无不头开项裂，至有跳毙者。此虫深汤中食量如早秋，喂以全米粒半可立尽。肚腹微拖，而笼形极大，亦不可解之理也。

白青大头

浅海棠头皮，黑脸，方头阔项，黑门突出，项色纯青，圆长白牙，净无黑爪，淡青金翅，声若金钟。此蛮前半方阔，后身稍削，直若有骨无肉。六足长大，周身绒细。色则七青三白，细审之竟是淡白青。笼形之大，倍于他虫。状类蜻蜓，力最勇猛。实为数年不一见之虫，品貌瑰奇。自早秋收得以至深秋，未曾出斗，而声名已属远播。及至效力，当场甫经亮布，辄被拆去。以故仅斗一二栅耳。于以知具大本领者，早得盛名。亦非所宜也。

乌背青

浅淡头皮，金丝麻路，头项充足，生体阔圆，而尾仍尖样。青项乌背，黑脸红钳，鸣声坚急，肉情绒细，此虫出土时稍稍炼钳。斗后则有时炼，有时不炼。所谓硬马门也，性烈，尤能受口。落汤后曾遇一名将，初则腾掷对拔夹，继则嚼钳结球，直咬至千

余口。彼此均已重伤，卒能以小口取胜，使敌虫绝茇，亦可谓真了虫矣。

黑沙白青

头圆腮阔，黑脸红牙，项皮宽厚，腰背丰隆，四平饱满，翅绉无迹，自是头等品貌。白露中出土，系淡青头皮，花青项，淡青翅，米色斗丝，颇嫌嫩相。实则仅褪一二日耳。养至月余，色光尽变。霜降破口，所向无前。轻情之色，忽尔苍老。鸣声带哑，遍体铺沙，头色显系老白青，斗丝并化麻头式样。落汤后汤光浓重，均系黑沙笼罩。栅中直是黑色。及出栅视之，则依然淡虫也。亦可云异矣。

白牙淡青

杆子生身，圆头长项，腰背圆如炮仗，渐渐勒尖至尾。青金头，乌顶淡青项，通体如泉水澄清，微带苗叶色。六足圆长，白牙白肉，出土时最嫩。项尚带白毛，一身毫无底色。以其生体极圆，养之以为备员而已。至寒露节，底色渐灵动。惟拖肚至四五鳞，称之约重二百三十毫。试与破口，只一合钳，竟将敌虫牙根咬断。落汤后以次落轻，只称杭码八厘，斗则转无重夹。平平一二口，似咬非咬，而来虫已走。历苏松数属皆然，足称无敌。此实系变虫，惟难晓其前生耳。

小淡青大头

青金头皮，金丝麻路，头圆项阔，乌顶白牙。腰背不甚丰满，尾际尤尖削，状类海蛳形。肉身干细，腿脚浑长，周身光彩微带浅碧色，较苗叶青稍深。此种色光，颇多骁将。寒露破口，并不合钳。落汤后落夹极快极重，历各码头，前无坚敌。于小码中尤难得也。

金背白青

珊瑚头色，细白斗丝，蓝项金背，紫脸白牙，六足纯白，周身绝无草光，是为最上细种。惟相貌平等，出土时似嫌扁薄。养至落汤，腰背俱足，一经收拍，居然可观。虽无惊人之概，而栅中一道金光，迥殊一切。其翅薄皱，鸣声如锣，是真贵相。此色最迟。深汤愈健，勿以其金背而早斗也。行口轻快，并不多咬。惟破口太晚，斗仅四五栅耳。

乌青大头

半身头，项骨多肉少，方阔生身，翅厚而尖样。乌金头，铁皮项，细金斗丝，浑身墨黑，如蒙沙雾。干丁肉，六足斑狸而圆壮。牙不甚长，尤属阔厚。此虫出土已近秋分，稍带滞色。养未半月，精彩焕发，然性猛烈异常。因啮水盂，致将马门啮伤，收卷不起。偶试一斗，其落口重不可当，犹能一二口取胜。后值一劲敌，飞斗数百口，其时马门已烂不能落夹，任其恶咬，浑身受伤。仅以头撞，而敌虫竟至力尽败去。盖因其性勇猛，如人之裹创苦战，不肯少屈者，然真蚤中之虎将也。及至落汤，马门僵硬，遂至不食以死。殆如人之有才而不遇时者欤。倘无此病，则以本年结栅之虫论之，并不在干青白青后也。

淡青大头

大圆头，阔圆项，山笋生身，淡青头皮，紫面白牙，斗丝微白，肉精细糯，六足明净无斑色，较苗叶稍浅。此虫短厚阔圆，尾尖有肉，品貌自是头等。惜其沙毛太轻，底色甚浅，不能如宝如珠。然其行口之重，已是前无坚敌。全才之难，于此可见。

青项白肉淡青

此虫杆子生身，深头圆项。青金头皮，金丝麻路，蓝青项，黑面红钳，弓背长腰，尾尖肉细，两翅尖长，时露金光闪闪，色比金青为浅，比淡青稍浓。周身苍老，肉类干黄玉色。六足圆长，鸣声尖急，矫健善斗。秋分破口。历苏松嘉湖，所遇多名将，未逢敌手。此浅色中三秋将军也。

白牙重青

头不甚大，而极圆绽。乌金头皮，细白斗丝贯顶。黑面白钳，项皮苍老，砂晕极浓，身如铁炮。腰粗尾尖，鸣声如敲金铁。肉身纯细，腿脚圆壮，明净晶莹，周身光彩，有若天青贡缎。于重青中微耀绀色，实则宝光血气所映射，诚为青色中罕有之色。力大口重，竟未有一合之将。养至逢春，犹须全尾足。健若早秋也。

铦字青大头

大头圆绽，项极宽深，前身阔厚，几无伦比。青金头皮，糙白斗丝，老白牙，长拄盆底，生体有类海蛳形。然较之大头尖尾之虫，则又形高阔。此等生身，当在一等。肉色纯正，腿脚圆壮。初出土绝类淡青，色光微嫩。至深秋一变，壳老色浓。青项青金翅，鸣声丁丁，自是青蚤正色。合钳极重，力大于身。此虫盖蜻蜓变也。

老壳沙青

常熟喂养秋虫，早秋只喂饭一颗，至捉户贩户，并皆间日喂饭，盖欲其肉少而头项大也。然每至饿坏，致虫体受伤。虽有佳虫，难期结栅。椿❺大沙青于九月初始行出卖，当时肉不甚足。生体阔方，头圆项阔，青金头皮，淡金麻路，老象钳，启闭甚捷。鸣声尖急，大足浑长，浑身颜色澄清，绝无

清秦子惠撰功虫录二卷

潮嫩等病。食量最大，能尽米两粒，而腹不垂。斗至落汤，转能得肉。毫码亦比汤前较重。鸣声微哑，遍身沙雾丛丛，光彩若为沙掩。其性最烈，进汤更甚。开盆见亮，即已鼓翅张牙，故其合钳最重。偶遇劲敌，直将来虫咬毙。惟足力稍逊，实早秋饿伤之故也。

黑壳紫青

大头方项，生体阔厚，尾际微松，乌黑头皮，银红斗丝，细沉贯顶。阔板红牙，六足粗壮，类蟹踞形，鸣声洪亮，肉黑而绒，黑色而带蓝光，不得谓之茄皮紫。斗丝细而红色，又决非是天蓝青，名之为黑壳紫青，特就其色与斗丝言之耳。至其状貌魁琦，精神雄健，所向无前，尤为间色中所罕见。

红砂白肉紫

四字长头，黑脸，头色浓似紫蒲桃，银红斗丝贯顶。长方红钳，宝光射目。淡金翅，上起紫红砂。鸣声尖急，腰背丰满，肉细而微红，六足白净无瑕。笼形高大，闭钳极快，敌虫未有与对咬者。秋分斗至结冬，未有敌手。

小青大头

头项生身，与铦字青大头无稍异，毫码较小三十余点，而苍老则过之。此虫青金头，深青项，细白斗丝，浑身碧色，是真苗叶青。深红钳，极长极厚，翅紧声洪，尾尖肉细，腿脚净白，落口最重。虽遇名将，未曾对咬，是小码中出色之虫。状貌笼形，总高人一等，宜其二秋无敌也。

白牙真黑

圆头圆项，山笋生身，乌金头皮，明于点漆，淡金斗丝，细直透顶。黑绒项，青

底面糁黑沙，阔面方腮，老白牙，尖长如竹钉式。翅如元缎，浓厚光明，绝无膏药痕迹。腰背丰满，腿脚斑狸。两尾光润，细糯尖长。虽浑身纯黑，而肚腹白于敷粉，鸣声洪亮。至冬间落汤后，一夜忽变沙声。其声烦碎，较他虫之起沙者愈形骤急。霜降节破口，斗十数栅，从无二夹，只一闭钳。曾不用力，敌虫于跌出后，犹跳跃不止。其行口真为罕见。按此虫颜色，与同治九年之黑色白牙竟无少异。五色诸虫，能得正色，皆属无敌。此盖真正黑色也。

红牙淡白

此虫于白露前出土，色属白青，相颇高厚，微欠沙毛。六足净白，肉细无比。养至霜降，褪去青色，竟成白蚤。深头圆项，腰长尾尖，浅黄头皮，扁白麻路，黑面紫红牙，式带长方，有如紫宝石，光彩夺目。于淡色中最为少见。厚桃皮项，上起毛丁，翅色如经霜老草，作浅白色。鸣声宽阔，落汤后骤变沙声。笼形最大，数遇名将，未尝多咬。杭人谚云：白肉红牙是了虫。直为此虫写照矣。

白牙黑蓝青

深头阔项，乌金头皮，开光黑面。细白斗丝贯顶。项皮宽阔圆厚，沙晕重重绝无分心项眼。色与深青大呢无二。老白牙，长大而带尖样。翅如点漆，声若洪钟，肉更极绒极细。腰身阔厚，渐渐勒尖。尾际尖而有肉，六足圆劲，矫健无伦。周身光彩，正如碧天雨过，玉宇澄清。早秋破口，直斗至深汤，蚯蚓鉴称天蓝青为无敌。今于此虫益信。

青项金青

头圆而足，项大包头，淡金头皮，金丝麻路，乌顶黑脸，糙米白牙，铁皮青项，

腰圆背厚。早秋长身拖肚，颇类土狗形。翅如赤金，细黄毛肉。六足粗壮，矫健多力。竖翅作丁丁声，斗不二夹。此虫于处暑前出土，曹平称二百点，深秋只称分六厘。落汤已干老，斗仅六七栅耳。然论其斗功，曾于常熟遇一名将，合钳胜之。时已绝茭，后闻此虫仍斗结栅，则当日之勇猛可想矣。

愈字青尖翅

四字长头，眼角极起，乌金头皮，金丝透顶，黑青项，老白牙，细长而尖样。糙金翅，鸣声啾啾，似哑实急。腰背高厚，肉细尾尖，六足不甚长壮。然一着茭，即遍栅飞腾，如风樯阵马，势不可遏。其性猛烈，偶遇重口，必加重以还，敌虫无不绝茭。落汤至大雪，翅忽烂去，竟成秃背。盖毒虫也。

白牙紫青

头项圆足，生体短阔，尾际仍尖，头色仿佛茄皮。斗丝则红白相间，老白牙，黑项乌金翅，皮壳苍老而带黑色。腿脚圆劲，并极晶莹。初出土时底色浅薄，近乎草青。后则翅色变黑为金，头色化乌为紫。出口极重，善斗能盘。乍视之似属浑色，实则老壳紫青耳。

红牙紫白

头形圆绽，青金头皮，扁白斗路，乌顶黑面，宝石红牙，项深而阔，青底上糁白沙。腰背宽厚，生体如莲子形，翅色浅淡而露金光，鸣声骤急。出土便极苍老，大足与肉身俱白。秋分破口，直至结冬，未逢敌手。按此虫色相，自是细种。惟具此肉身颜色，欲得头项整齐，生身宽厚，已属难得。加以宝石红牙，周身苍劲，宜其三秋无敌矣。

麻头老白青

深圆大头，烂斑青项，蜜蜡头皮，斗丝扁白而多麻路。黑面方腮，眼如点漆，腰圆背厚，两尾尖长，六足明净，肚腹肉鳞，并起珠光。淡金翅，鸣声尖急，有类金钟。老黑红牙，粗而有锯刺。斗三栅，未见行夹。霜降节后，忽立而僵。验之蟹脐发黑，盖以伤发而毙也。按是秋自处暑至秋分，月余不雨，田土坚硬，多致干裂。虫在土中，用铁扦掘起，或为泥块挤伤，竟至不寿，诚为可惜。此虫苍老干结，为淡色中所罕有。即以色相而论，亦属出类拔萃，矫矫不群。本年秋虫，不能不推为第一也。

白牙重青

深头阔项，腰背丰隆，乌金头皮，糙白麻路，糯米白牙，乌金翅，微带蓝光，较之雨过天青，似觉稍逊。腿脚圆劲，尾细而长。性最猛烈，每一着茭，即奔放冲夺，如怒马之不受羁勒。临阵交锋，一冲即胜。曾于浙江硖石镇遇一名将，两相冲击，被咬住一腿，盘旋久之。甫一合钳，敌虫跳跃几毙。其时已在深汤，养不数日，腿竟落去。盖因性躁以致受伤，然其勇猛诚为无敌。

白牙蟹青

大头阔项，头角高耸，两眼向前，铁面方腮，状貌凶恶。黑漆头皮，淡金麻路，铁皮项，方白牙，乌金尖翅，生体阔方。而尾极尖细，六足圆劲，鸣声尖急，其性猛烈非常。早秋破口，直至深秋，前无坚敌。开盆见亮，则鼓翅张牙，精神抖擞，六足跃跃有声。历秋冬无少异。色较黑青稍浅，与蟹壳青无异。屡遇名将，从未对咬。下锋并有斗至结栅者，可谓三秋无敌矣。

白肉油青

深头方项，青金头皮，乌顶糙白麻路，白牙圆大无黑爪。生体高厚，六足粗长，笼形最大。两翅作油绿色，肉身细结，兼带宝光，此白牙青之兼油色者。其发性最早，中秋即出栅，约斗十数笼，从未合钳，亦无重口。虽遇名将，只三四叉夹，无不却走，殆所谓软口者欤。至交冬落汤一日，即已老毙。此盖不进汤之虫也。

芦花淡紫

此虫出土时乌金头皮，蓝青毛项，翅若元缎。六足纯白，高厚方阔，头大脚长，状貌瑰异，直可谓之为天蓝青，初得之如获珍璧。时甫交白露，乃落盆十数日，黑色忽然褪去，项上青毛亦并卸光，变为槟榔花项。其色非青非黄，浑身如蒙霜雾，对之生厌。初次出栅，即饶码二十余毫，意在必败，然合钳即胜。斗至深汤，并无敌手。此殆谱所谓芦花紫者欤。蛩本化生，极其善变，非亲自经验不信也。

小白牙青

圆头圆项，腰背俱圆，乌金头皮，淡金麻路，深青项，翅色稍淡，不类重青，亦系黑色中之浅色。而肉情苍老，腿脚白净，迥异寻常。尖长白牙，闭钳极快，斗五六栅不行夹。然性最猛烈，见亮则跌脚张牙，卒致跌伤跳腿，至不能伸屈。落汤后封将军。

淡红麻头

大头深项，背厚腰圆，生体短阔高厚，兼而有之。尾际独尖而少肉，其色非黄非紫非青。衣壳肉身，俱作浅红色。淡金斗丝，麻路散布，的系麻头。黑脸红牙，项不青而苍老。肉极绒细，小脚粗长，两腿微短，形类蜻蜓。斗不行夹，曾于常熟遇一名将，

苦战逾一时之久。精神倍加，观者如堵，咸以为将遇良材，未可任其相并。始各用草点回，盖敌将系黄色，亦结栅之虫也。

苗叶青尖翅

四字长头，黑脸长白牙，青金头皮，麻路纯白，深圆项，极苍老。腰背圆满，翅长尖直包子门，作浅碧色。鸣声紧急，如击金钟。六足明净无斑点，肉情绒细而干结异常。入栅如怒马陷阵，纵横跌宕，势不可遏。按尖圆翅至深秋，多变沙声为能受口。此虫自早秋以迄深汤，鸣声无少异，而骁健独过他虫。此真苗叶青，实不易觏之贵品也。

黑大头

深圆大头，乌金头皮，金丝麻路，铁皮项，黑脸糙白牙，生体则阔圆高厚，字字兼全。衣壳苍劲，腿脚圆长，肉黑而细，翅若乌金。惟肚腹未能白净，是殆黑多而青少者。惜其性稍缓，从不合钳，斗仅三四栅耳。然就其品貌而论，当为本年首推也。

白青尖翅

此虫头项腰背，一气浑成，形同覆瓦。而尾段仍尖，浑身包轧紧峭，绝无边骨翅角等病。浅红头，淡金麻路，黑面白牙，青项，浅乌金翅，鸣声沙而带棉。肉最绒细，尾细如发，六足圆壮，明净无斑。处暑初出上，似嫌微嫩，至深秋则精神奕奕，神骏异常。但就色相而言，已具了虫格度，于尖圆翅中尤为贵品。惜分量太重，称至二百余毫，斗仅两栅。近则厘码尚小其一百一二十毫之虫，转得争花夺彩，列为前锋。此虫以瑰异之质，竟为所掩，可谓埋没英才矣。

白牙深青

淡乌金头，银额金麻路，长尖白牙，项

厚腰圆，翅尖尾细，生体则头项腿脚，肉身包裹，均属相称，实平相中之贵品也。翅色则黑而不浓，斗丝则黄而兼淡，介乎正青重青之间。行口极轻，敌虫交牙即走。蛩之间色最多，至有五色兼全者，是盖七青三黑之虫也。

白牙干大头

大头方项，腰阔尾尖，生相若骨多肉少。青金头皮，细白斗路，深青毛项，紫金翅，两尾微翘，似嫌背肉不足。净白牙，无黑爪，粗圆如米粒。初出栅，一冲即胜。后遇一名将，苦斗逾时，如疾风暴雨，固结不可拆解。卒以小口胜之，以后仍不行夹。此虫声若洪钟，笼形莫占。浑身苍老，性尤猛烈。虽欠背肉，而能受盘。是真瘪肉干青。小码者时或见之，至杭码八厘，则真绝无仅有之虫矣。

黑壳淡青

大圆头，额尤丰满。锅底黑脸，头皮较海棠色稍浓。金斗线麻路，旁出多而且细。黑绒项，宽厚而起烂斑。山笋生身，尾尖有肉，遍身黑色。大足斑狸，惟斗丝头色确系淡青。早秋白钳，后变血色象钳。行口极重，闭钳即胜。落汤则浑身黑沙笼罩，鸣声尖厚，矫健不可当。中秋破口，历苏常琴川上洋及东乡各镇，所向无敌。

淡白青麻

头大起棱，两眼高出额线上，脑盖如老草色。净白斗丝，旁多麻路，开光黑面，阔板红牙，淡青项，似欠沙毛，而烂斑坟起。青金翅，鸣声丁丁。然腰背尾尖，肉细且厚，最为贵品。六足圆壮，晶莹如玉。霜降破口，至大雪时犹能食尽粒米，正如人之壮年。故每斗必遍栅冲夺，敌虫从无照面。其

色则白多于青，是真冷虫之无敌大将也。

红牙白

苍白头皮，纯白斗丝贯顶。面黑于漆，牙红如朱，老桃皮项，上起毛丁，淡金翅，衣壳苍劲，声急而沙，六足净白无纤毫斑点。一身细白肉，上罩珠光。此虫出土时生体浑长，至落汤乃变至高圆阔厚。两腿透明如美玉，牙红作宝石光。行口极快，力大于身，此盖真正白蛩，毫无间色者也。

老紫黄

深头圆项，生体阔圆，翅尖长，直包至尾。头色浓紫，明如宝石。麻黄斗路，阔面方腮。大红牙，粗厚无比。黑青毛项，紫金翅，肉作紫红色，腿脚微黄，两尾尤为绒细。鸣声尖而带厚，是为极苍老之虫。最可异者，早秋出土系杆子形，浑青色，奔驰跳跃，不可逼视。以虫试之，合钳之重，迥异他虫。寒露其色忽变，肚腹收拍，竟似合船形。此盖阔圆高厚、干老细糯，八字兼备者，宜其无有敌手也。

乌背红牙青

高厚生身，如柜台式。圆头起顶，乌金头皮，金丝麻路，黑面红牙，青项乌背，六足长大，肉细而绒，鸣声洪亮。方出土时，以指甲拨之，辄张牙鼓翅，如斗发者。其性之雄健，早秋已然。诸养蛩家见之，以为见所未见。临阵只勒钳，无重口，来虫虽极矫健，亦无重口，是可概见其力量矣。

青项黄麻

头项生身，与黑壳淡青无少异。初出土头色系老壳青，金黄斗丝，粗直贯顶，却灵活而不浮板。黑脸深青项，大红牙，肉情绒

细。腿脚苍老无黑斑，乌翅内隐金光，鸣声厚而且急。临斗不甚合钳，但以牙拨之，敌虫即走。中秋破口，斗路渐化蓬头。至落汤则如细丝金线，麻路岔出如柏叶样。此种的系黄麻头，养蛩数十年仅三四见耳。

老黑紫

头项生身腿脚俱称，是为阔四平相。乌头黑面，纯红斗丝，细才如发，紫绒项，黑油肉，两翅作苏叶色。尖长白牙，行口极快极重。早秋腰背阔厚，得之者误认粗黑色。以之勾口，交牙即胜。未出栅前，已斗数十次矣，落汤仅斗两笼，卒以多斗伤发而毙。诚可惜也。

大牙油青

头不大而圆，足项不宽而苍老，生相平平。淡红头皮，浅金斗路，乌顶黑脸，老白牙极长大。此虫杭码只四厘，虽六七厘之虫牙，未有大过之者。初出土颇似老壳淡青，秋分出栅，从不行夹。至落汤遍体发油，宝光四射，交口即胜。松江属多小码。在上洋斗数栅，后人多避之。虽有名上将，亦不敢与抗衡也。

小稻叶青

平头平项，壳薄而苍，肉干而细。青金头皮，淡金斗路，青毛项，大红牙，周身碧色而带黄光，如深秋稻叶色，是谓老色稻叶青。此虫仅一百二十毫，屡经饶码，未逢敌手。出于本土，尤为难得。

心禅居士手校

功虫录卷下 壬辰七月甲辰阳湖鲁之愚印完

校记

❶（原书卷上叶二十一下第六行）"肉"当为"闪"之误。

❷（原书卷下目录叶二下第四行）"小淡青大头"，文前标题无"小"字（见原书卷下叶十三上首行）按此虫重八厘，不得称为小矣。

❸（原书卷下目录叶上第三行）"白牙丁头"，文前标题作"白牙干大头"（见原书卷下叶二十三下第六行）目录脱"大"字。

❹（原书卷下叶八上第五行）"长"当为"冬"之误。

❺（原书卷下叶十四下第三行）"椿大"，目录作"春大"（见原书卷下目录叶二下第八行），盖人名也。

第十三種

王孫經補遺 一卷

清秦子惠撰

光緒壬辰活字本

編者藏

第十三种
清秦子惠撰王孙经补遗一卷

　　《王孙经补遗》，光绪壬辰听秋室校印本，为秦子惠之又一秋虫专著。前有心禅居士序，谓："《补遗》数十条，意旨深远，字字体贴出之，非泛然记述者所可仿佛。"读之信然，允非虚誉。

　　《补遗》前半分论：头形、头色、脑线、眼、须、脸、牙、水须、项、翅、衬衣、腰背、肉身、腿脚、铃门、尾各部位，遍及全身，纤悉无遗。次为《三秋养蚕法》、《吃汤法》、《三秋秘诀》，均以养为主题。以下杂说四十条，除阐述选、养、斗之具体经验外，且有看似抽象而实为高度之概括。如谓佳虫必须俱备色、老、精神，"三者缺一不可"。又谓"虫有四贵：生体阔实、肉身细糯、皮壳枭老、光彩晶莹"，均为多年心得之总结。《功虫录》与《补遗》虽出一手，但前书专讲优异之虫，而此书则优劣并举。不识其劣又焉能知其优，故此书可补前书所未及。前书所用各辞有未详其所指者，可于此书求解答。如所谓"四方头"乃指"方头起眼角者"；所谓"烂斑项"乃指"有块瘰坟起项上者"。亦有理论要点，于此书得到更充分之发挥。如谓"《经》云'黑白全无用，青黄不可欺'"，盖因"曩时开斗极早，真黑真白，均系冷虫，非真无用"，只不宜早斗耳。总之子惠两书，可谓双璧，其中颇有可以相互发明之处，故秋虫爱好者宜合读同参。

　　当然，子惠言论亦难免有违反科学之处，如谓某虫为老蝗所变，某虫为蜻蜓所变，某虫为蜈蚣所变，某虫为隔年之蚕等。

前贤名作录以冠首

满庭芳促织　张镃（功甫）

月洗高梧，露漙幽草，宝钗楼外秋深。土花沿翠，萤火坠墙阴，静听寒声断续。微韵转、凄咽悲沉。争求侣、殷勤劝织，促破晓机心。　儿时，曾记得，呼灯灌穴，敛步随音。任满身花影，犹自追寻。携向画堂试斗，亭台小、笼巧裹金。今休说，从渠床下，凉夜听孤吟。

海盐张宗槴按：天宝遗事，每秋时，宫中妃姜皆以小金笼闭蟋蟀置枕函畔，夜听其声，民间争效之。又按蟋蟀经二卷，相传贾秋壑所辑。文词颇雅驯，有更筹帷幄选将登场诸语。余兄雨岩研古楼所藏旧钞本，甚堪爱玩。惜徽籓芸窗道人绘画册。已付之云烟过眼录矣。

齐天乐黄钟宫　姜夔（尧章）

丙辰岁，与张功甫会饮张达可之堂，闻屋壁间蟋蟀有声，功甫约予同赋。以授歌者，功甫先成。词甚美，余徘徊茉莉花间。仰见秋月，顿起幽思，寻亦得此。蟋蟀中都呼为促织，善斗。好事者或以三二十万钱致一枚。镂象齿为楼观以贮之。

庾郎先自吟愁赋，凄凄更闻私语。露湿铜铺，苔侵石井，都是曾听伊处。哀音似诉，正思妇无眠，起寻机杼。曲曲屏山，夜凉独自甚情绪。　西窗又吹暗雨，为谁频断续。相和砧杵，候馆迎秋，离宫吊月，别有伤心无数。幽诗漫与，笑篱落呼灯，世间儿女。写入琴丝，一声声更苦。（原注，宣政间有士大夫制蟋蟀吟。）

周草窗云，咏物之入神者。

汉书王褒传，蟋蟀俟秋吟。师古注，蟋蟀今之促织也。按蟋蟀呼为促织，唐时已然。不始于宋之中都也。

壬辰双六月初八日子琳挥汗排印

叙

夫蟋蟀微物也，豳风咏之，月令载之，其散见于诸家之说者名不一。曰王孙，曰促织，而指为螽斯、莎鸡者非是。性善斗。宋贾似道辟半闲堂斗蟋蟀，议者谓此岂平章军国大事，至今传为话柄，夫亦何足乐哉。予友无闷道人雅好之，作王孙鉴补遗数十条。意深旨远，字字体贴出之，非泛然记述者所可仿佛。其间寓养兵选将之方，因时制宜之略，出奇制胜之智，冲锋陷阵之威，予读而异之曰：此说也，殆通于用兵之道也。设以子建牙旗，拥大纛，必能指挥如意，克敌致胜，以奏肤功。使贾秋壑能知此义，当必知自振作，命将出师以图战守，何至国破家亡，身败名裂哉。昔卫懿公好鹤，至于亡国。嗜好累人，古今一辙。然而不足为道人虑也。道人具旷达之识，远名利事，嬉游与人无求，怡然自得。蟋蟀之产于浙地者名杭虫，不远千里物色之，如九方皋相马，百无一失。盖求之必得其才，养之必竟其用。当夫篱菊黄时，辄与文人墨士、野叟村童，旗鼓相当，较其优劣。游戏也而经济寓焉。推此意也，以之选将则得人，以之治兵则无敌。又安得以寻常嗜好目之哉。览是编者，益可以知道人矣。

光绪壬辰双六月
心禅居士识于二泉之听秋室

百炼秋心裕战功，击盆气概策群雄。鲰生独当兵书读，自愧昂藏异了虫。久负雄心上战场，棘闱辛苦又须尝。披图悉具飞鸣意，艳羡秋风六翼张。

己丑四月

子惠先生以所著蟋蟀谱见示，漫题呈教

相如马寅清申浦作

王孙经补遗

锡山无闷道人著

清秦子惠撰王孙经补遗一卷

头形

　　谱之论头形，以寿星头为最。余俱略而不详。然头式不一，大小殊形，优劣各判，未可概而论也。头以星门突出者为最上品，俗称箬帽大头。两眼宜上而不宜下，宜前而不宜后，阔面方腮，乃成骁将。谱又称尖头，实即小箬帽头，必圆绽充足，非寻常可比也。长圆头即寿星头，方头起眼角曰四字头，四面结绽者为大圆头，均为佳品。若乃两眼高耸，星门突出，名为三角头，亦名蝴蝶头，数十年不一见。至如烧饼头，算盘珠头，极言其头根短浅，面门平衍，与一片头无异。头大腮尖，且多不可用。况不中式者哉，养蛩家宜明辨之。

头色

　　蛩之斗性，显见于头。其色不可不辨矣。蛩具五色，头色各不相混。惟真青真黄真紫，实不易觏。黑白二色，间或有之。经云，黑白全无用，青黄不可欺。曩时开斗极早，真黑真白，均系冷虫，非真无用也。头色于脑盖上辨之。额线以上，斗丝所在，谓之脑盖。青金色乌金色为青，菊黄色及老铜色为黄，紫如宝石，明如樱珠为紫，纯黑纯白，别无混杂。自易分晓，大忌头色娇嫩，似是而非。青蛩最忌头带红色及黄标色，相虽大亦属无用。红头惟白蛩不忌，红如珊瑚及海棠花色，极不娇艳，皆为白蛩。正色若暗红头，则又非正色矣。顶门欲黑，与脑盖色分清，方为入格，即黑色亦然。若头色与顶门一色，即系嫩相。头上忌款，经所未详。脑线之旁，眼角之上，有黄点，俗称画眉角，忌大而显。淡青最多，黑色尤忌。若有此黄点，必不善斗。又有一种于两眼稍起白线，勾至脑后，俗名画眉眼，又名油葫芦头，斗则必败。又眼角之下，牙根之上，如人之两太阳，若作紫红色，谓之紫红脑搭。亦不斗。黑色之蛩，如重青、暗黄、重紫等。初出土时，头色未显，均作乌黑色。迎面视之，若两面均有黑晕，连及眼际，即属败征。间有养至深秋退去者，然十不得一也。蛩初出土，脑后大忌生毛。盖头有白雾白毛，其虫必系潮嫩。额线以上起黑晕，直接斗丝，谓之脑晕，又名按头，俗称瓜皮帽，亦属忌款。总之，头色欲老而不厚，欲明而不娇。破除一切忌款，合乎通体相宜。斯谓得之矣。

脑线

　　脑线即斗丝，亦名麻路，按直者为斗丝，欲长欲活；枝生杈出者为麻路，欲细欲沉。斗丝分黄白二色，美其名曰金丝银丝。金斗丝惟真黄黑黄，银斗丝惟真青黑青，余惟黄白两色。大红斗丝，细直隐沉为真紫。白蛩斗丝白而扁，青蛩斗丝浑而圆，黄蛩蓬头多杈枝，黑蛩或黄或白，均所相宜。谱云，金额线，银斗丝，银额线，金斗丝，盖指黑色间色而言。非谓真黄，真青，真紫也。间色者，如白黄，白青，紫青，紫白等类。身色、头色斗丝可合而参之，无鱼目混珠之误矣。无脑线者极贵。五色诸虫，均有麻头。独紫麻、红麻，最为罕见。麻路权枝，散布脑上，即为麻头。宜细沉，不宜粗浮。若头脑极大之蟋，即斗丝稍粗，亦所不忌。诸虫均须细直贯顶，额子独贵短而不宜长。三顶线亦称忌款，若中央一丝，冲出透顶者亦贵。斗丝式样不一，鼓槌式、钥匙头式、羊角式，俱所不取。羊角斗丝，间有斗者，决非了虫。至如粗浮阔板，歪斜弯曲，中间有黑纹冲断，以及火红邪色，尤属无用。又有斗丝直贯至额线边者，谓之冲破顶门，不斗。勿以异相为所误也。

眼

黑如点漆，突出于额角者为上品。若两眼向前，生于当面门者，尤为贵相。眼角起者，其性必烈，落口沉重，超出寻常。然项背阔厚之蟋，每多塌眼角，亦未可概行摈斥。眼色黄者次之，朱红眼虽属美观，多不斗。他为碧眼、蓝眼、日月眼、一黑一白，均为异虫。然结栅之虫，实不系乎此。

须

须以粗黑光亮，搅扰不定者为贵。若蟋立定盆中，两须直竖，互相摇动，名曰摇须，多出健将。凡斗一次短去少许者，为脆须。其须必双短无参差，亦多不败。须尽则老矣，竹节须、花须，系杨甲桑牛所变。赤须，粗长如朱缨，世所仅见。卷须，两须能卷至头上如丫角，然见人则施放，久斗亦败。须中间忽起疙瘩，为结须。无论左右，皆为异品。又有下节粗，上节细，若两节者，与结须等贵。若黄而细，直而僵及细弱而无光彩，均为下品。

脸

顶门以下皆曰脸。额线下有星，名星门，即蟋之面心也。脸贵方而长，色黑为上。深紫色者次之，浅红而白花者为下。最忌头尖腮短。经云：酒醉猫儿脸，花花白路纹，盖指其形色而言也。蟋之唇曰马门，开牙则卷起，闭口则落下。须要起落快疾。落而黑者，受口凡遇扛夹、剪夹、嚼钳，能无伤损。若白而厚者，多咬则烂，甚且收卷不起，至不堪斗。又有硬马门，其蟋受草后张牙不闭，必练牙数十次始能合口。至第二草，则一启一闭，无异寻常，亦能成将。然终不若黑小马门之合钳快也。口开一线者无马门之患，星门突出者亦无马门之病。是当于蟋之脸辨之。

牙

蟋之胜负决于牙，而牙之老嫩最为难辨。有似老而实嫩，亦有似嫩而反老者。辨之之法，宜于蟋之生相老嫩细审之。比如极干极老之蟋，即牙色稍逊，决无潮嫩等病。惟牙之式样不一，即牙色亦多不同。白牙要阔而薄，红牙要厚而圆，乃能成将。方白牙极粗极短，竹钉牙极尖长，根粗而头锐。又有枣核式及剑式者，皆称贵相。如碗窑白者，须红口红尖，方为真白牙。余如象钳、老姜片钳及糙米钳，皆不忌。惟浆钳其色如干浆，非黄非白，黑口黑尖，最不受痛。黄牙如蜜蜡色，粗短而圆无黑尖者，亦贵。紫牙有如紫宝石者，极老。五色诸虫，惟墨牙最为罕见，真黑牙极尖小，形如荞麦，坚硬无敌。长大而带紫黑色曰猪肝钳，不足取。紫花牙紫钳起黑斑，红花牙红钳而有白竖纹，皆贵。大红牙俗名蜡烛红钳，宝光闪烁，尤为罕见。蟋初出土，生相入选，其牙或红或白，须取其式样尖长。若糙米牙、老象牙，养至深秋，多有变宝石红牙者。阔板老红牙，口门要有锯刺。干老红牙，其形如麦色亦似之。又有细长红牙，亦极坚老。总以开一线为合式，若八字式及挡牙，虽长大不取。蛩受芡时，两腮有光彩射目，其牙必厚必老。若无宝光，即系潮嫩。又有犁钳，牙根作白色，迎面视之，似紫牙而多黑斑，若牙根带豆青色尤贵。其似是而非者为两节钳，其牙紫黑，根类粉红，决然无用。牙之异品有铁门闩，单纪牙。无论红白牙，有黑纹横截其中，谓之铁门闩，无敌。黑纹在一边者，名纪牙，亦多骁将。余如白牙上起红点，红牙上起白纹，白牙且有带绿色者，乃真无上上品。

水须

水须俗名饭须，可辨蛩之老嫩。须有三节，欲粗而绒，开牙时两边施放，须视其抖擞有力，若卷曲无力，细弱贴牙，其蛩必嫩。饭须红者无敌，微带黄色，头节长而起绒，自然苍老。黑色中每多黑水须，其贴牙一节，或带黑花，或细而不净，必不善斗，即斗亦多败。水须里面有小白须，亦犹牙内之有肉牙，必要粗壮明净，乃为入格。惟早秋收买时，蛩或受热，或多照太阳，水须亦要卷而贴牙，此力弱之故。未可概以为嫩相也。相蛩家能于蛩之颜色老嫩细辨之，十不失一矣。

项

蛩之一身，最关系者颈项。谱云：有欠头将军，无欠项将军。项好则生体必好，项欠则生相必劣。五色诸虫，各有相配。如铁皮项，黑沙项，青毛项，烂斑青项，无所不宜。又有紫绒项，黄毛项，桃皮项，朱砂项，青砂项，白砂项，亦属上品。其式则以宽深老厚四字兼全为贵。肿项宽阔高厚，尤为仅见。至如浅而狭，薄而紧，或生白毛，或作烟煤色，并

半节青，半节白，以及项眼项分星等病，均为下品。俗又云：项上无毛不是虫。极言滑项之不足。取然如早出晚捉，肉苍壳老，项毛每至光滑，养久重复生毛，或满项铺沙，均属可贵。惟白沙项与白毛项相类，辨之不精，转为所误。早秋蛩初出土，无遍体生沙之理。潮嫩之蛩，其项多白雾白毛，黑色尤所不免。若项皮老厚，间有能褪去者，已属罕见。正色之蛩，则蓝青项宜青，黄毛项、桃皮项宜黄，紫绒项宜紫，朱砂项宜白，黑青项宜黑。但正色难觏，间色居多。则项亦但取铁皮、黑沙、青毛、烂斑而已。烂斑者谓有块瘰坟起项上，如人之有斑疤。其项必厚而且老。若铁皮项及桃皮项起烂斑，尤为无上上品。项如香灰色者无用。厂项前宽而后窄，厂项之蛩，必欠腰背，倒生项愈宽阔愈佳。肉项惟白蛩不忌，余俱非所宜。又有蛀项，其项有一小孔，视之洞彻若蛀孔然，亦属异品。盖项宽厚者必多力，狭薄者不受口。于此辨之，可无疑矣。

翅

蛩翅有尖圆之别，非专言长衣也。尖翅多出健将，谱有尖翅蜂之称。翅圆者十不得一焉，此固有明证矣。翅欲长尖，色泽光润，不宜干枯有迹。筋纹细密，不宜粗蠢无情。白筋显者包裹必松，边骨重者生身必硬。项下绣肩决无长力，翅梢出角不受大盘。衣壳粗厚，由来梗脆居多。羽翼丰盈，尤喜精神出众。黄若真金，黑如点漆，青金翅宜如淡竹叶，乌金翅要带紫红霜。选择之精，不外乎此。更有翅上洒满血点，或生就花斑，是为异虫，实非凡品。鸣时要两翅兜紧，双尾下垂。翅兜紧则无开衩之嫌，尾下垂则无空背之病。狭短者毕竟无能，板直者终属有失。竖翅以见背为足，落翅以贴肉为良。若夫尖圆长衣方翅，尤忌白肋边骨翅角等病。犯此病者，力薄声松，多不善斗。如

清秦子惠撰 王孙经补遗一卷

合 奎

204

翅上筋纹，有结成一螺蛳旋在翅尖者无敌。蛩以翼鸣，性之强弱，于此可决。鸣声欲厚、欲老、欲急、欲尖。早秋得此，均堪宝贵。尖圆之鸣，有沙声、绵声、绵夹沙声，皆为上品。沙声有类纺纱娘鸣，两翼啾啾。或苏苏然，愈叫愈急，是为绵声。兼而有之，为绵夹沙声。若脆声，堂声，木鱼声，丧铙声。概不中用。

衬衣

翅中有白翅附于虫背，谓之衬衣，在腰下者为白肋。飞蟉只有白肋而无衬衣，若飞翅落去，仍有小白翅在背，名曰六翼飞，无敌。红衬衣红肋皆贵。长衬衣直至尾际，或蟠曲于背如环，多善斗。此辨虽微，验之诚信。

腰背

虾腰龟背，色相兼全，自然立身不败。若腰下瘦削，背又空松，宜弃之弗养。盖腰背相连，高厚之相。苟其腰长背驼，已定为千锤百炼之质。如生体方幅，再得腰背丰满，决其为将。又何疑焉。

肉身

早秋相蛩之法，肉身最要审辨。苍老绒细，乃真贵品。粗松潮胖，决非将才。肉色亦分五等，干白肉、黄毛肉，人尽知之。又有紫绒肉，细青肉，黑绒肉，各种紫肉绒而有光，似带油色。青肉黑肉类多粗松，独此种极绒极细。腹上肉鳞几不可辨，虽喂大食而肚不拖。夫拖肚多能出将。若青黑肉者，则断断无之。腰腹之式，亦要长尖。必须腰背圆满，勒尖全尾。或形如炮竹，腰腹圆长。即生体阔方，尾段亦要尖样。尖圆长衣，尤为难得。设如腰身短促，肉又粗松，喂食则都归尾际，俗名曲鳝屁股，不斗。肚腹之异者，两边肉鳞上俱有五色花点，谓之五花肚。底或红如涂朱，或白如敷粉，皆为异品。项下腰上为蛩中股，六足所附以生，名曰蟹脐。取其方阔饱满，蛩必雄健多力。若窄狭中空，蛩身单薄，腿脚亦必穷细，决为下乘无疑。

腿脚

经云：小脚粗铁线，大腿圆长绽。特言其大略耳。前四足要排列开展，两腿浑长，卓然高耸如蚱蜢形，最为难得。小脚细长，大腿圆绽，亦属可贵。抱头两足，必要与腰脚齐长，方为入选。若短缩而不施展者，弗养也。大腿扁薄者少力，平偃而不能卓起者，谓之敝腿，亦不堪用。腿色佳者，必得晶莹如玉，白净可爱，或带蜜色。苍老斑斓，明亮光洁，均为上品。并有六足纯黄，谓之蜡脚。蜡脚宜乎黄紫，独不宜青蛩，盖以青蛩无蜡脚故也。铁锈苍狸，决非嫩相。如青黑色过重，谓之屁熏色，非嫩即潮。蛩之爪花，皆生双钩。或有两腿生三钩者，名为三叉将也。友人为余言，曾于同治甲子岁得一异虫，其爪俱生四钩，大足直如抓爬样。其蛩不行不动，以之合对，只一交口，来虫辄毙，诚为世所罕见。有名线穿腿，行走只用小脚，腿拖腹下，如不能着力，遇斗则两股并竖，力逾寻常，亦称无敌。然一腿一足之异者，均不足贵。两腿下节所生之刺，愈长愈多愈妙。色则贵赤忌白。谱以赤爪为蛩之王，良有所见也。

铃门

铃门以尖小明净为入选，即出屎亦要细小坚结。铃门大者，出粪必粗，多不中用。盖虫身细结，子门亦小。粗则通体皆松，故出粪大，其理甚明。铃门上不可有毛，有则不贴铃，并要结粪，谓之毛脐，尖圆长衣等往往有之。毛脐亦能健斗，终属不能耐久。

平蛩而不贴雌者亦贵。若铃门红若涂朱，则称无敌矣。

尾

尾要尖长细糯四字，缺一不可。尾色不一，养久且多能变，所忌粗黑粳松，若粗黑而尖软者不忌，冀其久而能变也。色亦尚拗。如黑色而生，长尖白尾，淡蛩而生细糯黑尾，未有不成骁将。尾不可敞，尤不宜翘。敞者腰必促，翘者背必空。欲其似垂而非垂，似夹而非夹，纯熟细糯，斯为合选。尾上忌有长毛，有则其尾必硬，尾硬则虫体亦硬矣。能审乎此，可以类推。犹忆同治戊辰曾得一虫，黑色高厚，相极魁异，而双尾粗长肥黑，终以为嫌。至霜降节忽褪壳一层，变为尖长花白，其蛩斗数十栅无敌。似可拈以为证。四尾红尾虽异，均不足贵。谱盛称玉尾，愚意必其双尾尖长，能如玉之润而光泽，乃为无上上品。

三秋养蛩法

蛩初出土，勿使落盆，最好用陈闷筒养之。陈黄米饭浸二三日，淘净喂之。初出草者，可喂四五粒，数日后以次递减。筒须间日揩拭，或更换干净之筒，勿使其中有烂饭龌龊，致伤须爪。旬日后蛩性驯熟，方可落盆。当年新盆不可用，须用开水煮过，再投井泥内浸一二月，然后刮洗干净，于烈日中晒之，用细泥填好，寒露霜降时可用。早秋用滑底瓦盆，愈陈愈妙，秋前即用开水浸透，刮去盆底宿垢，晒至盆色发白为度。再放阴凉处，切不可着潮。若盆有潮气，即要卸沙毛，并沿盆不食，咬爪花等类。填泥盆尤甚。至寒露节后，天气夜凉昼暖，则用填泥陈盆。时交霜降，西风骤起，又须换一二年之新填泥盆，如此则蛩可保无病矣。白露中落雌，养蛩家常例。然迟早之间，亦不可执一而论。如处暑出土之蛩，不妨迟至秋分后。至白露出土者，均已配过三尾，过迟则有子胀等病。或于闷筒内养过数日，则落盆三数日便可下三尾。拣三尾法，宜于处暑前半节，广收多养，分作三等。以中尾色白，须全尾足，未经过蛋者，选为汤雌。次则以出身潮嫩，厘码匀称者留备调换。再次则以断须缺爪者为当时应用。每盆多不过三四头。若汤雌一盆只可一二头，多则必致咬坏。盆内亦须收拾清洁，凡色相合选，性烈善斗之虫，配以三尾。日起夜落，习以为常。伴熟后另养一盆，标明盆盖，以备临斗更换。汤雌于中秋时宜与过一二蛋，再安放静处，不得使闻蛩声。早秋饲以黄米饭，虽浸至败臭，亦无须换。若早用白米，则早退食，且易于生油称重，不如黄米之便于收束。俟收束后，则换白米喂之。蛩能多食而腹不垂，与夫大肉而能收拍者皆佳。如落汤则宜饲以粥糜，斯时蛩已衰老，硬饭多不能食，尤宜加意培养。惟荤食虫食，偶一喂之，防其称重。深汤而仍食全米不称重者，是真了虫。

吃汤法

乾嘉时此法未行。每斗至交冬，则已结栅。其法始于江浙，后人精益求精，遂有汤箱汤桶，以便携带。兼制汤板汤栅，以资角斗。虽届冰雪严冬，而汤中之蛩，犹若早秋矫健，是真挽回造化，神乎其技矣。今人每用草窝，将盆团团摆列，中用瓷坛或酒瓮贮开水令满，用锡盖闭紧，外加棉套三层，如棉帽式。一日夜只须换汤两次，稍凉则除去棉套一层，上用棉被盖好，令温而不散，则蛩必健。最忌时时开看，致使冷暖不匀，蛩必无情多败。如用木桶，较草窝尤为温暖。用木汤胆外面包锡，取其光滑，亦用棉套两层，加减一如前法。惟暖气上腾，桶底每有不和之患，宜用隔底板，与桶底相悬数寸许，中开一圆孔。仍将汤胆坐实桶底，令其温气常存。若天气稍暖，每日只须换汤一次，置之无风静室，即养至冬节严寒，不患其冻坏也。

三秋秘诀

秋蛩之斗，最要得时。苟能得时，有胜无败。昔人但云，某色某时可斗。其说似嫌拘泥，正色中惟黑白最迟，间色中以淡虫为晚，余皆可迟可早，总以到性为得时。何谓到性。蛩在盆中，非怯亮奔驰，即踞立不动，若开盆两须直卷，其蛩顾盼有情，如蛇之游行，如蚕之转动，则为到性矣。此昔人不传之秘也。

杂说

秋兴始盛于江浙，今则直隶等处皆有之。地土之强弱，出处之优劣，不可不辨也。杭虫以将台白石庙为沙虫，所产多细种。尾轻肉白，善斗能盘。余如临平长安所出，亦称杭虫，殆不如远甚。苏省则以常熟虫为最盛。常熟总名山虫，以顶出周巷过巷数里之内为最。其次则大河王庄，虽离山较远，其地土实强于他处。再次则大市桥杨巷小市桥一带，至如田庄及北路等处，则近潮地，不足取矣。

相蛩之法，一曰色，二曰老，三曰精神，三者缺一不可。有色而不老，则精神俱属浮光。但老而无色，则精神亦必疲软。三者兼全，乃臻极品。故曰缺一不可。若第头大脚长，状貌瑰异，皮相者以为得之矣，是犹相蛩之末者也。

处暑之蛩，不宜多茮。买时只略一点拨，观其牙式及启闭之徐疾而已。多茮必损，致有炼钳等病。浙人旧例以白露后始许落草，良有以也。若晚出之虫，则须试以老草，使用力盘旋，无怯弱意。庶免土败等弊，宜加静养，切勿任意用茮。蛩若起性时茮之，则要追雌思斗。性烈者甚至不贴雌咬水盂，诸病百出。故虽汤虫，养至百日，亦不宜动茮也。

蛩性各异，亦犹夫人好动好静。斗智斗力，大抵根乎前生变相。如蛩在盆不行不动，至一闻聒叫，则遍栅飞腾，或行走如驶。及遇敌虫，则鼓翅不动，皆属善斗。且有一口胜者，有百千口胜者，千百口胜必能受口。有时遇夹单者而便走，一口即胜，合钳必重。有时亦遇能盘者而无能，更有遇弱则多咬，逢凶反收口，兼斗至数十栅。交口即胜者：千奇百怪，不可思议，是在监局者之临时审度矣。

早秋中秋，破口之蛩，斗至霜降前后，已胜数栅。忽然不吃食，不贴雌，颜色昏晦，厘码落轻，似属干老。切勿再斗，仍宜喂养。或有落汤后反能吃食贴雌，色转明亮，此中每多结冬之虫。如不食而勤过蛋，其蛋缩小，异于平时，则真老惫无用矣。

凡初次破口之虫，即遇劲敌，大盘大咬，或百余口至数百口，仍能合钳取胜，或敌虫软退而走，均为上将。须看其马门曾否损坏，牙齿启闭有无伤痛，必静养半月二十天再试一栅。如能收口，或轻夹重出，即系名将。若愈斗愈少咬，则成无敌矣。

受茮极其稳重，绝不浮躁；落口极其轻快，绝不停顿。是斗品中最上等。再得生相入格，决其无敌何疑。

早秋出土之虫，试以茮草观其老嫩。若于鼓翅时大足起架，将身高耸，且鸣且抖者，是真嫩虫，决不能斗。此理甚微，识者颇少，非悉心体会，不能得之也。

蛩有四贵，生体阔实，肉身细糯，加以皮壳枭老，光彩晶莹，即决为了虫。十可得八九矣。

霜降时节，蛩渐衰老。开盆每多仰头，仰头第一老象，实系败征，即当封盆不斗。每有因胜过数栅不忍弃置，仍令当局。败北何疑。

几蛩当局，清晨摘去水食，须看其情兴欢健，与雌连和，方可出斗。如其不健，不与雌连，其蛩非老即病，汤中必冷暖失调。弗因其开牙鼓翅，便令交锋，致使有失也。

蛩体有强弱，故性有起落。惟猛烈者不论何时，无不矫健，亦犹夫人气体充足，百病消除，自然善斗。即过蛋亦然。善斗之虫，断无不受草懒贴雌之患，如其蛋信参差，草情疲软，强之使斗，所谓驱瘠弱之民，以当强敌。无有不大败者也。

前人无厘戥，比较大小，自愿合对，谓之比合。赏鉴精者，老嫩强弱，早已一目了然，自然战无不胜。今人用厘戥秤合，差一二毫，便不肯合，似乎精矣。不知虫形大小，转有相悬殊者。如得早出之虫，干老细糯，喂养数十天，令其食足，每日行粪，并无积食，使腹中泥垢尽去，以之出斗。其蛩笼形必大，且能健斗，宛如眠起之蚕，通体空明，腹无渣滓，自是一定之理。晚出之虫，收束较缓，如遇此等，则大小强弱，不待言矣。善养蛩者，无论早色晚色，务使肉膘充足，积食消除，方使出斗。何谓肉膘充足，积于中者形于外，观其头明如镜，身起宝光，则近是矣。

蛩至霜降，遍身起沙，黑色之虫，壳老声洪。斗至深秋，绝无老态。忽鸣声转哑，或声如破锣，翅急者味味然，翅缓者苏苏然，是名软沙。其虫合钳必重，且能受口。落汤后翅沙愈足，甚且紧翅无声，若稍有老态，则不足贵矣。至于淡虫，又非所论。淡色沙声者，十不睹一二，必于汤中起沙乃贵。如秋分寒露时早起沙声，必系嫩虫，非真沙也。真伪之辨，不可不知。

斗品不一，有文口武口、冲夹、捉夹、造桥、结球等类。文口武口，如拳教中软功硬功。牙甫相交，敌虫即走，竟至绝茭者，文口也。猛不可当，合钳即头开项裂者，武口也。一冲即胜，交口即被捉翻，力有强弱也。若数栅皆然，屡斗无异，足称名将矣。故造桥结球，文口所无。武口或遇强敌，则在所不免。然偶一遇之，若常作此态者，偏裨之流也。至如形貌相当，才力足敌，会逢苦战百口以至千口，飞跃腾掷，精神倍加，所谓将遇良才，三秋不易见也。遇此须早为拆解，否则必至两伤。斗后尤宜调养珍惜。此外更有攒夹敲钳，称为王口，攒夹如鸟相啄，不二三口，敌虫必败，敲钳如遇劲敌，将头侧转，作犀牛望月势，以牙外盘，敲击来虫之牙根，无不却走。如人之专家绝技，百发百中。斗功至此，真不可思议矣。养蛩先养雌，深秋雌多疲乏，懒于过蛋。腹大者辄生子于盆。蛩食之致有沿盆不食等病，汤中尤甚。须多备元雌。如不与雌连和，或一日不见蛋，即与更换。勿使呼雌不着。以至彻夜长鸣，如此蛩必健斗。

早秋蛩未下雌，必至沿盆跳跃，甚且撞破头脑，碰断头须。宜用干净细纸，剪圆粘于盆盖，可免伤损。即如盆中水盂，亦要配合得法。蛩至中秋，斗性发作，贴雌后每每张牙踢脚，水盂高厚，或踢断腿脚，矮薄或咬损牙钳。深秋及落汤后，尤多此患。故水盂以磬口细巧者为佳。蛩至落汤，已渐衰老，腿脚发脆，偶一跳跃，辄至堕腿牵筋，尤须留心看视。如呼雌不贴，即与调换元雌。蛩在汤中，不无火气，呼雌不着，往往火结。一不留心，便尔铃门发黑，以至结粪无用。猛烈之虫，尤易中此，不可救药，诚可惜也。

蛩有出土颇老，养久反嫩者，是出身嫩也。亦有出土极嫩，落盆渐老者，其前生

清秦子惠撰 王孙经补遗一卷

老也。蛩始能鸣，即被捕捉，衣壳单薄，颜色轻浮，谓之捉嫩。静养半月，衣壳渐能苍老，颜色渐变浓厚。至有黑色斗存者，谱云：轻色变重色者，便可弃之。犹未免拘墟之见。愚以为出土嫩而变老者养之，出土老而变嫩者即当弃之。先天后天之理，不讲自明矣。

上品之虫，一秋难觏。如其品貌出众，自头至尾，毫无破败伤残，适被我得，此中具有因缘。养至出斗，不先不后，适得其时，此中具有经济。玩好细事，遭遇殊难，至如爱护珍惜，必待钳牢肉足，精神抖擞，方使出斗。稍不满意，即封将军，如支遁之好养鹰马而不乘放，曰爱其神骏，乃真所谓善养蛩者矣。蛩翅皆右搭，如呼雌不贴，身热长鸣，以致左搭，时复不少。然犯此病者，决无剩虫。或见于斗后，或见于深秋，实系衰老之象。盖虫身无故，断不至此也。尖圆长衣等尤多犯此忌款，即不可再斗。惟天生左搭翅，其翅贴肉无痕，鸣声洪亮，竖翅如篷，多出骁将。翅上膏药迹，出土时主嫩，斗后见者主衰老，亦不可不审也。

每逢当局，摘去水食，早则虫体受伤，晚则虑其称重，隔夜点食，宜以水饭喂之。如午刻称合，则于黎明摘水，可保无妨。多斗之虫，落汤每早退食，以至干老。每日饲以粥糜，间以青菜、茭白、扁豆等炖粥喂之。如仍不食，则不可斗。

蛩隔岁生子土中，交夏始出，经秋乃鸣。虽具体微渺，每每肖其所生，状貌瑰奇，色相俱足。如系变虫，所出之处，有一不可有二。比如某处产一佳虫，再往捕捉，又得一二色相相肖者，必系蛩子所出，是名兄弟虫，断无结冬者。昔人论秋虫，未讲及此，故特揭出之。

处暑白露时收养之虫，至秋分节已近一月，少亦廿余天，宜与三尾配合。初下三

尾，过蛋后以草茮之，不受茮者，其虫非弱即嫩，不当以大将目之。寒露名闭口节，蛩每多病，甚且有过性者。如贴雌后试以茮草，甫一张牙，即回头却走，必系不善斗之虫。以之当局，每至有失，蛩感金秋肃杀之气以生。猛烈矫健之虫，自出土以至深汤，无一时不思斗，即无一时不受草，是真了虫。虽至老毙，犹思健斗，所谓烈士暮年，壮心未已也。

吃汤之说，已详于前。又有一法，名水火汤，尤为便利。法用锡桶一个，高可二尺，广七寸，桶中起边沿一层，内套紫铜汤胆，约高一尺，广五寸。锡桶贮水，铜胆置火炭基，烧红以灰掩之，令火气不暴，汤亦常温。锡桶须高出汤窝寸余，盖开一孔，以便出气。如遇严寒汤冷，则用大炭基并埋下三四寸，可免受冻之患。且真伏基可以接着，不必多烧。此法寒暖极匀，可保无失。较之水汤，工力俱省也。

蛩本秋虫，养至落汤，真有起死回生，脱胎换骨之妙。汤中之虫，入栅看茮轻浮者，非受热则将者；呆木者，非茮蛋则着凉。必得遍栅飞腾，受茮有力，乃可使斗。如入栅未及开茮，一斗耵叫，早已鼓翅张牙。此中多出了虫，苟非调养珍惜。历斗从未受伤，周身无丝毫病故，安能若此。所谓起死回生，脱胎换骨，色已干者。落汤有时反明。久不食者，落汤转能得肉，是皆挽回造化，培养后天，人力所致。亦可结冬。至如油毛沙血兼全，光彩精神俱足，非特善斗，必且寿长，又何患其不结冬也。

早秋之虫，取其苍老。落汤之虫，又欲其少嫩。两说似不相通，实则皆有所据。出土苍老，合口必重，且可早斗。直至落汤，仍属矫健，精神光彩，转觉少年，此等即系三秋将军，必能结栅。如出土稍嫩，必须迟斗。养至深秋，肉苍壳老，脱尽嫩相，或

浅色变为黑色，宽声变为急声，亦可望其结栅。总之苍老之虫，落汤反嫩；捉嫩之虫，落汤反老，皆称异品。盖苍者，历久无仰头不食之病，嫩者遇冷，有应时变态之姿。无敌之虫，实不外此二种矣。

蛩之练牙凡三种，有早秋出土即练者，有斗多咬损马门练者，有蛩将老忽而练者。早秋出土即练，名大马门，与硬马门稍异。硬马门炙后或练或不练，此则一草必练。至数十遍，及斗交牙，每咬住不放，敌虫无不跳跃绝炙。其落口之重，殆十倍他虫。此练牙之不二夹者，亦称无敌。若与敌虫对咬，则不足取矣。大凡多咬，马门受伤或嚼碎。亦要练牙。马门损伤，其皮发硬，非收卷不起，即翘转口内，不能闭钳，切勿再斗。若蛩素无练牙之病，斗已多次，未逢大咬，忽而练牙，是为老象。经称四不斗，练牙居其一。始不以为然，继且屡经屡验，乃知非泛泛而言。盖蛩将老，色光未退，偶于练牙微露老态，然已不堪临敌。理有一定，不可不知也。

蛩至霜降，周身起沙，衣壳苍老者多变沙声，黑色尤甚。至鸣声之变换，有早有迟，有徐有疾。早者寒露即沙，迟者大雪始起，徐者必经旬半月。疾者止一日两天，总之起沙愈迟愈妙，变声愈疾愈佳。盖沙足则性足，性足斗必猛。落汤起沙之虫，至有斗死不休者。往往见之。若夫淡虫起沙。则出身多嫩，起于汤前，尤不足恃。沙声惟黄蛩最宜，即早亦不忌，尖圆长衣，必鸣声苏苏，乃能成将。然具出类拔萃之姿，衣壳明润，光彩晶莹，若天蓝青茄皮紫等类，所向无敌。转不见有沙声，此种起沙，且迟至逢春始见，但须历年久远一遇之。此非经验不信也。凡蛩食量大者，力量必大。初出土时，食米二三粒，以次渐减。至寒露节，喂饭并须隔雌，弗使过饱。然犹有肚腹脱出，

积食不消，以致称重者，切勿使斗。须俟风信，肉身收束，始可破口。始风信不收俟落汤，落汤不收则成废弃矣。蛩之嫩者肉必松，食多则腹膨身重，至不可收拾。一经天寒，骤然退食，最属无用。如至霜降仍能健饭，则虽至深汤，可无干老之患。且虫性各异，调养尤难。惟颜色纯正，肉身细结之蛩，及至到性，自能收拍，无烦扣食。余则均须喂养得宜，切弗使伤饥食饱，庶厘码有准，不至吃亏。如深秋能食全米，随食随消，毫无积滞，无论汤前汤后，其精神力量，已占定上锋，此种实不易得。再若善饭而不称重，拖肚而得笼形，其蛩必且健斗，此可为知者道，难与外人言也。

夫头大脚长，腰粗尾细，生相自是头等，尽人能识之。至若平头直项，颜色纯正，亦宜留心静养。无论生体方幅及杆子生身，养至深秋，肉膘充足，竟有变成高厚者，如其腰满背驼，必且力逾一切。结冬之虫，此等颇多，但不易于出土时决之耳。

寒露霜降之交，天气夜寒昼暖。蛩亦变态百出，如其吃食贴雌。清晨蛩极矫健，及至午刻，忽尔无情，皆由寒暖不匀之故。当局之虫，入栅闻聒叫声，只以草撩拨其尾，即便鼓翅张牙，方可放对。使斗如不受草，决须划出，可免败北。蛩性之猛烈者，即或受寒受热，犹且见炙开牙，然必浮而无力。后炙不灵，不可因其状之勇猛，使之出斗取败也。

谱称枣核形为上品，今则不甚合选。此种名两头尖，头小而肉大。前用比合，不称重轻。此等生相，如与头大脚长，骨多肉少者比之，总可僭重一二十毫。以大斗小，甚得便宜，故属可贵。今用毫戥，称后合对应取状貌魁异，笼形高大之虫。若此等入栅。笼格褊小，已是逊人一筹。欲其占彩当场，殊属非易。今昔殊形，不可泥于成法也。

清秦子惠撰 王孙经补遗一卷

上等之虫，至秋分节，配以三尾二三头另养一盆，更相调换，使蛩易于落蛋，不至有并铃之患。至霜降时，雌多生子，不复和连，自须另换元雌。元雌养至霜降，均已钳牢肉足，亦能健斗。已经破口之蛩，时刻思斗。放雌下盆，偶被触动，每每起翅张牙。如遇凶雌，亦必启齿对咬，雌牙尖小，最易伤虫马门，以致艰于启闭。出栅之虫，数栅省夹，并未受伤，忽尔牙门损坏，皆由此故。下元雌法，须候虫呼雌至急，看其将身倒退，摇尾不止，见雌并不张牙，则下元雌落盆。可立等其过蛋。过蛋后则两相和连，无对咬之患矣。养蛩家都不留意于此，以致佳虫受伤，诚为可惜。亦非经验不知也。

插汤以进冬门为度。立冬以前，如遇风信，虽至冻僵，弗插也。早插汤则蛩早老。且天时乍冷，必要回阳，蛩在汤中，最易泡酥，且多修须咬爪花等病。善养蛩者，欲其深汤中健斗，须俟立冬后二三次风信，蛩果不吃食懒贴雌，然后落汤。则虽径用老汤，可无意外之病矣。

浅色之蛩，或黑白二色，养至霜降如未破口，其品貌佳者，即当出栅试斗，以观其行口之轻重。亦有不即出斗，先自勾口者。总须拣天气晴和，方可使斗，否则必有失矣。且虫身受冻，多不合钳，如遇才力相当，不过极力义夹，或搅绕嚼钳，马门都至伤损，及分上下，其蛩已不堪再斗。虽有佳虫，竟成废弃。如人之抱屈不伸者，追悔何及矣。

蛩至深汤，多半衰老，出栅交锋，每每多咬，不能合钳。时交雪门，老惫者十且八九。必得健若早秋入栅，临阵随草进退，纵横驰骤，如风樯阵马，势不可当。交口即行闭钳，使敌虫不能还夹，自是头等名将，并可望为了虫。深汤之中，操纵都由人力，如素能合钳之虫，汤中只能义夹，则断断不可再斗。虽吃食贴雌，已不免外强中馁。别有一法，足称后劲。早秋选腰背丰满、肉身老结之虫二三十盆，不必其大头长脚也，间或勾一二次，见其出口老辣，或盘夹仍能合钳者，切宜静养，勿令多斗。待至深汤，如仍吃饭贴铃，蛩必矫健善斗。以之敌衰老之虫，可决其必胜矣。此兵家以逸待劳之法也。

虫初落汤，前辈有服汤三日之说，今不以为然。不知其说确有所据。比如蛩在汤前，颜色盆情毫无老意。落汤后，忽尔沿盆退食，不与雌连，似已老矣。或迟至旬日，复又精神焕发，矫健如常。则前此之沿盆不食，即系不服汤之故。若此者，其虫已无不受伤，如再厘码落轻，过铃缩小，则断不可斗。能审乎此，其汤须用两层老汤嫩汤，分作两桶，辨别虫性之宜暖宜凉，妥为位置。则万无一失矣。

汤虫以黑色白牙为上品，尽人而知之。然黑门中伪品极多，辨之不精，转多贻误。予尝悉心体会而得其故焉。诸虫颜色，以斗丝为凭，而斗丝尤以金银二色为贵。如黑色中细银斗丝，知为黑青。蓬头金丝，知为黑黄。银红斗丝，知为黑紫。黑青要身带蓝光，黑黄则翅闪金光。黑紫须得如玉之黑化红者，方为真品。若真正黑色，必身如点漆，沙晕重重。斗丝仍系黄白二种，务得沉细，不取粗浮，斯为真黑。若生糙白斗丝，及淡黄斗丝，必不能细直贯顶，其色必浅而不浓，其虫必嫩而不老，其品亦必假而非真。今人盛称黑壳白牙，特浑而名之耳。吾知其非有真鉴而云然也。

头项方，腰背圆，尾段尖，三字俱全，决非凡品。再得皮壳苍老，颜色清明，所见了虫，相多类此。

蛩之忌款，前已具载，犹有未尽者，特申言之。白毛项，青黑肉，凹背，翘尾，扁脚，削腰。显而易见，人尽知之。至于头脸之际，所辨极微，则有红马门，紫脑搭，画眉眼，花水须，以及眼下黑晕，脑后白雾，斗丝弯曲，并黑纹冲断等病。有一于此，必不中用。目力不济者，每多忽之，尤不能不留意也。

以上共杂说四十条。

壬辰双六月

文焕斋聚珍板排印

第十四種

蟫魚雜集一卷

清挹園老人撰

光緒甲辰排印本

編者藏

第十四种
清拙园老人撰虫鱼雅集二卷

　　《虫鱼雅集》二卷，分述蟋蟀与金鱼，拙园老人撰，光绪甲辰（1904年）排印本。拙园老人姓氏行实待考，当为久居北京家有资财之养蛩家。

　　本书可视为清末民初北方蟋蟀谱之代表作。李大翀亦为北方养家，时间稍晚，惟其《蟋蟀谱》乃就明清南方诸家《经》、《谱》汇辑而成，故卷帙虽繁而缺少特色，不得与本书相提并论。

　　试将本书引人注目之内容，列举如下：

　　一、清末民初北京养家以西北郊所产之虫为最佳，此后始尚山东蛐蛐，简称"山蛐蛐"，而当地产者（名曰"附地"或"伏地"），身价渐低落。《秋虫总论》对北方各产地有简要之叙述。

　　二、论秋虫色相，本书虽不时引用古谱，但不少名辞术语及鉴选标准均为北京蛐蛐把式（受人雇用代为照管蟋蟀之专业养家）所乐道。据此可推断作者与把式颇多交往，并为此辈之经验见闻留下记录。

　　三、北方养虫器具如万礼张、赵子玉罐及过笼、水槽等，名色繁多。本书有所述及。

　　四、冬日养虫，南方落汤，北方搭晒，书中所述，即当时把式所用手法。直至三四十年代北京名养家陶氏昆仲仍沿用之，惟阴雪之日或夜晚赴局始用汤壶。

　　五、清末民初，北京斗蟋蟀用宽大毛底之瓦盆，名曰"斗盆"。待见回合，两虫分开，允许上锋芡手用棒或盛放芡之象牙筒或硬木筒，轻轻敲盆以助阵，此为南方所绝无。后因棒敲对下锋十分不利，约于三十年代废除不用。

　　上列内容，未见他书述及，遂成为本书之特色。

序

　　余髫龄时，即性喜秋虫文鱼。尝携至塾中，师见而责，不准好此，弗听。一日又潜携入塾，师怒诃之曰：童子不务正业，将嗜此了却终身耶。余竟对之曰：爱虫斗有英雄概，观鱼游生活泼机，二物不为俗。豪士文人皆可好。况功课未误，师何责我不务正业。幼而无知，其蠢顽如此。师闻而笑曰：是故恶夫佞者，读书人究竟分心。嗣后须急改。不然夏楚矣。于是始不敢蓄此二物。稍长至成立，课举子业，终日攻苦，昕夕不遑。读书未成，迫入仕途，已将而立之年。风尘劳碌，宦游卅余载，何暇及此。然每见此二物，必留连玩赏，亦性之所好耳。岁庚子，因疾告退。闲居无可消遣，遂凿池园里，引水石间。各处购求，物色得文鱼若干种，于盆池蓄养。日日早起，为渠供驱使。年来滋生甚夥。凤尾龙睛，五色灿烂。观其唼花游泳，映水澄鲜，不惟清目，兼可清心。候值金风飒爽，蟋蟀清吟，助三径之诗情，添九秋之逸兴。当疏篱雨过，开满豆花，小院月明，照彻桐叶，闻唧唧之声，得悠然之趣，故日以虫鱼为闲中一乐也。读苏子赤壁赋，有侣鱼虾而友麋鹿句，因自起别号曰侣虫鱼叟。忆曩年师训，将嗜此了却终身之语。三复低徊，不禁有所感叹。嗟夫。经霜野竹，犹抱虚心。带雪寒松，独留晚节。知我者其在斯乎，其在斯乎。

甚在

光绪甲辰秋九月，拙园老人志于赏心乐事斋

秋虫源流

秋虫即蟋蟀。毛诗云：五月斯螽动股，六月莎鸡振羽。七月在野，八月在宇。九月在户，十月入床下。皆是物也。南方呼之曰促织，北地俗名曰蛐蛐，又呼为百日虫，又名反背虫，盖因雌上雄背。即谱上云促织三拗，过蛋有力，赢叫输不叫，雌上雄背之谓也。好此者，每为讲究，多所购求。盆设多桌，虫分诸色，一切器具精工，无不佳妙。至排斗时，各炫其美，各夸其良，所以又名好胜虫，及富贵虫。是物喜洁恶秽，最宜清静。花前月下，闻其声可以涤虑澄怀；日朗秋高，观其斗足能赏心悦目。闲暇无事，以此为消遣，与身心未尝无裨益。故昔人有半闲堂之雅称，豪士文人皆可好。若以此赌输赢，争胜负，较量长短，唯利是图，则不敢谈矣。

秋虫总论

虫生于山石立土间者，性刚而力强。生于水边草际者，性柔而力弱。盖缘得气有阴阳之分也。北地土产曰伏地虫，以西北路苏家坨一带为最。土脉良佳，所产之虫皆色鲜皮艳，肉细身强。每出斗虫，东路一带俗呼之为垛货，大半色黯皮糙，肉粗身笨，不出好口。是物在野地，七日摺一壳，须四十九日，连摺七壳，始成全形。方能鼓翼而鸣。摺下之壳，随脱随吃，吃尽虫方有力，身亦雄壮。有谋利辈，俗名签子手。未交秋之先，即下地搜罗大秧子，方摺过五壳六壳

者，即捕来自养。加之混喂腥食，脱出色更鲜艳，此为秧脱，又叫手里脱。皮色虽佳，软弱无力，须必细而冗，腿曲有血丝，容易辨也。北地山虫，以易州涞水地道为最。颜色既润，皮肉亦细。山东虫推济南、肥城等处地产者佳，颇有大分量者。雄壮有余，较比北地山虫，干练不足。总言之，无论伏地山虫，要拣精神光彩、身有骨力、头有麻路、皮整翅皱、头圆牙大、腿胯长健、颜色不杂不黯者，购之则无差谬也。

养虫浅说

养虫如屯兵，选虫如选将，多多益善。所以器具务要多储，地方更须广阔。交初秋，热子儿可以不买，有材料者甚少，且多秧脱。一交处暑，大民子秋虫，无论伏地山虫，可以多购。用高大凉盆，每桌廿四个，择阴凉过风处蓄养。每日食水调匀，午后汕❶罐。将近白露，须下三尾。虫性最淫，每早午晚，要过三次铃子。若无三尾，不独昼夜呼雌，虫体有伤，且亦不来斗性，须用三尾串透。看虫后尾壮起，则斗性发矣。俟白露节后。分量称准，便可分对排斗。入手须要狠排，不可将就。整口者佳，碎口者劣。若下盆乱咬乱叫者，便非佳品。排有下口硬辣者留。水牌上记明，接连自排。至秋分节，虫之颜色亦定，口之软硬亦见，不济者便可弃之。又是物识毛不识胆，买时虽拣雄伟壮健者留，排时竟有徒具其表者，并

非斗虫。故购时须多多益善，以备选择耳。

秋虫杂志

虫之种类甚夥。若按四生谱上促织经，名色多矣。如蜈蜂形、海狮形、土狗形、油挞利、玉锄头、铁弹子、锦蓑衣，又如油纸灯、五花、玉尾、重牙、八足，计有异虫卅六种。且各有赞语，近乎敷衍，未便深信，何能妄评。或又曰，虫有化生，蝎子变青，马蜂变黄，蜈蚣变紫，既属难得。亦未曾见，更难虚论。惟知昔年南楼老人，平生雅好秋虫成癖，得过蜈蚣紫一虫，系伏地。经签子手拿来，连脱下蜈蚣蜕，一并献出。故知系蜈蚣化生。入盆使斗，敌虫尽皆披靡，莫敢与争锋。两钳张开，咬遍诸虫。直至冬至打将军时，一胜到底，故尔封王。当时社会中人皆知，侈为美谈。有到过老人花园中纡环轩，见土山上，果建有虫王庙。内塑泥像三，皆高不盈三寸，中间白面黑髯，名曰粉底靴。左边即蜈蚣紫，貌狞狰，右边黄面金须，名曰金肋子，皆封王之虫。据云三虫原身皆各在各像座下葬之。至今传为佳话。足见老人之好奇甚矣，癖亦深矣。此外除各色麻头外，有金眉子、银眉子、紫眉子。且有说十眉九不斗，斗上没有够之论。翅子除长衣、尖翅、大翅、琵琶翅外，又有秋阑翅、蓑衣翅、玻璃翅、鼓翅、破翅、半身甲。更有驼项，银双铜，单鞭，五爪，鳖爪，坑儿头，铁拐等名色。大半不是脱壳时脱走，就是受伤，经贩子手混起名色。养虫家有买者，而得者颇少。又更有金道冠，绛顶蛐蛐，尤为下品。惟甲午秋，买易州山虫，无心中购得尤甲虫一头。买时因取其头大牙红，蓝脖宽厚，腿胯亦大，分量只九厘。后经排斗，所向无敌，直至打将军时，胜三十余盆。因无甲色漆黑，会中人赠名曰铁光棍。无敢与较量者，真杰虫也。虽然不足凭也。何则。会中人见此，次年秋皆购觅无甲虫，孰知竟无一得者。亦事逢偶然耳，还宜按谱求之为是。

相虫 十二则

颜色 一

虫色分青、黄、赤、白、黑。青有真青、蟹青、虾米青、紫青、青麻。黄有重色黄、淡黄、素黄、蟹壳黄、紫黄。赤者难得，真赤为火判，得纯阳之气，向阳山坡所产，必是斗虫。淡红者皆水色，无用也。白色为异虫。若见着定是将军。黑色最多，真黑甚少。真者起光发亮，周身如退光之漆，为一锭墨，亦系外五行将军。虫中惟紫色更多，有重色紫、淡紫、葡萄紫、棕色紫、素紫、紫金臂种种名色。独金线紫最为难得。紫色虫原不讲线，惟独金线紫，线路直而且亮，翅皮皱如苏叶，轻易不见。

头像 二

头宜圆大，最忌扁小。有白麻头、黄麻头、红麻头、宝石头、青麻头、紫麻头、栗麻头，形似蜻蜓样者为上品。其次寿星头，圆头，至糖梨头，烧饼随身头，又其次也。总论之，头要起棱四闪，光彩有线道，不要沉闷无彩气。俗谓头瞒不入选也。

底脸 三

虫脸亦有五色，最佳者脸如锅底，性最刚强，是为斗虫。其次色亦须正而洁，有细纹。最忌脸花。谱有云：酒醉猫儿脸，花花白露纹。最为下品也。

牙钳 四

牙钳尖长锋利光润者佳，短小发暗者劣。有白牙，红牙，墨牙，紫牙之分。白如玉柱，红似朱桃，紫胜玫瑰，墨如光漆，俱须光亮有彩。若一暗淡，白者为米牙，红者为肉红牙，紫者为苏木牙，墨者为炭牙，俱不要。宜细玩之。

脑线　五

脑线即虫头顶上之麻路也，宜细而直，不宜粗而曲。谱云为之细线贯顶。亦要明亮，不要黯淡，黄色青色虫，必须细线。紫色虫原不讲线道，若生有黄色线，名为金线紫，真了虫也。见者不可轻视。

脖项　六

项喜宽厚有毛丁，忌紧促油光无毛。有蓝脖子，分真蓝、铁蓝、锈蓝。真红脖子曰火盆底，最高。次则朱砂脖、白脖、桃皮脖、桦皮脖，又其次也。皆须生有毛丁。若光滑无毛者，皆下品也。谚云：鹌鹑看舌子，蛐蛐瞧脖子。有此一说也。

翅皮　七

翅皮要皱而生纹，不要光而油滑。有金翅刻❷、银翅刻、紫翅刻、青翅刻、种种不一。总要皱纹满翅，灿气濛濛者为佳。

腰背　八

腰背宜宽厚，忌扁薄，虫战斗气力，全在腰背之上。熊背子最为上，次则金背子、紫背子。往往有虫身虽大，两头翘，腰背凹，最不入选。总宜腰厚背耸者为佳。

肉体　九

虫肉要白而细腻者为上品。青黄色蛐蛐，务须肉细色白。别色虫尚不讲，但总拣干练壮健者蓄之。重浊肥蠢者，终无用也。

腿胯　十

腿胯宜高大，不宜短小。虫交锋全仗后腿蹬住用力。所以有先比头，次比腿，再比浑身无后悔之说。腿亦喜净洁，忌花黯。斑白，腊黄皆入选之虫也。

肚身　十一

虫之肚身有分，若生成蜣螂肚者，必是了虫。肚白而圆健向上翻，两尾短而直者是也。若平垂大肚，真笨虫也，万不可要。前秋养法。喂成牛花多肚，直到后秋交冬到封盆时，至多花半肚身。到老雄健，则得养虫之诀也。

须尾　十二

须尾，虫之威也。有天地须，有扫堂须，尾有玉尾。若是生成，皆将军也。真天地须，一根上指，一根下垂，若到交锋时，一齐向后一背，勇不可当。扫堂须者，双须永远扫罐底，一经交锋，亦是一齐竖起，锐气直冲，敌虫莫挡。玉尾者须真青虫，独双尾长而洁白如玉者是也。总而言之，须粗力大，冗细者懦弱。或又有蝴蝶须、棒棰须。蝴蝶须分卷，棒棰须双短，不是脱坏，定是着伤。售虫辈故胡赞以耸人听闻耳。尾无多论，伏地尾顺而有毛，山虫尾叉而多毛，购时拣全须尾者，不过受看而壮观耳，其实与斗无关。然亦须短❸过米须,原虫之眼目在须根上，若太短则难斗矣。

养虫八法
选盆　一

盆须陈旧，新盆有火气，虫体受伤。初秋用高大凉盆，万礼张瓦罐，名曰马蹄盆，最为得用。后秋用细泥小巧之盆，均须陈旧，且罐底务宜活土底，汕时渗水。死底汪水，无益蟋蟀。盆名色多矣，统曰赵子玉制。真者有十三种，曰白泥、紫泥、藕合盆、倭瓜瓢、泥金罐、瓜皮绿、鳝鱼青、鳝鱼黄、黑花、淡园、大小恭信、全福永胜、乐在其中。以上十三种，又有太子盆、蝴蝶盆、都人、白山、闲斋、敬斋、净面、深足、直档❹、中档、大瓮儿、糠胎、康熙盆，种种名色。有真者，后亦有仿烧者，泥性差多。经师家，毋庸看，上手一摸，便分真伪，亦如辛家坯烟壶，一理也。万礼张罐子可用，又有彩山窑及各色苏盆，皆不可用也。

择地 二

初秋须安盆于宽敞地方，不可置之窝风之地。有南抱厦、南廊子固妙，不然亦须在南墙阴凉之处。务使虫白天得风，夜晚受风露之气，方能出长。节气渐凉，桌子渐挪。迨至霜降节后，须用搭晒工夫，夜间盖被。大冷方可进屋，亦须静室，不可入有火屋中。十分大冷，或用汤壶煨之尚可。煤火断不可见也。

饲食 三

初秋虫谓之潮柯子，只喂白米饭一粒。下三尾后，亦只一粒半。此物反背虫，越热越吃食，多喂则脱节大肚，难收什矣。交秋分可喂豆食，用黄黄豆煮熟，豆与饭各半，研极细，抹于小竹铲上喂之。绿豆性黏腻，恐黏伤罐底，非所宜也。交霜降，加以去皮玉米仁，以长牙力。天寒虫即懒食，再加入莲子肉，或少用茭白，或苹果，均须熟喂。或有羊肝、虾米肉、螃蟹夹子肉喂者，均非所宜。虫生于野地，如何见得腥食，非养其生也，乃速其死也。宜不用此法为是。

调水 四

虫乃湿生之物，水不可离也。有饮以露水者，亦不必过于讲究，三伏雨水尽可。尝云，水长骨头食长膘，不见金风不下腰。

故水万不可缺少。初秋用大瓷水槽饮之，后秋换小水槽。缘虫性越冷越怕水，恐其水浸肚皮，虫受伤也。水槽亦有真伪，至高者曰蓝宝文鱼，有沙底，有瓷底，次则梅峰、怡情、宜春、太极、蜘蛛槽、螃蟹槽、春茂轩，不能尽述。

汕罐 五

汕罐不可用井水，凡养虫家必收存三伏雨水，以备饮虫汕罐。初秋蒙头水透汕，中秋后只汕罐腔，霜降后只铺罐底。无论寒暖，每日须汕不可间断。罐子要潮润，串子要干洁。串子即过笼，有许多名目。至好者曰宣德串，其次五福、鹦鹉偷桃、五福拉花、鹦鹉拉花、白泥、紫泥、万礼张、菊花串、寸方子、单枣花、双枣花、哈拉扁、方胜扇面式，种种不一。各有真假，养盆中用只要陈旧无火气者即可。真串作起盆用之最好。

拣雌 六

三尾务须挑拣长枪黑衣小脑袋细腰身者用之。黄翅刻短枪大肚及小个金三尾，皆万不可用。最好者飞子三尾，枪长衣黑，细腻文气，谓之美人三尾。接铃子极伶快。后秋虫全仗好三尾。若铃子不透，虫即懒斗，必须多屯。用小山罐，一罐一个，铺活土底，以备换下扎子。更须与蛐蛐桌子隔远，不然闻虫叫铃，三尾在小罐乱碰，难免损伤。须体察也。又云，任尔将军虫，凭你大把式，若无好三尾，也难争口气。是以养虫家，三尾不可不讲究也。

审视 七

虫之冷暖消长优劣，全在审视工夫，叫下铃子。冷暖合式，则色生光，亮似水晶。若受寒则定白无光，受热则色必粉红。皮翅日鲜，虫有出长。皮翅日黯，虫渐消败。优者势相稳重，虽系微虫，亦有气度。双须微摆，寸步而行。鸣则声沉而亮，亦不长叫。若劣者一掀罐盖，乱跑乱串，甚至藏身过笼之后，或跃出盆外，鸣则乱叫，最无出息，万不可留。佳者真可爱也。

搭晒 八

深秋方用搭晒工夫。虫受夜寒，早不起翅，挪向嫩日中，搭以竹帘，名为花一花。再寒用花晒，过寒用敞晒，虫亦有知，皆贴向前罐帮，奔火抢阳光。听虫起翅，即须遮以竹帘，名之曰回上。始遮一层，再重复之。俟虫叫圆了盆，再撤帘子，将桌搭开。帘子亦有用斑竹者，玉草者，虾米须者；大冷用苇织大戳帘，终日向阳。但见火罐子，必须拣厚薄一律，以为得火之大小一样，无先透后透之虞。所以家具必须多，且须勤换。罐底过湿者，见火又恐潮蒸。到底真罐取贵者，留得住火，温暖得长久。假罐透得快，凉得速，盖因泥性太差，不如真者多多矣。

虫中四忌

一忌香味。虫见香必定伤。秋季有兰桂花，皆须放远，不可相近。凡爱养此物者，身边决不佩戴香串、香囊等物。最厉害者潮脑一物，如闻见，虫即昏晕。不可不知也。

二忌雾潮。如下大雾，即将支钱撤去，用苇帘遮住，俟雾气散后再为打开。

三忌烧酒葱蒜气味。凡知者醉饱之余，决不掀罐盖赏玩，恐虫受伤。

四忌煤烟柴草气。倘邻家或熏蚊虫，或做饭食，有串过此等气味，亦须撤支钱，不令染受。

秋虫六要

一买

买时须认得准，看得真，方不受欺。全在平时见过虫多，加以揣摩研究，方能分出地道材料也。不在乎虫之大小，更不在乎价之低昂，遇有佳者，便放不出手。所以买时为第一要。

二养

虽有佳虫，养不得法，亦属可惜。自初秋潮柯子养起，直至九秋到冬。一切食水冷暖，汕喂换罐、换串搭晒，工夫俱要到家。细心调理，虫方精神出众。所以蓄养为第二要。

三斗

虫既佳妙，斗须精通。南方斗虫，讲起闸下闸，用上锋芡下锋芡。北地另设斗盆，盆要细腔，为虫易于回转。底要干，不可滑，为虫登之得力。临对敌时，两家各起过笼在手，分量是已称准。本系文雅玩物，还要谦让先后。俟俱放入斗盆，各持棒芡。棒儿有象牙有檀木者，芡用细牙棍或玉草棍，头上打眼，栽好鼠须。先点虫之前抱爪，再捻水牙，虫之斗性即起，再用棒敲罐催战。两虫搭牙，咬上便不许敲。要紧惟将分局时，要睄上下锋。占上锋者棒要连敲，犹如催阵之鼓。下锋者缓虫气力，不可敲，须用自己棒芡护持之。虫性打胜不打败，下锋虫神即散矣。上锋虫鼓翼欢鸣，下锋亦有鸣者，是被咬重谓之疼叫儿，须要辨也。往往自己虫已占下锋，再用棒一催，未有不败北者。自己虫已得上锋而不催阵，虫性亦难鼓舞。所以斗法为之第三要。

少湿

少湿，无甚大议论。不过养潮柯时，罐子要潮湿，物原水虫，方能得养。串子要干洁，不可湿。令虫有退居之所。

中干

中干。中秋将排斗时，罐底要稍干。生虫之斗性，健虫之腰腿，肚身后尾壮起，以备交战。

老潮

老潮。虫到苍老，罐底宜潮，以养其气，以润其身，且免爪秃须尾焦之弊。以上各条，皆能如法，养虫之妙诀得矣。足可遣九秋之雅兴，寄千古之豪情也。是为之记。

校记

❶（原书叶二下第七行）"汕"为"涮"之误。下同。"涮"，用水洗物也。"汕"音"扇"，鱼游水貌，又为捕鱼器，音、义与洗涮之"涮"不同。

❷（原书叶六下第六行）"刻"为"壳"之误。下同。北京称蟋蟀翅膀曰"翅壳儿"，意谓翅乃虫之外壳。"刻"音谐而字误。

❸（原书叶八上第七行）"短"为"长"之误。谓蟋蟀伤须，至少须剩一粒米之长度，方能上局，否则无人肯与咬斗。因养家深恐短须者来犯，因其须太短，自己之虫不能察觉，以致受损。不够米须不斗，亦北京局规之一也。

❹（原书叶八下第八行）"樯"为"墙"或"腔"之误。北京称蛐蛐罐之壁曰"墙"，或曰"腔"。墙直者曰"直腔儿"，口小腹大者曰"瓮腔儿"。"樯"为船帆之柱，俗称桅杆，与罐何涉？

蟋蟀試驗錄一卷

第十五種

近代胡耀祖撰

民國五年印本

第十五种
近代胡耀祖撰蟋蟀试验录一卷

胡耀祖，号绍堂，歙县人，撰《蟋蟀试验录》十则，民国五年（1916年）印本。封面有张謇题签，卷首有陈辉曜、陈致祥、胡云骧、程家炜、胡绍书、黄家驹、卅六峰樵隐、吴嗣葳、胡洪漳、胡善权等十家题辞（以上均删去不收）及绍堂自序。

自序称："先君贡西公爱蛩成癖……辄乐述其试验之本末……兹就其试验之法，兼附己意，演绎成编。"所述盖以其父之法为基础。内容简略，除为人所知者外，有数处竟与南北养家大不相同，为拈出如下：

一、《捕捉法》谓"必从处暑后一礼拜举手，至白露后一礼拜遇雨截止"。否则"后天未足"，不能结秋。实则不论南北，立秋后即可得佳虫。如迟至白露后，已是太晚。后天之说，恐难成立。

二、《做桶法》即所谓"吃汤"或"落汤"，时间在立冬以后。绍堂竟早在中秋已经入桶。按此时天气尚暖，即使在北方，蟋蟀日夜均在院中，全无搭盖。中秋入桶，必因受热而罹病害。

三、《斗后养法》谓虫愈老，斗后所需调养时日愈短，不知何以云然？按虫愈老，斗后调养只宜愈长。且调养长短当据斗时之实际情况及斗后之恢复情况而定，岂宜笼统定为几日？此又其主观武断处。

绍堂选虫谓古谱论色相乃"拘泥之见"，而以看斗口为依据，于此可知其鉴别能力不强。每年斗虫至秋末而结局，于此可知其喂养工夫不精。

如上所述，《蟋蟀试验录》本只堪归入《存目》，惟因其多奇谈怪论，反将其收入本编。俾知有此只能导致失败之经验录而不为其所误也。

序

蟋蟀之名，见于国风，详于月令。唐开元宫人，以金笼着蟋蟀，从事于三秋游戏，于是外间王孙公子，以至士庶，皆慕而效之，世异风同，遂经今而罔替。先君贡西公，生平爱是物而几成癖。燕居闲暇，辄乐述其试验之本末，一一表彰之。今先君见背垂廿余年矣，回思昔日趋庭，言犹在耳。兹就其试验之法，兼附己意。演绎成编，因核实而名之曰蟋蟀试验录，以公同好。虽弗敢窃比于格物之君子，聊以补前贤秋虫谱之所未及云尔。

民国五年五月中浣
古歙绍堂胡耀祖谨撰

蟋蟀试验录目录

捕捉法

蟋蟀以先后天俱足为最佳。予历年从立秋至处暑后一礼拜，多方捕捉，提选品优者使斗。上一册而赢，上二册而亦赢。待至结秋（每年赛斗，以秋末为结局之期，故称结秋），则赢者皆输，何也。推原其故，蟋蟀自化生之后，历日无多，秋气未能受足，或谓出土较早，穴处未久，难以耐劳，以致结秋，不能临斗。此蟋蟀之后天未足，故有此患也。今之捕捉者，必从处暑后一礼拜举手，至白露后一礼拜，遇雨截止。惟此两礼拜期内，蟋蟀之后天已足，捕之最为及时。如后天足矣，或仍有品优，不能斗至结秋。此其故又何也。盖蟋蟀由他虫变化而成，如其虫非数年坚结之虫，则前身嫩，故变蟋蟀也亦嫩。此系先天不足，虽得之亦复不能结打（赛斗之蛩，斗至秋末结局仍能猛斗如前，故称结打）。此理非屡经试验，实不易辨。

拣选法

拣选之法，以盆罐宽绰为先。见有人码中码者，辄提取而养于盆内。不论正色杂色顺色，且不论头项大小，后段圆尖，短腿花牙，均堪入选。惟牙小者，最不相当。前贤秋虫谱，往往论色相而拣选之。此拘泥之见也，一经试验，迄无实效。穷其究竟，蛩有真色相，人无真目力耳。然则拣选之法，必须在对敌之时，取其重口者为佳。盖重口云者，其口法有快利如刀之妙。精于拣选者，

必不外乎是。

早秋养法

早秋蟋蟀，譬如人已长成，喂食不宜疏忽。加以天气炎热，所食尤易于消化。从上盆起，大码蛩，每日须喂鲜粥粒半，中小码蛩照减。三日后，大码蛩每日须喂饭一大粒，中小码蛩照减。喂食之时，最宜注意。

中秋养法

中秋蟋蟀，如人年富力强，喂食自然与早秋时同。盖蟋蟀善斗，用力多则食不宜少。究之蟋蟀，乃无骨之物，寒露前后，天气渐冷，所喂宜酌量递减。否则腹大，便不相宜。若天冷较前尤甚，须用毛毯垫盖。否则其腹被冻，亦恐有腹大之患。

晚秋养法

晚秋蟋蟀，赛斗已屡获胜，态度珍贵，非前时可比。设有食少而色未退者，可用鲜蟹钳肉和饭喂之，则其味较易入口。如食再减少，面色且退者，则精力衰矣，似此可封桶（后不再斗，谓之封桶）。否则一斗必败，反觉前功尽没。故封桶之法，所以使蟋蟀有完美之结束也。

下三尾法

白露前，捉三尾，以多数为主。入盆后，必多与之食，以饱其腹，无使自食同

类，是第一要着。盖三尾以头翼黑者为最宜，凡黄头者弃之。且蟋蟀早秋临斗，必先下三尾，以畅其性。若时届寒露，三尾或按日下之，或间日下之，须视天时为定。且宜用小者最佳。晚秋寒气渐侵，三尾之小者，呆立已无活相，又不若大者，体势玲珑，下之最为适宜。若头额雾翳不明，抑其腹忽然收缩，不论大小，皆老而无用矣。须弃之。

做桶法

做桶之法，亦曰吊水。其法以木桶先放房内，将门窗关闭，无使凉风侵入，是做桶之要着。随时以水胆，安置于桶内之中心点。当水之未入胆也，必先用竹竿一支，量其胆内灌水处为若干长，即知竹竿上比例之长，与灌水处原有之长，相同不贰。然后将比例之长，匀画为十度，此即竹竿上之十度标准也。晚间十二点钟，以煎至滚极之水，灌入胆内。中秋时，只用四度起码。若天气渐凉，则滚极之水，亦按度渐加。须视天气，递加至八度为止。以竹竿之标准量之，自无讹误。是在做桶者，临时加意酌量可耳。蟋蟀盆中，须置空水盏一只，盆之安放，四围环列于桶中，距胆位或一指许，或指半许，均视胆之粗细而定之。粗者水多，则盆隔指半；细者水少，则盆隔一指。按其水之热度若何，太逼不可，太离亦不可也。中秋以盆罐入桶，燃香一支半为度。比时听桶内唧唧之声鸣而渐扬，扬而渐缓。一开桶视之，蟋蟀在盆，以畏热之故。皆离于傍水胆之方面，而伏于靠木桶之方面，或前足搭上盆墙，方称功到。且功到之时，开扫起摊，亦以避风为主。微启盆盖，而鸣声又作，其盆必摊至收声运芡而止。自此下三尾，必使冲和而静其斗性。移时呼雌，候至过铃后（蟋蟀呼雌下子，名曰过铃），即取出三尾，仍旧将各盆放在桶内，谓之收桶。

惟中秋时，以盆收入。前之距胆指半者，今则较原位推进一半；前之距胆一指者，今亦较原位推进一半。至若晚秋收桶，凡前之距胆指半、距胆一指者，今均以盆紧靠胆位，谓之靠罐。迨至天明，再开桶运芡一遍，若额有雾翳，尾夹不开，以及郁蒸气闷，芡路钝而不灵，类皆有疵，非佳品矣。此种剔出，切勿留斗。于是而做桶之法，至详且尽矣。惟起摊一法，有先后之不同者。时当中秋，固宜照前法行之，以舒其气。如中秋已过，天色颇凉，必须稍摊即收，不可使久。迨节过立冬以后，寒威渐至，开桶时，运芡一周足矣。何摊之足言哉，是在体物之君子，依成法而变通之，可以意会，难以言传也。

合对芡法

运芡以心灵手敏为先。心不灵，手不敏，则芡曷可以言运。合对之时，无论首条及二三条，上锋下锋，均要运芡如法。蚤性发而鼓翼，从此开栅乃为及时。且开栅之后，必用芡左右拥护，无使头项偏向（即俗谓排草上头之普通口吻也）。庶几交锋，不致受意外冲扑。斗胜者下栅，以掩布盖之。亦必察情度势，频频运芡，以活泼其机为目的。若斗败之蚤，须限香半寸，其香燃到，即以芡茸，揩若针铓。向其左右脚叉内，轻轻着草。则性以触机而发，大有跃跃欲斗之势。然后于项上掺之，随即当面挑引，以速其前。迨满芡后，则可任其交锋乎。而尤未已也，尚须轻轻挫之，引其体向左，又由左而引其向右，旋转如风车之形。然后其势舒，其威壮矣。惟俟收牙，开合便利。再行请上锋开栅。临时排草，一一照前法行之。总之，以心灵手敏四字，为运芡之总诀。四字缺一，必不可以从事。

疗治法

蟋蟀自猛斗之后，无论受伤与否，必须提苍蝇一二枚，将其头摘落放盆内，任蟋蟀食之。有伤自能退，无伤亦获益。如届时无苍蝇，以土鳖浆代之亦可。倘其牙关受伤，开合不利，则必频频运芡，以活动其口锋为要。经二三日，自能平复如常。

斗后养法

蟋蟀早秋斗后，得两礼拜之调养，可再斗。中秋斗后，得一礼拜之调养，可再斗。若节届立冬，则蟋蟀老当益壮，斗后得三日调养，便可再斗，不必延期寝息矣。然必须声音响亮，情态强健，方可稍休即斗。否则斗期逼促，非爱护斗蛩之至意也。

第十六種

鬭蜻随筆一卷

近代恩溥臣撰

稿本

北京圖書館藏

第十六种
近代恩溥臣撰斗蟀随笔一卷

《斗蟀随笔》一卷，恩溥臣撰，稿本，北京图书馆藏。此书可谓北方养家之《功虫录》，所记善战之虫始于光绪二十一年（1895年），止于民国二十九年（1940年）。四十余年间共得悍将二十有六。溥臣满洲人，斗局报字"克秋"，为近代北京著名养蛩家。

溥臣记蟋蟀色相，咬斗特征，不及秦子惠详尽。于每虫之生活习性，三秋变化，更少述及。故《随笔》可资秋虫爱好者学习参考之处，不及《功虫录》众多。但每次咬斗，对局者为某家某虫，无不备列。经统计，全书述及之养家报字约有七十人之多，蛐蛐把式亦近十人，虫贩十余人。清末民初，北京与秋虫有关之主要人物，大抵尽在于斯矣。

溥臣好胜，独喜描绘下锋之养家"汗出如浆"，"手颤神变"，"汗湿红毡"，"苦胆破矣"，"望影鼠窜"等等，读之可发一噱。但亦未免有言过其实处。若就虫德斗品而言，溥臣视子惠亦多逊色。

英武大虫王真青

光绪二十一年八月初九日上

山东乐陵

⊟ 隆福寺 赵三

此虫青头白络，青项，遍体真青。玉柱大蠢牙，光华灼灼。头魁圆大，身体高厚，腿健圆长。是岁诸虫，莫不授首。力挫东菊，咬遍北城名虫金蓑衣，清字真火牙，在场诸人，无不啧啧惧其神勇。口快如电，所向无敌。勇冠三秋，真异虫也。乃于十月初一日恭祭虫王颂曰：伏波大将军英武大虫王，以彰神勇，而与同癖者共览焉。偶成七律一首，以志神勇：

神勇真青到处扬，身雄力猛腿圆长。
钳如干将锋且夭，翅似狻猊健而强。
北讨菊清齐授首，南征铎师共焚香。
三秋场上威名赫，蟋蟀丛中第一王。

恩子芳题

头圆牙大性刚强，翅项真青隐有光。
血色红钳坚且锐，烟熏黑腿壮而长。
敌虫受口身惊窜，物主当场意气扬。
触目虫王今岁得，教人哪得不焚香。

英士先题

真个牙坚腿更长，青身闪烁有光芒。
虫与交锋皆立毙，王虽对垒亦怆惶。
其二
天地精英育此虫，生来威猛众难同。
牙钳更比干将利，菊帅铎清落下风。

恩子芳又评一则

余友恩溥臣，性癖蟋蟀。凡虫一入选者，必精勤调养，爱获珍之。比年来所得名虫甚夥，然皆互有输赢，未得始终为冠者。惟光绪二十一年秋八月初九日，于隆福寺赵三山东蟋蟀内，购得真青一头。其虫体厚钳红，腿长肉黑，麻络直长，头项相称，牙大异常，光明可爱，故知其不可轻视，然亦未深信。初排时，将敌虫两牙咬折，于是按期赌斗。所遇名虫皆受一二口而惊窜败北矣。适北城有东菊，蓄金蓑衣者，名噪一时，为诸虫之冠。乃与真青放对。下盆时，在场诸人意必有一场恶战，诚如中原逐鹿，不知鹿死谁手。孰知金蓑衣两牙方递，即被真青咬住。金蓑衣连受五口，而曳兵走矣。在场诸人，愈谓真青此真虫王中之王也。余亦爱惜此虫，故为志。

战功录

⊟ 八月初九日　上英字深紫熊背（两牙具折）

⊟ 八月十四日　上帅字真黄大红牙（系唵字第一健虫，吉帅暗起出，斗一日即败）

⊟ 八月二十六日　上石字素青（系一口健虫，霞字珍重如宝）

⊟ 九月初六日　上清字素青大像（大头短子，系清字留上桌之虫）

⊟ 九月初十日　上东菊金蓑衣（系北城第一勇虫，曾咬死壮字无敌名虫玉垂头者，连上九盆皆一口赢，威震三秋）

⊟ 九月十七日　上清字真火牙（系一口便昏，或未敢入牙即走者十於❶盆，名冠九城莫不避易）

233

神[2]武都虫王黄大牙

丁巳年八月十九日上

山东济南

⚔ 隆福寺 四面陈

此虫黄圆头大，阔蓝项，紫黄方翅，身背宽厚，六腿圆健，双钳红色，蠢大异常。局中呼为清口虫王。初斗时，有南城斋字等购得刘海亭上好勇虫玉牙青一头。伊虫身背雄厚，遍体黑毛，交锋时一挝便赢。是日与黄大牙角斗，在场诸人以为必有一番恶战。及至交锋，竟不能敌。勉强支持，即被咬折一牙而惊窜矣。菊字曰：真好黄蛐蛐。赢吾一上好虫。凯字曰：此虫好大脖子，好大牙力，又在那王府上广字大像黄麻头，只半口。广字曰：此虫未见咬，如何即败。好快口，好精神。从此威名大振，莫敢与敌者。乃于十月二十五日（即大雪后一日也）在宣武门外方壶斋杨宅祭神。与元昌由天津觅来上桌将军勇虫青大头角斗。未斗时，蛐蛐把式二陈，素知其勇，暗告元昌曰：克秋之虫，异常勇猛，不可与敌，须当避之。元昌曰：吾虫系天津打遍无敌者，甚有底，不惧伊虫。上桌斗时，元昌得意洋洋，以为必胜。及至交口，青大头牙力竟不能敌。只被黄大牙一口，而青大头须卷牙损，望风逃矣。在场诸人为之哄堂，皆曰：好大红牙，好大钳力，好快口，真乃清口虫王也。茂字、凯字、南帅、东平诸人，皆欲争借。再上几次桌，余黄大牙口快牙大，神欢骁猛，诸虫辟易，勇冠三秋。已然功成名就，不忍再劳其勇。皆惋言谢辞之。诸人皆曰：此虫今秋可称为五路都虫王矣。祭神上桌，恭颂至勇大将军，神武都虫王。贴喜字封盆大吉（十二月二十八日）荣终（即立春后第五日也）。

七绝四首以志神勇

雄壮身材体厚丰，刚强骁猛冠诸虫。
红钳蠢大干将利，王号名垂万古中。

其二

至勇无敌[3]体健强，身雄铁骨翅金黄。
宣须怒尾能酣战，咬死诸虫号霸王。

其三

神武虫王振方壶，红钳似火敌万夫。
力降菊广元昌瑞，竹帛名垂冠帝都。

其四

神武超群世间稀，诸虫胆落又魂飞。
红钳似火干将利，打遍秋冬逞雄威。

七律一首

高厚形方遍身黄，头魁项阔力最强。
威鸣金翅生音咜，怒吐红钳露剑铓。
百战无敌超俗格，三秋独占异寻常。
祭神上桌人争羡，勇冠都中第一王。

战功录

⚔ 八月二十五日　上斋字名牙上将铁青（毛项）一狠口（牙坏一只）

分九月十三日　上广字名虫大黄麻头（一口）

卅十月十一日上瑞字大像墨牙青（清口）咬成坐墩

卅十月二十五日（大雪后一日也）打将军，祭神，上德字（即元昌）青大头（清口）系由天津上桌将军，在津时已打遍名虫矣。

山东大虫王蚂蜂黄

戊午年九月三十日上

山东

文 隆福寺　四面陈

此虫黄麻头，朱砂项，两翅金色，六腿壮长粗大，身材雄猛，双钳血色，蠢大异常，牙锋有钩，宛若桑剪。形似猛虎，势若狻猊，骁勇绝伦。初排时敌虫未敢入牙即走，亦未知其勇。赴方壶斋与广字名虫紫青角斗，在场诸人以为紫青必上。捧局者数十人，广字亦得意洋洋。两虫牙钳方对，紫青即不能敌，仅受一口而紫青曳兵走矣。广字奋然曰：吾虫甚勇，遍斗无敌者，今日何故只一口便败耶，好厉害黄蛐蛐。乃于十一月初六日（即大雪）打将军祭神，上振字名虫大像墨牙青。伊虫体厚形方，神欢像大，振字以奇货居之，曾上数盆。今被蚂蜂黄力挫凶锋，而振字汗流浃背，丧气垂头。匆匆即走曰：好勇黄蛐蛐，好快口，吾虫不幸遇见硬对也。在场诸人皆曰：好清口虫王，好精神，此虫真无敌矣。祭神上桌，颂曰山东大虫王。贴喜字封盆大吉。（十一月二十九日）荣终。

七绝四首以志威勇

刚钳蠢大似青锋，勇冠诸虫力最凶。
天寿名扬威远播，凌烟阁上绘英容。

其二

高头朱项翅如金，蠢大红钳形似针。
六腿圆长神力猛，虫王桌上羡君临。

其三

黑腿粗长蚂蜂黄，红钳蠢大异寻常。
诸虫授首威名赫，天寿焚香意气扬。

其四

山蚂蜂黄气象雄，紫头朱项翅玲珑。
通天直线如银白，触目钢钳似火红。

战功录

文 十月初一日　试口上深紫（一口咬坏）

文 十月初三日　上铁青（好口）名虫也

文 十月十四日　上真青寿星头（一口）

名虫

乱 十月二十五日　上广字紫青（好口，广字买元昌斗名好虫）

文 十一月初六日（即大雪日）　打将军，祭神，上振字名牙上将墨牙青（清口）

合击

近代恩溥臣撰斗蟀随笔一卷

神威大虫王高头青 红牙青

己未年八月二十日上
山东
隆福寺 文子

此虫头顶高圆，红钳蠢大，六腿长健，身雄力猛，遍体重青一色，真勇虫也。交锋时，牙开一线。初排时未见敌虫交口，而敌虫牙坏身耸矣。九月十七日上善字名虫黄麻，只半口，惊窜败北。善字曰：好快清口，此虫无挡，准可上桌。于是未肯多斗。十月三十日（冬至前三日也）祭神，上广字打遍京都无敌上将青白麻者。伊虫曾上北城常乐名虫黄麻头，威名大振。连上十数盆，无敢角斗者。皆以无敌大虫王呼之。放对时，广字得意洋洋，以为必胜。交口时牙力不打，气力又不敌。广字在旁，汗出如浆。把式小赵曰：今日遇见硬对了。连受三口而曳兵走矣。在场诸人皆曰：好厉害红牙青，真乃无敌大虫王。此秋可盖京都第一虫王矣。祭神上桌。恭颂神威大虫王。贴喜字封盆大吉。（十二月十一日）荣终（立春前五日也）。

七绝二首以志威勇

高厚魁梧大方头，红钳蠢大振三秋。
身雄力猛威名赫，王号宣传万古留。

其二

遍体真青蠢牙红，形高背厚气豪雄。
威名远播传四境，勇冠三秋第一虫。

战功录

八月二十四日　试口　上勇虫墨牙青（清口）

九月十七日　上善字名虫黄麻（清口）

十月三十日　祭神。上广字打遍群雄，自名为无敌大虫王青白麻。（牙硬口快）

无敌大虫王青黄

庚申年七月二十六日上

山东宁阳

凸 隆福寺 小郭

此虫高头，黄麻白络贯顶，青项青身，遍体真青色，六腿长健，身圆背厚，体壮雄伟，血红大蠢牙，真勇虫也。交锋时神欢口快，急如闪电，敌虫似未搭牙，而身耸牙坏矣。适南城方壶斋杨家，蓄有乌头金背子一头，伊虫形方体厚，金背乌头，蓝项白牙，真名虫也。广字爱获珍之。八月十六日，与青黄角斗。未斗时，广字擎棒持鼓，有所恃而不恐，以为必胜。捧局者亦云，今看它怎咬。及至交锋，乌金背宣须怒尾开牙，方递似未搭牙，而乌金背身耸一团，拼命挣脱，头歪须僵，勉强张牙发愣。转瞬之间，又复一口。乌金背身扭牙坏，如断篷之舟，旋转不已，惊窜而逃。广字汗湿红毡，手颤面赤，大叫曰：好厉害蛐蛐，好快口，吾虫不幸遇见硬对，不容还口就坏了。此虫今秋无挡，下次多赌洋钱。从此威名大振。广字闻风远避，偶然相遇，即约往牛肉湾王家赌现洋，实惧青黄之勇耳。其龙字勇虫青厚墩，只半口，而牙损惊窜矣。余青黄钳硬似钢，口快如电，体壮神欢，诸虫避易，真清口虫王也。因留打将军，未肯多斗。孰料今秋各局场并无祭神之处，乃于十月二十八日（即大雪日也）恭祭虫王，颂曰：无敌大虫王。贴喜字封盆大吉。（十一月初三日）荣终。

七绝四首以志神勇

遍体真青气象雄，黄头白络蠢牙红。
方壶唶死乌金背，猛勇当先第一虫。

其二

钢钳触目凶又恶，力挫诸虫皆惊跃。
名冠秋冬盖世雄，英容已绘凌烟阁。

其三

体壮神欢遍身青，钢锋利胜剑初硎。
诸雄胆落威远播，清口虫王目未经。

其四

无敌将军真罕见，交锋口快急如电。
三秋威震独超群，广茂宜龙心胆颤。

战功录

凿八月十六日　上广字大像乌头金背（口口香）

冯九月十三日　吓走山字名虫青短须

又九月二十日　上龙字勇虫青厚墩（半口）

凿九月二十七日　吓走广字（望风而逃）

超勇大将军紫青（墨牙）

辛酉年八月二十一日上

山东宁阳

>4 隆福寺　鸡李

此虫头高项阔，蠢大墨牙，形方体厚，遍身紫青色，六腿圆长，神欢力猛，口快如电。交锋时，敌虫两牙方递，即六腿朝前而身耸矣，牙歪须死，望影惊窜。所向无敌，独占三秋，为一时名虫之冠。力挫星字大像青大头，只半口而败。星字曰：未看真搭牙，如何就败，真好快口。又上竹字五转好口名虫青麻头，牙折身死。盖字曰：好大墨牙，好硬钳力，真乃清口虫王，余虫不幸遭此挫败，从此收兵，再不赴局场角斗。又于十一月十三日（大雪后四日也）在牛肉湾王宅（即双字）上善字四转名虫黄麻，杨广字及把式陈二切郭等皆曰：好大墨牙，好快口，此虫今秋无挡。准上桌。局中诸人畏之，莫敢再与角斗者。因本年各局场均未举办祀神之处，虽然双字祀神，惟时期过晚，未克前往，乃于十一月二十四日（冬至日也）恭祭虫王。颂曰超勇大将军。贴喜字封盆大吉。（十一月二十五日）荣终。

七绝二首以志威猛

墨牙蠢大最英豪，广善怆惶望影逃。
勇冠三秋传远播，将军声势盖天高。

其二

形方体厚雄如虎，墨色钢钳似纯钩。
力挫诸虫齐奔北，威名赫赫冠三秋。

战功录

>4 九月十六日　上星字名虫青大头（快口）

>4 九月三十日　上竹字五转名虫青麻（真好快口，敌虫牙折一只，回家身死）

比十一月十三日（大雪后四日也）上善字四转名虫黄麻（口口香）

239

冠勇大元帅大红牙

壬戌年七月二十三日上

山东济南

彐匕 隆福寺　小陈

此虫头大足圆项阔，形方体厚，腿长，遍身淡青，血红蟊牙，骁猛绝伦，力大无穷，口快轻捷，牙似纯钢，锋硬无敌，诸虫畏避，真英虫也。力挫星字有底名虫大白牙、本春青麻，吓坏升字薄皮黄等虫，又上广字上等名虫大像素黄麻者。伊虫曾上数盆，爱若珍宝。下盆时以为必上。孰料方一交锋，被大红牙一口将素黄麻连腮代额咬碎。伊虫痛苦已极，数次耸身，摆脱不开，良久方由大红牙上将头摘出，而胆裂魂飞矣。在场同人皆曰：此真乃虫王也。解字曰：好厉害蛐蛐，好狠蛐蛐。从此威名大振，莫敢再与敌者。勇冠京师，威扬远播。因年老腿残，于十月二十三日（大雪后三日也）恭祭虫王。颂曰：冠勇大元帅。贴喜字封盆大吉，十月二十八日（大雪后九日也）荣终。

七绝二首以志威猛

形方体厚蟊牙红，熊背圆腰力最充。
威镇方壶施英勇，三秋独占第一虫。
其二
头圆牙蟊遍身青，骁猛无敌似虎形。
大显神威惊四座，英名远播已刻铭。

战功录

彐乀 八月初九日　上星字名虫青麻大白牙（口口香）

彐乀 八月二十五日　上本春青麻头（牙力大，好口）

彐乀 九月十四日　上广字黑青、升字薄皮黄（均吓走）

彐匕 九月二十四日　上广字大像素黄麻（将素黄麻头额咬破，惊怕在场同人）

合击

近代恩溥臣撰斗蟀随笔一卷

虎翼大元帅青长衣

壬戌年七月十三日上十月初一日

珍字送

山东宁阳

𡭗 隆福寺 赵狗子

此虫青头青项，青翅长衣，六腿圆长，淡白螽牙。交锋时口快如电，更兼牙力最大，战败名虫甚夥。所向无敌。曾上东平紫黄，一口即死。其星字大伏地，茂字墨牙黄暨紫青，泉字紫麻头，皆一时名虫也，威名远播，勇冠三秋，同人畏之。十月二十九日（大雪后九日也）打将军祭神，上永胜左搭翅。伊虫曾在天津打将军上桌，赢黄家现洋五十余圆，名震天津。孰料被青长衣只一口，惊窜而逃，从此数十日再不敢开牙。永胜曰：吾虫在津何等英勇，今日不幸遇见虫王被辱，诚可惜也。于是祭神上桌，恭颂虎翼大元帅，贴喜字封盆大吉。十一月十八日（小寒前二日也）荣终。

七绝二首以志威猛

长衣威猛赫赫扬，巨齿青身力更强。
勇冠三秋无敌手，会贤堂上颂虫王。

其二

虎翼元戎盖世稀，真青遍体翅长衣。
会贤堂上称异品，打罢秋冬显神威。

战功录

𡭗 七月二十六日　上东平紫黄（一口咬死）

𡭗 七月二十八日　上星字大伏地紫青（一口）

𡭗 八月初六日　上茂字名将墨牙黄（好并口）

𡭗 八月十五日　上星字黄头（一口）

𡭗 九月初十日　上茂字紫青（清口）

𡭗 九月十五日　上泉字紫麻（半口）

𡭗 九月三十日　上李老九名虫上将真青（真好狠口，希乎咬死）

𡭗 十月初八日　上勇字白牙青（一口）

𡭗 十月二十九日（大雪后九日也）　打将军，祭神上永胜左搭翅（一口问净。伊虫系天津上桌将军，只受一口，从此再不敢开牙）

骁猛大虫正青金翅

癸亥年七月二十九日上

山东宁阳

隆福寺 文阔亭

此虫头魁项阔，腰身圆厚，六腿长大，遍体青金色，两牙蠡大，坚硬异常。口快轻捷，骁猛无敌，名冠三秋，真英虫耳。初斗时，上星字心爱名虫马蜂黄者，未见搭牙，而马蜂黄身窜奔逃。星字曰：未见口，吾虫欠铃子，可再接斗紫青。孰料紫青开牙，方一碰，即逃奔避易。星字又曰：今日真怪，好口蛐蛐，为何不咬。又良久，乃曰：吾马蜂黄方下铃子，又开口矣。于是又斗马蜂黄，开牙猛扑，被青金翅只半口，又惊窜矣。茂卿曰：此虫真好，今秋无挡矣。因过铃子损坏铃兜，未敢多斗，虽然带病，神气甚旺。于九月十五日上星字镇盆第一名虫大像紫黄。伊虫曾上凯字青麻头，又上吾名虫黑尖翅，皆未敢，入牙即败。孰料被青金翅一口咬成坐墩，许久方将牙逃出，须坏牙歪，险些死于盆内。观斗诸人，为之哄堂喝彩。皆曰：好厉害青金背子，好硬牙钳，此真虫王也。其幽字名虫红牙青，未斗时，在场诸人皆捧红牙青。外局重重。及至交口，红牙青竟未敢入牙而逃窜矣。局中诸人皆曰：此虫牙大铁硬。惜红牙青不走字，遇见虫王耳。因铃兜有病，于九月二十五日恭祭虫王，颂曰：骁猛大虫王。贴喜字封盆大吉（十月十一日）荣终。

七绝四首以志威猛

虎体熊腰势高超，三秋勇冠姓字标。
刚锋蠡大无敌手，触目虫王下九霄。

其二

骁猛无敌冠都门，诸虫避易惊断魂。
三秋场上威赫赫，播得英名镇乾坤。

其三

项阔头圆体像奇，青金翅背美容仪。
诸雄胆破怆惶北，清口威名竹帛垂。

其四

神欢口快迅如神，两翅青金像出尘。
力挫星幽齐授首，威名到处早惊人。

战功录

八月十九日　上星字名虫马蜂黄（清口。又贯紫青、马蜂黄，仍清口）

九月十五日　上星字七盆名虫紫黄大像（一口咬坏。伊虫曾上凯字蠡青麻，吾之勇虫紫黑尖翅）

九月十九日　上幽字黑青（又名红牙青，火牙）

冠武大将军左翅蟹青

癸亥年八月二十日上

海南

乳隆福寺 小王

此虫头大项阔，腰身浑厚，六腿圆长，牙钳蠢大，遍体蟹青色，更兼翅向左搭，真异虫也。交锋时未见搭牙，而敌虫身耸牙歪，逃窜败北矣。初斗时上瑞字勇虫黄麻，只一口，黄麻牙损而逃。善字曰：此虫真正蟹青，真快口。茂字、禄字等皆曰：好快口，好辣口。此虫今秋无挡。又于九月十二日在方壶斋上雅字名虫大像黄麻头，把式小魏曰：此虫真正蟹青，口快牙硬，乃明虫王也。广字托人购借，未肯相赠。其一字紫黄，雅秋黑青，如羊遇虎耳。是秋因无祭神处，乃于十一月十六日（冬至日也）恭祭虫王，颂曰：冠武大将军。贴喜字封盆大吉。（十一月二十七日）荣终。

七绝二首以志威猛

头圆项阔真蟹青，左翅生成异奇形。
蠢大刚钳惊四座，将军口快迅如霆。

其二

天生异品最英雄，遍体青青蠢牙红。
左翅威名传远播，三秋勇冠立奇功。

战功录

孩八月二十八日　上瑞字勇虫黄麻（一口）

乳九月十二日　上雅字大像黄麻头（口口香，有底名虫）

支九月十九日　上一字紫黄（一口，伊虫曾上数盆）

列十月十一日　上雅秋黑青（一口）

243

宣武大将军真青

癸亥年八月初五日上

海南

虬 隆福寺　小王

此虫头青圆大，麻络白纹，阔项如靛，青翅方厚，六腿圆长，牙如玉柱，勇健超群，真英虫耳。是秋所向无敌，力挫星字紫眉子、禄字黄单鞭、虎字红牙青、幽字红牙青，名冠一时。惟方壶斋杨广字爱之尤甚，托出多数至友相借。余碍于情面不得已赠给，是日即颂曰：宣武大将军。

战功录

虬 八月二十五日　上星字心爱名虫紫眉子（大牙）

虬 九月初五日　上禄字无敌名虫黄单鞭（一口昏。伊虫曾上吾紫大牙者，左牙被其咬折。其勇如此）

虬 九月十二日　上虎字好大像红牙青（好口。伊虫由天津购来，名虫价洋八元，广字苦胆破矣）

虬 十月初四日　上幽字红牙青（清口）

镇武大将军黄厚墩

甲子年八月二十日上

山东宁阳

⛎ 隆福寺 文阔亭

此虫头圆项阔，身体雄厚，遍身黄色，六腿长大。更兼力猛无穷，牙大宽厚，红亮异常，局中人呼为硬牙。勇冠三秋，同人畏惧。曾将宪字黑青一口咬死，又上钟德大油葫芦青、李字青单尾等，皆一时名虫也。于十月十五日无意中与广字第一清口勇虫青条子角斗。伊虫体厚钳红，重青一色，遍斗无敌者。下盆时广字手执棒蕺。以为必上。孰料交锋时，奋勇斗战，牙力竟不能敌。只受一口而曳兵走矣。广字汗出如浆，手颤神变，乃曰：吾虫系清口虫王，今日因何一口即败。叩字曰：汝虫非不用力，在牙上打滑，奈何能敌。从此黄厚墩威名大振，莫敢与敌者。于小雪日（十月二十六日）恭祭虫王，颂曰：镇武大将军。贴喜字封盆大吉。

七绝二首以志威猛

头圆体壮遍身黄，熊背红钳腿更长。

威镇方壶名远播，三秋齐颂此为王。

其二

阔背圆腰蠢牙红，形方体厚力最雄。

都人皆诵虫王至，赫赫威名镇局中。

战功录

⛎八月三十日　上龙字青麻（力大牙硬）

⛎九月十一日　上钟德油黑（一口）

⛎九月十二日　本排上真青（一狠口）

⛎九月十四日　上李字青单尾（一好口）

⛎九月二十一日　上宪字黑青（一口咬死）

⛎十月十五日　上广字名虫青条子（清口名虫，镇桌上将，力大牙硬，只一口）

定武大元帅铁青

乙丑年七月十九日上
伏地
隆福寺 杨永顺

此虫头圆项阔，腰厚腿长，玉柱大钳，遍身纯黑，银线贯顶，蓝项粗须，真勇虫也。交锋时口快如电，敌虫难以支持。力挫名虫甚多。惟八月二十三日，上勇字熊背。未斗时伊虫奋勇直前。及至搭牙，竟自牙力不打而逃。勇字曰：好厉害黑油条蛐蛐，此虫今秋无敌矣。从此威名大振，赴局数次皆不敢斗。一见铁青，胆破魂飞，望影而逃。解字曰：此虫斗臭盆了，无人再敢与它斗。九月二十日因大腿落一只，于当日恭祭虫王，诵曰：定武大元帅。贴喜字封盆大吉。十月初十日（小雪后二日也）荣终。

五律一首以志威猛

此余数十年所得好伏地蟋蟀中第一健虫也。

岁镇西南域，高营产异才。

乌头银丝贯，蓝项铁甲陪。

体厚身雄壮，牙坚巨齿恢。

三秋齐授首，功业冠云台。

战功录

八月初十日　上怀字黑青（敌虫未敢入牙）

八月十七日　上仙字小青（半口）又贾怀字名虫黑青（一口）

八月二十三日　上勇字名虫熊背（清口。伊虫败后过数日赴局角斗，又连上数盆）

八月二十七日　唬走祥字、幽字，皆望风而逃

九月初八日　吓走天字、川字，皆望影而逃

九月十五日　吓走雅秋、崇字、本春，皆苦胆破矣

威武大将军青扁子

乙丑年八月二十二日上
山东长清
㓝 西安市场 陈阔林

此虫头大似蜻蜓样，血红大牙，身厚腿长，遍体真青，口快轻捷，神欢力大。望之若虎，猛于狻猊。此余数十年中模范蟋蟀也。屡因像大口硬，局中莫敢角斗。十月十四日（小雪后六日也）祭神时广字、协蜂、星字皆不敢斗，望影而逃。乃于是日恭祭虫王，诵曰：威武大将军。贴喜字封盆大吉。十一月初六日（冬至日也）荣终。

七绝二首以志威猛

蜻蜓头样世间希，两翅真青色闪辉。
血色钢锋蠢且大，三秋打遍逞雄威。

其二
头大牙红遍身青，腰圆体壮性最灵。
祭神吓破诸人胆，绘像凌烟第一形。

战功录

㕜 八月二十四日　上益字青秃（牙力大）

㕜 九月初八日　上本春红牙青（清口）吓走天字

㕜 九月二十二日　唬走幽字黑青（望影而逃）

㕜 十月初七日　上清字名虫金背子（一口）

㕜 十月十四日祭神，吓走广字、协蜂、星字，皆望影鼠窜。

五路大元帅青锋帅

乙丑年八月十九日上

山东长清

隆福寺　陈阔林

此虫头圆项阔，体厚形方，六腿长健，遍身重青一色，银线贯顶，血红大牙。锋坚无比，勇力绝伦，神欢像伟，盖一时之名虫王也。所向披靡，威震三秋，诸人畏惧。乃于十月十四日祭神。吓走西安斌帅，望影鼠窜，不敢角斗。又于二十八日（方壶斋）祭神上桌，力挫卿字玉牙黄。恭诵五路大元帅。贴喜字封盆大吉。十一月初九日（冬至后二日也）荣终。

七律一首以彰威猛

体厚形方性最雄，头圆项阔力无穷。
威鸣两翼如云黑，怒吐双钳似火红。
奋舞钢须惊左右，频驰铁爪镇西东。
祀神夺得标名锦，恭贺元戎第一功。

战功录

八月十九日　本排力挫凶虫大黄伏地（只半口）

八月二十四日　上方字名虫紫黄（一口咬转）

九月二十二日　唬走广字青大像

九月二十九日　上斌帅青胁子（一口得）

十月十四日祭神。唬走西安斌帅，皆望影鼠窜

十月二十八日（大雪后六日也方壶斋）祭神，上卿字玉牙黄（牙力大）

雄威大将军紫黄

乙丑年九月初十日上

山东宁阳

己 隆福寺 陈阔林

此虫高头大牙，身雄力猛，遍体紫黄。口快轻捷，一时之上将也。初斗时，敌虫未敢入牙即败。于九月二十二日与广字上好名虫红牙青角斗。下盆时伊虫开牙先进，即被紫黄一狠口咬坏，身笋牙歪，许久方能逃出，已昏绝于盆中。广字汗如雨下，而苦胆破矣。从此威名大振，莫敢与敌，乃于十月十四日祭神。上锐字青麻，下盆时广字在旁曰：呀，是此君耶。上桌恭颂，雄威大将军。贴喜字封盆大吉。十一月十五日（冬至后九日也）荣终。

五律一首以志威猛

勇冠方壶斋，威名震六街。
头高红钳利，体厚金甲排。
广字闻风惧，秋声望影霾
将军惊四座，捷报喜胸怀。

战功录

己 九月二十二日　上广字红牙青（有底名虫。一口咬坏）

己 十月十四日（旆坛寺西大街）祭神。上锐字青麻（大牙）

超武大元帅紫黄（红牙黄）

丁卯年八月二十三日上

山东宁阳

旂坛寺西大街 二陈

此虫头大项阔，背厚腰圆，腿长力猛，血红大蠹牙。由头至尾，遍身重紫黄色，银线贯顶。口快如电，真乃一时之名虫王也。力挫坚字勇虫青黄，只一口而惊窜矣，局中人惊骇曰：好快口，无挡之英虫。又挫锐字紫青，伊虫未敢入牙即败。锐字曰：好大牙力，吾虫不幸遇见虫王。又赴局数次，巨字、叨字、爽秋、咏胜、本春等，皆望风而避，未能多斗，诚可惜耳。惟张子卿一见即曰：真好蛐蛐，如祭神时给我一信，看伊上桌。是年，并无打将军处，乃于十月二十日恭祭虫王，诵曰：超武大元帅。贴喜字封盆大吉。

五律一首以志威猛

紫黄力无穷，骁猛冠世雄。

项赤腰圆阔，身强体厚丰。

腿长钢爪黑，头大蠹牙红。

超武传千古，三秋第一虫。

战功录

九月初七日　上坚字青黄（一口净）

九月十四日　上锐字紫青（火牙）

九月二十一日　上臣字、叨字、爽秋等，皆望影而逃

九月二十八日　上咏胜、本春等，皆望影而逃

镇威大将军素黄（方厚墩）

戊辰年七月三十日上

伏地

父 隆福寺 全子

此虫头大项阔，体厚腰圆，麻络贯顶，血红大牙，六腿长健，猛勇异常，真英虫也。是年威名大振，局中无敢角斗者。因买时有蛐蛐把式鸡李看见，即曰：名❹虫王也。未能抢买到手，是以到处宣传。克秋得一好黄蛐蛐，今秋无挡矣，真正明虫王。局中诸人互相传播，皆望风畏之，莫敢与敌。惟峰字、西忠等，皆欲借此虫多赌数十元钱，孰料无敢相敌，素黄虽好，三秋只咬一口，埋没英才，诚可惜耳。乃于十月初十日（小雪日也）恭祭虫王，诵曰：镇威大将军。贴喜字封盆大吉。

五律一首以志威猛

天产无敌将，英虫说素黄。

头高牙蠢大，体厚腿圆长。

勇气惊河北，神威镇四方。

三秋皆授首，赫赫美名扬。

战功录

父 八月十八日　吓走威字等数人（因鸡李吹嘘，均皆害怕，可为先声夺人）

父 八月二十日　上馨字勇虫红牙青（一口，玉字苦胆破矣，强悍名虫也）

父 九月初二日　吓走义字黄麻（义字望影而逃）

父 九月初五日　吓走叨字、宣字、成字（皆望风鼠窜，苦胆破矣）

父 九月初九日　吓走多福、天字、坚字等（望影鼠窜。峰字要十元，西忠要十元，赵等各二元）

镇南大将军井泥青

己巳年八月十八日上

山东

钓鱼台 陆鸿禧

此虫头高体厚，六腿长健，遍身重青色，螯大白牙，钳硬似钢，口快如电，形同猛虎，势若狻猊，真明虫王也。交锋时，无论何等勇虫，只一口即昏坏而逃，其勇猛如此。在场诸人皆曰：此虫真好狠口，此秋无挡矣。又聘字黄麻，杰虫也，亦被一口咬转。数日后聘字犹打听井泥青起来否。于十一月初八日（大雪后一日也）祭神上桌。力挫杏字红牙紫（伊虫曾上十数盆，皆一口胜，名震一时），诵曰：镇南大将军。贴喜字封盆大吉。十一月二十日（冬至前二日也）荣终。

七绝二首以志威猛

遍体深沉井泥青，头高牙螯迅如霆。
三秋打遍无对手，功迈凌烟绘君形。

其二

头高牙螯像英奇，两翅深青似井泥。
祀神夺得将军位，尊号威名天下驰。

战功录

九月初四日　上本永青大头（一口）

九月初六日　上养字青厚墩（一狠口咬坏）

九月二十二日　上聘字黄麻（一口咬转）

九月二十五日　上锐字玉牙黄（死并口力挫凶顽）

十月初五日聘字犹打听此虫起来否

十一月初八日（大雪后一日也）祭神。上杏字红牙紫（火牙）

近代恩溥臣撰斗蟀随笔一卷

镇远大将军茄皮紫

己巳年八月初九日上
山东乐陵
钓鱼台 陆鸿禧

振威大将军青彪

己巳年八月十九日上
山东宁阳
钓鱼台 马二格

校记

❶（原书页三下第八行）"於"为"余"之误。

❷（原书页四上第二行）"圣"被改为"神"。以下有多处改
"圣"为神。

❸（原书页六上第二行）原作"敌"，因北人读入作平而不知
"敌"字有违平仄格律。

❹（原书页四十上第六行）按"名"应作"明"。北京有此衍
语，蟋蟀贩尤喜用之，言凭虫之色相即可断定其为虫王，明
白无疑，故曰"明虫王"。与"名虫王"或"有名之虫王"
意义不同。

第十七種

蟋蟀譜 十卷

民國李大翀纂輯

民國二十年石印本

北京圖書館藏

第十七种
民国李大翀纂辑蟋蟀谱十一卷

《蟋蟀谱》十卷，卷首一卷，李大翀纂辑，民国二十年（1931年）石印本。大翀号石孙，辽东义州人，曾居天津，为北方养家。书前自序称："家藏有蟋蟀谱秘本……记述详备……余以畜虫阅历经验所得，相为印证，寻绎词旨，为浅近之文言而述之。……间参以己意，補所未及。"云云。

石孙所藏原本不获见，据各卷内容，知大都从《鼎新图像虫经》，周履靖《促织经》、《蚟孙鉴》等三种南方古谱辑录而来，取自末一种为尤多。亦有尚未查出其来源者，如卷九《三秋异名上品》、卷十《三秋异名中品》中之若干歌诀。全书可供秋虫爱好者学习参考之处虽不多，但终不失为收集有关文献较多之一种。

石孙是否为精于此道、考究用具之大养家，以下两端有助吾人作出推断。

一、目录及本文，将各种古谱不断出现之"葴"字一律误写作"葭"字。此误虽出石印抄录者之手，但连篇累牍，触目皆是，纂辑者岂能熟视无睹。今只能解释为石孙对南方古谱并不熟谙，缺少有关葴草之基本知识。且由于其误，竟导致今人述作，以为葴乃用芦苇制成（莫容、胡洪涛合著《斗蟋》）。贻误来者，石孙不能辞其咎！

二、书首既摹绘盆图，书中又辟盆具专卷，皆取自南方古谱。但作为北方养家，对北方名盆万礼张、赵子玉等何以仿佛全不足道而并未"补以未及"。今只能解释为石孙并不重视名盆，故实难想象其为考究用具之大养家。

石孙所辑《蟋蟀谱》出版年代较近，故颇为人知，有一定影响，而今传世已少，不易买到，故仍收入《集成》，列为最后一种。

蟋蟀谱自序

余少好弄，有秋壑之癖。每于初秋日落后，偕小仆数人，篝火提壶，持锹罩之具，远适郊野十余里，捕取蟋蟀。虽瓦砾踬人，荆棘伤趾，不之恤也。古木萧森，丛冢幽寂，不之慑也。闻虫声辄色然而喜，据地蛇行，屏息静听，迹其声之所在而赴之。搜剔岩穴，披除草莽，务期获之而后已。每夕必得数十头，择优选胜，票定名目而畜之。物聚所好，颇多异品。每归时辄鸡唱星沉，冷露沾衣，人尽以为苦，而余乃顾而乐之。甚矣恶癖之蔽人也。近十年来，家贫干禄，案牍劳形，未暇为此矣。然结习固未忘也，家藏有蟋蟀谱秘钞本，于虫饲养之法，种类之别，记述详备，真奇书也。顾作七言歌体，辞多枝芜，义尤晦涩，骤难晓解。余以畜虫阅历经验所得，相为印证。寻绎词旨，为浅近之文言而述之。然亦有仍作歌体者，则以韵语易于记取耳。删其枝芜，存其精粹，间参以己意，补所未及。采录昔人之论说以附益之，付印以公海内同好。虽小道亦有可观，固犹贤乎博弈也。或亦博物者之一助乎。

十九年十二月十五日
义州李大翀石孙甫序于析津之双琥簃

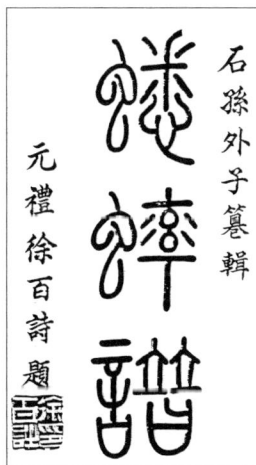

蟋蟀谱

目录

民国李大翀纂辑蟋蟀谱十一卷

宋內府鑲嵌八寶盆

盆
和
宣

干鍾激相
將鼎羨彼
揮機鳴莎
霍微躍雞

平毛兒之匣
章貢育之官
盆禎祥既集
英靈奏功

元至德盆

元至德盆

盆　府　王
百　五　白
福　星　赤　澤
來　光　虬　文
臻　聚　玉　豹
　　　麟

合卺

民国李大翀纂辑蟋蟀谱十一卷

象磚城巍巍
窯龍翔虎昂
斜ゝ者屋
盆烏獲之室

永樂盆

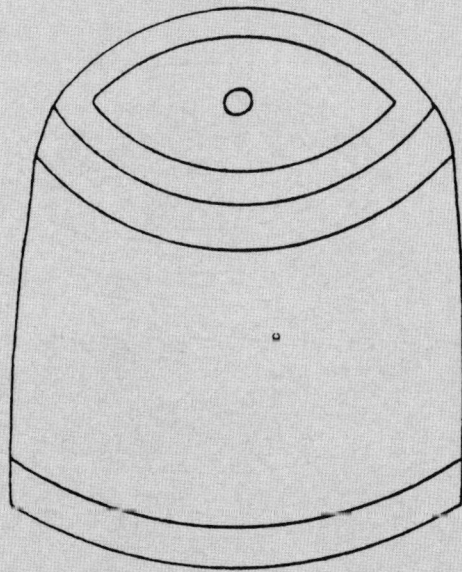

大明宣德盆

明宣德盆

蟋蟀谱卷首

义州李大翀石孙纂辑

修水徐百诗元礼参校

集古题词（格物志 蛩、促织、蟋蟀、络纬，一物而数名）

唐 杜工部诗

促织甚微细，哀音何动人。

草根吟不稳，床下夜相亲。

久客得无泪，故妻难及晨。

悲思兴急管，感激异天真。

唐 白居易诗

闻蛩唧唧夜绵绵，况是秋阴欲雨天。

犹恐愁人暂得睡，声声移近卧床前。

明 朱之蕃诗

间阶声彻锁窗中，暗送梧桐落叶风。

高韵不缘矜战胜，微吟端欲助机工。

雨余切切昏钟动，灯下叨叨午漏通。

催得匹成输岁蚤，贻人安枕不言功。

明 张维诗

自离草莽得登堂，贤主恩优念不忘。

饱食瓮城常养锐，怒临沙埕敢称强。

敌声夜振须仍奋，壮气秋高齿渐长。

眼底孽余平剪后，功成谁复论青黄。

题促织诗（二首）

玉绳低转过南楼，人在冰壶夜色幽。

湛湛露华凉似洗，啾啾蛩韵巧如讴。

絮叨高下恣情诉，断续悠扬不肯休。

叫彻五更寻隐处，自封门户共雌俦。

玉罐金笼喂养频，王孙珍爱日相亲。

争雄恐负东君意，决胜宁辞一介身。

鼓翼有声如唱凯，洗钳重搦似生嗔。

大哉天地生群物，羡尔区区志不伦。

题促织词（调寄拜星月慢）❷

海燕东归，金风西起，湛湛浓露于渐。蟋蟀秋兴，识败壁荒苑。笑相寻，须将玉罐金笼拼。谩听清音哰。赤黄蟹壳，总平生稀见。画堂中，曲养情何限。性歡爽好把波清泛。辗转轻盈遒健，奋鹰扬对敌无双战。经百场虽闻败北叹。三秋气老，怎奈他英雄事方断。

题促织联

秋入兼葭，无数甲兵随麈尾。

夜深帏幄，许多刁斗唱更筹。

宋济颠和尚瘗促织词（调鹧鸪天）

促织儿，王彦章， 根须短·根长。只因全胜三十六，人总呼为五铁枪。休烦恼，莫悲伤，世间万物有无常。昨宵忽值严霜降，好似南柯梦一场。

又把文

这妖魔本是微物，只窝在石岩泥穴。时当夜静更深，叫彻风清月白。直聒得天涯游子伤心，寡妇房中泪血。不住地只顾催人织，空费尽许多闲气力。又非是争夺田园，何故乃尽心抵敌。相见便怒尾张牙，扬须鼓翼。斗过数交，赶得紧急。赢者扇翅高声，输者走之不及。财物被人将去，只落些食吃。纵有金玉雕笼，都是世情虚色。倏忍天降严霜，彦章也，熬不得。今朝归化时临，毕竟有何奇特。仗此无名烈火，要判本来面目。咦，托生在功德林边，却相伴阿弥陀佛。

又撒骨文

一夜清风降晓霜，东篱菊蕊似金装。昨宵稳贴庄周梦，不听虫吟到耳旁。大众万物，有生皆有死，胎卵湿化俱如此。今朝促织已忘身，火内焚尸无些子。平生健斗势齐休，彻夜豪吟还且住。将来撒在玉湖中，听取山僧分付汝。冤与孽，尽消灭。咦，一轮明月浸波中，万里碧天光皎洁。

道济禅师念毕，把灰向湖中一丢。一阵清风过处，现出一青衣童子，合十当胸曰：感谢师点化弟子，已得超升。言毕，风息不见。噫，微物尚知感化，故并记之，以备观赏。

月夜闻虫赋

太虚君幽居味道，莫知物移岁改。悠游多暇，漫观绿苔生阁，芳尘凝榭，悄焉久怀，不怡终夜。乃清兰路，肃桂苑，胜吹寒山，弭盖秋坂。临浚壑而怨遥。登崇岫而伤远。于时❸左界，北陆南疆。白露暖空，素娥流天，凉飔飘袂，蛩韵联延。顾乃沉吟唐章，殷勤幽篇。抽毫进牍，以命空玄。空玄跪而称曰：臣东鄙幽介，长自丘樊，昧道懵学，孤奉明恩。臣闻沉潜既义，高明既经，寒暑相催，往来弗停。四运忽其代序，万物纷以回薄。览花莳之时育，察盛衰之所托。沕穆不

已，胡可胜喤。嗟哉，秋之为气也❹。天晃朗以弥高，日悠扬而渐远。野栖归燕，隰集翔隼，阶瀼玉露，水泛芦莼。何微阳之短晷，觉凉夜之方伸。擅扶光于东沼，嗣若英于咸津。引玄兔于帝台，集素娥于后宸。方今气霁地表，云欲天空，木叶微脱，洞庭始波。菊散芳于山椒，鸿流哀于江滨。斯时也，野虫入宇，接光荣以略呻；败壁疏窟，附萋躯而比邻。既侵户扃之却寒，再窥床下之来亲。或称斯螽而动股，或名促织以催纴，或呼莎鸡而振羽，或云蟋蟀以吟秋。唧焉啾焉，扬清音之悠悠。喓喓噫噫，敷素韵之缤缤。羡蜩螗之善鸣，难仿佛其断续。知莺簧于巧好，何拟状其声频。载听其声也，清轻以远，将率禽之莫例。高达以宏，乃阳鸟而难臻。声哀以思，泣嫠妇于舟中。声怨以怒，感寄旅而生嗔。今夕何夕，聆此清音，仰见列宿掩缛，长何韬映，柔祇雪凝，园灵水境，袂沾露膏，周除蚤瘵，清高哀怨，曲尽人情。太虚君乃厌晨欢，乐宵宴，收妙舞，弛清悬，去烛房，即虫捍，芳酒登，鸣琴按。乃若凉夜自凄，风篁成韵。亲懿莫从，羁孤递进。睹月华之夕辉，听促织之秋引。于是弦桐练响，音容选和。徘徊房路之曲，惆怅阳阿之奏。林声虚簾，沦池灭波，郁结纤轸，情其何托。愬感虫鸣，啸而长歌。歌曰：时将际兮英声揭，消永夜兮共明月。临风羡兮将马歇，霜枫落兮音尘阙。歌音未终，余景就毕。满堂变容，回遑如失。又歌曰：月既没兮露将晞，时方宴兮无与归。良期可以还，微露沾人衣。太虚君谓空玄子曰：善。乃命执事献平原千金之寿，修楚襄百双之璧。敬佩玉音，服之无斁。

旧促织志中有此赋，不知作者何人。辞意颇多不可晓解处，疑有错

讹，姑录存之，未更改一字也。

宋贾似道秋壑促织论 ⑤

天下之物，有爱于人者，君子必不弃焉。何也？天之生物不齐，而人之所好者亦异也。好非外铄，吾性之情发也。情发而好物焉，殆有可好之实存于中矣。否则匪好也，岂其性之真哉。促织之为物也，暖则在郊，寒则附人。若有识其时者，拂其首则尾应之，拂其尾则首应之，似有解人意者。甚至合类颉颃，以决胜负。而英猛之态，甚可观也。岂常物之微者若是班乎。此君子之所以取而爱之者不为诬也。愚尝论之，天下有不容尽之物，君子有独好之理。独促织曰莎鸡，曰络纬，曰蚕，曰蟋蟀，曰寒蛩，不一其名。或在户，或在宇，或入床下。因时有感焉。夫一物之微，而能察乎阴阳动静之微，备乎战斗攻取之义，是能超乎物者也。甚矣。促织之可取也远矣。自唐帝以来，以迄于今，凡王孙公子，至于庶人，富足豪杰，无不雅爱珍重之也。又尝考其实，每至秋冬，生于草土垒石之中，诸虫变化，隔年遗种于土中。及时至方生之际，小能化大，大能化小也。若非白露渐旺，寒露渐绝，出于草土者其身则软，生于砖石者其体则刚。生于浅草瘠土砖石深坑向阳之地，其性必劣。赤黄其色也，大抵物之可取者。白不如黑，黑不如赤，赤不如黄。赤小黑大，可当乎对敌之勇。而黄大白小，难免夫侵凌之亏。愚又原夫人色之虫，赤黄色者，更生头项肥，脚腿长，身背阔者，为首也。黑白色者，生之头尖坝紫，脚瘦脚薄者，何论哉。或有花麻头、花麻项、水红花牙、青灰项、白胁翅、阔翅、罩尾、秃须、歪线、额弯、尾翘翅、龟背、虾脊促织身相，螳螂状、土狗形、蝴蝶头、尖

夹翅，数此又皆为虫之异象者也。紫头偏有勇有敌，艳色定虚花无情。则是铜头有准，却是枣核牙长，色样俱佳，未尝不勇。伤残独腿及于欠爪欠足之虫，总是不全，却有可观之处，终难力敌者也。惟有忌者四，一仰头，二卷须，三练牙，四踢腿。若犯其一，则不可托矣。若两尾高低，曾经有失，两尾垂萎，老朽将亡，可立而待。若有热之倦态，与冷之伤惶，又且不可缓其调养之法也。夫调养之法缓，性情之欲拂，则物之救死而且不赡。何暇勇于战斗，期于克捷而能超乎群物者哉。故曰：君子之于爱物知所患爱，知所爱则知所养也，知所养则何患乎物之不善哉。是为论。

蟋蟀纪事

国朝南花园内，于秋时收养蟋蟀。至灯夜则置之鳌山镫内。奏乐既罢，忽闻蛩声自鳌山中出，岁以为常。（高江邨金鳌退食笔记）

宫中秋兴，妃妾辈皆以小金笼贮蟋蟀，置于枕畔，夜听其声。于是民间亦效之。（开元天宝遗事）

度宗时，襄樊围急。贾平章日坐葛岭，起楼台亭榭，作半闲堂。日肆淫乐，尝与群妾据地斗蟋蟀。所狎客戏之曰：此军国重事耶。自是累月不朝。（宋史）

宣德九年七月，敕苏州知府况钟，比者内官安儿吉祥采取促织。今所进促织，数少又多有细小不堪的。已敕他每于末进运自要一千个，敕至尔可协同他干办，不要误了，故敕。（工余州史料）

吴俗喜斗蟋蟀，多以物色决胜负。庚己编载相城刘浩好斗促织，偶临水滨，见一蜂以身就泥中辗转数四。起集败荷上，久之化为促织。头足犹蜂也。持归养之，

经日脱去泥壳，则全变矣。健而善斗，无不胜也。（褚稼轩坚瓠馀集）

张廷芳好养蛩，至荡其产。芳素敬玄坛神，乃以诚祷之。夜梦神曰：吾遣黑虎助尔，化身在天妃宫东南树下矣。晨起往觅，获一促织。色黑而大，养之，斗无不胜。旬月之间，所获倍于所荡之产。至冬死，芳怆惜，以银作棺殓葬焉。　（褚稼轩坚瓠馀集）

蟋蟀谱卷一

义州李大翀石孙纂辑

修水徐百诗元礼参校

盆考

南宋时始制。盆式深大高厚，形体方圆不一。盖有平盖、坐盖、飞边盖。盖中有眼、无眼，有起韭菜边者。底有平底、凹底，足有三足、四足、五足、六足。有圈足、兽足、芝足、云足。飞边盖者，其足尖如芝形。有四兽纹阴花、绵纹阳花❻、棠花式。盆有纹云龙、荷鹭、锦纹阳花，惟冰梅阴阳纹。

半闲堂盆式同以❼各种。金玉珍宝镶嵌，坚厚郑重，纹如锦不一。

杭州西湖葛岭园故址，土人掘地得之。残损者最多。惟当湖延陵家藏一盆，金饰郑重，精美完好如初，足珍也。

又六角锦纹盆，元制盆式，矮扁圆形如鼓，盖平无边，底平无足，素质者如鼗鼓。口底上下两周皆乳，底有大元至德年制六楷字阴文。

明制盆式如古制。纹有双龙、细缕花鸟锦文、冰梅竹、龙凤、双凤、云鹤、荷鹭、云物嵌以珠宝，饰以金碧，其款式大小不一，方圆俱备，无不精巧。夹底盆式如古制，纹有荷鹭、鹤鹿、冰梅、花卉、竹石、断锦文、人物、山水、流云、龙凤各式。内用五色细磨砖片，间杂成锦纹，镶于盆底，如地平砖式。纯素盆式断竹直口平盖，细缕化鸟，盆式如嵌宝。惟略扁二三分，质略薄一分。

商山巨室所藏，皆有金碧之饰。

细缕锦纹盆。

素甘断盆。

高深五寸　罗元一尺六寸五分
高深四寸　罗元一尺盈二寸
高深三寸　罗元九寸有奇
高深三寸　罗元九寸

以上盆底俱有年号制印，阳文皆长印，阴文无边，楷字大明宣德年制。亦有正德天启年号等印。又有芝兰堂、索兰堂、瑞芝珍玩等印，俱方式。

清时盆。京式如鼓形，有秋声馆仿古各式，安公盆仿古各式，留耕堂仿古各式，李东明仿古各式，绿云馆仿古各式，俱细澄泥，制作极雅。

用具
笼

唐天宝间，宫中制笼，以金丝为之。

关

旧制以竹为之，竹丝为盖，两孔启闭。其式长。

竹�

半竹为底，竹丝穿竹如栅，覆之为盖。中用竹片为闸板，名曰千金。

锡筩

严冬合局，用锡作夹底，内贮以沸沈，使册常温，蚤不致受寒也。

纸簁

式圆，高四五寸，径六七寸不一，盖平。

观笼

以竹木为底，竹丝为盖，四面有孔。以竹片启闭为门。

丝绷

以竹为罗，丝线结网，漆染之。取其坚也。

草筒

以细直坚竹为筒，长八九寸，葭草贮之，所以保护草茸也。今不用葭，代以鼠须，无须筒贮之矣。

方平枕

方三分，长一寸有奇，式如枕。以细绢衬纸裱硬，折成方筒粘合。两端亦用裱绢粘成方式，略瘦一线。嵌入方筒之口为门，以便纳虫启闭。其纸里用乌金纸裱实，以便蚤出入，不滞足也。

毫戥

拣透明驼骨直杆长尺者，星大者为分，中者为厘，小者为毫方准。至如市上之戥，分厘难一，切不可用。

线罩

昔以竹为罗形，以线结网，如半丸状。加漆染之，取其牢固也。今以细铜丝为之，尤佳。

杏叶锹

以纯钢造锹式，如杏叶，以檀木为柄。

竹筒

以竹为筒，长二寸许，围四五分。以节实处为底，虚空为口，便于纳虫。以草塞其口，江南人或截芦管为之，较竹为轻。易于取携。

葭法

炼葭法

今多以鼠须长者，蜡粘竹签上为之。然虽省事，究不如用葭草为良也。炼葭之法，于白露前数日，选葭草梗长直者，于饭甑内蒸之，置日中晒干。三蒸三晒，以茸毛丰软、草色明坚者为佳。茸稍用蝇头浆染之。

运用葭法

运葭手最忌僵直，最妙以小豆三粒，用三指捻之使滚，练纯熟后用葭。则手指灵活矣。尝见江淮间老手，俱❸用三指实捻葭柄，夹在虎口，全用手力。北人则但用三指撮捻之耳。

葭法四歌

葭头要长杆宜直，把葭必须施巧力。轻松落处视其情，手法活泼方合式。把葭犹如船把舵，胜负全凭运葭妥。葭草须采白露前，老嫩茸丰无不可。不离左右长持葭，临斗之时多少变。回身葭若杆前遮，踢着之时多伤面，披古论今无二法，玄机秘旨搜玉匣。演习三秋英气豪，太平有象讴歌洽。

掺葭

初捕得之虫，见亮辄惊跃，性未驯也。用葭宜于其项上或肋间微微掺之。若于其尾及钳上骤然着葭，必致惊跃。

点葭

虫不受后葭，以葭卒然点其肋股或尾上，虫必以为敌来。触动回头，则受后葭矣。

诱葭

虫在箅中沿走不已，须以葭微微诱之。但下手宜轻，放手宜快。须臾再下，诱之数四。虫自受葭，万不宜仓卒推拨，紊乱其性也。

提葭

一着即起谓之提，于虫之左右、前后、头上、顶上，轻轻提之，无不发性。但宜轻而速。力全在虎口间也。

抹葭

虫首撞入箅角，则抹其头足腹胁等处。待其返身，便可着葭矣。

挽葭

虫立足尚未定时而敌来攻之，恐其骤然有失也，当以葭挽定拨之使正，自无害矣。

挑葭

首局已失，复局卒难受葭。乃以葭轻挑其腹，使触之怒，则一鼓作气可胜也。

扴葭

虫如健骁，徘徊不肯出局，时以葭扴之于闸口，即可出也。

带葭

虫不欲向前，以葭带之。虫性发，随葭而出。

兜葭

深秋之虫，久于战斗，必持重徐步，不肯急前。以葭于其胁之旁盘旋兜之，必可前也。

初对葭法

登局用葭，先讨其尾，次讨小足。虫有感觉，方于牙口一葭，左提而右领之。至其性发，再扫牙口一葭。观其势壮，鼓翅而鸣时，俟翅收闭伏贴，始可导领至闸口间。各待点正后，监局之人始准起闸。架葭不得过闸，如虫横身，即点正之，使虫自相见。司葭者各守规则理法，不许挑拨，乃为正局。两虫交斗，千万不可震惊之，致使胆怯，无勇觅敌。倘遇有意外之震动，而两虫性静，亦不可用葭。须俟其须动或行走，再为点正，以待分局也。

分局葭法

虫既分局，须识性情，如先行动，或须动，或鼓翼有威，方是上锋。或负而伪鸣者，更宜细审，不可冒昧施葭。如葭下而虫匿于箅角及挂榜反手迎门等处，谅已下锋。必俟其须动行动时，方能下葭点正。此是分局理法。

上锋葭法

既胜，监局者喝明下闸，分其上下。胜者收提上锋，领过中闸，即将湿纸搭盖。常常调拨，使其斗性常存。不可频扫牙口，只宜点插而已。待下锋回报，方可再葭，不宜频絮。数葭即可领正，起闸。两架住葭，勿冲扑，致虫惊走也。

下锋葭法

偶然失利，葭不宜频。俟其势欲动，微微葭其头背胁尾，触其性怒，拂其牙口。如鸣，则俟其翅闭伏贴，少息再葭其尾及牙。俟牙口关闭弹足，方可回报领正，起闸。两架住葭，勿冲扑也。人常见虫之转败为胜，全在运葭之妙耳。

老局新局新新局葭法

浙西老局，必三落千金闸，卷帘而后分

胜负。继而为新一局，则不落闸，谓之痛口。连三蒚即分胜负。今又改为新新局。不但不落闸，惟就两跌开即各一蒚，如有蒚再斗，无蒚即云讨一蒚。分胜负后划出也。

蒚赶虫法

赶虫入簛，俱有矩度。看对毕❾各异，点彼处耵鸣，然后再点本处，其虫必赶至千金闸口。将头对本局，用献掌蒚蒚之。俟亮布起闸，方蒚转交锋也。

赶虫双跌开合法

如上锋者，观下锋在何处耵鸣，使其到彼寻斗。如已分局，上锋用蒚领回头向本局，自无进赶之患也。

挂榜蒚

虫头向上，或入簛角，谓之挂榜。用蒚极易开钳也。

老局攒蒚法

浙西数十年俱用攒蒚，将白露前蒚草选就蒸制，以数十根草头劈开，用胶粘成一柄，如环刀式，或如苔帚状，以蝇头血浆染。草丰不但使虫易开钳，且能鼓其性，并将蒚草于虫身上下直透大腿，令其两股稳立。徐徐蒚之，六足停妥，蒚至虫性极猛，即起千金闸板。便遇出马枪，亦可安敌。今攒蒚概置不用，后来者并不知有此攒蒚矣。

老局细修蒚法

细修蒚者，取白露前蒚草梗直而头稍细茸，蒸制后再选极细者曰茸蒚。用于交口后，恐下锋惊遁，以此蒚徐徐修之。以安虫而挑其性，使旺怒，故曰细修蒚。

蟋蟀谱卷二

义州李大翀石孙纂辑

修水徐百诗元礼参校

论说

先天后天论

万物本一元之氤氲，以成化育。其未生也，气主之；其既生也，形主之。气运于无为，先乎天而存者也。形成于有质，后乎天而具者也。此炼气养真、修真家以先天后天四字为兢兢也。余尝窥其理而概之，百昌群动，以为无不皆然。恨昔之人，无以证余之言也。今于蟋蟀，而有以悟其理之必然矣。夫蟋蟀，微物耳，其形色宜皆同矣。而形乃有大小，色乃有黄白，性有动静，力有勇怯，相去不可以道里计也。何则？先天后天之所得者殊也。其全乎先天者，所生必在地脉灵秀之区，燥湿得宜之壤，而又雨旸时若风露融和之候，得秋金之气，脱化而生，全是大气所鼓动。至于托化后，伏土五七日，方始登盆，先天之气涵养既足，保护之法又极周密，不受饥饱之失调，不遭伤损之疏虞，神全气足。此得于后天者全也。先天之事不易知，然气以成形，气足者形必如之，神亦如之。故先后天俱全者，上也。先天不甚足而后天有以补之者，次也。若先天不足而后天复受戕贼者，必无济矣。

得时失时论

语云，乘时而动，是贵乎其时之审也。夫早秋中秋晚秋为时之先后，虫秉冷热之性于焉攸分。如初出土之候，两尾平垂，粪仅泥水，是其后天之气未充。于以角胜，如孩提之童，使之披坚执锐，是未及其时。逮衰老之年，使之操戈跃马，是又过其时。均谓之失时。待蓄养有日，双尾挺劲，粪已结粒色白，则精彩焕发，勇力倍增。如马之膘肥骁健，自能胜腾踔千里。如鸟之羽翮丰满，自能奋迈云霄。此正得其时之候也。或因水食之失调，接斗之频繁，难得其时，亦常蹶踬。人但知时不可失，而未能审于毫厘之间矣。是故得时失时，虽视乎虫性之早晚，而实由人以握其权也。抑更有说焉。虫若遇识者，爱护郑重，如人之拔于侪伍之中，登于将帅之任。知己遇合，千载一时，此得时也。或落于市井之间，儿童之手，虽具美质，无由自明，此失时也。是其时之得失，又视虫之遭际也失。

神相骨相肉相论

相者，犹言乎像也，有其相即有其像，此存乎物之形体者也。又相者相之也，物有相而我相之，此存乎我之品鉴也。存乎物者，肉有相，骨有相，而神则无非无相也。藏于骨之中，超乎肉之外。形声俱泯，变态无端。只可意会而不可以言传，全在相之者伐毛而洗髓矣。九方皋之相马也，云在牝牡骊黄之外。吾不知舍牝牡骊黄之外，又何特以为相乎。噫，此其所以为神。今夫虫，微物也，其形体方俊，头顶❿整齐，肉相之所取也。腿脚圆长，威如虎踞者，骨相之所取也，吾察之而能知之。至于气度昂藏，精彩焕发，大小之所不能拘，黄白之所不能限，吾又将执从而察之，执从而知之。然而相马以肥，则飞兔骥褭漏矣。相马以力，则龙媒骥子遗矣。相虫如不以神，则虽善敌如黑虎者，亦觌面而失之矣。况夫神之为言，更有隐显之不同。世之好虫，亦尝奉此为竞竞然。以羽翼有光者为神，而不知韬华敛耀中有精彩存焉。以体格矫拔者为神，而不知平常态度中有至奇寓焉。以桓桓武健、猛气见于头额者为神，而不知色相静舒、矜张不露中有大勇在焉。盖于莫可名状之内，实有一段不可磨灭之景，浮溢于形色相貌，令识者心领而意会焉。世之所谓神者，犹不脱于肉与骨之内，而非所谓牝牡骊黄之外也。是故用肉相者十之三四，用骨相者十之六七，用神相者则十不失一，善畜家上乘法门也。古云，操千曲之引，而后可以审音，观千剑之铡，而后可以辨器，使非目力之精，心灵之妙，熟悉于古昔之秘论箴诀，殚精于日夕把玩，比较胜负之情状，不足以语于斯也。噫，微矣，相虫至此，褒以加矣。

虫称将军说

虫之以将军称也，果何自昉乎。曰，以其鼓勇善斗，决胜负于两敌之间，与一将登坛，万夫辟易者相类，遂据捃而名之，其说似矣。然则鹌鹑黄腿之善斗者，皆有是称，而皆无考据，未免臆断也。或曰蟋蟀。说文作悉蟀，去虫字，有将帅义，故名将军。其说似有理。然月令寒蝉鸣，郑注寒蝉即寒螿，一名蟪蛄。陶弘景以离骚蟪蛄鸣声啾啾，注似为寒螿。夫蟪蛄，俗名土狗，绝非蟋蟀。而螿虽蝉属，亦绝非蟋蟀也。又王安石字说云，蟋蟀能帅阴阳之悉者也。杨龟山非之，以为阴阳非蟋蟀所能帅，然则帅亦非尽从将帅义。今徒以一字可矫托，而即称之曰将军，则又未免于凿也。余尝细究其义

而不可得，偶忆月令，蟋蟀居壁。而汉史诸侯，尽从壁上观两语，不禁有微会焉。夫从壁上与居壁，奚啻天渊，何容附会，而不知确有不可易者，何也。夫虫之居垣墙之中，静以待时，与壁上之以逸待劳者一也，韬声敛翼，与壁上之以静待动者一也。至其乘时而动，及锋而试，前无坚敌，所向披靡，与大将之一鼓作气，卿子而称冠，李广而称飞者，又无不一也。是壁上为大将藏锋之地，而居壁乃蟋蟀养锐之区。今试观夫兜鍪耀日，铠甲凝霜，在壁垒之中者，吾何得不以将军名之。可知两壁不同地，而居壁者皆可独将一军。两将不同伦，而成将者不必更分两壁。世徒以其善战而名将军者，岂知名以地传，更彰明较著也哉。嗟乎，古人称名之义，假借居多。曲江以家鸽寄书，而名之曰奴，孤山以鹤性善驯，而名之曰子。余至金衣娘，雪衣公子，随物而名，各有所当。然则蟋蟀之以居壁而称将军也，夫谁曰不宜。

逐年应生虫色说

逐年将军，生相颜色不同，要看其年是何干支。如得其应生颜色者，是应年真将军。其各色颜色，亦可成将，但遇值年颜色者，则不胜之矣。纵有生相未能尽美，而似值年颜色者，较别色自觉善斗，又须详察其年之水旱雨旸。如年遇亢旱，所出之虫定多小而不丰厚。或得丰厚肥大者，自当迥出寻常。如遇水潦之年，所生之虫每多娇艳而肥大，未能尽佳。至有绝妙出色之虫，偶遭水淹浸，致损元气，终难成将。凡遇愆久雨，必当细加详审。至捕捉日辰，构求方位，宜向宜背，应验不爽。此理甚微，养虫者毋以吾言之迂而忽之也。

生旺说

或云虫主有利不利之言，人每嗤为迂谈。然确有根乎至理者。选虫如选将，用兵

结营临阵，客胜主胜，皆以孤虚克择生旺是务。秋兴亦取旺于当时，乘旺则生，受克则衰。而爱虫之人，何能精求至此，往往有误失之诮。若爱虫之家，精求方吉，安盆于生炁方则旺。天乙方多胜，病符死绝之方则多夭折。至出斗入斗，须向吉门，我克之方多胜。并月建日辰，宜向何方，各有避忌。如利于东者往东则胜，往西则败。其间主胜客胜，均须按月建日辰先后推详选择。背孤系虚，随时转变为贵，不特此也。即当虫人，亦取气色旺于明堂者胜。此非贸贸为之也。孰谓一虫之微，不足与登坛夺帜者同类而并观也哉。

相虫取官府合格说

相书云，一官成十年之富贵，一府就十载之丰隆。如五官俱成，其贵终老。相虫之法亦然。夫三秋全胜者必色相俱足，如人之五官俱成，件件合格，定然一生富贵。然一路功名到白头者，究竟能有几人哉。或早利而终偃蹇，晚达而初困顿，虽非全美，亦一官成之相也。如虫之有一端合格者，亦足以称豪虽一时。枭杰非结冬真将，间或有因此一格可取，而即擅将军之誉者，是运会之偶然，全在识拔之精审耳。

蟋蟀谱卷三

义州李大翀石孙纂辑

修水徐百诗元礼参校

饲养

调养总歌

新虫调养要相当，残暑盆窝须近凉。渐到秋深畏风冷，不宜频浴恐寒伤。盆窝不古须宽阔，水食依时要审详。保护调匀虫必旺，看时切莫对阳光。消除水食方堪斗，不可伤饥患饱忙。盆内宜填六一土（六一土法见后），盖须加意按阴阳。欲要虫体无尘垢，新水常常换旧浆。草叶误供虫齿嚼，谁知钳软更牙僵。过笼窝盖安排好，行动提携总不妨。酒后忌将虫窃看，气冲走跳便惊慌。橘橙误放充为食，虫腹藏之定必殃。安顿还须清静处，油烟熏损不刚强。先期未斗休频看，深秘幽斋用意藏。斗后若伤牙共口，急须医治按诸方。不分强弱当场斗，一定遭输笑不良。盆盖留心休有隙，还除水盏免倾亡。果能调养依斯谱，虫本无伤气自刚。一种清幽佳趣在，秋光九十韵偏长。

调养吟

莫夸促织尽超群，调养工夫半在人。力健色全方堪斗，牙强体壮始能驯。交锋一次停三日，鏖战经时歇五辰。胜后不劳常觑玩，默藏漫斗壮精神。

三秋养法概说

早秋盆宜放润湿处。中秋盆宜用六一土填之，放于架上。深秋盆宜用新者，天寒加之以纸覆盆底。盖虫畏冷不食，用带血蚊虫二三个食之，或和饭饲之。此三秋养法之大概也。

早秋饲养要说

夫养虫如养兵，选虫如选将。畜虫须用古旧大盆，早秋时择取头大腿脚圆长，身子润而丰厚，票定颜色，下盆徐徐养之。不可便斗，恐伤劳之也。虫出世有先后，元气未足，颜色未变，身柔口弱，或有不斗，交口便走者，此皆元气未足之故。须下盆数日，身口坚硬，现出颜色。如重色变轻色，谓之拼打。轻色变重色，便可弃之。省色之高下，方可对拼。如出口硬辣善斗者，选为上将，票出名目。然亦不可多斗，致伤之也。

中秋晚秋饲养要说

虫在中秋，如人之在中年。三尾不可久处，恐雄虫昼夜频呼起翅有损。且颜色易致昏沉，壮气消散。加之以天时炎凉不和，水食不匀，更有意外之疏失也。善养者当能细心体会此中消息。微矣微矣。

晚秋虫渐衰老，饲养尤难。宜用活物荤腥，合食喂之。置盆于避风和暖之处，万不可使寒冷。窝用纸制，或木制之。（切忌香木，如樟桂等木是也。）食宜以羊眼豆煮熟去壳，和饭捣匀以喂。或栗子煮熟，或生芝麻嚼烂，或菱肉煮熟。或以茭白挖空，贮米其中，煮熟去茭白，饲以饭粒。或净用茭白心和饭，或生冬瓜瓤及瓜仁和饭饲之均妙。交冬愈冷，须用熟蟹腿中肉，或熟鳗鱼脊上肉饲之。忌有油，去之务净，以养其体，助其力也。若不甚吃食，用蚯蚓粪和水饮之，不能再使斗矣。如须黄尾焦，行动缓钝，此衰老将死之征也。

三秋换盆说

早秋余暑犹烈，虫性畏热，如窝干土燥，则虫必死。故盆每日宜用冷茶浸湿两次，水更换三次。虫自无病，光彩焕发矣。中秋宜用旧盆，水日更二次。晚秋渐冷，宜用新盆，置避风处，盆较小无妨也。

浴虫诀

生虫初上盆时，见光奔驰不定，如三数日后，尚复如此。则贮水净器中，以手搅之，使水旋转。置虫水中，任其矫跳不起。浴后入盆，停光亮处，俟体干燥再盖盆盖。且时常用葭引虫至光亮处，以习其性。如宁定，不必再浴之矣。如翅有油滞之色，亦用此法，但不宜频浴也。

养虫要言

早秋得虫上盆，宜耐心养之。于中秋后定斗，必多枭将健战。最忌频频开盆看之，尤不可向日中观看。虫牙根尚嫩，不宜用鼓挑逗，恐其开闭损牙也。如此细加爱惜，虫自不易老衰。深秋时必更健斗而易得胜矣。近日畜虫者，每喜早斗。虫力未足，以致败失。非虫之罪也。

古名家养虫法

戈十公之养法，以黄桑叶为末，粳米作糕，晒干浸软，研碎和饭拌饲之。

苏胡子之养法，以篱节虫作末，至霜降前五日喂之，或用扁担虫并饭喂之。谓以虫补虫，大是补益也。

赵九公之养法。以鳜鱼，菱肉，芦根虫，胡刺母虫，血蛟，扁担虫喂之。

王主簿之养法。以栗子煮熟，或用方蒂柿子，鳗鱼，鸡鹅，蟹，鱼虾等物，和饭以饲之。

饲虫食品要记

茯苓切片，饭上蒸熟，日日喂之，极补。虫力中秋后不上食者，菱米、栗子煮熟喂之。柿饼肉亦妙，但不宜频与之也。市上之炒栗子，有糖性，不宜与食。鳗鱼去皮，以无糖之糕粉，晒干拌匀为末，喂之。每夜以清茶数滴饮之。深秋虫老不上食者，以雌蟹钳肉生肉同米饭捣烂，捻成小粒喂之。

石孙按，余撮录诸家饲养之法，以备畜虫者之采择，但虫究以米饭饲之为正。恐其胁出拖肚，则补之以茯苓，调之以菱栗。如有疾则以生虫等物疗之。至如蟹鱼等肉类，重于油性，不宜常食。毛豆使虫泄气无力，鸡鸭鱼使虫腹大而滞气，尤不相宜也。因时制宜，畜养家其细心忖度之。

附新盆填六一土法

新盆火燥之性甚烈，用清水煮四五次，则火性稍解。然后用十年陈石灰一分，瓦坯泥二分，用天泉水调匀。戥定分两，每盆若干，用木棒平头者捶之，使极坚实。但慎勿令光滑，致损虫之足锋也。

捕捉促织法

凡捉虫待处暑后，将竹筒、手罩、杏叶锹等用具备齐，于绿野草莱中求之。中秋时在园圃墙垣之中，听其音声，寻得穴户所在，以尖草捵之。如捵不出，将水灌穴内，必跃出也。凡老树根中，亦有上下门户。察其径，探其穴路，取之可也。如砖石墙垣，既不能拆动，亦不能灌水。须用蚕豆嚼烂，放于瓦窝内，察其出入路径。虫夜中必出穴觅食，见窝亦逸，即自藏宿其间。晨取之，必可得，毫不伤虫也。如在高阜岩穴之中，须用生梨挖空，用线系之坠下，支于穴口。虫于夜间出穴饮露，得意而鸣。听其鸣声在空梨中，捕之，未有不得。其妙无比也。

维扬畜虫法

扬州风俗，于六月之时。将未曾生翅之虫捕归，置盆中，待其蜕变，方择去留。临斗前三日喂之，不令饱，谓之缩食。以免腹大，难于配敌也。但虫受饿，气力不佳，不易取胜。且虫未生翅，不能鸣，颇难捕取，此法不足为训也。

京津晒炼法

将虫于烈日中晒之，几毙，移置阴凉地。待其醒，复晒之。如此三四，然后养之。待斗云勇猛异常。此法尤可发噱，录之以为异闻耳。尚有蒸之者，则以虫置盆而晒，盆热则润之以水。如此亦数次，谓尤妙于晒炼也。奇哉。

赤蛇血

赤练蛇血，拌饭饲之，虫多胀坏。其胀而复醒者，勇猛非常。此曾验之，甚效也。

九转灵砂

太平清话云，促织用九转灵砂稍喂之，即成健将也。未验，不知效否。

水竹居治铃法

用池边青草内小白蜘蛛喂之，可解并铃之患。

治垂腹法

虫饱食交斗，最易腹垂。觅取溪边红蚓

虫研细，频频饲之即愈。瓜瓤亦妙。此亦水竹居之良法也。

治卷须法

缺水即卷须，盆干燥亦然。用茯苓蒸熟饲之即愈。

治色昏法

虫因缺水而色昏者，以水润窝，盖用青绢浸湿。放盆内，使往来奔走，则光彩胜旧矣。

使虫肚腹明亮法

胡刺母虫或断节虫、麻根虫、蛴螬虫饲之，后用枣子去皮核，日日喂之。则肚皮明亮可爱矣。

治色不正法

虫如色嫩不正者，用阳沟内红虫饲之。次以盆侧，向日影中照之。两三日后，其色自正矣。

治失口败法

失口之败，伏而不动。用紫薜杨三四片泡汤，待冷即入浴之。在水片时捞起，放在竹筒内，用手掩紧筒口，少时再入盆，即醒如常。虫性不失，此乃良法，不可忽视之也。

治积食不化法

虫积食不化，用水畔红虫研细饲之，即愈。

半闲堂治热法

早秋虫偶受热，用厕中蛆虫变成蛹儿者，内有小虫名曰棒槌虫喂之，即解。或用稻撮虫蒸熟，于烈日中晒干，以黄麻根研细拌喂。随用水杨柳细须洗净，浸水饮之。能解热毒，有益于虫。

民国李大翀纂辑蟋蟀谱十一卷

治热浴法

虫热呼雌不着，用青草绞汁入沙糖水，拌匀浴之。后再以清凉河水过之。饲之以青虾一二枚，无不愈。秋深则以断节虫取浆喂之，亦妙法也。

治受热呼雌不贴法

虫受热呼雌不贴者，觅菜叶上小青虫，榨汁入白糖少许，拌匀喂之。少顷，以清凉河水浴之，即愈矣。

深秋上食法

虫至深秋，雌气较强，日夕宜雌起出，下食待虫食饱，雌亦另食之。饱后贴下，庶不致雌与争食而伤虫也。

斗后浴养法

斗后以浮萍捣汁浴之，再用河水过之。后以童便、清水和匀饮之，饲之以青虾一二枚。如斗甚烈者，须隔三尾二三日。若虫性起者，雌不可久隔。次日即宜入窝中，但不可共盆过夜。庶无疏虞也。

胜后用生粉青虾捣细喂之，红黄色者，不可饲之。

强敌取胜后调治法

凡遇强敌，争斗剧烈，取胜后且不可下食。用旱莲草嫩花喂之，再用苍蝇头四五枚饲之，则无恙矣。至再斗之时，切宜观其贴雌。如骁健，方可合斗，倘或懒钝，还宜调养，万不可强使之斗也。

胜后调养法

胜后用扁担虫去尾取汁，于菜叶上饲之。后以井虾汁二三点饮之，则无患矣。取井虾，用布袋贮蜡糟坠于井底，半日后提起，则井虾均伏于布上矣。

胜后受伤治法

斗胜后，如两牙长短不齐，身有损伤，不可下食。纵下只宜些微，即取童便，清水和匀，将水槽盛之与饮。旬日之间，自将复旧也。又以旱莲草嫩叶饲之，最能养牙。

如损肌，用姜汁浓茶或自然铜浸童便点之，或以血蚊虫及地鳖虫饲之，更妙也。

如损牙，用菜园中泥内红虫喂之。此红虫名土乌贼，又名粪精，又名赤土。乘雨过取土，劈开即有之。

养飞蛛秘诀

养飞促织者，用带血蚊虫和饭调匀，灯下喂之，见食即吃。若闻响声及见日光，便惊跃也。宜置于密室中。虫畏风则藏诸无风处，且毋令他闻他虫吟声为要。

飞虫养之，宜去其翅。以手提其翅尖，置水碗内，虫见水一挣即脱，不受伤也。以带血蚊虫饲之五七日，即可合斗矣。

虫性所忌

虫最忌酸气。昔有畜虫家煎醋，屋窄不及深藏，乃装虫于大木箱内，以厚棉被覆之，以为无事矣。次日启视，则皆卷须垂尾而毙，无一生者。故酸气最忌。且如茉莉、香橼等香，亦不可触之。一触即不死亦不能斗矣。畜虫之家，举凡香木质器具及香水、香花等物，要宜远之也。

三拗

胜叫负不叫一也，雌上雄背二也，过蛋有力三也。

四病

一仰头，二练牙，三卷须，四撼腿。

生翎

虫之生红白翎，犹夫人之生赘瘤也。或大热相触，湿毒相感而致生翎。或虫产于新砖瓦堆中、窑灶基内，及卑湿之地而生翎。或新盆火燥性未除，水浸过湿，亦致生翎。然亦有深秋脱翎而斗者。

选三尾法

白露前三数日，捕取三尾。须择其身瘦小色黑，腿爪细弱者。飞雌为最佳。

三尾所忌

头忌麻、项忌斑、脚忌长壮，颜色以黑者为佳。切忌红色、黄色也。

三尾落条慎勿令虫食

三尾落条如小蛆蛾，如为雄虫食之，必生病，不能斗矣。慎之慎之。

不贴换雌法

虫如长久呼雌，最伤翅及损气力。如呼之不贴，急须换饱食之雌，则必贴矣。夫虫之呼雌，如人之欲动。久呼不贴，则添二雌亦可。再不贴，则尽去之，另下新雌。如得初捕时同窝三尾更妙。飞雌尤佳，但过早秋，即难得矣。

三尾剪须去筋法

三尾宜剪去双须，以免雄虫认为同性而斗。拔去三尾之脚筋，使之无力，庶不致踢伤雄虫也。三尾过蛆，即为摘去，宜三五日浴一次。此秘法也。

应候占验法

凡虫至霜降之时，鼓翅数声，倍觉精神威爽，必是枭将。若其时寂然无声者，非过时老倦，即是非健斗之将也。

蟋蟀谱卷四

义州李大翀石孙纂辑

修水徐百诗元礼参校

产蟋蟀地志

　　各地所产虫之将军名色不一，兹略举一二，以备观览。后之博物者，如能增而详之，幸甚幸甚。

杭州

　　砂黄墨牙　白砂青　铁色红钳

　　红钳蜜背　真乌青

嘉兴

　　白牙青

湖州

　　虾青　白虾青最良

海宁

　　哑紫　黑青

嘉善

　　墨黄　血牙青

平湖

　　白青

绍兴

　　黄麻头　白青

余杭

　　金青

昌化

　　墨牙青麻头　紫尖头

富阳

　　真红（即赤牙红）

德州

　　墨牙黄

德清

　　墨牙黄　大青

宁阳

　　大青　黑牙青麻头　琥珀青

　　铁头青背　淡墨青　黑头金翅

苏州

　　黄大头　墨牙青　粉青玉牙

　　紫头金翅　淡青

洞庭

　　墨牙黄

吴江

　　重色紫黄

桐庐

　　白尖翅　铜头铁背　蟹青

昆山

　　白

无锡

　　青大头

金山

　　琥珀青　白阔翅　白牙青

江阴

　　白青

毗陵

　　黑紫　黑青

宜兴

　　砂青

吴淞

　　黄砂紫　淡墨青

扬州

　　白头青背　油黄　淡青
　　麦牙青　紫金翅

保定

　　竹节须青头星头　真赤爪花三叉　大紫
牙青
　　铁头青背　淡墨青

安徽

　　淡白墨牙　白黄墨牙　点子
　　真黄（产新安）铜头点子（产新安，即月额。
色黄者真，月额将中之枭将。白色次之，又名星头。）

黄山

　　黄大头

南京

　　墨黄　楚黄　麻头紫

西新

　　红斑青（即红孩儿）
　　昔时有某人畜一虫，名红孩儿。系有红
点在左翅上，大如芝麻，亦似朱砂。与杭之
西湖某寺僧所畜虫名白砂青者斗，胜之。按
西新塍镇之虫，身上不拘何处有朱红点者。
即是真将军，如红孩儿是也。亦如南京之楚
黄，黄山之黄大头等，必是大将军耳。

五色变虫诠考

　　虫三尾所下之卵，至次年即出。然亦有
非卵出而为他虫所变者，兹略举之，亦畜虫
者所不可不知也。

蟛蛉子变虫（紫青色）

　　色紫青，白斗线，秋愈晚愈寒愈斗，寿
命较他虫为长。系蟛蛉子所变也。

蜈蚣变虫（紫黄）

　　此虫千百中难一见。黄头银丝麻路，
青毛阔项金翅，身高厚而腿足壮长，钳血红
色，天愈寒斗愈狠。系蜈蚣所化也。

蝴蝶变虫（紫尖头）

　　紫尖头，首如蝴蝶，毛似青砂，项阔背
厚，腿足圆长，血筋绊满，翅金色，牙墨色
血钳，所向无敌。蝴蝶之所化也。

牵牛变虫（真青，青麻头）

　　真青白牙最妙，黑镶白钳亦好。青毛
项，血牙更妙。但要白银丝麻路，细直透
顶，背高项阔，腿足圆长，爪尖锋俱如朱赤
草鞋底刺锋明赤间三叉，腿朱砂斑布满。肉

白如银。牵牛所化也。

青麻头圆大，细银丝透顶，青毛项，青砂雾罩满。日中照之，微带红色。腿白脚长肉白者，将中之枭勇也。亦牵牛虫之所化也。

桑虫变虫（青大头）

狮子头，细银丝直透顶，中青毛阔项。青砂垒垒，青雾照满，青金翅，脚斑白，腿长圆，肉色如玉。或似青莲，纯白钳，或红花钳，墨钳墨牙均妙。如白花钳大长厚者亦妙，均是上将。此乃桑虫之所化也。

蜘蛛变虫（青尖头）

长头，青朱毛阔项，身厚脚腿圆长，黑镶白钳，长红花钳妙。乌爪白钳血牙更妙。此系蜘蛛变也，多喜倒宿于窝盖之上。

甲虫变虫（砂青）

大头阔项，银丝细路透顶，青毛砂堆满项翅。长腿圆脚，身形高厚，赤爪红牙。交口不三合而即胜，此上将中之上将。为甲虫所变也。

地蚕变虫（真黄）

头如蜜蜡，项似青毡，翅如紫金，肉黄腿白，浑身黄雾黄砂罩。更兼高方阔厚，脚长声哑，此狠斗之将。地蚕之所化也。

蜻蜓变虫（黄大头）

头似螽斯颔样，细银丝麻路，直透顶中。朱砂项宽背厚，浑身青毛砂，腿混脚长，白肉血红牙，墨花钳、紫花钳、真墨钳者，虫中之王。蜻蜓之所化也。（按此虫多喜

立于水池之上，或仰卧侧卧。曰困虫。）

胡蜂变虫（黑黄）

有血钳，黑黄白钳，白花黑钳，黑牙黄墨花钳，红花钳诸种。阔项驼背，头细脚长腿大者是也。更有项堆黑砂毛，翅有血筋绊满，浑身似青雾罩满，向日中照之，通身如血红者。此真正黑黄无敌大将军也。此系胡蜂所变者。牙钳种种不同，须熟视细玩，不可轻忽错过。此种未易多得也。

铁头蜂变虫（真黑）

黑如漆，牙白如粉，此铁头蜂所化，颇不易见也。

天牛变虫（真白）

浑身白如粉，而牙独正红。此天牛所化，极难遇之。

蝼蛄变虫（砂黄）

头大腿长项阔，朱砂斑，白毛攒，紧背厚翅，金黄砂罩满，为虫中上将。蝼蛄之所化也。

蟢蛛变虫（天黑）

身形扁小，灰黑色，喜伏盆底。与大者斗，着口即胜。此蟢蛛所化也。

土狗羌螂，蚱蜢，蝣蜓，金苍蝇，蜗牛等虫，感秋金肃杀之气，亦能变化蟋蟀。名各不同，未能一一考实而详列之也。

按虫有出草不食，只饮水至秋者，系羌螂之所化也。附记于此。

蟋蟀谱卷五

义州李大翀石孙纂辑

修水徐百诗元礼参校

斗法
定对歌

先比头，次比腿，兼比色，再比丝，比定浑身还细比。方阔高厚美如斯，须尾爪尖俱有势，脚长终久得便宜。黑白饶他大，青黄切莫欺，狭长时有失，扁阔最迷痴。虫性分慵健，人心细度推。张牙威勇际，鼓翼气骁时。最喜他须卷，常防我尾垂。头大方为大，翅松未足奇。虚实须观肋，豪强未让厘。更详牙大小，莫把等闲窥。比匀无所悔，采识力盈亏。

定色诀

白不如黑，黑不如赤，赤不如黄，黄不如青，青不如紫，油艳不如枯淡。故赤小黑大，可以合局；黄大白小，难免亏输。

戒饶大歌

小能饶大自为强，少胜多输计未良。欺敌古今终取败，两边看对细裁量。主张合局须当审，莫听旁人论短长。失合悔将虫误矣，纵然赢得亦神伤。

交锋论

夫虫之交锋，如两虎争斗，必有一伤。合对者须审其大小，细观貌色，不可轻率。如色相两停，方可相合。既已合定，鼓噪鸣蛩而下葭。各存道理，不可过棚。如横点正，不许挑拨。起闸待其自见。有一口赢者，有二三口咬触者。有一递一口者，有双做口者，有黄头滚颠番掳折腿脚者，有两下口咬昏赢者。若下葭太早太重，误触牙根，必疼痛满笼沿走，不可再葭。须将湿纸搭盖，待痛定方可下葭。引之使不合牙，待下风回报，才可调热交锋，自然斗口无失。盆内莫斗，常有屈输，箳内输赢有准，不可忽也。

斗口斗间说

虫有斗口者有斗间者，斗间者忽改为斗口，来虫不敌故也。斗口者改为斗间，则来虫之勇可知矣。

斗品

斗有双做口，造桥夹，两拔夹，磨盘夹，练条箍，狮子抱腰，猢狲墩，丢背仙人躲影王瓜棚，绣球夹，黄头儿滚及勾留剔捺等名色。

三秋斗色

三秋，早秋，中秋，晚秋也。如紫青杂色，以及绣肩，红翎，月头，浑油黄等色，早秋可斗。间有自早而至晚秋者，至长衣，阔翅，翘翅，笃翅，梅花麦梗，紫拖肚尖头紫及各色中秋开牙，并可结冬。如霜降后天气渐寒，只有真青，真黄，黑黄上等五色之将，方可斗。入冬则尤其杰出之枭雄者也。

斗不可频

胜后至少隔三五日，方可再登场。如斗经二三十口，宜歇六七日。尚须看下口轻重。若来虫狠斗重口费力，须隔起三尾二三日方可下贴。过十日，观虫有性，见葭即鸣，乃可合局。如性不旺，则不可斗。夫百口赢者未足奇，一口赢者胜百口。要知其一口用力倍于数十口，尤当加意调养，慎勿以为其接口少而不经意调息，以致有失也。

身上无砂不可斗

虫至霜降后天气渐冷，砂如细末渗在身上、项上者，为大将。倘天冷无砂，身上油滑者，切不可斗。徒自取败也。

六不斗歌

荡胲无后葭，不食又沿笼。长鸣并练齿，终须落下风。

十忌斗诀

无情不斗，牙损不斗，色淡不斗，头昏不斗，翅松不斗，尾垂不斗，腿撼不斗，并翎不斗，卷须不斗，沾油不斗。

十二不可斗诀

长不斗阔，黑不斗黄，薄不斗厚，嫩不斗苍，好不斗异，弱不斗强，小不斗大，病不斗常，大不斗色，短不斗长，貌不斗实，阔不斗方。

临斗审局

斗以约三局两胜。如初合战而不分胜负，谓之头局。再合而分胜负，谓之中局。三合而分胜负，谓之末局。若胜二局，则不必斗第三局矣。其间酌量调度，须要识透局面。有头局酣斗胜败未分，觉我虫着忙力怯，有将败之状，切勿斗绝，便当认作我输一局。喝明下闸，留其余力，养其锐气。俟虫稍醒，回身寻斗，方可下葭。看其左右风泛，然后开闸复局，多能取胜。此孙膑三驷之法也。

软勾法

凡虫固不宜频斗，亦不可久不交口。如太久则口冷，猝遇强敌口快，遂不能还夹，以其生疏也。故斗胜后三五日不遇合，亦须下软勾头略斗数口，如用兵操练之意。又不可将无用之物与之为戏，徒使下口忽略。斗后依然调养三五日，方可再斗。即使一口取胜，亦宜歇息。盖一口亦犹数十口用力也。

勾斗审详说

虫以大胜小，无足贵也；若小胜大，是虫之能也。便当加意爱护之，切勿频频使接斗。如早秋初出口时一斗便胜，出口快利者，尤是上品。须在箪中勾斗，盆内易有差误也。

辨雌

凡虫忽然鸣于盆内，即轻启盆盖观之。若三雌相旁，谓之辨雌，即日可胜也。若三雌在外，或在窝盖上，谓之忆雌，可赶雌入窝内。若又逐出三雌而鸣，谓之厌雌，可另换雌伴之。否则淫性不遂，反使虫痴钝，斗则必败也。雌再不贴切，宜再更之，使阴阳和调。虫身健旺，斗必胜矣。此等处畜虫者切宜记取之也。

蟋蟀谱卷六

义州李大翀石孙纂辑

修水徐百诗元礼参校

形体

头大说

头之生，初秉先天之气而首成象者，故选虫先选头也。头大之虫，得先天气，五体皆完，其气充备而成。色初变而至三变，其色定矣。色定则知头之轻重强弱。斗线分明，麻头清白透顶，金银线路如丝，五色麻路平铺，光彩炫目，虽得之于天，亦成之于后天，相色兼美者，则更精彩。此彩皆得先后天气足之所发。其刚勇之像，雄悍之气，尽现于头。其铜头铁脑者，皆以色象而言。必先察其头势，骨肉匀停，高圆结绽，然后取之于色，则头之理备矣。头形既定，再论色。色有五，青为第一，紫次之，黄色果能合格，则又为第一之色，其红与黑白各色，皆有第一。其头之形。奇凸尖凹平直。所成不一，皆非正品。间或有异相而成将者，亦足佐局中外像之得。然总以于青紫之中选之，则得之者众，失之者寡矣。至于红头黄麻路，黄头红麻路，青麻头，青金麻头，三尖麻头，竹乌麻头及柿子头，玛瑙头，蟹壳头，芙蓉头，四字头，油灰头，牌楼头，兰花头，鸳鸯头，双飞头，名式不同，而所说之头形，即头之色形与色互相合浑。混沌未分之语，其头之真形真像未肯明言。略叙奥秘，俟后来者辨其源旨耳。今之爱蟋蟀者，但知秋兴二字，依样葫芦，了此三秋之兴而已矣。

石孙按此篇词意不甚明了，未便更改，姑仍其旧。畜养家以其阅历经验参考之，或有得也。

尖头说

尖头即小头，多有成将者，惟紫青二色中有之。若夫黄白等色，仅于尖翅中见之。苟非尖翅，万中希觏。在紫青二色，头虽小，必圆如椒核，努出如珠，俗名胡椒头，亦有项套头，半藏在项中者，能缩能伸，俗名龟头。其牙必作红紫色，细而长，逾于常虫。或有笋桩钳、三尾钳，则以白色为贵。至黄白尖翅，头虽小而牙必大，须得淡红牙、红花牙、白花牙、白牙。然又必身形结实，视同橄榄，俗名两头尖为枣核形。又有身躯方厚，后阔于前如琵琶形者，皆将军之相也。畜虫者勿以其头而忽之。

头色

红头黄麻路，黄头白麻路，淡黄麻头，嫩黄麻头，红麻头，青金麻头，紫麻头，白麻头，栗麻头，柏叶麻头，黑弯麻头，半红麻头，三尖麻头，竹乌麻头，皆要麻路晶明，细丝直透顶门有情，上品正色头也。

或有柿子头，玛瑙头，蟹壳头，品尚可观，敌有不济。凡麻头细直透顶，品色相应，庶可临场。

又有星头，癞麻头，芙蓉头，四字头，油灰头，兰花头，牌楼头，鸳鸯头，一半青一半黄。

将星头，额中现一珠如桂花黄者，却是真将。故名之将星。

双飞头有此星。康熙辛卯岁，杭州双飞头在姑苏枫镇战胜盛德镇剪刀钳虫，名震江浙。

红白麻头，青项金翅，金银丝透顶者，上也。麻头黄者次之，紫金翅又次之。

斗线

额上所生双纹曰斗线，亦曰斗路。则知虫之斗性，全在于此。其强弱之分，有粗细长短隐显之殊，了然示人以不爽也。旁散于头者曰麻，是亦斗性之征于头也。如丝瓜筋麻头，以细散活泼为贵。柏叶麻头似乎粗扁，以有情为贵。当额横纹曰线，是又斗线之现于额也。以青麻线额为最雄。谚云，青麻带线，将军带箭。又有重色而绝不见斗路，只于额前独显一根白线。谚云，墨黑一条线，诸虫不敢见。盖云交口便胜。此又将中枭杰。可知斗线麻路线额，凡异者均关乎斗性之强弱也。

斗线有洒金线、老姜黄线、兰花线，又有本直而外弯者羊角线，本直而内弯者牛角线，本细而末大者鼓槌线，粗者曰粗眉毛。模糊曰濮脑。粗而呆，色不切肉者浮脑线。奇线则透顶及面，或一二条明暗二色，方可入选。又有线多者少者不等，而八根者为八脑线。

眼

有椒核眼，金眼，俗名金回回。赤眼，碧眼，玉眼色白而润，晶眼明朗可爱，如晶之光，皎皎逼人。朱砂眼惟纯白虫有之，两睛如丹砂之赤明炫目。

钳牙

钳有四钳，及密刺如锯齿者。又有无刺如箸者，有钳尖纯白无黑锋者，又有戤梗钳，三尾钳，笋桩钳，枇糠片钳，剪刀钳一动不动者。色有黑、白、红、紫四种，类于白者有浆钳，类于红者有脂泥钳，类于紫者有酱板钳，类于黑者有绛香钳，俱属无用。开钳只宜一线，八字钳、菱角钳，不足取也。

曰玉柱牙，曰鸳鸯牙，一红一白。四钳曰重牙，曰芝麻牙，曰红紫牙，曰白牙，曰苏木牙，曰乌牙，曰黑弯牙，曰红牙，曰炭牙，曰桑剪牙，曰紫黑牙，曰血红细长牙，曰乌紫牙，曰焦牙，曰黑红牙，曰环牙，曰白花牙，曰黑花牙，曰黑镶白钳，曰白花镶钳，要大而长。厚曰红花钳，曰乌爪白钳，曰血牙，曰紫花钳，曰真墨钳，曰血钳，黑黄曰白花黑钳，曰黑牙，黄曰墨花钳，曰大白牙，曰长红牙。

脸

俗呼曰马门。有黑脸红脸，又纯白者为粉脸。其紫脸及收上时有红线一条，放下不见者佳。

水须

有长能过头及额上者，又有一边多一边少者，又有每边多至六七根者。

项

项有铁皮项，蜘蛛皮项，铁砂项，紫绒项，半蓝❶并有蛀项，上有孔相通，可望见明处。又狭项，俗曰狗胫胫。惟白虫不忌。

须说

陈眉公太平清话云，蝴蝶，络纬，蟋蟀以须交。愚按蟋蟀双眸炯炯然，用视以须，亦犹龙听以角，蛇视以舌也。凡角斗之时，先将其须撩绕于前，是其视也。须既相交，然后张牙迎敌。其有须短而秃者，世谓之盲虫。是其无须曰盲，知视全在于须矣。至须交之说未可信。以蟋蟀仍呼雌贴子，即蛱蝶亦以尾交，存其说而已。

须有独须，在头之居中出一根者。有红须，俗呼为红毛鞑子。有竹节须，如钢鞭样。紫赤虫者多，余虫亦间有之。其蝴蝶须两须有寸余长，梢尖有珠如鼓槌形。或有长须一舒一卷，互相更换。有交须者双须如蛇卷，见人则放直也。有披须两须不动，向后披于背上，畜久须可长至五六寸，极可观玩。又有棕丝须者，赤长可四寸余。又有赤金环圈在须根上，又有须打赢不交口。其须打着来虫即赢，甚难得也。

翅说

翅有厚薄，随时好尚。昔以轻薄为善斗，今以厚实为耐口，当参酌从之耳。如轻倩之色，翅须明亮薄净，如蠢厚反不耐口。浓艳之色，翅须丰厚肥泽。若一轻薄，何以能斗。此不刊之论也。苟执一说泥之，固未有当。若倒行而逆施之，是亦昧于心而盲于目者矣。

翅有尖翅，长翅，方翅，圆翅，长衣翅，左搭翅，右搭翅，时辰翅，蓑衣翅，板翅，哑翅，蝴蝶翅，以大翅内另有两小黑翅者方是真蝴蝶翅也。乌翅长衣如苍蝇翅，披出在腿外。又有使风舡翅，两翼如飐飓竖起背上。又三尾翅，小而短，不可畜之。

翅色有红者曰红背，望之如红缨。绿者曰绿背，如蜈蚣背，深油绿色。无翅曰秃背，又曰光背，又名烂衣。

声

有缰铃子，刮竹声及呼雌声，见亮则鸣。遇暗则止。凡交口时不必多斗，来虫闻声即败。紫金翅鸣只一声，其真青鸣箔，紫青鸣安，黑青鸣印，淡青鸣⑫虾青白，蟹青鸣雄，青麻箔哑，青金翅鸣明天，黄声哑，红黄鸣令，紫黄轻鸣，青黄鸣雄，白黄黑黄同前。深黄淡黄鸣哑，狗蝇黄鸣沙哑，黄麻鸣宏，真紫鸣响，红头紫鸣飞天，纯红鸣青天，深紫厚响，黑紫鸣宏，淡紫鸣净，紫麻声撒，红麻鸣吰，纯白鸣高，淡白鸣乐，白麻鸣吰，真乌鸣雄，乌青鸣象，乌麻声撒，乌头金翅鸣雄，乌头银翅鸣清，至真三色，草三色、三段锦、草三段、小三色，鸣皆印声。齐臀鸣阁阁，壳翅鸣索索，阔翅鸣瞿瞿，长翅鸣沙沙。自真三色以下，其声或有不一，高雄轻细不同。凡名虫声色相应，或有声色不一，品相类是者，皆先天不足，或后天失调。寒暖湿燥，香臭相触，致损虫之本源。故有不同之变也。

拖肚说

凡青紫黄白黑诸色，皆有拖肚。即是将军，若曰拖肚，必属无用。须观其生相合格，颜色纯正，浓厚清淡得宜。其肚之拖，亦如人之有赋形瘦弱肥大之不同。然大头阔项而成品相者，而无拖肚，必是将军。故另为标出，存为博览家鉴赏耳。

肋胁

肋有一红一白单双肋，又有大红肋。白胁长者，名曰忠孝带。又左红右白者，名曰鸳鸯胁。又有金胁，青金胁，紫胁。

肉

肉有蝼蛄肉，蜻蜓肉，蚕蛾肉，黄肉，白肉，黑肉，青莲子肉，绿肉，白果肉，铁胡蜂肉。

腰铃

有带铃一粒，黄色而能健斗者，曰金驼铃。白者为银驼铃。满腰一串曰金束带，银束带。

脚

脚有八脚七脚，及小脚每多一节者。

爪尖

爪尖花有赤色爪，并中多一爪。凡爪花俱两分，此乃三义真将军，有此相也。黑黄红白青爪尖，皆妙，惟视之有神精壮得宜。

腿

腿有白玉腿、甘草腿、花青腿、驼骨腿、双寄腿、单寄腿、线穿腿、绿腿宛如蚱蜢腿形色。

尾说

尾向取其丰轻细而嫌其长，说未尽善。盖如相马尾，粗重则行迟，轻短则又无长力。虫之尾亦犹是也。尾粗而黑固无足取，若细而短，亦不耐斗而无力。须轻细而长，方为入格。间有长至等身者，为出类之相也。又有尾长仅一二分者，亦间有不及一分者，俗谓之肉尾。人颇爱异之，大是误谬。

尾形色

有玉尾，羊角尾，三雌尾，六尾，八尾，四尾者。独尾惟中一根，名曰单尾，又曰单枪，必配独须，方是对手。又插尾粗而长，紫黑色，如竖插在尾背上，是大将中之上将也。

形象歌

蜈蚣钳，狮子嘴，蜻蜓头，蚱蜢腿，颜色要相当，毛燥斯为美。

选虫秘诀歌

头圆牙大兮腿浑长，项宽毛燥兮势要强。
色润翅皱兮苍无癞，形身润厚兮能登场。
钳明五色兮世所宝，格合十体兮皆吉祥。
埋首悬腰兮真上品，红钳赤爪兮虫之王。

诸色不选歌

不论青白与黄红，麻路根根断顶中。
头欠高圆腿又瘦，项如明镜脚还穷。
身狭腰逼壮阔大，须尾伤残翅短松。
牙似水红猪肝色，脸多斑点粉花同。
选时仔细看诸忌，犯一临场难奏功。

辨知老嫩歌

要知促织老与嫩，秘诀分明白在须。
两齿带黄生日久，悬牙如玉出泥初。
头高必定方才变，埋首人称老野狐。
授此秘言须记取，十场罕有一场输。

蟋蟀谱卷七

义州李大翀石孙纂辑

修水徐百诗元礼参校

促织上八格歌

头

圆结大头高又绽，要他脑搭浅无多。

麻头丝路根根透，色正光明亮不磨。

脸

细看五色诸虫脸，形似锄弯注地长。

更得颜如锅底黑，虫中惟此最强良。

顶

砂斑毛顶力难降，额似蜻蜓鼎可扛。

品正更兼形色正，三秋斗胜世无双。

项

青项堆青靛，霜毫根闪青。

朱砂火盆底，桃枝皮类形。

白腐多丰厚，燥宽垒起星。

毛丁有疙瘩，入手不当轻。

钳

有二有四并鸳鸯，锯齿停匀如箸良。

品高纯白无黑杪，理明五色在相当。

翅

紫翅青金翅，苏木与油单。

黑色真如墨，梅花两片攒。

变奇多五色，松阔短长宽。

轻厚匀相称，襄衣得更难。

遮身不见节，薄皱另相看。

苍蝇并蝴蝶，左右与方圆。

四翅两小黑，时辰尖哑观。

扬骐兼鸟翼，异品紫金丹。

烂衣名秃背，金赤号金鞍。

绿翠蜈蚣脊，红缨铁网珊。

腿

大腿圆长健，小腿粗铁线。

斑白与蜡黄，此名金不换。

驼背并花青，单寄双寄按。

白玉兼甘草，线穿形堪玩。

更有碧波色，腿如蚱蜢看。

肉

淡黄明似蜡，紫黑贵苍黄。

黑青如洁玉，青白胜银装。

蝼蛄蚕蛾肉，蜻蜓白果刚。

铁蝴蜂肉美，草绿力威强。

细腻方云贵，青莲子更香。（此句不解何义）

无论虫五色，肉白必然良。

异形兼异色，莫可细推详。

调养中秋候，登场如虎狼。

颜色目别

青色

白砂青，红砂青，红线青，油青，苏叶青，鸡血青，麦柴青，生虾青，熟虾青，河泥青，河水青，稻叶青，竹叶青，芦花青，蚰蜒青青 [13]，铁线青麻，铁嘴青麻，铁色青麻，真青，紫青，黑青，淡青，蟹青，金青，黄麻头白青，尖头青，青麻青，砂铁青。惟天青一色，百秋难遇。相传云十年蜻蜓所变，可敌胜铁头蜂所变黑黄真黑等虫也。

紫色

真紫，红头紫，纯紫，深紫，黑紫，淡紫，麻紫，紫头金翅，滑葡萄紫，藤花紫，茄皮紫，熟藕紫，乌酱煤紫，酱瓣紫，紫麻头，尖头紫，滑紫。

红色

真红，纯红，石榴红，水楂红，出炉银，落霞红，红头青，红头紫，红头黄，红头白，红青，红黄，红紫，红白，红麻头，黄头红，红头白翅。

黄色

真黄，油黄，砂黄，黑黄，大头黄，紫黄，白黄，红黄，青黄，深黄，淡黄，狗蝇黄，黄麻头，淡色紫黄，麻皮黄，苏叶黄，麦秸黄，香橼黄，金扁方，并有浑身如雄黄者。诸色尚易得，紫黄难得。紫黄谓之足色。如能带滑尤佳。此真得五行之正气超乎各色之品也。千万中难一遇之。可无敌于天下也。

黑色

铁弹子，真黑，灶灰黑，水墨黑，真乌，乌头青，乌头紫，乌头黄，乌头白，乌头金翅，乌头银翅，乌麻乌青。

白色

大白，月白，滑白，哑白，麻皮白，螭壳白，水梨白，芦花白，白艾白，纯白，淡白，白麻头，淡黄白，青黄白，黑色白，青项白，朱头白，尖翅白，老白，青白头青背。

辨色说

紫

紫，必以不杂青黄色者方为真紫。如稍带青，即为紫青。稍带黄，即为紫黄，余惟浅深形类名之而已。至紫色中有一种色甚轻倩，并无别色相杂，此真淡紫色也。谬曰紫，未为允当。又有如熟藕色者，此乃紫色中之乡原也，慎勿取焉。

红

红色如石榴花及猩猩血者方为真红，世所罕见。今人所称者，大约熟虾青等类而已。又有一种水红头，色极鲜绝，亦成将军，如红中带标色。非结冬之将也。（石孙按，余幼时曾得一虫，正红如猩血。惜以饲养不慎，未及斗而毙，至今犹为悒悔。）

青

青以纯青明净者为上，稍涉滞色，必非真青。如青头白斗线，白肉白钳，名之曰玉牙青。或有黑色为乌木青，杂以青论。或以头项及翅原系白色，上罩青色，是为真白青。红牙，红花牙，白牙俱妙。再纯青而无白色，于日光中照之，青内显红如血，是为血青，必得大红牙方妙。其斗线赤红，渐变退白色，即属败征。或有不必于日光中照而觉有红色者，是为紫青。纯青而重近于墨者，是为黑青，亦以血牙为贵。间有白牙出色者乌雅青，近于墨青色，重而有红光。其燕子青，色轻嫩而杂红浮于上者。紫砂青、红砂青、白砂青，各以色定名，皆为枭将也。有青如靛花，头项腿足俱有斑点，如五花金钱豹，是为花青，甚为难得。其牙如炒熟蚕豆肉色。头项青如豆沙馅色，早秋颇亦善斗，世名为豆牙青。渐至深秋，无一存者。又于日光中照见如栀子黄色隐存青内者，不取。又有青中夹杂黄色者，名龟背青，亦不成将之虫也。

黄

黄色最难区别，开盆自有一道金光，方可言真黄。今之所谓黄头青背者，大率皆属老白青而已。有淡黄色似白者为沙黄，出于武林坝子门外沙田为真黄。余非沙地，及他处所产者，不能擅其美，惟山土所产，亦可并举。最难得者紫黄，或紫❶而黄轻，或黄重而紫轻，非素畜虫之明眼，莫能辨也。但黑黄数年一见，此皆冷虫，至秋深愈健。斗性猛烈异常。然世以热色视之，不能知虫之虚实。早秋试斗，往往失口，受屈不少。世人惟云黄色皆热，莫知有冷，复能结冬。亦不分其黄之轻重，虫之虚实冷热，天时燥湿，总而名之曰烂黄。似滠烂之状，未知取其油滑润泽之意。然未斗时倘虫色干枯，则先后天皆有不足，调养失时矣。所以油黄为最勇，宜乘其油润之候，登场必胜。如斗后色枯，更宜调养，慎勿令斗，即斗亦非复先时之勇猛矣。如养之而色不复润。是虫已受伤。如须尖微白，则虫已衰老。不可临场矣。

白

白以有血色为上，血色者，白虫之精华，宝色也。白而无神，似饿白虱者不取。必有砂雾笼罩，望之却干如蝴蝶粉，按之粉花欲落，清洁有情者佳。所谓黄贵乎湿，白贵乎干。肉以洁白紧细为贵，未有青黄杂色而成将者也。

黑

黑不难于取舍，凡所见之林林总总者，究非真黑。今之所谓邋遢青，虽多亦奚以为，必须黑如漆而有光彩。或不发光如湿烟煤色，浓厚蒙茸，方是黑虫。白牙最上。红牙红花牙次之。（石孙按，余曾畜一

黑如漆红花牙之虫，百战百胜，至次春方死。是亦未为劣也。）

色名辨正
淡色紫黄

色极轻清，与俗所谓紫白极相似，但微有黄色，而无一毫青白光者。腿脚亦微黄，腿胯上有血班，其项亦紫色，惟牙红为佳。俗名瘟紫黄。

黄麻头白青

凡头无麻路者非麻头，或青而少白，或白而欠青，其头色间有浓淡不一。须选明亮莹净，麻路细布透顶，项翅停匀，色不浑杂，牙红花为上。红牙次之。今之所谓黄麻头，白青，皆是不着青黄之虫也。

铜头铁背

头似紫铜色，或深紫黄色，不杂一点青黑气者，总以明净光彩为妙。背如乌金纸，黑亮者方真。红牙，红花牙皆妙。

白头青背

此虫色品，与真五色格品不相先后。但要头白如霜，斗丝麻路极细如银，翅青而有金光，或白光，或如淡竹叶色者更妙。牙红白均取其项，必须真青有毛丁，无一点杂色者，真白头青背也。即淡青色项，必要纯一不杂，其白，花项者不真也。

油青

青中之有油青，犹五色之均有油也，此皆虫之间色。即虫之精气所得乎天，油之称从俗而言之矣。然生相为主，必须入格，带油者方能善斗。其最勇者油青麻，必须红紫牙。凡虫有麻头布于额上，轻重鲜明，则知虫之灵便，亦如人聪敏伶俐耳。油色不退，

且能结冬，畜虫家其识之。

琥珀头

头色如琥珀，斗线麻路极细，以明净为主。项翅皆青而微有紫红光，此亦青中之出色者。牙有大白牙、长红牙，二色俱妙。

蜜蜡头

头如蜜蜡色，细白斗线，直❶或有如鹅黄油珀者。总要清亮明净，望之若秋水澄澈，倘浑浊而不清洁，乃貌似而神非，谓蛋觳头，（蛋觳不解何义，姑仍之）识者不取。项翅有青有白，项究以青色为上。然此色多白花项，花箬项次之。钳取大白、红花二色，如遇紫牙，即是超品也。

老白青

此虫与黄麻头白青同类，然其间迥别。头不必有麻路，但其色非纯白，微带黄色，浓厚而甚光，项翅腿足，亦微有黄光，红牙为妙。如白牙，必须阔厚而长者方妙也。

朱头白

头如朱砂红而鲜浓者是，若带黄标色，则不妙。其斗线麻路，亦须血丝或如粉者佳也。若黄色亦不取，头色或如水楂红，不可。有黄光为妙。项有青白之殊，以青为上。翅亦有青白二色，而不可浑。惟钳以墨牙为贵，红牙、紫花牙为上。

青项白

白虫青项，头必如雪。麻路如银，间有带线者，须细而明。翅亦取白光莹明净，而项如青靛，或涉花浅之项。亦未为妙。牙红白俱佳。

白尖翅

白头白项白翅，亦有青项，更佳。其最上者琥珀头。两节翅，两节项，翅或长或短或阔，钳以红细而长，是为第一上品也。

蜜背

淡青蜜背、白蜜背，二者俱有。翅色非黄非白，是一种淡鹅黄色，总要明净透亮，有光泽者为上。钳以红色为佳，他色亦有佳者。但不可恃耳。

螭壳白

此虫如蜜蜡头，或纯白头。细银丝麻路透顶，青毛项品为上将。其次亦有淡青头青项者，要翅白而厚有光彩，如螭壳样。钳取绛紫，或红花、纯白皆妙。

滑白

白色带滑，虫性带热，未可以白概视以冷也。生相合格，早秋斗善，是借其滑而能斗者。中秋晚秋善斗者，虫得先天后天皆足。其滑必浑厚，故能结冬，不可以色定冷暖。宜细详之。

哑白

各色俱有哑者，惟白哑性热，更不耐久，故必先青黄而歇。然虫如得先后天气皆足，亦能结冬。与滑白相伯仲也。（石孙按，哑白率至中秋即死，能结冬者丁百稀觏也。）

点子额

月头星额等，名之曰点子。是处皆间有之，惟新安所产最多。谚云，十个月头九不斗，若能一斗是将军。大约能斗者则比诸虫倍觉勇猛耳。点须黄色为佳，名曰铜头。若白色❶明亮者为月暗者为豆腐点，不善斗也。又有点子生于额前，凸出迥异寻常者，名佛顶珠，是乃枭将中之上将也。

油灰额

即油灰头，取形势合格，精神充足，但头多此式，尚须慎选。额有黄白二种，名曰金额银额。以金额为上，须生于浅色虫，方有斗性。若青黑重色生此头者，欲其善斗。百不一得也。

时辰翅左搭翅

诸色虫皆有时辰翅左搭翅，大概虫翅皆右掩，其左掩者，曰左搭翅。其时辰翅则随子午卯酉，逐时更换。或有十二辰翅，则一时左搭，一时右掩，应时不爽。出口极猛，但恐霜降节后，亦有失者。间有结冬愈猛者。其左搭亦然也。（石孙按，余曾得一左搭翅，出口甚猛，而未能结冬。又曾畜一十二辰翅，竟不能斗。岂饲养不慎耶。然其翅应时搭掩不爽，固足珍异也。）

缰铃子

其音连续促迫，如驴马缰上之铃声，驰骤乱鸣，非如他虫之疾徐应节也，故曰缰铃子。其音属于商者十三四，属于徵者十六七，故推其性近乎热。亦有结冬者，或云系隔年之虫。诸虫闻其声皆辟易，此语恐未的也。

向圆旋虫

蛩有交口或分局，而如轮之转旋者，名曰向圆旋虫。其旋有缓有急之别。急者于胜负未分之际见之，缓者则多败之象也。临旋时，当审虫之虚实，以决虫之胜负也。俗以此旋名香橡，毫无意义，至为可笑。盖音声讹传，流俗不察，随而漫呼之误也。

铁线虫

凡虫腹忽渐大，日甚一日，其腹内必已生铁线虫。长尺有咫，日久从虫尾孔钻出，虫遂腹空而死。间或有两条并出，蜿蜒虬曲，二三日犹生动者。畜虫之家，如遇此异，其年内决无枭将，而大不利。应验不爽，甚可怪也。按古云，螳螂所化，每多此虫。未知信否也。

石孙按，此虫盖蝗虫所变。余曾三遇之，皆不能斗。至谓畜虫家，遇之决无枭将而大不利，真无稽之谈，可笑也。存其说以博一粲耳。

蟋蟀谱卷八

义州李大翀石孙纂辑

修水徐百诗元礼参校

三秋异形超品

龟鹤形

头如蚕嘴肚如琴，两翅啾啾叫不鸣。

识者若逢龟鹤品，分明号作大将军。

土狗形

头圆项阔肚低拖，翼翅生来半背铺。

腿脚圆长身浑厚，当头起线叫如锣。

土蜂形

尖翅名呼是土蜂，紫黄二色却难逢。

这般生相须珍惜，莫作常虫乃毒虫。

若得紫黄颜色正，雄名又号光翅蜂。

枣核形

身如枣核两头尖，仔细看来却是肛。

五色不拘腿脚大，麻头毛项气精妍。

交锋才见便发夹，胆裂诸虫不敢前。

锦蓑衣

翅宽翅紧总非宜，此种生来世间稀。

若得两边如鸟翼，名传海内锦蓑衣。

梅花翅

天生骨格似蜘蛛，背上梅花两片铺。

腿足浑长明似雪，牙排墨黑工为肤。

此是奇虫须珍惜，千场千胜世间无。

螳螂形

身狭形长大肚皮，脚花乔立仰头窥。

双钳长厚交金剪，两腿浑圆蟠玉螭。

须竖额头飘雄尾，翅含苍绿艳茵丝。

奇虫不问青黄白，斗到秋深处处宜。

蟹踞形

虫身弓起如蟹踞，不拘五色与麻头。

任人观看威风凛，名称将军何处求。

海狮形

头圆项阔黑身肢，形状生来是海狮。

腿足须钳俱要白，诸虫对垒怎支持。

不宜饶大平交胜，咬遍三秋造化奇。

玉锄头

杜家名字玉锄头，白肉乌牙孰与俦。

面黑更兼头脚大，将军无敌遍三秋。

玉额子

白如脂玉圆如珠，头额清奇貌自殊。

脑线更看粗且短，千金不换玉龙驹。

朱砂额

朱头青项翅金黄，肉腿如同白雪装。

更爱双钳黑似漆，诸虫一见胆魂丧。

五花

花头花项生来壮，两腿斑斑黑点明。

更要花牙花翼翅，三秋人羡五花名。

日月眼

当头黑白两分明，异样生来怪眼睛。

腿脚浑长形体别，头腰身背细论评。

主坛雄将传杭谱，比夹开旗使敌惊。

脑线牙钳俱不论，任他颜色自肥轻。

虎头鱼样双瞳暗，光不分明莫可争。

反生名

金丝额，白麻路；银丝额，黄麻路。金银相交龙驹步，虎额悬丝细透明，来虫觑面皆惊惧。

铁弹子

相貌迥然异促织，额无线路如青铁。

须根视若赤金圈，牙钳肉色白似雪。

两腿短壮弹子形，黑青颜色金光凸。

敌尽三秋五色虫，将军之名推首列。

飞蛛

飞蛛能斗体轻盈，黄白堪夸青莫轻。

白翅水中须拔去，依方调理畏寒生。

此虫终始休长看，好静防风避类声。

带血蚊虫频养准，慎教震动一番惊。

三秋若果能珍惜，百口交时百口赢。

星头

头如琥珀，星似黄玉。一对红牙，生来最毒。淡黄项翅腿圆长，敌尽诸枭不复局。

一线

重青当顶一条线，两个牙钳如白练。

项阔腰圆腿脚长，来虫交口向圆旋。

最忌生成诸浅色，空有佳名不足选。

黑青青黑并大紫，敌了三秋能力战。

鸳鸯牙

异样生来两个牙，一红一白足堪夸。

不拘五色麻头相，难与争锋夺锦花。

重牙

四牙大小一般同，两个钳开忒杀凶。

为问三秋谁敌手，早秋直到残冬雄。

若然大小牙无用，调养虽深不奏功。

赤须

双须纯赤饶精神，青项青头青满身。

须号棕丝长四寸，钳名玉柱表双银。

太平世上无双品，秋兴场中有异珍。

入阵开牙谁敢敌，汉家旗帜早惊人。

八脑线

由来头路辨丝毫，怪色奇形有八条。

入册名虫皆咬败，莫愁顶大仅堪饶。

三五七纹何足贵，岂能敌此八纹枭。

八脚

八脚生来最害怕，一朝获得真无价。

三秋似蟹任横行，遇者相近腿足卸。

玉尾

头圆项阔身紫色，一对弯尖牙似血。

腿足圆长翅肉红，独有双尾白如雪。

斗败来虫只一口，将军神勇威名赫。

青黄白

奇虫色具青黄白，金银丝细透顶额。

养足早秋先斗间，秋深斗口力胜昔。

淡黄白

淡黄白，三尖额，一身颜色如琥珀。

项宽毛燥兼背厚，腿大牙红须珍惜。

黑色白

腿脚圆长肉色青，高头漆黑几丝银。

赤牙并取红兼紫，若得乌钳色更真。

秋兴场中称异品，不宜饶大只宜匀。

民国李大䱷纂辑蟋蟀谱十一卷

海蛳两翅魁天下，无敌将军世绝伦。

嗽色头

黑头红项背身驼，大腿圆长着地拖。
更爱赤红牙一对，早秋斗到雪花多。

滑子三呼

滑子一唤梨摊采，世上重呼纸油灯。
更有沿盆子三字，威名强敌日加增。
九秋谁道无奇物，滑色虫中有瑞征。
双翅若然油色润，篰场逸骥逐云腾。

油纸灯

额圆腿壮遍身黄，翅滑如油肉色苍。
一对牙钳红似血，将军无敌独称王。

五色油

如何但解重油黄，青红紫黑不细详。
入手有情油一色，五行中亦有油王。
若得白油浑似玉，牙钳五色战千场。

三秋异形中品

真三色

紫头青项有毛良，金翅生来肉带苍。
两腿浑长斑白色，一对红牙不可当。

草三色

麻头青项白毛丁，金翅皱纹肉淡青。
腿脚斑黄牙似炭，场场健战血飞腥。

三段锦

麻头青项翅销金，白牙白腿腹如银。
白战白赢无敌力，蜀中三段锦为珍。

草三段

头圆乃是紫葡萄，红白长牙项有毛。
更兼淡淡皱银翅，三段之名声倍高。

小三色

紫头青项翅油黄，四足如丝两腿长。
更生一对焦牙齿，中秋饶大也无妨。

虾脊

虾脊驼峰蛾肚良，翅如蛱蝶腿俱长。
头圆而小名相称，线要银丝路要黄。

齐臀

齐臀不论紫黄青，身厚牙长头缩形。
项宽翅皱威又猛，螳螂腿足点朱星。

拖肚

黑头红项背形驼，肚腹垂垂若茧蛾。
牙色黑红双得美，翅须薄皱是灵鼍。

兜翅

兜翅之虫细审详，瘦肌扁脚品超常。
须知最贵紫黄色，头小腿斑牙要长。

壳翅

壳翅无声性最雄，只嫌纯黑是常虫。
若然翅上青黄色，头大牙长定立功。

阔翅

阔翅从来识最难，纵然长腿恐痴顽。
要看身上青黄色，头小牙长两腿斑。
更选异中紫与白，将军之色有朱颜。

长衣

长衣须选金长翅，腿白腰肥头必奇。
口似青萍锋犀利，秋中斗过不相宜。

皱翅

皱翅形容另一般，罗纹重叠嘴如环。
雪花肚足方可贵，油黑斑狸只等闲。

蟋蟀谱卷九

义州李大翀石孙纂辑

修水徐百诗元礼参校

三秋异名上品

真青（筥）

真青头似菩提子，项亦青金一色装。

麻路银丝细透额，青金翅亮有威光。

血牙厚背名雄将，次取白钳应黑镶。

超品芝麻牙是雪，毛丁顶上靛堆良。

圆浑头足常兼白，临阵交锋如虎狼。

亦有蜻蜓头样者，相看仔细加推详。

全身白肉须轻腻，乃是牵牛变化强。

似水红头青一种，虽具魁形少终场。

紫青（安）

琥珀头尖项青紫，肉色兼青苏叶翅。

天生一对红紫牙，十万貔貅斗皆死。

若遇斗线白当头，雪自飞花斗不止。

紫青青紫看分明，紫青变者螟蛉子。

青大头

额如狮子势赫赫，斗线银丝透顶直。

青毛阔项带砂奇，青雾笼松净如拭。

腿足圆长斑白匀，翅皱金青拔山力。

肤细如玉腻如脂，格奇肉似青莲色。

纯白墨花牙二样，红花牙与钳同墨。

白花镶钳大厚长，列为上将皆雄特。

青大头名久播扬，三秋四野无消息。

传闻所变是桑虫，曾向桑田觅之得。

青尖头

长头身要厚，腿脚长而昂。

乌爪与白钳，血牙力更强。

阔项罩青雾，黑镶白钳长。

红花钳亦妙，肉白性更刚。

此是蜘蛛变，玲珑奔走良。

砂青

大头阔项银丝额，项翅青砂罩雾同。

长腿脚圆高厚背，红牙赤爪气豪雄。

交锋只要连三口，所变砂青杨甲虫。

青麻头（筥哑）

麻头青项毛丁雄，银丝直亮青砂蒙。

翅皱肉白额丰隆，日中照之色微红。

腿圆足长五体充，黑牙一对猛如熊。

敌遍三秋到残冬，牵牛所变之蛩虫。

黑青（印）

黑青黑砂黑似漆，仔细看来无杂色。

更兼牙肚白如银，名称将军最难得。

淡青（声）

淡青生来牙大红，头麻项阔翅玲珑。

更要肉肚白如雪，赢尽秋虫独奏功。

虾青（白）

麻头青项翅青金，肉腿银装龟背形。

透顶金丝长腿足，牙钳苏木是虾青。

惟有此虫红不得，若红谱入熟虾经。

半闲堂论将军字，论熟虾青别有铭。

蟹青（雄）

湖蟹青虫翅不金，真相头如蟹壳青。

细直丝明要透顶，斑长腿脚气多灵。

不看牙钳红与白，须观顶上有毛丁。

项宽背厚身腰大，腿腕朱砂点点星。

养到秋分颜不改，世间珍宝蟹青形。

青金翅（明）

麻头青项翅如金，肉腿看来洁似银。

一对黑牙暗如漆，还求足白是奇珍。

将军赫赫名垂久，也是沙场百战身。

油青　油青麻

油青本是将军种，腿足长圆红紫牙。

若得三秋油色润，相争直到雪飞花。

此外这般生相者，油中也见几青麻。

琥珀头青

额如琥珀势强雄，斗线麻头明顶中。

项翅皆青毛与皱，遍身光带紫微红。

圆长腿脚青兼白，爪赤须茜尾似龙。

大白长牙红二妙，青中出色有斯虫。

老白青

黄麻头样白青行，老白青名传古杭。

头不见麻惟迥别，色非纯白带微黄。

项须翅腿皆敦厚，遍体黄浮浓少光。

一对红牙能健敌，牙白体阔品方良。

蜜背青（又名淡青蜜背）

蜜背浑身似淡青，鹅黄两翅净而明。

红钳为上诸牙次，腿足如银更有情。

斗遍三秋虫惧怕，淡青蜜背旧威名。

真黄（哑）

头如真蜜蜡，项似细青毡。

翼翅紫金艳，肌肤甘草鲜。

浑身黄雾罩，两腿白毫妍。

须尾形同箭，牙钳黑似铅。

高方阔厚大，声哑脚长尖。

伏炁地蚕化，精灵感二天。

黄大头

额似璺蛊着意求，紫金两翅明如油。

银丝细直顶中浮，麻头分明绕四周。

朱砂阔项并背厚，浑身罩满青砂球。

腿壮脚长血红牙，莹莹白肉翻蛟虬。

墨花紫花真黑钳，四者牙色力如牛。

此乃蜻蜓所变化，将军名字黄大头。

沙黄

头大兼腿长，项阔多悍剽。

朱砂其斑烂，白头攒绵貌。

背厚翅销金，黄砂光缭绕。

何论牙与钳，蝼蛄变来好。

莎鸡名沙黄，飞雪将半老。

此乃枭中杰，三秋之奇宝。

天黄（哑）

天生金色遍身黄，金翅玲珑薄皱良。

牙黑弯尖声又哑，赤金肉腿始相当。

头圆项阔离山虎，威震三秋莫比强。

红黄（令）

生来腿足白兼长，头似珊瑚肉色黄。

项有红斑金色翅，当年珍重半闲堂。

红头紫黄（轻鸣）

朱缨头貌项如金，肉腿形同金裹成。

不论牙颜钳色美，任从相对莫能争。

青黄（响异虫）

相貌生来标格清，青黄二色翅须明。

初秋斗到深秋候，百度交锋百度赢。

白黄（咽异）

头如蜜蜡白咽音，肉厚牙红翅耀金。
细看浑身蒙白雾，流脂腻粉玉琅琳。

深黄（哑）

全身金赤号深黄，腿脚斑黄腰浑长。
一对乌牙岂易得，三秋饶大莫商量。

狗蝇黄（雄）

麻头项黄翅若金，腿脚斑黄轶群伦。
牙钳似炭音雄甚，永战三秋莫看轻。

黑黄（异）

形象浑同一锭墨，细看翅上糁金箔。
牙钳更喜白如银，血牙墨牙狠且毒。
红花钳与墨花钳，白花墨钳更赏目。
再视项阔与驼背，脚长腿大悬其腹。
头细胯黄真黑黄，项堆黑砂毛丁簇。
翅上绊满血丝筋，浑身罩遍黑雾足。
日中照见虫之体，红光如血浮于肉。
此是胡蜂所变虫，雄军枭将皆潜伏。

淡黄

淡黄生成腿脚白，头样三尖琥珀色。
项宽腰厚背须高，长细红牙翅华饰。
初秋斗间最痴迷，交冬发夹威名得。

蜜蜡头二色翅

蜜蜡头虫世少知，几根斗线细银丝。
额光明似鹅油珀，净洁澄清秋水姿。
项翅天生成二色，或青或白化因时。
纵然项色青为上，花箬白花项或痴。
牙取红花兼大白，紫花牙胜兑同离。
漫说蛋𪎭头色下，秋分三日定顽奇。

紫黄（扬）

变幻将军色不同，金黄五体造神工。
银丝麻路黄金额，阔项青毛砂里松。
腿足壮长身背厚，爪须猩赤立奇功。
雪花飘候精神健，翅皱双金钳血红。
记取紫黄寒愈狠，生前色相是蜈蚣。

淡紫黄

色极轻清淡紫黄，莫猜紫白细推详。
浑身只有微微罩，毫发难容青白光。
超品红牙兼紫项，淡黄腿胯血斑良。
爪尖更妙黄同赤，须尾完全一色装。
笑煞姑苏名唤异，也将瘟字赠虫王。

黄麻（宏）

黄麻头项翅金的，赤点黄斑腿足趯。
牙如炭黑肉似蜜，得胜高鸣惊四壁。

蟋蟀谱卷十

义州李大翀石孙纂辑

修水徐百诗元礼参校

三秋异名中品

纯红（青天）

眼如椒核遍身红，尾项朱砂腿爪同。

迎敌百回真猛烈，几番战死复成功。

红头青（轻）

红头青色最难逢，青翅青砂项亦同。

若得爪钳兼尾赤，将军似虎不凡虫。

黄头红（呹）

赤爪红钳蜜蜡头，似银腿足点朱留。

金砂阔项朱砂翅，绛腹花斑见者休。

红头白翅（响）

赤项红头身似霜，晶晶厚翅黑牙长。

爪尖腿胙鲜如血，世上无双勇猛刚。

竹节紫须临日赤，中秋斗到晚秋场。

红麻头（呹）

红麻黄路最刚强，赤项红斑腿浑长。

翅紫牙弯桑剪式，诸虫交口莫能当。

若得金银丝二路，三秋无敌了虫王。

真紫（响）

真紫如同宫紫袍，尖头阔项背宽高。

牙钳长细紫红色，头又浓兮项有毛。

翅按阴阳真紫相，三秋独占是英豪。

红头紫（飞天）

红头紫翅勇刚强，项似朱砂腿浑长。

牙齿弯尖桑剪样，秋冬历遍莫能当。

铜头铁背

头如紫铜颜色正，或似深紫黄之情。

不杂一点黑与青，再视背上如乌金。

老红花牙并红牙，方是铜头铁背形。

深紫（厚响）

紫者当头要紫浓，更兼翅胁与身同。

腿足浑长腰背厚，红头项阔是名虫。

也须两片鸳鸯翅，（一作阴阳翅）

秋与场中立大功。

黑紫（呹）

黑紫生来色似茄，脚腿兼黄赤肚嘉。

钳若长成紫黑色，早秋赢到雪飞花。

淡紫（净）

将名淡紫遍身明，红紫牙钳毛项青。

头要三尖腰要阔，千场鏖战使人惊。

紫麻（撒）

紫麻顶路透金丝，四脚兼黄要赤肌。

两腿狸斑双翅皱，项毛全美即真奇。

紫金翅（鸣一声）

紫头蜜肉翅如金，腿脚兼黄项色青。

紫黑牙钳成上品，凌烟阁上可图形。

紫尖头

头如蛱蝶月如霜，阔项青砂厚背强。

腿脚圆长金色翅，血筋绊满品方良。

白花黑牙黑花钳，白钳血牙皆上将。

相传蝴蝶变幻成，紫尖头号虫之王。

真黑

体黑如漆，牙白似银。

腿胯不黄，翅饶精神。

铁头胡蜂，所变之真。

黑黄有别，腿胯黄皴。

其蜂折腰，性各柔驯。

黑黄易得，真黑奇珍。

灰黑

形体扁小伏盆底，湿灶灰色人称异。

善能饶大着口赢，不论头钳项足翅。

此乃蟋蛛之所变，灰黑名传虫中瑞。

真乌 （雄）

真乌品相滑如油，腿足圆长乌大头。

肚肉翅牙毛俱黑，银丝细直更难求。

乌青 （象）

乌青遍体墨为容，腿脚斑狸点点丰。

钳若细长红似血，性如霹雳利如锋。

肚黑更兼乌黑肉，由来无敌独称雄。

端详色相须珍宝，不是常虫是了虫。

乌麻 （撒）

乌麻头路透银丝，项阔毛斑肉色缁。

若果翅乌牙色赤，当场开口十分奇。

乌头金翅 （雄）

乌头青项翅金黄，腿脚狸斑肉带苍。

更兼牙钳乌紫色，视之交口狠如狼。

乌头银翅 （清）

乌头青项起毛丁，肉腿如霜不染尘。

身厚背方雄且壮，更观两翅白如银。

牙钳红紫为真将，战遍三秋谁不珍。

真白

五体似雪，皓月光浮。

美如冠玉，腻若脂流。

红牙双列，疑是牵牛。

虫中骐骥，名震三秋。

纯白

白头白项白毛良，细直麻路透顶长。

黑脸乌牙铅粉肚，翅如银箔肉如霜。

腿脚浑长清若雪，名高纯白是虫王。

淡白

如霜头项翅铺银，五体观之若素云。

一种秋声真异品，总无杂色是将军。

朱头白

头似朱砂一粒雄，血丝麻路粉丝同。

项青为上白为次，白与青皆立奇功。

牙以黑钳称第一，红牙其次紫花中。

腿足爪尖弯点血，银光肉肚力能攻。

尾如插箭须双美，势若骐骥欲步空。

五体标黄皆不妙，头颅应取水楂红。

青项白

白虫青项头如雪，麻路银丝现顶中。

翅上白光明且净，牙红与白两称雄。

更有额颈能带线，爪须尾腿足尖红。

青靛项无花浅相，任他枭将立奇功。

合卡

民国李大翀纂辑蟋蟀谱十一卷

螭壳白

螭壳白如真蜜蜡，额头纯白路银麻。
将军生相青毛项，翅厚光明若素霞。
论到牙钳三色美，绛香纯白并红花。
淡青头亦生青项，似靛毛丁一色遮。
遍体莫教光带杂，不虚螭壳得名嘉。

白尖翅

霜头雪项白砂装，青项堆青力更强。
最上上乘头琥珀，项生两节虎威张。
翅多长阔形容古，牙要朱红细劲长。
肚足肚银兼爪赤，世间第一白尖良。

白头青背

头白青虫白似霜，斗丝麻路细银长。
牙钳红白均堪取，青翅金光与白光。
淡竹叶含青翅色，白头青背最刚强。
白花项颈非真品，项要真青无杂装。
腿脚浑长肉似雪，爪尖须尼❿血花藏。
临阵相交来将走，几番咬死在当场。
防他回马锋芒猛，不负人呼王彦章。

蜜背白

蜜背浑身白似银，鹅黄双翅皱无尘。
红钳赤爪腿足健，节节弯弯点血新。
何事英雄埋没久，残编检识旧精神。

滑白哑白

哑白与滑白，虫性俱是热。
早秋能善斗，必先青黄歇。
或有得先天，交寒变初色。

见色辨其名，咬口日胜日。
奇将结三冬，非是哑滑白。

白麻头

面黑头麻白似银，根根透顶细丝明。
更须青项长圆腿，定许三秋独横行。

三秋异数次品
月头

十个月头九不斗，月头不斗惜雄文。
黑黄颜色虫为贵，月白如晶定出群。
色相兼全仍不斗，好将月额细评论。
月无昏暗神完足，品极超齐立建勋。
葭草时将挑抶奋，钳开一斗大将军。

蝶头

金额原来黄麻路，银额必须白麻路。
红黑牙钳二色佳，反生细审情中趣。

红铃月额

虫生月额及红铃，来往交锋势力凶。
胜后三时勤审度，月昏铃脱似痴龙。

　　自卷八三秋异形超品以下，原本作歌体，颇有欠通妥不可了解处。且鲁鱼亥豕，舛误尤多，兹悉为厘正，加以删改，顾仍作歌体者，以韵语易于记取耳。读者谅之。

　　　　十九年十二月义州李大翀识

校记

❶（原书目录二下第十行）"葭"为"菽"之误。此后一错到底，改不胜改，只得仍之。按模仿虫须，用以引逗蟋蟀之用具，俗称曰撵子，古谱多写作"菽"，偶作"芡"，或作"牵"，皆音"欠"。今竟误作读"嘉"之"葭"，岂不大谬！盖因石印此书时抄手不识"菽"字而误书。但纂辑及参校者亦未能察觉，宁非咄咄怪事？

❷（原书卷首叶一下第九行）题促织词《拜星月慢》请参阅第二种《虫经》注6。

❸（原书卷首叶三上第六行）"于时"下脱"斜汉"二字。此赋见第三种《促织经》，请参阅。

❹（原书同上第十行）"秋之为气也"下脱四句。此后亦有讹夺，请参阅第三种《促织经》。

❺（原书卷首叶五上第三行）《宋贾似道秋壑促织论》，讹误亦多，请参阅第三种《促织经·促织论》。

❻（原书卷一叶八上第六行）末一字空白疑为"海"字。

❼（原书同上第八行）"以"下疑脱"上"字。

❽（原书卷一叶十一上第五行）"俱"疑为"不"之误。

❾（原书卷一叶十三下第七行）此处有夺文，故难断句。请参阅第九种《虸孙鉴·续鉴》叶四十七《菽法纠误》。

❿（原书卷二叶十六下第二行）"项"字误，《虸孙鉴·续鉴》叶十五作"项"。

⓫（原书卷六叶四十二上第八行）"蓝"下脱"项"字。请参阅《虸孙鉴·后鉴》叶十五上。

⓬（原书卷六叶四十三下第二行）"鸣"下脱一字。据本书第六十二叶上第六行"淡青"，所脱当为"声"字。按本篇所述皆为蟋蟀鸣声，曰"哑"、曰"沙哑"、曰"宏"、曰"高"等，尚可理解。至于"箔"、"安"、"即"、"明天"、"令"、"飞天"等，其鸣声为何，实难想象。查卷九叶六十一《三秋异名上品》中所列各名色，其下注有"箔"、"安"、"印"、"雄"等字。卷十《三秋异名中品》各名色下亦注有"青天"、"飞天"等字，故与本篇有关联，应对照参阅。据实际经验，黄色之虫，确有鸣声沙哑者。至谓各色均有一定之鸣声，且以不可理解之字样形容之，则只能使人莫测其高深矣。

⓭（原书卷七叶四十七上第八行）"蚰蜒青"下多"青"字，请参阅《虸孙鉴·后鉴》叶十二下。

⓮（原书卷七叶四十九上末行）"紫"下脱"重"字。请参阅《虸孙鉴·续鉴》叶三十四上。

⓯（原书卷七叶五十一上第八行）《虸孙鉴·续鉴》叶三十八上无"直"字。

⓰（原书卷七叶五十二下第十行）"白色"两字下多出数字，以致费解。请参阅《虸孙鉴·续鉴》叶四十一上。

⓱（原书卷十叶六十九下第四行）"尼"疑为"尾"之误。

附录

有关蟋蟀专著存目

我早年买到几种蟋蟀谱，均为常见本。后来去图书馆查资料，总要附带看一看所藏的蟋蟀谱。惟知有明刊本传世是在1987年黄裳兄发表《中秋随笔》之后，并从《中国古籍善本书目》查到其藏所的。承顾起潜前辈热心介绍，蒙天一阁文物保管所允许拍摄书影，上海图书馆慷慨提供缩微胶卷，黄裳兄又赠我十分罕见的《功虫录》，这才使我产生为编一部丛书的想法。在进一步的搜集中，又得到北京图书馆、中国科学院图书馆、首都图书馆、北京大学图书馆的支持，所得遂渐趋完备。今虽尚有待访之书，可能已不多了。总之，本书之得以辑成，是各图书馆及师友们大力支援得结果。而辑成之后，则端赖蔡耕先生推荐之功。其间联系拍照，编排制版，亦备历辛劳。以上都是我衷心铭感而不敢或忘的。尚有未收录书中者及待访之书，兹录于下。

古籍

新刊虫异赋二卷　明林朝仪撰　浙江省图书馆藏　仅卷二有数语言及蟋蟀。

虫天志十卷　明沈弘正撰　明畅阁刊本北京首都图书馆藏　仅有片段文字言及蟋蟀。

蟋蟀心法二卷　清萧琨撰　乾隆四十七年（1782年）序　钞本　北京大学图书馆藏　钞录旧谱，未见新内容。

促织经　清人辑　道光九年（1829年）钞本　编者藏　钞录本编第八种金文锦《促织经》。

蟋蟀谱　清聚珍主人撰　光绪十四年（1888年）本　北京图书馆藏　即本编第七种梦桂月攀氏序《蟋蟀谱》。经隆福寺聚珍阁窜改原书作者署名，成为该书坊作品。

虫荟五卷　清方旭撰　光绪十六年（1890年）刊本　中国科学院图书馆藏　论述各种虫豸，并非蟋蟀谱。

蟋蟀谱　清朱翠庭撰　传钞本　北京图书馆藏　与本编第九种《蚟孙鉴》之《前鉴》、《后鉴》相同。《蚟孙鉴》作者朱从延号翠庭。

促织谱　无撰人　清钞本　封面书签题"冰心斋主人宝藏"　北京图书馆藏　钞录本编第三种周履靖《促

织经》。

促织经 民国十年（1921年）马国珍校刊排印本 北京图书馆藏 钞录本编第八种金文锦《促织经》。

秘本蟋蟀谱 民国十一年（1922年）上海蟋蟀研究会印本 上海火光汉先生藏本多钞录旧谱。

待访

促织经八卷 宋贾似道编辑 明周履靖续增 约乾隆间钞本 见《贩书偶记续编》。疑即《夷门广牍》本（见本编第二种），钞录者将二卷分为八卷。

蟋蟀饲养法 清康熙乙未中秋□□□偶书 民国廿四年虞和钦校订 陶仲良先生曾藏此书。

蟋蟀谱二卷 清朱皆山撰 稿本 北京大学图书馆藏 仅存上卷，前有林时对序及自序，后有应时昌、马济光跋。有斗胜六例（无敌最胜 致力上胜 拙速次胜 用间杀胜 巧迟常胜 决命下胜），斗律十二（逃军 兵具 误挑 哗军 助战 离次 败遁 中伤 引类 离职 先挑 监罚）诸说。文字晦涩费解。下卷不得见，或有可取处。

百廿虫吟 钱步曾撰 关良、之骏《蟋蟀新谱》叶四言及此书。

珍本蟋蟀谱 严步云撰 李嘉良《蟋蟀的养斗技巧》叶七十七言及此书。

促织谱 方旭撰 关良、之骏《蟋蟀新谱》叶四言及此书，不知与方旭《虫荟》有无关系。待查。

当代专著

蟋蟀谱上下册 无编者姓名及出版年月 铅印本 购得时间约在1987年

蟋蟀新谱 关良、之骏编著 1987年7月上海科技教育出版社

蟋蟀赏玩 沈水根 周岳峪 郭旭初 丁荣定著 1988年5月合肥黄山书社

斗蟋 莫容、胡洪涛编著 1989年10月 北京科学技术文献出版社

中国斗蟋 吴继传编著 1989年12月 北京华文出版社

蟋蟀的选、养、斗 火光汉著 1990年8月上海人民出版社

蟋蟀的养斗技巧 李嘉春编著 1990年8月上海科学技术出版社

蟋蟀世界 姚克明著 1990年8月三联书店上海分店

家养鸣虫 无编者姓名及出版年月 铅印本 购得时间在1991年秋

中国宁津蟋蟀志 吴继传编著 1991年8月北京中国广播电视出版社

秋虫六忆

北京称蟋蟀曰"蛐蛐"。不这样叫，觉得怪别扭的。

"收"、"养"、"斗"是玩蛐蛐的三部曲。"收"又包括"捉"和"买"。我不准备讲买虫时如何鉴别优劣，三秋喂养及注意事项，对局禁忌和运拽（南方曰"蕺"而通写作"荚"或"荚草"）技艺。这些，古谱和时贤的专著已讲得很多了。我只想叙一叙个人玩蛐蛐的经历。各种蛐蛐用具是值得回忆并用文字、图片记录下来的。所见有关记载，语焉不详，且多谬误。作者非此道中人，自难苛求。因此我愿作一次尝试，即使将是不成功的尝试。几位老养家，比我大二十多岁，忘年之交，亦师亦友，时常引起怀念，尤其是到了金秋时节。现就以上六个方面，拉拉杂杂，写成《六忆》。

我不能脱离所生的时代和地区，不愿去谈超越我的时代和地区的人和事。因而所讲的只能是 30 年代北京玩蛐蛐的一些情况。蛐蛐只不过是微细的虫豸，而是人，号称"万物之灵"的人，为了它无端生事，增添了多种多样的活动，耗费了日日夜夜的精力，显示出形形色色的世态，并从中滋生出不少喜怒哀乐。

那么我所讲的自然不仅是微细的蛐蛐。如果我的回忆能为北京风俗民情的这一小小侧面留下个缩影，也就算我没有浪费时间和笔墨了。

一 忆捉

只要稍稍透露一丝秋意——野草抽出将要结子的穗子，庭树飘下尚未全黄的落叶，都会使人想起一别经年的蛐蛐来。瞿瞿一叫，秋天已到，更使我若有所失，不可终日，除非看见它，无法按捺下激动的心情。有一根无形的线，一头系在蛐蛐翅膀上，一头拴在我心上，那边叫一声，我这里跳一跳。

那年头，不兴挂历，而家家都有一本"皇历"。一进农历六月，就要勤翻它几遍。哪一天立秋，早已牢记在心。遇见四乡来人，殷切地打听雨水如何？麦秋好不好？庄稼丰收，蛐蛐必然壮硕，这是规律。

东四牌楼一带是养鸟人清晨的聚处。入夏鸟脱毛，需要喂活食，总有人在那里卖蚂蚱和油壶鲁。只要看到油壶鲁长到多大，就知道蛐蛐脱了几壳（音qiào），因此每天都要去四牌楼走走。

由于性子急，想象中的蛐蛐总比田野中的长得快。立秋前，早已把去年收拾起的"行头"找出来。计有：铜丝罩子、蒙着布的席篓、帆布袋和几个山罐、大草帽、芭蕉叶、水壶、破裤褂、洒鞋，穿戴起来，算得上一个披挂齐全的"逮（音 dǎi）蛐蛐的"了。

立秋刚过的一天，一大早出了朝阳门。顺着城根往北走，东直门自来水塔在望。三里路哪经得起一走，一会儿来到水塔东墙外，顺着小路可直达胡家楼李家菜园后身的那条沟。去年在那里捉到一条青蛐蛐，八厘多，斗七盆没有输，直到封盆。忘了今年雨水大，应该绕开这里走，面前的小路被淹了，漂着黄绿色的沫子，有六七丈宽，南北望不到头。只好挽挽裤腿，穿着鞋，涉水而过。

李家菜园的北坡种了一行垂柳，坡下是沟。每年黄瓜拉了秧，抛入沟内。蛐蛐喜欢在秧子下存身。今年使我失望了，沟里满满一下子水，柳树根上有一圈圈黄泥痕迹，说明水曾上了坡，蛐蛐早已乔迁了。

傅老头爱说："沟里有了水，咱们坡上逮。"他是捉蛐蛐能手，六十多岁，在理儿，抹一鼻子绿色闻药，会说书，性诙谐，下乡住店，白天逮蛐蛐，夜晚开书场，人缘好，省盘缠，逮回来的蛐蛐比年轻人逮的又人又好，称得起是一位人物。他的经验我是深信不疑的。

来到西坝河的小庙，往东有几条小路通东坝河。路两旁是一人来高的坡子。我侥幸地想，去年丁旱，坡上只有小蛐蛐，今年该有大的了。

坡上逮蛐蛐，合乎要求的姿势十分吃力。一只脚踏在坡下支撑身子，一只脚蹬在坡中腰，将草踩倒，屈膝六十度，弯着腰，右手拿着罩子等候，左手用扇子猛扇。早秋蛐蛐还没有窝，在草中藏身，用不着扦子，但四肢没有一处闲着。一条坡三里长，上下都扇到，真是太费劲了。最难受的是腰。弯着前进时还不甚感觉，要是直起来，每一节脊椎都酸痛，不由得要背过手去捶两下。

坡上蛐蛐不少，但没有一个值得装罐的。每用罩子扣一个，拔去席篓管子的棒子核（音 hú）塞上，一口气吹它进去。其中倒有一半是三尾。

我真热了，头上汗珠子像黄豆粒似的滚下来，草帽被浸湿了，箍得头发胀。小褂湿了，溻在身上，裤子上半截是汗水，下半截是露水，还被踩断的草染绿了。我也感到累了，主要是没有逮到好的蛐蛐，提不起神来。

我悟出傅老头的话，所谓"坡上逮"，是指没有被水淹过的坡子。现在只有走进庄稼地了。玉米地、谷子地都不好，只有高粱夹豆子最存得住蛐蛐。豆棵子经水冲，倒在地面，水退后，有的枝叶和黄土粘在一起，蛐蛐就藏在下面，找根棍一翻，不愁它不出来。

日已当午，初秋的太阳真和中伏的那样毒，尤其是高粱地：土湿叶密，潮气捂在里面出不去，人处其中，如同闷在蒸笼里一般，说不出那份难受。豆棵子一垄一垄地翻过去，扣了儿个，稍稍整齐些，但还是不值得装罐。忽然"扑"的一声，眼前一晃，落在前面干豆叶上，黄麻头青翅壳，六条大腿，又粗又白。我扑上去，但拿着罩子的手自发抖，不敢果断地扣下去，怕伤了它。又一晃，跳走了。还算好，没有连着跳，它向前一爬，眼看钻进了悬空在地面上的高粱水根。这回我沉住了气，双腿一跪，拿罩子迎在前头，轻轻用手指在后面顶，一跳进了罩子。我连忙把罩子扣在胸口，一面左手去掏山罐，一面三步并作两步跑出了高粱地，找了一块平而草稀的地方蹲了下来，把蛐蛐装入山罐。这时再仔细端详，确实长得不错，但不算大，只有七厘多。刚才手忙脚乱，眼睛发胀，以为将近一分呢。自己也觉得好笑。

山罐捆好了，又进地去逮。一共装了七个罐。还是没有真大的。太累了，不逮了。回到西坝河庙前茶馆喝水去。灌了七八碗，又把山罐打开仔细看，比了又比，七条倒有三条不够格的，把它们送进了席篓。

太阳西斜，放开脚步回家去。路上有卖烧饼的，吃了两个就不想吃了。逮蛐蛐总是只知道渴，不知道饿。到家之后要等歇过乏来，才想饱餐一顿呢。

去东坝河的第二年，我驱车去向往

图1　阿虎枪扦子、罩子、芭蕉扇（捉蛐蛐用具）

已久的苏家坨。

苏家坨在北京西北郊，离温泉不远，早就是有名的蛐蛐产地。清末民初，该地所产的身价高于山东蛐蛐，有《鱼虫雅集》为证。赵子臣曾对我说，在他二十来岁时"专逮苏家坨，那里坡高沟深，一道接着一道，一条套着一条，蛐蛐又大又好。住上十天，准能挑回一挑来，七厘是小的，大的顶（音 dīng，接近的意思）分"。他又说："别忘了，那时店里一住就是二三十口子，都能逮回一挑来。"原来村里还开着店，供逮蛐蛐的落脚。待我去时，蛐蛐已经退化了，质与量还不及小汤山附近的马坊。

此行已近白露，除了早秋用的那套"行头"，又加上一个大电筒和一把扦子。

扦子就是木柄上安一个花枪头子，用它扎入蛐蛐窝旁的土中，将它从洞穴中摇撼出来。这一工具也有讲究。由于一般花枪头子小而窄，使不上劲，最好用清代军营里一种武器阿虎枪的头子。它形如晚春的菠菜叶，宽大有尖，钢口又好，所以最为理想。我的一把上安黄花梨竹节纹柄，是傅老头匀（朋友价让的意思）给我的。北京老逮蛐蛐的都认识这一件"武器"（图1）。

那天我清晨骑车出发，到达已过中午。根据虫贩长腿王画的草图，找到了村西老王头的家。说明来意并提起由长腿王介绍，他同意我借住几天。当天下午，我只是走出村子，看看地形。西山在望，看似不远，也有一二十里，一道道坡、一条条沟就分布在面前的大片田野上。

第二天清晨，我顺着出村的大车道向西北走去，拐到一条岔路，转了一会儿，才找到一道土好草丰的坡子。芭蕉叶扇了十来丈远，看不见什么蛐蛐，可见已经有窝。扇柄插入后背裤腰带，改用扦子了。只要看到可能有窝处就扎一下，远下轻撼，以防扎到蛐蛐，或把它挤坏。这也需要耐心，扎二三十下不见得扎出一条来。遇见一个窝，先扎出两个又黑又亮的三尾，一个还是飞子。换方向再扎，摇晃出一条紫蛐蛐，约有七厘，算是开张了。坡子相当长，一路扎下去。几经休息才看到尽头。坡子渐渐矮了，前面又有大车道了。我心里说："没戏了。"三个多小时的劳动，膀子都酸了，换来了三条值得装罐蛐蛐。后来扣到的是一青一紫，紫的个不小，但脖领窄，腿小，不成材。青的还嫩，颜色可能会变，说不定日后又是一条紫的。

喝了几口水，啃了两口馍，正想换道坡或找条沟，忽然想起傅老头的经验介绍。他说："碰上和小伙子们一块逮蛐蛐，总是让人前面走，自己落后，免得招人讨厌。他们逮完一道坡子，半晌我才跟上来，可是我逮的往往比他们的又多又好，这叫'捡漏儿'。因为扦子扎过，蛐蛐未必就出来。如窝门被土封住，更需要过一会儿才能扒开。我捡到的正是他们替我惊动出来的。"我想验证他的经验，所以又返回头用扇子一路扇去，果然逮到一条黄蛐蛐，足有七厘多，比前三条都大。

我回到老王头家，吃了两个贴饼子，喝了两碗棒渣粥，天没黑就睡了，因为想试试"夜战"，看看运气如何。老王头说算你走运，赶上好天，后半夜还有月亮。没睡几小时就起来了，手提扦子，拿着电棒，顺着白天走过的路出村了。一出门就发现自己不行，缺少夜里逮蛐蛐的经验。天上满天繁星，地里遍地虫声，蛐蛐也乱叫一气，分辨不出来哪个好。即使听到几声响亮的，也听不准哪里叫。加上道路不熟，不敢拐进岔道，只好顺着大车道走。走了不太远，来到几棵大树旁，树影下黑乎乎的看不清楚。手电一照，原来暴雨顺坡而下，冲成水口，流到村旁洼处，汇成积水。水已干涸，坑边却长满了草。忽然听到冲成水口的坡上，叫了几声，特别苍老宽宏，正是北京冬虫养家所谓的"叫顷儿的"。我知道一定是一个翅子蛐蛐。慢慢凑过去，耐心等它再叫，听准了就在水口右侧一丛草旁的土坷垃底下。我不敢逮它，因为只要它一跳便不知去向了。只好找一个树墩子坐以待旦。天亮了，我一扦子就把它扎出来，果然是一个尖翅。不过还不到六厘，头相小，不是斗虫是叫虫。

回村后我收拾东西，骑车到家又是下午。三天两夜，小的和三尾不算，逮回五条蛐蛐。这时我曾想，如果用这三天买蛐蛐，应当不止五条。明知不合算，但此后每年还要逮两三次，因为有它的特殊乐趣。至于夜战，经过那次尝试，自知本事不济，再也不作此想了。得到的五条，后来都没有斗好，只有那条青色转紫的赢了五次，最后还是输了。

上面是对我在高中读书时两次逮蛐蛐的回忆。在史无前例的"伟大"时代中，自"牛棚"放出来后到下放干校，有一段无人监管时期。我曾和老友彭镇骧逍遥到马坊和苏家坨。坡还是那几道坡，沟还是那几条沟，蛐蛐不仅少而且小得可怜，两地各转了一整天，连个五厘的都没有看见，大大扫兴而归。老农说得好，农药把蚂蚱都打死了，你还想找蛐蛐吗！

转瞬又二十多年，现在如何呢？苏家坨没有机会去，情况不详。但几年前报纸已报道回龙观农民自己修建起接待外宾的饭店。回龙观也是我逮过蛐蛐的地方，与苏家坨东西相望。回龙观如此，苏家坨可知矣。至于东坝河，现已成为居民区，矗立起多座高层楼房，周围还有繁忙的商业区。我相信，在那些楼房里可能会有蟑螂，而蛐蛐则早已绝迹了。

二 忆买

逮蛐蛐很累，但刺激性强，非常好玩。能逮到好的，特别兴奋，也格外钟爱。朋友来看，或上局去斗，总要指出这是自己逮的，赢了也分外高兴。不过每年蛐蛐的主要来源还是花钱买的。

买蛐蛐的地点和卖主，随着那年岁的增长而变换。当我十二三岁时，从孩子们手里买蛐蛐。他们比我大不了几岁，两三个一伙，一大早在城内外马路边上摆摊。地上铺一块破布，布上和筐里放几个小瓦罐，装的是他们认为好的。大量的货色则挤在一个蒙着布的大柳罐里。他们轮流喊着："抓老虎，抓老虎，帮儿头，油壶鲁！"没有喊出蛐蛐来是为了合辙押韵，实际上柳罐里最多的还是蛐蛐。当然连公带母、帮儿头、老米嘴等也应有尽有。罐布掀开一条缝，往里张望，黑压压爬满了，吹一口气，噼啪乱蹦。买虫自己选，用一把长柄小罩子把虫起出来。言明两大枚或三大枚（铜板）一个，按数付钱。起出后坏的不许退，好的卖者也不反悔，倒是公平交易。俗话说："虫王落在孩童手"，意思是顽童也能逮到常胜大将军。我就不止一次抓到七厘多的蛐蛐，赢了好几盆。还抓到过大翅油壶鲁，叫得特别好。要是冬

天分（音fēn，即人工孵化培养）出来的，那年头要值好几十块现大洋呢。

十六七岁时，孩子摊上的蛐蛐已不能满足我的要求，转而求诸比较专业的常摊。他们到秋天以此为业，有捕捉经验，也能分辨好坏，设摊有比较固定的地点。当年北京，四城都有这样的蛐蛐摊，而以朝阳门、东华门、鼓楼湾、西单、西四商场、菜市口、琉璃厂、天桥等处为多。此外他们还赶庙会，日期是九、十隆福寺，七、八护国寺，逢三土地庙，逢四花儿市等。初秋他们从"掏现趟"开始，逮一天，卖一天，出城不过一二十里。继之以两三天的短程。以上均为试探性的捕捉，待选好地点，去上十来天，回京已在处暑之后，去的地方有京北的马坊、高丽营，东北的牛栏山，西北的苏家坨、回龙观等，蛐蛐的颜色绚丽，脑线也清楚。也有人去京东宝坻，个头较大，翻开麦根垛也容易捉到，但颜色混浊，被称为"垛货"，不容易打到后秋。他们如逮得顺利，总可以满载而归，将二十来把山罐（每把十四个）装满。卖掉后，只能再去一两趟。白露以后，地里的蛐蛐皮色苍老，逮到也卖不上大价，不值得再去了。

买常摊的蛐蛐由于地点分散，要想一天各处都看到是不可能的。我只希望尽量多看几处。骑车带着山罐出发，路线视当天的庙会而定。清晨巡游常摊后再去庙会，回家已是下午。买蛐蛐如此勤奋也还要碰运气。常摊倘是熟人还好，一见面，有好的就拿出来给我看，没有就说"没有"，不废话，省时间。如果不相识，彼此不知底细，往往没有他偏说"有"，一个个打开罐看，看完了全不行。要不有好的先不拿出来，从"小

"豆豆"看起，最后才拿出真格的来。为的是让你有个比较，大的显得特别大，好的特别好。在这种摊子耽误了时间，说不定别的摊上有好的已被人买走，失诸交臂，岂不冤哉！

想一次看到大量蛐蛐，任你挑选，只有等他们出门十来天满载而归。要有此特权须付出代价，即出行前为他们提供盘缠和安家费，将来从买虫款中扣除。他们总是千应万许，一定回来给你看原挑，约定哪一天回来，请到家来看，或送货上门。甚至起誓发愿："谁要先卖一个是小狗子。"不过人心隔肚皮，良莠不齐。有的真是不折不扣原挑送上，有的却提前一天回来，把好的卖掉，第二天带着一身黄土泥给你挑来。要不就是在进城路上已把好的寄存出去，将你打发掉再去取。但"纸里包不住火"，事后不用打听也会有人告诉你。

到十九、二十岁时，我买蛐蛐"伏地"和"山的"各占一半。所谓"山的"因来自山东而得名。当时的重要产地有长清、泰安、肥城、乐陵等县，而宁阳尤为出名。卖山蛐蛐的都集中在宣武门外一家客栈内，每人租一间房接待顾客。客栈本有字号，但大家都称之曰"蛐蛐店"。

这里是最高级的蛐蛐市场，卖者除北京的外，有的来自天津和易州。易州人卖一些易州虫，但较好的还是捉自山东。顾客来到店中，可依次去各家选购，坐在小板凳上，将捆好的山罐一把一把打开，摆满了一地。议价可以论把，即十四条多少钱。也可以论条。蛐蛐迷很容易在这里消磨时光，一看半天或一天，眼睛都看花了。这里也是虫友相会之处，一年不见，蛐蛐店里又相逢了。

在众多的卖者中，当推赵子臣为魁首，稳坐第一把交椅。

子臣出身蛐蛐世家，父亲小赵和二陈是清末贩虫、分虫的两大家。他乳名"狗子"，幼年即随父亲出入王公贵族、富商名伶之门，曾任北京最大养家杨广字（斗蛐蛐报名"广"字，乃著名书画收藏家杨荫北之子，住在宣武门外方壶斋，当时养家无不知"方壶斋杨家"）的把式。30年代因喂蛐蛐而成了来幼和（人称来大爷，住交道口后圆恩寺，是富有资财的粤海来家，亦称当铺来家的最后一代）的帮闲。旋因来沉湎于声色毒品而家产荡尽，直至受雇于小饭铺，当炉烙烧饼，落魄以终。子臣作为虫贩，居然置下房产，并有一妻一妾，在同行业中可谓绝无仅有。

进了蛐蛐店，总不免买赵子臣的虫。他每年带两三个伙计去山东，连捉带收，到时候自己先回京坐镇，蛐蛐分批运回，有的存在家中，到时候才送到店里。他的蛐蛐源源不断，老让人觉得有新的到来，不愁卖不上你的钱。

子臣素工心计，善于察言观色，对买主的心理、爱好，琢磨得透之又透。谁爱青的，谁爱黄的，谁专买头大，谁只要牙长，了如指掌。为哪一位准备的虫，拿出来就使人放不下。大分量的蛐蛐，他有意识地分散在几位养家，到时候好拴对，免得聚在一处，不能交锋，局上热闹不起来。他精灵狡黠，见什么人说什么话，既善阿谀奉承，也会讽刺激将。什么时候该让利，什么时候该绷价，对什么人要放长线钓大鱼，对什么人不妨得罪他了事，都运用得头头是道，一些小玩家免不了要受他的奚落和挖苦。我虽买他的虫，但"头水"是看不到的。在他心目中，我只不过是一个三等顾客，一个爱蛐蛐却舍不得花钱的大学生而已。

子臣不仅卖秋虫，也善于分冬虫，是北京第一大"罐家"（分虫用大瓦罐，故分家又称"罐家"），精于鉴别秋冬养虫用具——盆罐及葫芦。哪一故家存有什么珍贵虫具，他心中有一本账。我从他手中买到赵子玉精品"乐在其中"五号小罐及钟杨家散出的各式真赵子玉过笼，时间在1950年，正是蛐蛐行业最不景气的时候。此时我已久不养秋虫，只是抱着过去看也不会给我看的心情才买下了它。子臣也坦率承认："要是过去，轮不到你。"

三　忆养

一入夏就把大鱼缸洗刷干净，放在屋角，用砖垫稳，房檐的水隔漏把雨水引入缸中，名曰"接雨水"，留作刷蛐蛐罐使用，这是北京养秋虫的规矩。曾见二老街头相遇，彼此寒暄后还问："您接雨水了吗？"这是"您今年养不养蛐蛐"的同义语，北京自来水为了消毒，放进漂白粉等化学药剂，对虫不利，雨水、井水都比自来水好。

立秋前，正将为逮蛐蛐和买蛐蛐奔忙的时候，又要腾出手来收拾整理养蛐蛐的各种用具。罐子从箱子里取出用雨水洗刷一下，不妨使它吸一些水，棉布擦干，放在一边。过笼也找出来，刷去浮土，水洗后摆在茶盘里，让风吹干。北京养蛐蛐的口诀是"罐可潮而串儿（过笼的别称）要干"。过笼入罐后几天，吸收潮气，便须更换干的。故过笼的数量至少要比罐子多一倍。水槽泡在大碗里，每个都用棕刷洗净。水牌子洗去

年的虫名和战绩，摞在一起。南房廊子下，几张桌子一字儿排开。水槽过笼放入罐中，罐子摆到桌子上，四行，每行六个，一桌二十四个。样样齐备，只等蛐蛐到来了。

逮蛐蛐非常劳累，但一年去不了两三趟，有事还可以不去。养蛐蛐可不行，每天必须喂它，照管它，缺一天也不行。今天如此，明天如此，天天如此，如果不是真正的爱好者，早就烦了。朋友来看我，正赶上我喂蛐蛐，放不下手，只好边喂边和他交谈。等不到我喂完，他告辞了。倒不是恼我失陪，而是看我一罐一罐地喂下去，看腻了。

待我先说一说喂一罐蛐蛐要费几道手，这还是早秋最简单的喂法：打开罐子盖，蛐蛐见亮，飞似地钻进了过笼。放下盖，用竹夹子夹住水槽倾仄一下，倒出宿水，放在净水碗里。拇指和中指将中有蛐蛐的过笼提起，放在旁边的一个空罐内。拿起罐子，底朝天一倒，蛐蛐屎扑簌簌地落下来。干布将罐子腔擦一擦，麻刷子蘸水刷一下罐底，提出过笼放回原罐。夹出水槽在湿布上拖去底部的水，挨着过笼放好。竹夹子再夹两个饭米粒放在水槽旁，盖上盖子，这算完了一个。以上虽可以在一两分钟内完成，但方才开盖时，蛐蛐躲进了过笼，所以它是什么模样还没有看见呢。爱蛐的人，忍得住不借喂蛐蛐看它一眼吗？要看它，需要打开过笼盖，怕它蹦，又怕掩断了须，必须小心翼翼，仔细行事，这就费工夫了。而且以上所说的只是对一罐蛐蛐，要是有一百几十罐，每罐都如此，工夫就大了。故每当喂完一罐，看看前面还有一大片，不由得又后悔买得太多了。

蛐蛐罐有如屋舍，罐底有如屋舍的地面，过笼和水槽是室内的家具陈设。老罐子，即使是真的万礼张和赵子玉，也要有一层浆皮的才算是好的。精光内含，温润如玉，摸上去有一种说不出的快感。多年的三合土原底，又细又平，却又不滑。蘸上水，不汪着不干，又不一下子吸干，而是慢慢地渗干，行话叫"慢喝水"。凑近鼻子一闻，没有潮味儿，更没有霉味儿，说它香不香，却怪好闻的。无以名之，名之曰"古香"吧。万礼张的五福捧寿或赵子玉的鹦鹉拉花过笼，盖口严密到一丝莫入，休想伤了须。贴在罐腔，严丝合缝，仿佛是一张舒适的床。红蜘蛛、蓝螃蟹、朱砂鱼或碧玉、玛瑙的水槽，贮以清水，色彩更加绚丽。这样的精舍美器，休说是蛐蛐，我都想搬进去住些时。

记得沈三白《浮生六记》讲到他幼年看到蚂蚁上假山，他把他自己也缩小了，混在蚂蚁中间。我有时也想变成蛐蛐，在罐子里走一遭，爬上水槽呷一口清泉，来到竹抹嚅一口豆泥，跳上过笼长啸几声，悠哉！悠哉！

蛐蛐这小虫子真可以拿它当人看待。天下地上，人和蛐蛐，都是众生，喜怒哀乐，妒恨悲伤，七情六欲，无一不有。只要细心去观察体会，就会看到它像人似的表现出来。

养蛐蛐的人最希望它舒适平静如在大自然里。不过为了喂它，为了看它，人总要去打扰它。当打开盆盖的时候，它猛然见亮，必然要疾驰入过笼。想要看它，只有一手扣住罐腔，一手掀开过笼盖，它自然会跑到手下的阴影处。这时慢慢地撒开手，它已无处藏身，形态毕陈了。又长又齐的两根须，搅动不定，上下自如，仿佛是吕奉先头上的两根雉尾。赳赳虎步，气宇轩昂，在罐中绕了半圈，到中央立定，又高又深的大头，颜色纯正，水净沙明的脑线，细贯到顶，牙长直戳罐底，洁白有光，铁色蓝脖子，氄氄堆着毛丁，一张翅壳，皱纹细密，闪烁如金。六条白腿，细皮细肉。水牙微微一动，抬起后腿，爪锋向尾尖轻轻一拂，可以想象它在豆棵底下或草坡窝内也有这样的动作。下了三尾，又可看到它们亲昵燕好，爱笃情深。三尾的须触在它身上，它会从容不迫地挨过身去，愈挨愈近。这时三尾如不理睬，它就轻轻裂开双翅，低唱求爱之曲，"唧唧……油，唧唧……油"，其声悠婉而弥长，真好像在三复"关关雎鸠，在河之洲"。不仅"油"、"洲"相叶，音节也颇相似。多事的又是"人"，总忍耐不住要用撅子去撩逗它一下，看看牙帘开闭得快不快，牙钳长得好不好，预测斗口强不强。说也奇怪，鼠须拂及，它自然知道这不是压寨夫人的温存，而是外来强暴的侵犯。两须顿时一愣，头一抬，六条腿抓住罐底，身子一震动，它由妒嫉而愤怒，由愤怒而发狂，裂开两扇大牙，来个饿虎扑食，竖起翅膀叫两声，威风凛凛，仿佛喝道："你来，咬不死你！"蛐蛐好胜，永远有不可一世的气概，没有怯懦气馁的时候，除非是战败了。尤其是好蛐蛐，多次克敌而竟败下阵来，对此奇耻大辱，懊恼万分，而心中还是不服，怨这怨那又无处发泄，颇似英雄末路，徒唤奈何，不由得发出非战之罪的悲鸣。楚霸王垓下之歌，拿破仑滑铁卢之败，也能从这小小虫身上产生联想而引起同情的感叹。可恨的是那些要钱不要虫的赌棍，蛐蛐老了，不能再斗了，还要拿到局上为他生财，以致一世英名，付诸流水。这难道是蛐蛐之过吗！？不愿意看到好蛐蛐战败，更不愿看到因老而战败。因此心爱的蛐蛐到晚秋就不再上局了。有时却又因此而埋没了英雄。

如上所述，从早秋开始，好蛐蛐一盆一盆地品题、欣赏，观察其动作，体会其秉性，大可怡情，堪称雅事。中秋以后，养蛐蛐更可以养性。天渐渐冷了，蛐蛐需要"搭晒"。北京的办法是利用太阳能。只有遇见阴天，或到深秋才用汤壶。"搭晒"费时费事，需要耐心。好在此时那些平庸无能之辈早已被淘汰，屡战皆胜的只剩下十几二十条。每日上午，蛐蛐桌搭到太阳下，换过食水，两个罐子摞在一起，用最细的虾须帘子遮在前面。我也搬一把小椅子坐在一旁，抱着膝，眯着眼睛面对太阳，让和煦的光辉沐浴着我。这时，我的注意力并未离开它们，侧着耳朵，聆听罐中的动静。一个开始叫了，声音慢而涩，寒气尚未离开它的翅膀。另一罐也叫了，响亮一些了。渐渐都叫了，节奏也加快了。一会儿又变了韵调，换成了求爱之曲。从叫声，知道罐子的温度，撤掉虾须，换了一块较密的帘子遮上。这时我也感到血脉流畅，浑身都是舒适的。

怡情养性应当是养蛐蛐的正当目的和最高境界。

四 忆斗

北京斗蛐蛐，白露开盆。早虫立秋脱壳，至此已有一个月，可以小试其材了。在上局之前，总要经过"排"。所谓"排"是从自己所有的蛐蛐中选分量相等的角斗，或和虫友的蛐蛐角斗。往往赢了一个还不算，再斗一个，乃至斗三个。因为只有排得狠，以后上局心中才有底，同时把一些不中用的淘汰掉。排蛐蛐不赌彩，但须用"称儿"（即戥子）约（音 yāo，分量）。相等的才斗，以免小个的吃亏。自己排也应该如此。当然有的长相特别好的舍不得排，晚虫不宜早斗的也不排，到时候直接拿到局上去，名叫"生端"。

称儿是一个长方形的匣子，两面插门。背面插门内镶有玻璃，便于两面看分量。象牙制成的戥子杆，正背面刻着分、厘、毫的标志，悬挂在匣子的顶板下。杆上挂着戥子砣。随着称儿有四个或六个"舀子"，供几位来斗者同时使用。少了不够分配，蛐蛐称不完，耽误对局进行（图 2.1, 2.2）。

舀子作圆筒形，用竹管内壁（竹黄）或极薄银叶圈成，有底有盖，三根丝线穿过盖上的小孔将筒和盖连结起来。线上端系金属小环，可挂在戥子的钩上，这是为装入蛐蛐称分量而制的。几个舀子重量必须相等，毫厘不差。微细的出入用黄蜡来校正，捻蜡珠粘在三根丝线聚头处，借以取得一致。

白露前几日，组织斗局者下帖邀请虫友届时光临，邮寄或专人致送，格式（图 3）与一般请帖不同的是邀请者帖上不写姓名而写局上所报的"字"。姓名可以在请帖的封套上出现。

蛐蛐局也有不同的等级。前秋的局乃是初级，天气尚暖，可在院子内进行，有一张八仙桌、几张小桌和椅子、凳子就行了。这样的局我也举办过好几年，用我所报的字"劲秋"具名邀请。院子是向巷口已关门的赵家灰铺租的，每星期日斗一次。局虽简陋，规矩却不能错。

图 2.1 蛐蛐称儿（正面）

图 2.2 蛐蛐称儿（侧面）

要有五六个人才能唱好这台"戏"。

一人司称，须提前到局，以便将舀子的分量校正好。校正完毕，坐在称儿前，等待斗家将虫装入舀子送来称重量。

一人司账，画好表格，记录这一局的战况。表格有固定格式，已沿用多年，设计合理，简明周密，一目了然。试拟一表如下（图4）。司账者桌上摆着笔墨、纸张、裁纸刀等，兼管写条子。条子用白纸或色纸裁成，约两寸宽，半尺长，盖上司账者印章，以防有人作弊，更换条子。斗家到局，先领舀子，装好蛐蛐，送去过称，称好一虫，司称高唱某字重量多少。司账在表格的第二格内写报字，第三格内用苏州码子写蛐蛐的分量。另外在一张条子上写报字和分量，交虫主持去，压在该虫的罐子下。各家的蛐蛐登记完毕，就知道今天来了哪几家，各有多少条虫，各虫分量多少。斗家彼此看压在罐下的条子，就知道自己的蛐蛐和谁的分量相等，可以拴对。司账根

据表格也会不时地提醒大家，谁和谁"有对"。

一人监局，站在八仙桌前，桌上铺红毡子，旁放毛笔一支，墨盒一个。桌子中央设宽大而底又不甚光滑的瓦罐，名为"斗盆"。两家如同意对局，各把罐子捧到斗盆一侧。监局将两张条子并列摆在桌上。这时双方将罐盖打开，进行"比相"。因为即使分量相等，如一条头大项阔，一条头小项窄，相小的主人会感到吃亏而不斗。比相后同意对局，再议赌彩。早秋不过赌月饼一两斤。每斤月饼折钱多少，由司账宣布，　般仅为五角或一元。议定后，监局将月饼斤数写在两家的条子中间，有如骑缝，字迹各有其半。

双方将蛐蛐放入斗盆，各自只许用粘有鼠须的撩子撩逗自己的蛐蛐，使知有敌来犯。当两虫牙钳相接，监局须立即报出"搭牙"，算是战斗已经打响，从此有胜有负，各无反悔。不论交锋的

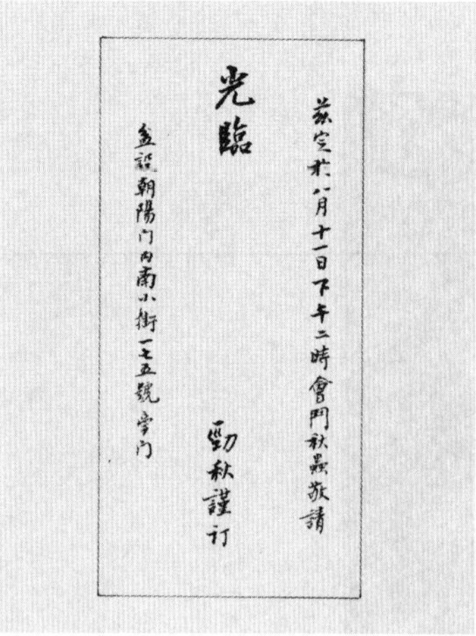

图3 邀请斗蟋蟀请帖

图4 蟋蟀局司账所用表格

时间长短，回合多少，上风下风有无反复，最后以"一头一面"判输赢。所谓"一头"、"一面"乃是一回事，即下风蟋蟀遇见上风，贴着盆腔掉头逃走。如此两次，便是输了。倘向盆腔相反方向掉头逃走，名曰"外转"；向前窜逃，名曰"冲"，都不算"头"或"面"。不过监局也须大声报出，好让虫主及观众都知道。监局实负有裁判员的职责。胜负既分，监局在胜者的条子上写个"上"字，在负者的条子上写个"下"字。两张条子一并交到司账那里。司账根据条子在表格上胜者一栏的第一格里写蟋蟀的重量及所赢月饼的斤数，在负者一栏的第四格里写蟋蟀的重量及所输的月饼斤数。两张条子折好存在司账处，倘有人要复查，此是凭证。各家结账时据第一、第四两格的输赢数字，结算盈亏。

上述三人是局上的主要人员，此外还须一两人沏茶灌水，照料一切。一局下来，他们分抽头二成所得，每人可得几块钱。

倒不是我夸口，30年代由我邀请的初级小局，玩得比较高尚文雅。来者虽三教九流，什么人都有，但很少发生争执或有不服气的行为。赌彩既微，大家都不在乎。不少输了钱如数缴纳，赢了却分文不要，留给局上几位忙了一天的先生们一分了事。这当然和早秋季节有关，此时大小养家蟋蟀正多，心爱之虫尚未露面，骁勇之将或已亮相，但尚未立多少战功，所以上局带有练兵性质，谁也不想多下赌注。

中秋以后，天凉多风，院里已不宜设局。这时自有大养家出面邀请到家中对阵，蟋蟀局也就升了级。善战之虫已从几次交锋中杀了出来，渐有名声。赌彩倘仍是一两斤月饼，主人会感到和虫的身价太不相称了。

只要赌彩大了，事情也就多了，不同人物的品格性情也就一一表现出来。有的对上称的分量十分计较，老怕司称偏心他人，以致吃了亏。他在称儿的背面盯着戥子，嘴里叨唠着："不行吧，拉了一点儿吧，您再往里挪挪。"所争的可能还不到一毛（即一毫）的重量。甚至有人作弊，把舀子上的蜡珠偷偷抠下一点。自己占了便宜却弄得舀子的分量不一致。被人发现，要求对所有的笤子都审查核对，把局吵了，弄得不欢而散。

斗前比相，更是争吵不休，总是各自贬低自己蛐蛐的长相，说什么"我的头扁了，脖子细了，肚子又大，比您的差多了，不是对！不是对！"实则未必如此。有的人心中有一定之规，那就是，相上如不占便宜，就是不斗。

在观众中，随彩的也多了。有的只因和虫主有交情，随彩为他助威。有的则因某虫战功赫赫，肯定能赢，故竞相在它的身上押赌注。倘对局双方均是名将，各有人随彩，那就热闹了。譬如"义"字和"山"字对阵，双方已议定赌彩，忽一边有人喊道"义字那边写爽秋两块"，又有人喊"天字两块"。对面有人应声说"山字那边写叨字两块"，跟着有人喊"作字随两块"。这时忙坏了监局，他必须在两边条子上把随彩人的报字和所随的钱数一一记上，分胜负后司账好把随彩移到表格上。随彩者如没有蛐蛐，他的报字也可以上表格，只是第三格中不会有蛐蛐的分量而已。有时斗者的某一方不常上局，显得陌生，他就难免受窘，感到尴尬。因为观阵者都向对方下注，一下子就增加到几十元。如果斗，须把全部赌注包下来，未免输赢太大。不斗吧，又显得过于示弱，深感进退两难。

使捵子是一种高超的技艺。除非虫主是这方面的高手，总要请专家代为掌捵。运用这几根老鼠胡子有很大的学问。但主要是当自己的蛐蛐占上风时，要用捵子激发神威，引导它直捣黄龙，使对方一败涂地。而处在下风时，要用捵子遮挡封护，严防受到冲击，好让它得到

喘息，增强信心，恢复斗志，以期达到反败为胜的目的。但双方都不能做得过分，以致触犯定规，引起公愤。精彩的对局，不仅看虫斗，也看人斗。欣赏高手运捵之妙，也是一种艺术享受。难怪自古即被人重视，《蚨孙鉴》有专条记载运捵名家姓氏，传于后世。

清末民初，斗局准许用棒，在恩溥臣《斗蟋随笔》中有所反映，而为南方所无。对阵时，占上风一方用装捵子的硬木棒轻轻敲打盆腔，有如擂鼓，为虫助威。这对下风当然大大不利。三十年代已渐被淘汰，偶见使用，是经过双方同意的。

监局既是裁判，难免碍于人情或受贿赠而偏袒一方。这在将分胜负时容易流露出来。他会对一方下风的"一头一面"脱口而出，甚至不是真正的掉头败走也被报成"头"、"面"。而对另一方下风的"一头一面"竟支吾起来，迟迟不报。执法态度悬殊，其中必有不可告人处。

局上可以看到人品性格，众生相纷呈毕露。赢了，有人谦虚地说声"侥幸"；有人则趾高气扬，不可一世，向对方投以轻蔑的眼光。输了，有人心悦诚服，自认工夫不到家，一笑置之，若无其事；有人则垂头丧气，默默不语，一虫之败，何致懊丧如此！更有面红耳赤，怒不可遏，找碴儿强调客观原因，不是说比相吃了亏，就是使火没使够。甚至埋怨对方，为什么催我上阵，以致没有过铃子，都是你不好，因此只能认半局，赌彩只输一半。

上面讲到的局，一般有几十元的输赢，还不能算真正的蛐蛐赌局。真正的赌局斗一对下注成千上万，这只有天津、

图5 后秋上局用圆笼

上海才有。据说在高台上斗，由一人掌挟，只许双方虫主在旁，他人无从得见。这样的局不要说去斗，我一次还没有参观过呢。即使有机会参观，我也不会去！

北京过去最隆重的蛐蛐局要数"打将军"，多在冬至前或冬至日举行，它带有年终冠军赛和一季秋虫活动圆满结束的双重意义。襄生也晚，没有赶上本世纪初麻花胡同纪家、前马厂钟杨家、那王府、杨广字、余叔岩等大养家的盛期。当时几乎每年都打将军，《斗蟀随笔》就有记载。

打将军或在家中，或在饭庄子，什刹海北岸的会贤堂曾承办多次。老友李桐华（"山"字）曾告我盛会的情况：邀请之家事先发请帖，届期各养家到会，把式们用圆笼挑着蛐蛐罐及汤壶（图5）前来。虫贩只限于资格较深并经主人烦请帮忙者始得与会。中堂设供桌，先举行请神仪式。上方正中安神位，供的是蛐蚱神。桌上摆香炉蜡签，五堂供，三堂面食，两堂果子。桌旁立着纸扎的宝盖、幡及七星纛。延请寺观清音乐乐队七人，一时笙管齐奏，法曲悠扬。先由主人上香行礼，继之以各位养家，长者在前，依齿而行，叩头或揖拜听便。此后虫佣虫贩顶礼，必须跪拜叩头。请神

完毕，对局开始，过称、记账、监局等一如常局。惟斗后增加卖牌子活动。牌子由司称、司账等准备，红纸上书"征东大将军"、"征西大将军"、"征南大将军"、"征北大将军"、"九转大虫王"、"五路都虫王"等封号。胜者受到大家的祝贺，自然高高兴兴去买牌子。牌子二元、四元、六元、八元不等，买者买个喜气，图个吉祥，而带有赏赐性质，局上各位忙了一季，这是最后一笔收入。封完将军，虫王、将军皆陈置供桌上，行送神礼，虫佣虫贩须再次叩头。礼毕将宝盖、幡、七星纛等送至门外，在音乐声中火烧焚化。不知者会误以为是某家办丧事，烧烧活，实际上是玩家们在行乐。送神后入宴席，养家和佣、贩分开落座。前者为鸭翅席，后者为九大件。宴席后大家拱手告别，齐道明秋再见。

打将军封建迷信色彩浓厚，而且等级分明，它也不是以赌博为目的，而是佣贩帮闲伺候王公大人、绅士富商游玩取乐的活动。一次打将军主办者不惜一掷千金，要的是派头和"分儿"，这种耗财买脸的举动，六七十年来久已成为陈迹了。

五 忆器

南宋时，江南养蟋蟀已很盛行。1966年5月，镇江官圹桥发现古墓，出土三具过笼。报道称："都是灰陶胎，两只为腰长形（图6），长七厘米，两头有洞，上有盖，盖上有小纽，纽四周饰六角形双线网纹。其中一只内侧有铭文四字，残一字，'□名朱家'。另一只为长方形，长亦七厘米，作盖顶式，顶中有一槽，槽两侧饰圆珠纹。圆珠纹外周斜面上饰斜方如意纹，一头有洞。长方

形的蟋蟀过笼，一头有洞，当是捕捉蟋蟀时用的。腰长形过笼两头有洞，宜于放置圆形斗盆中放蟋蟀用的。"（见《文物》1973年第5期封三）

所谓腰长形即外壁一边为弧形，可以贴着盆腔摆放。一边外壁是直的，靠着它可以放水槽。这是养盆中的用具，报道谓用于斗盆，实误。仅一端有洞的因不能穿行，已不得称之为过笼。北京有此用具，名曰"提舀"（见图22），竹制，上安立柄，用以提取罐中的蛐蛐。捉蟋蟀是用不上的。古墓年代约为12世纪中叶，所出三具为现知最早的蟋蟀用具。可证明约一千年前它已定型，和现在仍在使用的没有什么区别。

宋代蟋蟀盆只见图像，未见实物。万历间刊行的《鼎新图像虫经》绘盆四具。其中的宣和盆、平章盆可理解为宋器，至于标名为王府盆、象窑盆，时代就难说了。此四盆并经李大翀《蟋蟀谱》摹绘，造型、花纹与《虫经》已大有出入。当因摹者随手描绘所致。故类此图像，只能为我们提供一些参考材料，而无法知道其真实面貌。李谱还有所谓"宋内府镶嵌八宝盆"、"元孟德盆"、"永乐盆"，未言所据，来源不明。这些图的价值，比该书《盆考》述及的各盆也高不了多少，它们的可靠性要待发现实物才知道，现在只能姑妄听之而已。本人认为谈蛐蛐罐不能离开实物，否则终有虚无缥缈之感。本文所及品色不多，去详备尚远，但都是我曾藏或曾见之物。不尚空谈，当蒙读者许可。

养家周知，蟋蟀盆有南北之分，其主要区别在南盆腔壁薄而北盆腔壁厚，这是南暖北寒的气候决定的。我所见到的最早实物为明宣德时所制，乃腔壁较

图6　镇江南宋墓出土蛐蛐过笼

厚有高浮雕花纹的北式盆。这是因为自明成祖朱棣于永乐十九年（1421年）国都北迁后，宣宗朱瞻基养蟋蟀已在北京的原故。罐通高11厘米，径14.5厘米（图7—9），桐华先生旧藏，现在天津黄绍斌先生处。盖面中心雕两狮相向，爪攫绣球，球上阴刻方胜锦纹，颇似明雕漆器上所见。左右飘束绦。空隙处雕花叶。中心外一周匝浮雕六出花纹，即常见于古建筑门窗者。在高起的盖边雕香草纹。罐腔上下有花边两道，中部一面雕太狮少狮，俯仰嬉戏，侧有绣球，绦带飞扬。对面亦雕狮纹，姿态略有变化。此外满布花卉山石。罐底光素，中心长方双线外框，中为阳文"大明宣德年造"六字楷书款，与宣德青花瓷器、剔红漆器上所见，笔意全同。故可信为宣德御物。中国历史博物馆藏有一龙纹罐，盖内篆义戳记"仿宋贾氏珍玩醉茗痴人秘制"十二字，罐底龙纹图记内有"大明宣德年制"款（见石志廉：《蟋蟀罐中的几件珍品》，《燕都》1978年第4期）。曾目见，戳记文字及年款式样均非明初所能有，乃妄人伪造。

我因久居北京，对南方盆罐一无所知。北方名盆，高中读书时开始购求，迨肄业研究院，因不再养虫而终止，前

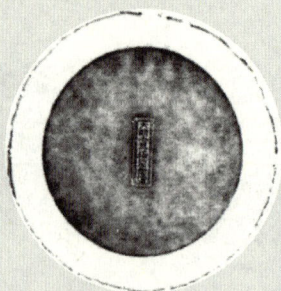

图 7　明宣德高浮雕狮纹蟋蟀盆盖内款识

图 8　明宣德高浮雕狮纹蟋蟀盆盖面花纹拓本

图 9　明宣德高浮雕狮纹蟋蟀盆

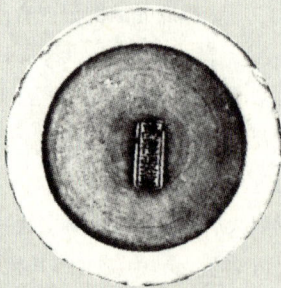

图 10　明"万礼张造"蛐蛐罐款识拓本（万礼张九种之一）

后不足十年，有关知识见闻，与几位秋虫耆宿相比，自然相去远甚。

后不足十年，有关知识见闻，与几位秋虫耆宿相比，自然相去远甚。

秋虫耆宿，近年蒙告知盆罐知识者有李桐华、黄振风两先生。桐华先生谢世已数载，振风先生则健在，惟"十年浩劫"，所藏名盆已多成瓦砾矣。

北京盆罐为养家所重者有两类，亦可称之为两大系列，即"万礼张"与"赵子玉"。万礼张咸知制于明代，底平无足，即所谓"刀切底"。盖内有款识，盖、罐骑缝有戳记。戳记或为圆圈，名曰"笔管"，或为"同"字，或近似"菊"字而难确认。澄泥比赵子玉略粗，故质地坚密不及，术语称之曰"糠"。正因其糠，用作养盆，实胜过子玉，其带皮子有包浆亮者尤佳。同为万礼张，盖内款识不同，至少有八种，再加净面无文者则九种，此非深于此道者不能言。桐华先生爱万礼张胜于子玉，故知之独详。我历年收得四种，再加桐华先生所藏，尽得寓目，并拍摄照片。又蒙高手傅大卣先生墨拓款识，故大体齐备：

一　万礼张造（图10）

二　白山（图11，12）此为万礼张中最佳者。

三　秋虫大吉

四　永战三秋（图13）

五　永站三秋（图14）

六　怡情雅玩（图15）

七　永远长胜

八　春游秋乐（图16）

九　净面　光素无款识。

赵子玉罐素有十三种之说。邓文如师《骨董琐记》卷六记石虎胡同蒙藏学校内掘出蟋蟀盆，属于赵子玉系统者有淡园主人、恭信主人之盆、古燕赵子玉造、敬斋主人之盆、韵亭主人之盆五种，不及十三种之半。清末拙园老人《虫鱼雅集》"选盆"一条所记十三种为：白泥、紫泥、藕合盆、倭瓜瓢、泥金罐、瓜皮绿、鳝鱼青、鳝鱼黄、黑花、淡园、大小恭信、全福永胜、乐在其中。《雅集》所述相虫、养虫经验多与虫佣、虫贩吻合，此说似亦为彼等所乐道。其不能令人信服处在前九种既以不同颜色定品种，何以最后又将四种不同款识之盆附入，一似列举颜色难足其数，不得不另加四种，凑满十三。故桐华先生以为子玉十三种应以不同款识者为限，分列如下：

一　古燕赵子玉造（图17）桐华先生特别指出此六字款如末一字为"制"而非"造"，皆伪，屡验不爽。都人子玉则真者末一字为"制"而非"造"。

二　淡园主人（图18）

三　都人赵子玉制

四　恭信主人盆（大恭信）

五　恭信主人之盆（小恭信）

六　敬斋主人之盆（大敬斋）　二号盆

七　敬斋主人之盆（小敬斋）　三号盆

八　韵亭主人盆

九　闲斋清玩

一○　大清康熙年制

一一　乐在其中

一二　全福永胜

一三　净面赵子玉　光素无款识。

黄振风先生则别有说，认为赵子玉不仅有十三种，且另外还有"定制八种"，亦即赵子臣所谓"特制八种"，而"大清康熙年制"因非子玉所造，故不与焉。"八种"并经振风编成口诀，以便记忆：

　　全福永胜战三秋，

　　淡园韵亭自古留，

图11　明"白山"蛐蛐罐款识拓本（万礼张九种之一）

图12　明"白山"蛐蛐罐全形（万礼张九种之一）

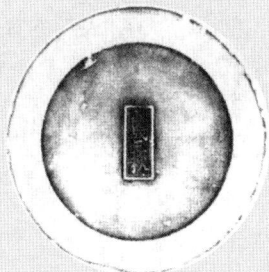

图13　明"永战三秋"蛐蛐罐款识拓本（万礼张九种之一）

图14　明"永站三秋"蛐蛐罐款识拓本（万礼张九种之一）

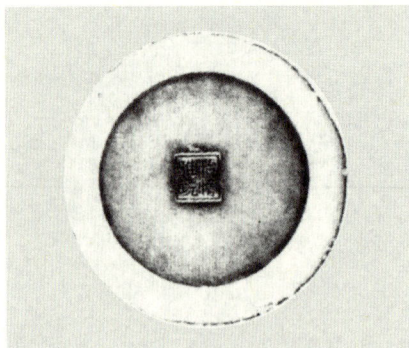

图 15 明 "怡情雅玩" 蛐蛐罐款识拓本（万礼张九种之一）

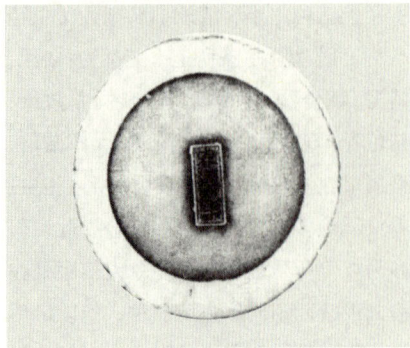

图 16 明 "春游秋乐" 蛐蛐罐款识拓本（万礼张九种之一）

　　　敬闲二斋双恭信，

　　　乐在其中第一流。

"八种" 之款识及戳记外框形式如下：

　　一　全福永胜　盖背横长圆形外框，一名 "枕头戳"，四字自右而左平列。足内长方形外框，"古燕赵子玉造"，两行，行三字。

　　二　永战三秋　四瓣柿蒂式外框，每瓣一字，"永" 在上，"战" 在右，"三" 在左，"秋" 在下。

　　三　淡园主人（图18）　方形外框，两行，行二字。

　　四　韵亭主人盆赵子玉制　大方形外框，三行，行三字。

　　五　敬斋主人之盆（图19）　窄长方形外框，天津称之曰 "韭菜扁戳"。一行六字。

　　六　闲斋清玩　方形外框，两行，行二字。

　　七　恭信主人盆赵子玉制　大方形外框，三行，行三字。此为 "大恭信"。恭信主人之盆　窄长方形外框，一行六字。此为 "小恭信"。大小恭信以一种计。

　　八　乐在其中　盖背方形外框，两行，行二字。底足内 "都人赵子玉制"，长方形外框，两行，行三字。此罐比以上七种更为名贵，故曰 "第一流"。

图 17.1　清 "古燕赵子玉造" 蛐蛐罐全形

图 17.2　清 "古燕赵子玉造" 蛐蛐罐

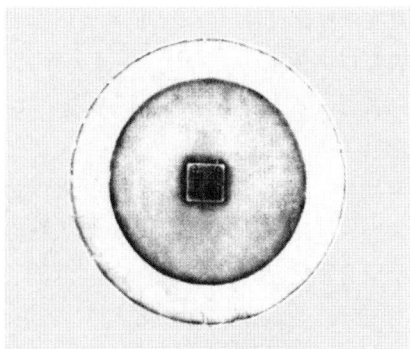

图18 清"淡园主人"蛐蛐罐款识拓本（赵子玉所制罐之一）

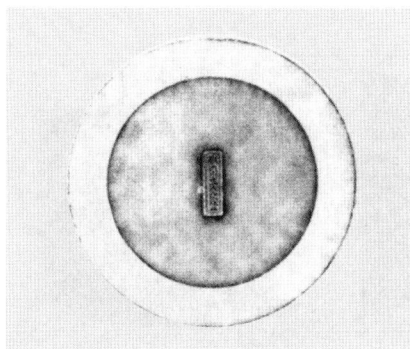

图19 清"敬斋主人之盆"蛐蛐罐款识拓本（赵子玉所制罐之一）

以上惟"淡园主人"及"小恭信"为三号罐，余均为二号罐。又惟有"敬斋"及"乐在其中"两种底足外缘作出凹入之委角线，名曰"退线"，余六种无之。

振风先生背诵子玉十三种之口诀为：

瓜皮豆绿倭瓜瓢，

桃花冻红鳝青黄，

黑白藕合泥金盆，

净面都人足深长。

"十三种"中净面光素无款识。都人子玉款识为"都人赵子玉制"，长方形外框，两行，行三字。其余十一种款识均为"古燕赵子玉造"，长方形外框，两行，行三字。振风同意桐华先生之说，"古燕赵子玉造"款识凡末字为"制"而非"造"者皆伪。并指出"古"字一横下，或有一丝两端下弯之线，或无之，二者皆真（图20，图21）。有弯线者乃戳记使用既久，出现裂纹之故。据此推测，戳记当用水牛角刻成。

一　瓜皮绿

二　豆瓣绿

三　倭瓜瓢　其色易与鳝鱼黄混淆。分别在倭瓜瓢盖面平坦，而鳝鱼黄盖面微微隆起。亦曰"馒头顶"。

四　桃花冻　其色红于藕合盆。

五　鳝鱼青

六　鳝鱼黄

七　黑花

八　白泥

九　藕合盆　其色接近浅紫，十三种中惟此底足有退线。

一○　泥金盆　罐上有大金星及金片，如洒金笺纸。

一一　净面

一二　都人赵子玉制　盖与足底款识相同，凡末字作"造"而非"制"者皆伪。

图20　清"古燕赵子玉造"款识拓本（古字一横下无弯线）

图21　清"古燕赵子玉造"款识拓本（古字一横下有弯线）

图22 前秋、中秋上局用提盒（内放万礼张小罐四具）

图23 清"乐在其中"、"都人赵子玉制"小蛐蛐罐全形

图24 清"乐在其中"、"都人赵子玉制"小蛐蛐罐盖、底款识

一三 深足子玉 罐底陷入足内较深。

振风先生与拙园老人之说，可谓大同小异，故似出同源。其所以被称为"十三种"，除确知为赵子玉所造外，皆无定制者款识，与"定制八种"之区别即在此。黄先生既能言之綦详，且谓"八种"、"十三种"曾与赵子臣商榷印证，可谓全同。不言而喻，桐华先生之说与子臣大不相同。

桐华、振风两先生之虫具知识，笔者均甚心折，而子臣既出虫贩世家，更一生经营虫具，见多识广，又非养虫家所能及，故其经验阅历，尤为值得重视。笔者自愧养虫资历不深，名罐所藏有限，

且有未经寓目者，因而不能判断以上诸说究以何为可信，只有一一录而存之，以备进一步之探索及高明博雅之指教。惟究其始，赵子玉当年造盆，不可能先定品种"八"与"十三"之数，并以此为准，不复增减，其理易明。后人据传世所有，代为罗列排比，始创"八种"、"十三种"之说，此殆事物之规律。若然，则各家自不妨据一己之见而各有其说。各说亦可并存而不必强求其一致矣。

赵子玉罐虽名色纷繁，然简而言之，又有共同之特征，即澄泥极细，表面润滑如处子肌肤，有包浆亮，向日映之，仿佛呈绸缎之光华而绝无由杂质之反射，出现纤细之闪光小点。棱角挺拔，制作精工，盖腔相扣，严丝合缝，行家毋庸过目，手指抚摩即知其真伪。仿制者代有其人，甚至有在古字一横下加弯线者，矜持拘谨不难分辨。民国时大关虽竭力追摹，外形差似而泥质远逊。

万礼张及赵子玉均有特小盆罐，或称之为"五号"，超出常规，遂成珍异。某家有一对，何人藏四具，屈指可数，为养家所乐道。实物如桐华先生之小万礼张，四具一堂，装入提匣，专供前秋、中秋上局使用（图22）。小子玉则有以郑西忠旧藏一对"乐在其中"，直径不到十厘米，盖背面款识为"乐在其中"，底足内为"都人赵子玉制"，堪称绝品（图23—26），可能为王府公主或内眷定制者。埋土虽贱，却珍逾球璧。

其他名罐如"瓦中玉土精盆"，雕镂蝴蝶而填以色泥，故又曰"蝴蝶盆"。"南楼雅玩"盆（图27），主人即《虫鱼雅集》述及曾养名虫"蜈蚣紫"，咬遍京华无敌手，死后葬于园中纡环轩土山上，并为建虫王庙之南楼老人。此盆并

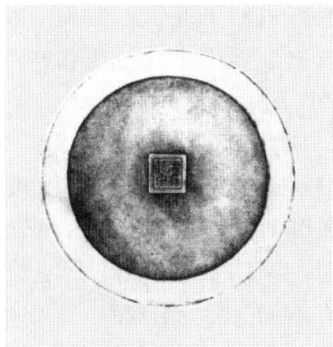

图 25 清"乐在其中"蛐蛐罐盖款识拓本　图 26 清"都人赵子玉制"蛐蛐罐底款　图 27 清"南楼雅玩"蛐蛐罐款识拓本
　　　　　　　　　　　　　　　　　　　　　　　识拓本

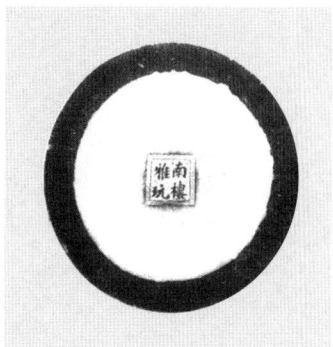

非用澄泥轮旋成形，而是取御用金砖斧砍刀削，砥砺打磨而成。四字款识亦非木戳按印而是刀凿剔刻出阳文文字。所耗人力物力，超过泥埴窑烧，何止十倍，其他私家制罐，款识繁多，道光时"含芳园制"盆乃其佼佼者。用泥之细不亚于子玉，款式亦朴雅可喜。

　　一般养盆以有赵子玉伪款者为多，戳记文字、式样，不胜枚举。其他款识也难备述，大小造型，状态不一，因不甚被人重视，故缺乏记载可稽。

　　过笼，北京又称"串儿"，谓蛐蛐可经两孔串来串去。名贵的过笼同样分万礼张、赵子玉两个系列。

　　万礼张过笼轮廓柔和，造型矮扁，花纹不甚精细，不打戳记而代之以指纹，印在盖背面。下举二例：

　　一　万礼张菊花纽（亦称葵花纽）过笼　除纽外全身光素，有大小两种。

　　二　万礼张五福捧寿过笼　纽为高起圆寿字，四周五蝠团簇。

　　赵子玉过笼棱角快利，立墙较高，花纹精细，不加款识。常见盖内印有叶形戳记中有"赵子玉"三字者皆是赝品。下举真者数例：

　　一　赵子玉单枣花、双枣花过笼

亦有称之为桂花者，除纽外全部光素。造型有大小之别，小者又名"寸方"，宜用于晚秋较小的盆中。又有扇面式的，月牙形水槽贴着摆放，可为盆内留出较大空间。

　　二　赵子玉五福捧寿过笼

　　与万礼张相似而花纹较繁，将光地改为纹地。于此亦可见前后的渊源关系。如过笼正面立墙有刀划花纹，则名曰"五福捧寿拉花"。"拉"，北京方言刀割之意。

　　三　赵子玉鹦鹉寿桃过笼　寿桃作纽，两侧各有展翅鹦鹉。亦名"鹦鹉偷桃"。如立墙有刀划花纹，名为"鹦鹉寿桃拉花"（图28）。

　　所谓旧串，和旧养盆一样，花色繁多。其佳者为"含芳园制"。盖上印有菊蝶、古老钱、蟠龙、花卉等花纹者（图29）以及红泥、黑花等（图30）又逊一筹。

　　《虫鱼雅集》讲道："水槽亦有真伪。至高者曰蓝宝文鱼，有沙底，有瓷底。次则梅峰、怡情、宜春、太极、蜘蛛槽、螃蟹槽、春茂轩，不能尽述。"其中文鱼与梅峰、蜘蛛，瓷胎釉色相似，当为同时期物。螃蟹及青花大水槽亦较早，时代均在雍、乾间，或稍早。怡情朱色勾莲制于嘉道时。春茂轩各式乃太监小

图28　清赵子玉鹦鹉拉花过笼成对

图29　清不同花纹过笼四种

图30　清黑花、红泥过笼两种

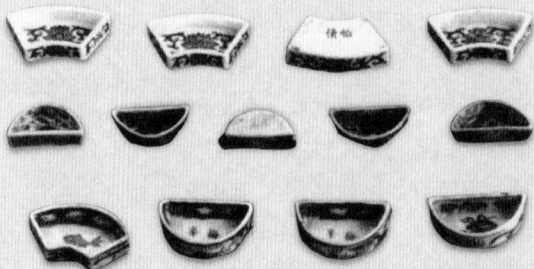

图31　清各式水槽

德张为慈禧定烧，出光绪景德镇窑（图31）。昔年笔者一应俱全，且有德化白瓷、宜兴紫砂以及碧玉、白玉、玛瑙者。"十年浩劫"，散失殆尽矣。

上局用具还有净水瓶，即大口的玻璃瓶。或用清代舶来品盛洋烟的"十三太保"瓶，因每匣装十三瓶而得名。磨光玻璃有金色花纹，十分绚丽。其用途是内盛净水及水藻一茎。蛐蛐胜后，倾水略涮其盆，掐水藻一小段放盆内，供其滋润牙帘。

此外，还有放在每一个罐上的"水牌"。扁方形，抹去左右上角。考究的为象牙制，次为骨或瓷。正面写虫名、买的日期、产地及重量。背面为每次战斗记录，包括日期、重量、战胜某字某虫等（图32）。它分明是为蛐蛐建立的档案。北京的规矩，非经同意不得翻看别人的水牌。

其他用具如竹夹子、麻刷子、竹制食抹等均为消耗品，从略。惟深秋搭晒所用竹帘，分粗细三等。极细者真如虾须，制作极精，今亦成为文物矣。

六　忆友

七十年来由于养蛐蛐而认识的人实在太多了，结交成契友的也不少，而最令人怀念的是曾向我传授虫经的几位老先生。

赵李卿，武进人，久居北京。北洋政府时期，任职外交部，是我父亲的老同事，看我长大的。在父执中，我最喜欢赵老伯，因为他爱蛐蛐，并乐于教我如何识别好坏。每因养蛐蛐受到父母责备，我会说"连赵老伯都养"，好像理由很充足。他也会替我讲情，说出一些养蛐蛐有好处的歪理来。我和他家相距不远，因此几乎每天都去，尤其是到了秋天。

赵老伯上局报"李"字，所有卖蛐蛐的都称他"赵李字"。长腿王喜欢学他带有南方口音的北京话，同时举手用食拇两指相距寸许地比划着："有没有大黄蛐蛐？"他确实爱黄蛐蛐，因为养过特别厉害的，对黄蛐蛐也特别有研究，能说出多种多样的"黄"来——哪几种不中用，哪几种能打到中秋，哪几种才是常胜将军。他想尽方法为我讲解，并拿颜色近似的蛐蛐评比差异。但最后还是说只有遇到标准虫才能一目了然，还要养过才记得住。这就难了，谈何容易能碰到一条。有一年还真是碰到了。陆鸿禧从马坊逮回来的头如樱桃而脑线闪金光的紫黄蛐蛐。他认为是黄而非紫。因是早秋，他说要看变不变。如变深了就成紫蛐蛐了，也就不一定能打到底了。如不变深，则是虫王。他的话应验了，金黄色始终未退，连赢八九盆，包括"力"字吴彩霞的红牙青。而"力"字是以特别难斗著名的。每次对阵紫黄都是搭牙向后一勒，来虫六足蹬着罐底用力才挣扎出来。一口净，有的尚能逃窜，有的连行动都不灵了。赵老伯看其他颜色蛐蛐也有经验，但自以为对黄的最有心得。我最早相虫，就是他领进门的。

赵伯母是我母亲的好友，也很喜欢我。她最会做吃的，见我去总要塞些吃的给我。至今我还记得她对赵老伯说的一句话："我要死就死在秋天，那时有蛐蛐，你不至于太难过。"二老相敬如宾，真是老而弥笃。

白老先生住在朝阳门内北小街路东，家设私塾，教二三十个启蒙学生。高高身材，微有髭须。出门老穿袍子马

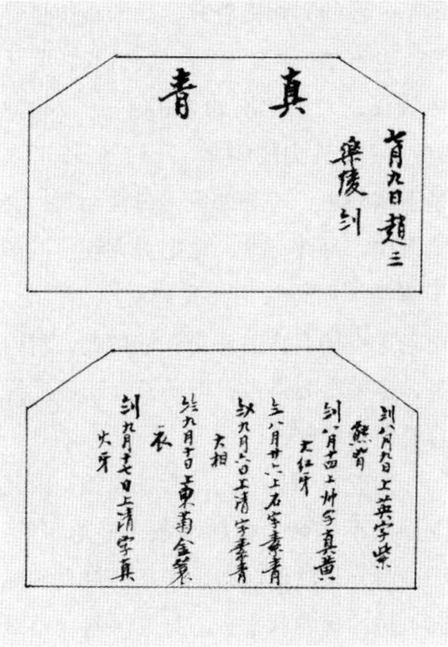

图 32　水牌（正面和背面）

褂，整齐严肃，而就是爱玩蛐蛐。上局他报字"克秋"，故人称白克秋，名字反不为人知。

不认识他的人，和他斗蛐蛐，容易拴对。因为他的虫都是小相，一比对方就会欣然同意。但斗上才知道，真厉害！他的蛐蛐通常一两口就赢了。遇上硬对，又特别能"驮口"，咬死也不走，最后还是他赢。我还不记得他曾输过。养家经过几次领教，有了戒心，都躲着他。即使在相上明显占便宜也不敢贸然和他交锋。

我几次看他买蛐蛐，不与人争，总是等人挑完了才去看。尤其是到了蛐蛐店，明言"拿'下水'给我挑"。每次不多买，只选两三条。价钱自然便宜不少，因为已被人选过多次了。不过往往真厉害的蛐蛐并未被人挑走而终为他所得，真是千里马虽少而伯乐更难逢。

我曾向白老求教，请示挑蛐蛐的标准。他说："为了少花钱，我不买大相的，因为小相的照样出将军，主要是立身必

须厚。你的大相横着有，我的小相竖着有，岂不是一样？立身厚脸就长，脸长牙就长，大相就不如小相了。"记得他有一条两头尖的蛐蛐名曰"枣核丁"，是上谱的虫，矫健如风，口快而狠，骁勇无比。每斗一盆，总把对方咬得满罐子流汤。如凭长相，我绝对不会要它。白老选虫还有许多诀窍，如辨色、辨肉等，也曾给我讲过，但不及立身厚那样容易领会理解。

白老每年只养二三十条蛐蛐，因此上局从不多带，少则两条，多则四条。天冷时，只见他白布手巾把一对瓦罐摞起一包，提着就来了。打开一看，两罐中间夹着一块热饼。一路行来，使火恰到好处。蛐蛐过了铃子，他饼也吃完了。他总是花最少的钱，用最简单的办法，取得最好的效果。

宣武门外西草场内山西街陶家，昆仲三人，人称陶七爷、陶八爷、陶九爷，都以养蛐蛐闻名。尤以七爷陶仲良，相虫、养虫有独到之处。当年蛐蛐局有两句口头语："前秋不斗山、爽、义，后秋不斗叨、力。""山"为李桐华，"爽"为赵爽秋，"义"为胡子贞，"力"为名伶吴彩霞，"叨"即陶仲良。意谓这几家的蛐蛐特别厉害，以不斗为是。而后秋称雄，更体现了养的工夫。

我的堂兄世中，是陶八爷之婿，故有姻戚之谊。不过我们的交往，完全由于同有秋虫之癖。

陶家是大养家。山西街离蛐蛐店很近，常有人送虫来。九爷家住济南，每年都往北京送山蛐蛐。他们最多养到十几桌，将近三百头。当我登门求教时，仲良年事已高，不愿多养，但蛐蛐房还是占用了三间北屋。

时届晚秋，"叨"字拿出来的蛐蛐宝光照人，仍如壮年。肚子不空不拖，恰到好处。爪锋不缺，掌心不翻，按时过铃，精神旺盛。下到盆中，不必交战，气势上已压倒了对方，这是精心调理之功。他的手法，主要利用太阳能，帘子遮挡，曝日取暖，帘子分粗、中、细三等，借以控制温度，而夜晚及阴晦之日则用汤壶。前"忆养"讲到的"搭晒"，就是他传授的方法。不过其不可及处在对个别蛐蛐采用不同的调理方法，并非完全一致。常规中又有变化，此又非我所能知矣。至于对爪锋及足掌的保护，他认为和罐底有极大关系。底太粗会挂断爪锋，太细又因打滑而致翻掌。因此后秋所用罐，均经严格挑选，一律用原来旧底而粗细又适度的万礼张。陶家当年藏罐之多也是罕有其匹的。

李凤山（生于1900年，卒于1984年3月28日），字桐华，以字行（图33），蛐蛐局报名"山"字。世传中医眼科，善用金针拨治沙眼、白内障等，以"金针李"闻名于世，在前门外西河沿191号居住数十年。

桐华七岁开始捉蛐蛐，年二十七，经荣茂卿介绍去其兄处买蛐蛐罐。其兄乃著名养家，报字"南帅"，选虫最有眼力。因患下痿，不能行动，故愿出让虫具。桐华有心向南帅求教，买罐故优其值，并为延医诊治，且常往探望，每往必备礼物四色。如是经年，南帅妾进言曰："何不教教小李先生？"半晌，南帅问桐华："你认识蛐蛐吗？"桐华不语。南帅说："你拿两把来看看。"桐华从家中选佳者至。南帅命桐华先选一头。桐华以大头相重逾一分者进。南帅从中取出约八九厘者，入盆交锋，大者败北。如是者三，桐华先选者均不敌南帅后选者，不觉耳红面赤，汗涔涔下，羞愧难当。南帅笑曰："你选的都是卖钱的虫，不是打架的虫。"桐华心悦诚服，自此常诣南帅处聆听选虫学，两年后，眼力大进。

桐华一生无他好，惟爱蛐蛐入骨髓。年逾八旬，手捧盆罐，犹欢喜如顽童，此亦其养生之道，得享大年。当年军阀求名医，常迎桐华赴外省，三月一期，致银三千元。至秋日，桐华必谢却赠金，辞归养蛐蛐。爱既专一，研钻遂深。中年以后，选、养、斗已无所不精，运掷更堪称首屈一指。有关虫事，每被人传为佳话。如虫友自天津败归，负债累累。借桐华虫再往，大获全胜，赢得赌注，数倍于所失。余叔岩摆蛐蛐擂台，久无敌手，桐华一战而胜。叔岩竟老羞成怒，拂袖而去。经人说项，始重归于好。李植、赵星两君已写入《京都蟋蟀故事》（共八篇，连载于 1990 年 8 月 12 日至 12 月 2 日《中国体育报·星期刊》），今不再重复。惟对桐华平生最得意之虫，尚未述及，不可不记。易州人尚秃子从山东长清归来，挑中有异色小虫，淡于浅紫，蛐蛐从来无此色，无以名之，称之为"粉蛐蛐"。多次赴局，重量仅六厘六，交牙即胜，不二口。是年在麻花胡同纪家打将军，杨广字重赏虫佣刘海亭、二群，以上佳赵子玉盆四具，从天津易归常胜将军大头青，以为今年"五路都虫王"，非我莫属。大头青重八厘四，桐华自知所携之虫，无分量相等者。不料过称儿后，粉蛐蛐竟猛增至八厘四。与大头青对局，彼果不弱，能受两三口，但旋即败走。"广"字大为懊丧。行送神礼，虫王照例放在供桌上。二群三叩

图 33　李桐华先生八十三岁小影

首，粉蛐蛐竟叫三声，与叩首相应，闻者莫不啧啧称奇。尤奇者，次日在家再过称儿，又减轻至六厘六。昨之八厘四似专为与大头青对局而增长者。后粉蛐蛐老死，六足稳立罐中，威仪一如生时。凡上种切，桐华均以为不可思议，不禁喟然曰："甚矣哉蛐蛐之足以使人神魂颠倒也！"

我和桐华相识始于 1932 年他惠临我邀请的小局。次年 10 月，在大方家胡同夜局，我出宝坻产重达一分之黑色虎头大翅与桐华麻头重紫交锋，不料闻名遐迩"前秋不斗"之"山"字竟被中学生之虫咬败，一时议者纷纷。11 月，桐华特选宁阳产白牙青与虎头大翅再度对局，大翅不敌，桐华始觉挽回颜面。"不打不成相识"，二人自此订交。此后时受教益，并蒙惠赠小恭信盆及万礼张过笼等。先生有敬斋盆二十有三，恰好我有一具，即以奉贻，凑成一桌，先生大悦，常向人道及我赠盆事。

1939 年后，我就读研究院，不复养虫，直至桐华谢世，四十余年间，只要身未离京，秋日必前往请候，并观赏所得之虫。先生常笑曰："你又过瘾来了。"1982 年后，曾念及曷不请先生口述，试为总结选虫养虫及鉴别虫具经验。惟此时正忙于编写有关家具、髹饰诸作，

趋请讲授只两三次，所获已写入本篇，未能作有系统之记录。今日思之，深感怅惘。

编辑《蟋蟀谱集成》，更使我怀念桐华先生。他如果健在，《集成》一定可以编得更好一些，《六忆》也可以写得更充实一些，生动一些。

*　　　*　　　*

《秋虫六忆》中有不少虫具的拓片和照片，原器多为老友李桐华先生所藏，惟宣德狮纹盆是在天津黄绍斌先生入藏之后才拍摄到的。墨拓乃出名家傅大卣先生之手，摄影由张平、罗扬两位同志任其事。今一并在此致谢。各谱复印后，漫漶残缺，均用墨补，而背面透过之墨痕，则用粉填，工作单调而繁重。老妻在编撰《中国音乐文物大系·北京卷》的百忙中还助我操作，一灯对坐，直至深夜，亦不可不记。

1992 年 5 月　畅安王世襄

王世襄编著书目

家具

《明式家具珍赏》（王世襄编著）中文繁体字版，三联书店（香港）有限公司/文物出版社（北京）联合出版，1985年9月香港第一版。艺术图书公司（台湾），1987年出版。中文简体字版，文物出版社（北京），2003年9月第二版。

Classic Chinese Furniture（《明式家具珍赏》英文版） 三联书店（香港）有限公司，1986年9月出版。寒山堂（伦敦），1986年出版。China Books and Periodicals（旧金山），1986年出版。White Lotus Co.（曼谷），1986年出版。Art Media Resources（芝加哥），1991年出版。

Mobilier Chinois（《明式家具珍赏》法文版） Editions du Regard（巴黎），1986年出版。

Klassiche Chinesische Möbel（《明式家具珍赏》德文版） Deutsche Verlags Anstalt（斯图加特），1989年出版。

《明式家具研究》（王世襄著，袁荃猷制图） 三联书店（香港）有限公司，1989年7月第一版（全二卷）。南天书局（台湾），1989年7月出版。生活·读书·新知三联书店（北京），2007年1月第二版（全一卷）。

Connoisseurship of Chinese Furniture（《明式家具研究》英文版） 三联书店（香港）有限公司，1990年出版。Art Media Resources（芝加哥），1990年出版。

Masterpieces from The Museum of Classical Chinese Furniture（美国加州中国古典家具博物馆选集，与柯惕思 [Curtis Evarts] 合编） Chinese Art Foundation（芝加哥和旧金山），1995年出版。

《明式家具萃珍》（王世襄编著，袁荃猷绘图）中文繁体字版，中华艺文基金会（芝加哥和旧金山），1997年1月出版。中文简体字版，上海人民出版社，2005年11月出版。

工艺

《髹饰录解说》 1958 年自刻油印初稿本。文物出版社，1983 年 3 月增订本，1998 年 11 月修订再版。

《髹饰录》（〔明〕黄成著，〔明〕杨明注，王世襄编） 中国人民大学出版社，2004 年 1 月出版。

《故宫博物院藏雕漆》（选编并撰写元明各件说明） 文物出版社，1983 年 10 月出版。

《中国古代漆器》 文物出版社，1987 年 12 月出版。

Ancient Chinese Lacquerware（《中国古代漆器》英文版） 外文出版社，1987 年 12 月出版。

《中国美术全集·工艺美术编·竹木牙角器卷》 文物出版社，1988 年 12 月出版。

《中国美术全集·工艺美术编·漆器卷》 文物出版社，1989 年 2 月出版。

《清代匠作则例汇编》（漆作、油作）1962 年油印本，尚未正式出版。

《清代匠作则例汇编》（佛作、门神作） 1963 年 6 月自刻油印本。北京古籍出版社，2002 年 2 月出版。

《刻竹小言》（影印本，金西厓著，王世襄整理） 中国人民大学出版社，2003 年 11 月出版。

《竹刻艺术》（书首为金西厓先生《刻竹小言》） 人民美术出版社，1980 年 4 月出版。

《竹刻》 人民美术出版社，1992 年 6 月出版。

Bamboo Carvings of China（中国竹刻展览英文图录，与翁万戈先生合编）华美协进社（纽约），1983 年出版。

《竹刻鉴赏》 先智出版事业股份有限公司（台湾），1997 年 9 月出版。

《清代匠作则例》（王世襄主编，全八卷，已出一、二卷） 大象出版社，2000 年 4 月出版。

《中国鼻烟壶珍赏》 三联书店（香港）有限公司，1992 年 8 月出版。

绘画

《中国画论研究》（影印本，全六册）1939–1943 年写成。广西师范大学出版社，2002 年 7 月出版。

《画学汇编》（王世襄校辑） 1959 年 5 月自刻油印本。

《金章》（王世襄编次先慈画集并手录遗著《濠梁知乐集》） 翰墨轩（香港），1999 年 11 月出版，收入《中国近代名家书画全集》，为第 31 集。

《高松竹谱》、《遁山竹谱》（手摹明刊本。同书异名，高松号遁山） 人民美术出版社，1958 年 5 月出版。香港大业公司，1988 年 5 月精印足本。

音乐

《中国古代音乐史参考图片》人民音乐出版社，1954–1957 年出版 1–5 辑。

《中国古代音乐书目》 人民音乐出版社，1961 年 7 月出版。

《广陵散》（书首说明部分） 音乐出版社，1958 年 6 月出版。

游艺

《明代鸽经 清宫鸽谱》（赵传集注释并今译《鸽经》） 河北教育出版社，2000 年 6 月出版。

《北京鸽哨》 生活·读书·新知三联书店，1989 年 9 月出版。辽宁教育出版社，2000 年 4 月中英双语版。

《说葫芦》 壹出版有限公司（香港），1993 年 8 月中英双语版。

《中国葫芦》 上海文化出版社，1998 年 11 月增订版。

《蟋蟀谱集成》（王世襄纂辑） 上海文化出版社，1993 年 8 月出版。

综合

《锦灰堆：王世襄自选集》（全三卷）生活·读书·新知三联书店，1999 年 8 月出版。

《锦灰堆：王世襄自选集》（繁体字版，全六卷） 未来书城股份有限公司（台湾），2003 年 8 月出版。

《锦灰二堆：王世襄自选集》（全二卷） 生活·读书·新知三联书店，2003 年 8 月出版。

《锦灰三堆：王世襄自选集》 生活·读书·新知三联书店，2005 年 6 月出版。

《锦灰不成堆：王世襄自选集》 生活·读书·新知三联书店，2007 年 7 月出版。

《自珍集:俪松居长物志》 生活·读书·新知三联书店，2003 年 1 月出版，2007 年 3 月袖珍版。

图书在版编目（CIP）数据

王世襄集 / 王世襄著 . -- 北京 : 生活·读书·
新知三联书店 , 2013.7 （2024.4 重印）
ISBN 978-7-108-04560-7

Ⅰ . ①王… Ⅱ . ①王… Ⅲ . ①王世襄（1914 ~ 2009）
—文集 Ⅳ . ① C53

中国版本图书馆 CIP 数据核字 (2013) 第 142067 号